Interpretação e Aplicação
da **Reforma Trabalhista** no
Direito Brasileiro

Rodolfo Pamplona Filho
Guilherme Guimarães Ludwig
Silvia Teixeira do Vale

Coordenadores

Interpretação e Aplicação da **Reforma Trabalhista** no Direito Brasileiro

Homenagem a Jairo Lins de Albuquerque Sento-Sé

EDITORA LTDA.
© Todos os direitos reservados

Rua Jaguaribe, 571
CEP 01224-003
São Paulo, SP – Brasil
Fone (11) 2167-1101
www.ltr.com.br
Fevereiro, 2018

Produção Gráfica e Editoração Eletrônica: LINOTEC
Projeto de capa: FABIO GIGLIO
Impressão: BOK2

Versão impressa: LTr 5933.4 — ISBN: 978-85-361-9508-7
Versão digital: LTr 9304.5 — ISBN: 978-85-361-9542-1

Dados Internacionais de Catalogação na Publicação (CIP)
(Câmara Brasileira do Livro, SP, Brasil)

Interpretação e aplicação da reforma trabalhista no direito brasileiro / Rodolfo Pamplona Filho, Guilherme Guimarães Ludwig, Silvia Teixeira do Vale, coordenadores. -- São Paulo : LTr, 2018.

Vários autores.

Bibliografia.

1. Contrato de trabalho - Brasil 2. Direito - Brasil 3. Direito do trabalho - Brasil 4. Direito material 5. Direito processual do trabalho - Brasil 6. Reforma constitucional - Brasil I. Pamplona Filho, Rodolfo. II. Ludwig, Guilherme Guimarães. III. Vale, Silvia Isabelle Ribeiro Teixeira do.

17-11513   CDU-34:331.001.73

Índice para catálogo sistemático:
1. Reforma trabalhista : Direito do trabalho   34:331.001.73

Homenagem a Jairo Lins de Albuquerque Sento-Sé

Jairo Lins de Albuquerque Sento-Sé, professor cortês e combatente procurador do trabalho, é um dos personagens indispensáveis do Direito do Trabalho na Bahia nos últimos anos.

Vindo no norte baiano, da cidade de Sento-Sé, às margens do Rio São Francisco, **Jairo** formou-se em Direito na Universidade Federal da Bahia em 1987 e, mediante concurso em 1993, passou a atuar como Procurador do Trabalho. No *parquet* trabalhista, destaca-se sua forte atuação no combate às tristes práticas de trabalho escravo no Brasil, tema que pesquisou, refletiu e construiu, em 2001, um dos primeiros livros brasileiros sobre o tema, tornando-se, por isso, inclusive, referência nacional indispensável nesta área.

Trata-se do "***Trabalho Escravo no Brasil***", publicado também pela LTr, que ora edita esta obra coletiva em sua honra.

Jairinho, como é chamado pelos seus alunos e colegas, vem atuando como professor de Direito do Trabalho e outras disciplinas trabalhistas nas mais tradicionais Faculdades de Direito da Bahia. Desde 1998, na Universidade Federal da Bahia e, a partir de 1999, na Universidade Católica de Salvador, Jairo vem dando lições juslaborais para muitas gerações, sempre em uma perspectiva humanista.

Além do magistério nas cadeiras clássicas de direito individual, coletivo e processual do trabalho, é um dos poucos docentes soteropolitanos a ensinar disciplinas muito específicas como "Saúde e Medicina do Trabalho" e "Temas Aprofundados de Direito e Processo do Trabalho".

Jairo sempre teve uma vocação acadêmica reconhecida pelos colegas. Foi um dos primeiros professores a estimular a monitoria na Faculdade de Direito da UFBA no princípio dos anos 2000. Sempre esteve próximo dos seus monitores, supervisionando as exposições e pesquisas. Suas preciosas e precisas observações técnicas e conselhos de vida serviram para formar gerações de novos professores.

Jairo também foi, ao lado do seu grande amigo, o saudoso **Jovino Ferreira**, um grande estimulador de atividades esportivas na centenária faculdade. Participou ativamente de inúmeras edições do tradicional "baba semestral da FDUFBA" no time dos professores, sagrando-se campeão em algumas oportunidades. Sempre se mostrou um jogador habilidoso, com excelente passe, grande domínio da bola e boa marcação, com papel decisivo no desempenho do time, sendo reconhecido como indispensável em cada triunfo.

Sua cordialidade e perfil atencioso na Academia chegam a ser destoantes da visão média dos juristas tradicionais, colocando-lhe como um professor especialmente amigo dos seus alunos, o que, inclusive, lhe rendeu muitas vezes os títulos de "paraninfo", "professor homenageado" e "patrono" de diversas turmas de formandos.

Na vida profissional, **Jairo**, além do sucesso profissional, é muito respeitado no ambiente trabalhista. Não sem razão, recebeu em 2011 uma das principais honrarias trabalhistas da Bahia: a Comenda Ministro Coqueijo Costa, da Ordem do Mérito Judiciário do Trabalho da Bahia, concedida pelo Tribunal Regional do Trabalho da Bahia (5ª Região).

Igualmente como reconhecimento acadêmico, **Jairo** foi eleito e ocupa a cadeira n. 2 da Academia de Letras Jurídicas da Bahia desde 2007. Nacionalmente, nosso Professor Jairo Sento-Sé integra também, desde 2003, o Instituto Brasileiro de Direito Social Cesarino Júnior.

Jairo, você merece, *ex toto corde*, todas as homenagens!

É o que sempre desejarão seus amigos, alunos e colegas!

**Guilherme Guimarães Ludwig, João Glicério,
Luciano Martinez, Murilo Oliveira, Rodolfo Pamplona Filho e
Silvia Teixeira do Vale**

JAIRO LINS DE ALBUQUERQUE SENTO-SÉ

Possui graduação em Direito pela Universidade Federal da Bahia (1987) e mestrado em Direito pela Universidade Federal da Bahia (1998). Professor de Direito do Trabalho da Universidade Federal da Bahia e da Universidade Católica do Salvador. Procurador Regional do Trabalho do Ministério Público do Trabalho. Titular da cadeira número 2 (dois) da Academia de Letras Jurídicas da Bahia.

Sumário

Nota dos Organizadores 9
    Rodolfo Pamplona Filho, Guilherme Guimarães Ludwig e Silvia Teixeira do Vale

Prefácio 11
    Cláudio Brandão

PARTE I
PARTE GERAL

O Novo Enigma da Esfinge: como os Juízes do Trabalho tratarão a Reforma Trabalhista? 15
    Guilherme Guimarães Feliciano

Reflexões Preliminares sobre o Controle de Convencionalidade aplicado à Reforma Trabalhista Brasileira como Mecanismo de Proteção dos Direitos Sociais 19
    Monique Fernandes Santos Matos

Lei n. 13.467/2017: as Consequências Econômicas da Ampliação do Poder do Estipulante 27
    Marcus Menezes Barberino Mendes

O Impacto da Reforma Trabalhista na Atuação do Ministério Público do Trabalho 35
    Rosangela Rodrigues Dias de Lacerda

A Reforma Trabalhista e o Mito da Classe Média Esclarecida: Capital Cultural e Dependência dos Fatores Organizados da Produção 49
    Daniela Muradas

A Proteção no Princípio: Elementos para a Resistência à "Reforma" 53
    Valdete Souto Severo

PARTE II
DIREITO MATERIAL DO TRABALHO

Reflexões sobre o Novo Artigo Oitavo na CLT 63
    Silvia Teixeira do Vale

A Prescrição Total na Reforma Trabalhista 75
    Rodolfo Pamplona Filho e Leandro Fernandez

O Hipersuficiente e a Presunção de Invulnerabilidade (Análise do Parágrafo Único do art. 444 à Luz do Princípio da Igualdade).. 85
    Ana Paola Santos Machado Diniz e Maria da Graça Antunes Varela

Reflexões Acerca da Terceirização, do Grupo Econômico e da Responsabilidade do Sócio Retirante de Acordo com a Reforma Trabalhista.. 95
    Raphael Miziara e Iuri Pinheiro

A Terceirização de Serviços e a Reforma Trabalhista 107
    Guilherme Guimarães Ludwig

A Cessação do Contrato de Emprego e a Jurisdição Voluntária para Homologação de Acordo Extrajudicial na Reforma Trabalhista Brasileira de 2017... 119
    Luciano Martinez

A Configuração e a Transmissibilidade dos Danos Extrapatrimoniais no Contexto da Reforma Trabalhista.... 131
    André Araújo Molina

O Negociado (Individual e Coletivo) sobre o Legislado 143
    Renato Mário Borges Simões

PARTE III
DIREITO PROCESSUAL DO TRABALHO

A Reforma Trabalhista e o Direito Intertemporal: Questões de Direito Processual 153
    José Antônio Ribeiro de Oliveira Silva

(In) Aplicabilidade Imediata das Novas Regras Processuais e dos Honorários de Sucumbência Recíproca no Processo Trabalhista.. 165
    José Affonso Dallegrave Neto

Honorários de Sucumbência 171
    Andréa Presas Rocha

Má-fé Processual e Justiça do Trabalho 185
    Antonio Umberto de Souza Júnior, Fabiano Coelho de Souza, Ney Maranhão e Platon Teixeira de Azevedo Neto

A Reforma Trabalhista e o Ônus da Prova no Processo do Trabalho 192
    João Humberto Cesário

A Deforma da Execução Trabalhista: Panorama Crítico da Lei n. 13.467/2017.. 201
    Murilo C. S. Oliveira

Nota dos Organizadores

A Lei n. 13.467, de 13 de julho de 2017, proporcionou diversas alterações na Consolidação das Leis do Trabalho e ainda nas Leis ns. 6.019/1974 e 8.212/1991, com o propósito declarado de *"adequar a legislação às novas relações de trabalho"*. Trata-se do que se convencionou chamar de *"Reforma Trabalhista"*, embora as iniciativas parlamentares reformistas não se esgotem quanto ao tema neste diploma.

A iniciativa legislativa no Projeto de Lei n. 6.787 em dezembro de 2016, a partir de uma proposta de apenas algumas alterações na Consolidação, não foi precedida do diálogo dos atores sociais envolvidos, especialmente as entidades sindicais de trabalhadores. A sua tramitação, por seu turno, correu em tempo recorde, tendo recebido 1.339 emendas na Câmara dos Deputados, no exíguo espaço de pouco mais de um mês, acarretando com isso modificações em centenas de dispositivos. Não há dúvida, portanto, da ausência do necessário amadurecimento de tantos temas, especialmente diante da complexidade que a matéria adquiriu.

No âmbito do Senado Federal, pelo receio do retorno do projeto à Câmara, não foi aprovada nenhuma emenda ao texto, sendo adotada a inusitada alternativa dos vetos combinados com o Poder Executivo. A sanção presidencial veio, todavia, sem nenhum veto, restando somente a promessa de uma futura melhor regulamentação de alguns pontos por medida provisória.

Em consequência do conjunto dessas circunstâncias, a Lei n. 13.467/2017 foi publicada repleta de contradições internas, além de conflituosa com normas celetistas, constitucionais e internacionais, o que demanda, sem sombra de dúvida, uma séria e profunda reflexão dos intérpretes do Direito.

Neste contexto, a presente obra se propõe a trazer subsídios teóricos à hermenêutica e à aplicação da assim intitulada reforma trabalhista no Direito brasileiro. Para tanto, encontra-se dividida em três eixos principais: uma parte geral, outra destinada ao direito material e a última relacionada ao direito processual.

Os temas dos artigos foram selecionados e destinados aos autores que já vinham escrevendo sobre as modificações a serem operadas no Direito do Trabalho, aqui amadurecidos pelo advento desta referida Lei, que não só alterou normas trabalhistas já lapidadas ao longo desses mais de setenta anos, mas também subverteu em grande medida toda a lógica que estimulava esse ramo especializado, importando agora a interpretação à luz do próprio espírito da Consolidação das Leis do Trabalho, da Constituição Federal de 1988 e das normas internacionais ratificadas pelo Brasil.

A proposta da obra é alargar a reflexão, afastando-se da interpretação meramente silogística, trazendo mais subsídios técnicos para o leitor, para que direitos fundamentais tão caramente alcançados não sejam ignorados pelo intérprete.

Modernizar a legislação é sempre necessário. Interpretar também. Conhecer todas as possibilidades e vertentes para a sua aplicação de acordo com as regras e princípios constitucionais é fundamental.

Salvador, novembro de 2017.

Rodolfo Pamplona Filho
Guilherme Guimarães Ludwig
Silvia Teixeira do Vale

Prefácio

Na linha do tempo do Direito do Trabalho no Brasil, alguns anos são particularmente importantes em virtude da ocorrência de fatos que marcaram a sua história, a exemplo de 1943, 1988 e 2004.

Nessa trajetória de marchas e contramarchas, certamente aparecerá o ano de 2017 como um dos mais destacados, porque, nele, foi promovida a maior alteração na legislação laboral, desde quando Getúlio Vargas editou o Decreto-Lei n. 5.452, de 1º de maio de 1943, e, com ele, a Consolidação das Leis do Trabalho.

Muito poderia ser dito sobre essa Lei, conhecida como "reforma" trabalhista (alguns comentaristas apelidaram-na, jocosamente, de "deforma trabalhista"), a começar pelo processo legislativo.

Os debates na Câmara dos Deputados foram limitados a dois temas centrais: terceirização, especialmente em atividade-fim, e negociado x legislado. Nada além, até a emissão do parecer do Relator, do qual resultou a modificação de quase duas centenas de dispositivos.

Poder-se-ia também recordar o curioso episódio de rejeição do requerimento para tramitação em regime de urgência, em um dia, e, no outro, a rejeição da rejeição, isto é, a sua aprovação, o que possibilita, regimentalmente, a inclusão em pauta da sessão seguinte, ainda que pendentes os pareceres das comissões temáticas, os quais são apresentados em plenário.

Seria possível também lembrar a maciça campanha publicitária que invadiu todos os meios de comunicação nos quatro cantos do País em torno da necessidade das mudanças. Noticiavam-se as justificativas (?) das propostas, as quais promoveriam a modernização (?) da legislação trabalhista e, com ela, o retorno ao pleno emprego, a redução do "custo Brasil", a valorização da autonomia da vontade das partes, a ampliação do poder dos sindicatos, a não supressão de direitos, entre outros argumentos.

Não se pode também esquecer o inusitado parecer do Relator no Senado, que, conquanto tenha recomendado a aprovação, sugeriu vetos pelo Presidente da República e edição posterior de medida provisória destinada a corrigir alguns equívocos, medida esta atípica no exercício da função legiferante, própria do Poder Legislativo.

Somente esses curiosos episódios já seriam suficientes para torná-la, no mínimo, peculiar, e despertar no cidadão o sentimento de indignação pelo déficit de legitimidade que carrega, sobretudo por haver sido suprimida a participação da sociedade no democrático e salutar processo legislativo, pelo menos na Câmara dos Deputados.

Uma vez aprovada, porém, o protagonismo passa a ser do Poder Judiciário, no exercício indeclinável de sua função constitucional, pois, da mesma forma que ao parlamento brasileiro incumbe a relevante missão de, no exercício da soberania, elaborar a lei, daí em diante cabe aos juízes e tribunais a missão de dizer quais são o seu sentido e alcance, integrá-la no sistema jurídico e, juntamente com todas as outras, aplicá-la na solução dos conflitos submetidos à sua apreciação.

Por mais que pareça óbvio, é importante afirmar que a lei não muda os fatos e ao juiz caberá a tarefa de promover a adequação harmônica do novel diploma com todos os demais, pois não houve a revogação do restante da CLT, do Código Civil, do Código de Processo Civil e de inúmeros outros diplomas normativos, inclusive de origem internacional; os princípios constitucionais não desapareceram, nem perderam a condição de vetores interpretativos da lei, porque expressam os valores adotados pelo sistema jurídico; enfim, o universo normativo não se resume à Lei n. 13.467/2017, mesmo porque, queira-se ou não, a supremacia e o protagonismo cabem à Constituição da República.

Por isso, qualquer crítica que se faça ao exercício da atividade interpretativa do juiz é "afirmação pedestre" (tomando de empréstimo a expressão do Ministro Sepúlveda Pertence – originalmente "interpretação pedestre", no RE n. 205.107). Não há como retirar-se do Poder Judiciário a tarefa que é a sua própria razão de ser, exceto cometendo-se atentado claro e direto à Constituição, até porque se equivoca quem confunde o texto da lei com a norma que dele se extrai. Esta última é o comando normativo que se retira daquele, mero enunciado descritivo.

Claro que há leis de conteúdo concreto que não deixam margem a dúvidas, diante da clareza do seu texto, a exemplo da que declara feriado determinado dia ou que atribui nome de rua a determinada pessoa. Outras, porém, exigem a adoção de várias técnicas construídas pela doutrina para definir como podem ser aplicadas em determinadas situações fáticas, a exemplo dos arts. 113 e 422 do Código Civil, que vinculam a interpretação dos negócios jurídicos (o contrato de trabalho é um negócio jurídico) e o comportamento das partes frente a eles de acordo com a boa-fé. Nesses casos, eleva-se o dever-função, sem limitação prévia ou posterior, do magistrado para que diga, no caso concreto, o que constitui boa-fé e o que não a caracteriza.

Nesse exercício interpretativo a cargo do julgador, importante papel é desempenhado pela doutrina, responsável pelo estudo dos institutos jurídicos e indicação de possíveis caminhos a serem seguidos pela jurisprudência. A consistência dos argumentos pode eternizar-se nas decisões que os adotarem, as quais poderão servir até mesmo de arquétipo para o comportamento social frente à norma jurídica.

Essa é a missão da presente obra. Coordenada por experimentados professores, reúne textos sobre a citada Lei, nos seus variados aspectos. São magistrados, procuradores e advogados que se debruçaram sobre os pontos centrais das alterações, agrupados em parte geral, direito material e direito processual.

Não são apenas comentários superficiais ou paráfrases. Em artigos temáticos, aprofundam as diversas questões introduzidas na "Reforma", sem descurar do exame de outras não menos intrincadas, a exemplo da aplicação aos contratos e processos em curso ou a eventual incompatibilidade com o texto constitucional.

O intento foi, sem dúvida, fincar marcas indeléveis no cenário jurídico nacional, a fim de contribuir nesse conturbado instante da vida nacional em que muitos pretendem verdadeiramente desmontar os pilares estruturantes do Direito do Trabalho, construídos ao longo de décadas, como se o Brasil fosse um País formado por uma sociedade homogênea, com distribuição equitativa de renda, acesso pleno aos bens e serviços públicos, e o Estado cumprisse o seu papel. Portanto, ocupará lugar de destaque, seja pelos predicados de quem subscreveu os artigos, seja pela consistência dos fundamentos, seja, enfim, pela coragem de serem, talvez até, "pontos fora da curva".

Apresentá-la, pois, consiste agradável missão, somente alcançada, de fato, se o leitor chegar à última página e constatar – mesmo não concordando com o que leu – que valeu a pena.

É o meu desejo.

Cláudio Brandão
Ministro do Tribunal Superior do Trabalho
Doutorando em Direito pela Universidade Autônoma de Lisboa
Mestre em Direito pela UFBA
Membro da Academia Brasileira de Direito do Trabalho,
da Academia de Letras Jurídicas da Bahia e do
Instituto Baiano de Direito do Trabalho

PARTE I

PARTE GERAL

O Novo Enigma da Esfinge: como os Juízes do Trabalho tratarão a Reforma Trabalhista?

Guilherme Guimarães Feliciano[1]

Se você está "antenado" com as recentes alterações da legislação trabalhista, caro leitor, já deve ter se perguntado – ou, talvez, se empenhado em responder – sobre *se* e *como* os Juízes do Trabalho aplicarão a Lei n. 13.467/2017, conhecida como "lei da reforma trabalhista". A grande mídia inclusive já se antecipa, aqui e acolá, para "repreender" uma Magistratura do Trabalho que, imagina, vai "ignorar" a nova legislação, como se ela não existisse. Há mesmo quem condicione a própria subsistência da Justiça do Trabalho a esse dilema: aplicar ou não aplicar a Lei n. 13.467/2017, eis a questão! Se se negar a aplicar a lei, ou boa parte da lei, ou toda a lei, poderá inclusive ser extinta (?!). Acredite, leitor, até mesmo essa "chantagem" institucional chega-nos aos ouvidos. Eis o novo enigma da esfinge, ser mítico que amalgama o corpo de um leão e a cabeça de um ser humano (a "androsfinge") ou então de um pássaro (a "hierosfinge", usualmente baseada em um falcão; poderia ser um papagaio?). *"Decifra-me ou te devoro"*, perguntou a esfinge de Tebas a Édipo. A se devorar, no Brasil de 2017, a própria Justiça do Trabalho...

Então, afinal, resta-me responder, do alto dos meus vinte anos e poucos meses de Magistratura do Trabalho, a cabalística pergunta: *como os Juízes do Trabalho tratarão a reforma trabalhista?*

E a resposta, ei de proferi-la em alto e solene tom: **não sei.**

Não sei, exatamente porque neste "não saber" reside a garantia do cidadão de que o seu litígio será concretamente apreciado por um juiz natural, imparcial e tecnicamente apto para, à luz das balizas constitucionais, convencionais e legais, *dizer a vontade concreta da lei*. Daí a célebre expressão da nossa tecnologia processual: *jurisdição* (= iuris + dictio). E cada qual há de fazê-lo com independência, de acordo com o seu convencimento – e sob adequada fundamentação –, sem se sentir premido por quem, externo às fileiras judiciárias, queira ver abaixo a Lei n. 13.467/2017, como tampouco por quem queira vê-la aplicada vírgula sobre vírgula.

A Lei n. 13.467/2017 é altamente polêmica. E, na opinião de muitos – entre os quais me incluo –, lamentavelmente mal redigida. Peca mesmo onde não precisaria pecar. Entendo, mais – e já o disse peremptoriamente, nesta coluna e noutros sítios, em sucessivas ocasiões –, que está repleta de inconstitucionalidades e de inconvencionalidades. Dito de outro modo, há preceitos seus que, a nosso ver, violam diretamente o texto da Constituição Federal de 1988; e, nessa medida, sequer poderão ser "salvos", por qualquer esforço hermenêutico (v. a respeito, p. ex., a ADI n. 5.766/DF, ajuizada há pouco pela Procuradoria-Geral da República). Outros preceitos existem que deverão ser interpretados *de acordo* com a Constituição, para que seu texto tenha sobrevida útil sob o atual regime constitucional (e é o que trataremos de fazer, logo abaixo, com respeito ao art. 8º, § 3º, da CLT). E outros há, ainda, que se chocam com tratados e convenções internacionais de que o Brasil é parte signatária; se tais tratados dispuserem sobre direitos humanos (como ocorre, por definição, com o rol dos direitos sociais fundamentais, historicamente acometidos à chamada "segunda geração" ou "segunda dimensão" de direitos humanos), e se forem aprovados pelo Congresso Nacional e adiante promulgados pelo Poder Executivo, integram-se ao ordenamento jurídico brasileiro com *status* de **supralegalidade** (v. a respeito, por todos, STF, RE n. RE 466343/SP, rel. Min. GILMAR MENDES). Nesse caso, as "novidades" da Lei n. 13.467/2017 – que, *"por supuesto"*, é lei – não têm como prevalecer. Simples assim, sem qualquer "pegadinha" teorética.

Mas, é claro, nem todos os Juízes do Trabalho pensam assim. E nem todos julgarão assim. Eis a democracia, brotando da complexa tessitura social e intelectual que compõe a Magistratura brasileira, rumo ao único patamar possível de segurança jurídica: aquele que se constrói pela fundamentação (e, logo, pela argumentação racional), em ambientes dialógicos (não é o que diz o art. 6º do CPC/2015?[2]), até a consolidação das jurisprudências. Para isso, o sistema judiciário. *A norma se extrai do texto legal* (v. STF, ADPF n. 153, rel. Min. EROS GRAU); a norma não "é" o próprio texto.

Ninguém, portanto, poderá dizer ao Juiz do Trabalho, de antemão, **como** ele deverá interpretar a Lei n. 13.467/2017. Esse é o **seu** papel republicano. Dele, Juiz do Trabalho. E, para esse mister, ele tem de ter **independência.** Esse é o seu pilar primeiro.

A garantia da independência judicial, como se sabe, não existe para o juiz, mas para o cidadão. As Nações Unidas

---

[1] Juiz Titular da 1ª Vara do Trabalho de Taubaté, é professor associado II do Departamento de Direito do Trabalho e da Seguridade Social da Faculdade de Direito da Universidade de São Paulo. Doutor em Direito Penal pela USP e em Direito Processual Civil pela Faculdade de Direito da Universidade de Lisboa. Livre-docente em Direito do Trabalho pela USP. Vice-presidente da Associação Nacional dos Magistrados da Justiça do Trabalho (ANAMATRA), gestão 2015-2017. E-mail: diluvius@icloud.com.

[2] "Todos os sujeitos do processo devem cooperar entre si para que se obtenha, em tempo razoável, decisão de mérito justa e efetiva."

assim a reconhecem, como textualmente se lê, p. ex., no art. 19 da Declaração Universal dos Direitos Humanos, ou no art. 14, 1, do Pacto Internacional dos Direitos Civis e Políticos. Mas é também o que restou consagrado entre os *Princípios Básicos das Nações Unidas relativos à independência da Magistratura* (ratificados pela Assembleia Geral da ONU em sua Resolução n. 40/1932, de 29.11.1985):

"Independencia de la judicatura

"1. La independencia de la judicatura será garantizada por el Estado y proclamada por la Constitución o la legislación del país. Todas las instituciones gubernamentales y de otra índole respetarán y acatarán la independencia de la judicatura.

"2. Los jueces resolverán los asuntos que conozcan con imparcialidad, basándose en los hechos y en consonancia con el derecho, **sin restricción alguna y sin influencias, alicientes, presiones, amenazas o intromisiones indebidas, sean directas o indirectas, de cualesquiera sectores o por cualquier motivo.** […]

"8. En consonancia con la Declaración Universal de Derechos Humanos y al igual que los demás ciudadanos, **los miembros de la judicatura gozarán de las libertades de expresión, creencias,** asociación y reunión, con la salvedad de que, en el ejercicio de esos derechos, los jueces se conducirán en todo momento de manera que preserve la dignidad de sus funciones y la imparcialidad e independencia de la judicatura." (g.n.)

É, igualmente, o que consubstancia o *Valor n. 1* da conhecida *Carta de Princípios de Bangalore*, de 2002:

"Independencia

"Principio

"La independencia judicial es un requisito previo del principio de legalidad y una garantía fundamental de la existencia de un juicio justo. En consecuencia, un juez deberá defender y ejemplificar la independencia judicial tanto en sus aspectos individuales como institucionales.

"Aplicación

"1.1 Un juez deberá ejercer su función judicial de forma independiente, **partiendo de su valoración de los hechos y en virtud de una comprensión consciente de la ley,** libre de cualquier influencia ajena, de instigaciones, presiones, amenazas o interferencias, sean directas o indirectas, provenientes de cualquier fuente o por cualquier razón. […]" (g.n.)

E é, com efeito, de aquisição universal que

"Any mention of judicial independence must eventually prompt the question: independent of what? The most obvious answer is, of course, independent of government. I find it impossible to think of any way in which judges, in their decision-making role, should not be independent of government. But they should also be independent of the legislature, save in its law-making capacity. **Judges should not defer to expressions of parliamentary opinion, or decide cases with a view to either earning parliamentary approbation or avoiding parliamentary censure.** They must also, plainly, ensure that their impartiality is not undermined by any other association, whether professional, commercial, personal or whatever."[3]

Logo, um juiz não pode ser censurado pelo conteúdo do seu convencimento técnico-jurídico ou acadêmico-científico – por mais inusual que seja –, desde que o fundamente razoavelmente, i.e., *dentro das balizas objetivas que compõem o sistema jurídico em que está inserido*. Isto não é "desobediência civil". É hermenêutica. Daí porque, para decidir questões-de-direito ou questões-de-fato, o juiz tem de ser necessariamente *livre*. E nem poderia ser diferente. Sendo humano, o juiz jamais será um autômato dos textos. Isto não é possível.

A argumentação jurídica não pode fugir absolutamente dos referenciais simbólicos do sistema. Mesmo porque, dissemos alhures – em abordagem luhmaniana –, todo (sub) sistema é necessariamente um acontecimento *antientrópico*[4]. Produz-se a si mesmo sob uma perspectiva de ordem, não de sépsis. Daí a necessidade de *internalização coerente* das intelecções hermenêuticas (o que tem a ver com a *integridade* proposta por DWORKIN para o seu "juiz-Hércules"). Atendido e demonstrando esse pressuposto, todavia, a argumentação é indelevelmente *livre*. Ou não haveria autonomia judiciária.

Discutir o livre convencimento motivado – que, digo e redigo, *não sucumbiu diante do CPC/2015*, porque não poderia sucumbir – é, pois, discutir os limites da Hermenêutica.

Ocorre que nenhuma interpretação jurídica pode ser "verdadeira" ou "falsa" (= atitude objetivante), como nos ensina Jürgen HABERMAS ("*O que é a Pragmática Universal?*", 1976); tais atributos são próprios do mundo da natureza externa. Pertencendo ao mundo do dever-ser – ou, dirá Habermas, no "nosso" mundo de sociedade –, uma

---

(3) Thomas Bingham [Lord Bingham of Cornhill], *"Judicial Independence"*. In: *Judicial Studies Board Annual Lecture*, 1996 (g.n.). Em tradução livre: *"Qualquer menção à independência judicial deve eventualmente levar à questão: independente de quê? A resposta mais óbvia é, naturalmente, independente do Executivo. Tenho por impossível pensar em qualquer hipótese na qual os juízes, no seu papel de prolatar decisões, não devam ser independentes do Executivo. Mas eles devem também ser independentes do legislador, exceto quanto à sua capacidade de produzir leis. Juízes não devem adiar as expressões da opinião parlamentar, ou decidir casos com vista a ganhar a aprovação parlamentar, ou a evitar a censura parlamentar. Eles devem ainda, fundamentalmente, assegurar que sua imparcialidade não seja comprometida por qualquer outra associação, seja profissional, comercial, pessoal ou qualquer ordem".*

(4) ARAÚJO Cícero; WAIZBORT, Leopoldo. Sistema e evolução na teoria de Luhmann. In: *Lua Nova: Revista de Cultura e Política*. São Paulo; agosto 1999. n. 47. p. 179-200. V. também FELICIANO, Guilherme G.; DIAS, Carlos Eduardo O. *De juízos autoritários.* Disponível em: <http://www.conjur.com.br/2015-ago-24/juizes-nao-sao-automatos-tambem-manifestam-percepcoes-subjetivas>. Acesso em: 11 out. 2016.

interpretação jurídica apenas pode ser "certa" ou "errada" (= atitude conformativa), cabendo ao Poder Judiciário, intérprete último das fontes formais do Direito, dizer se determinada compreensão tem ou não "correção" no marco do sistema jurídico. Dirão, portanto, *os tribunais*. E, para dizê-lo – mesmo que na perspectiva dworkiniana da *única resposta certa* –, não prescindirão de sua *liberdade*.

Observe-se, de outro turno, que aquilo que distingue a atividade legislativa da atividade judicante não é a "criatividade" substancial daquela primeira – eis, a propósito, o falso fundamento de quem quer negar aos tribunais qualquer função criativa –, mas o *modo* como ela é engendrada[5]. Os parlamentos legislam a partir de *inputs* de diversas naturezas (políticos, sociais, econômicos), tendencialmente difusos e abstratos. Juízes, ao revés, desenvolvem o *"judicial law-making"* a partir de *focos concretos* (modelo de *"cases and controversies"*) e em *"regime de soberania vinculada"* (CARNELUTTI).

A hipótese de um Poder Judiciário "não criativo", com um corpo de magistrados que apenas *repita* os textos de lei e adapte a vontade histórica do legislador – ou a vontade histórica dos próprios tribunais – aos casos concretos, em modo de (quase) pura subsunção formal, não atende aos pressupostos políticos do Estado Democrático de Direito. Infantiliza o juiz, automatiza-o, quando não o bestializa (mais uma vez, a figura do papagaio). Sob tais pressupostos, a Magistratura torna-se incapaz de refletir a diversidade e a pluralidade do pensamento jurídico. E é menos apta a preservar as minorias contra os ímpetos das maiorias políticas, que ditam os textos de lei. É que tampouco a "lei" é um fenômeno empiricamente abstrato ou neutro. E, diga-se claramente, tal entendimento – se promana originalmente da ciência política – não é sequer algo para "iniciados". A grande mídia já o diz. Assim é que "[o] *Estado, nos seus vários níveis, não é neutro. Ele sofre pressão de grupos extremamente fortes que atuam dentro das burocracias estatais, nas secretarias, nas assembleias"*[6]. E daí se poder afirmar, inclusive entre leigos, que "[u]*ma boa receita para produzir o pior dos mundos é aplicar com máximo zelo todas as leis vigentes"*[7].

A rigor, reservar ao juiz o papel de mero enunciador da lei (ou de enunciador dos precedentes) é, na verdade, suprimir seu papel dinâmico no jogo dos *"checks and balances"*, vergastando um dos mais importantes mecanismos da forma republicana de governo. E, mais que isso, é manietar o próprio *"procedural due process"*, por combalir a independência judicial. Afinal,

"a independência do juiz há de ser compatível com sua configuração humana como sujeito de capacidade plena, de preocupações pela justiça que vão além de seu exercício profissional, e como titular de todos os direitos que a lei não lhe restrinja ou suprima em atenção a razoáveis medidas de incompatibilidade. Falamos, pois, de **um juiz não facilmente domesticável, não mudo, nem mais diminuído em seus direitos do que o indispensável**." (g. n.)[8]

Vou me repetir: *juízes não são autômatos*. Nem são "neutros" (embora devam ser necessariamente *imparciais* – o que é outra coisa). Julgam sob as balizas do sistema jurídico-positivo, mas também manifestam percepções subjetivas do justo, cuja legitimidade se constrói (ou não) pelos referenciais teórico-sistêmicos do respectivo discurso.

Veem-se, entretanto, às voltas com movimentações visíveis, na grande mídia, nos próprios tribunais e algures no Parlamento – e abri esta coluna com tais referências –, todas sugerindo o *"dever"* de os *Juízes do Trabalho, a partir de 11.11.2017, serem absolutamente* **literais** *na interpretação das novidades da Lei n. 13.467/2017* (o que, as mais das vezes, sequer será possível). As investidas chegam às raias de uma acintosa chantagem institucional, como de início denunciávamos: subjaz, velada ou explicitamente, uma ameaça à própria existência da Justiça do Trabalho, desde que o "sentido do legislador" (como se ali não houvesse provavelmente 594 intelecções diferentes sobre o texto) seja "subvertida" pela interpretação dos Juízes e Tribunais do Trabalho. Rejeita-se, nessa sugestiva mordaça hermenêutica, a interpretação histórica, sistemática ou teleológica; talvez até mesmo a interpretação lógica. Ignoram-se, de resto, as possibilidades de interpretação conforme a Constituição (e, portanto, a própria Constituição). Não se descole da letra, sr. juiz!

Isto, querido leitor, é *virtualmente impossível*. A vontade objetiva do legislador histórico é indevassável, notadamente quando estamos diante de um texto lacunoso e impreciso, como é o caso. A rigor, até mesmo a vontade do relator histórico do PL n. 6.797/2016 será, em muitos aspectos, inalcançável.

Tal pendor, ademais, é autoritário – i. e., antidemocrático –, porque indiretamente recusa ao cidadão uma de suas garantias constitucionais mais valiosas, que é a do pleno acesso a um Poder Judiciário livre e independente. É, ademais, antirrepublicano, porque contraria um dos pilares da República, que é a independência harmônica entre os Poderes do Estado (art. 2º da Constituição). E é, por fim, acintosa, como dito há pouco, porque encerra uma odiosa e leviana chantagem institucional: se quiserem sobreviver, srs. juízes, renunciem às suas convicções jurídicas e

---

(5) V., a respeito, BACHOF, Otto "Der Richter als Gesetzgeber?". In: *Tradition und Fortschritt im Recht: Festschrift zum 500jährigen Bestehen der Tübinger Juristenfakultät*. Tübingen: J.C.B. Mohr, 1977. p. 177-192.

(6) KOWARICK, Lúcio. Centro de cobiça. In: *O Estado de S. Paulo*. Acesso em: 29 jan. 2012. p. J-3.

(7) SCHWARTSMAN, Hélio. Tão perto, tão longe. In: *Folha de S. Paulo*. Acesso em: 27 jan. 2012. p. A-2.

(8) VALIENTE, Francisco Tomás y. Independencia judicial y garantía de los derechos fundamentales. In: *Constitución: Escritos de introducción histórica*. Madrid: Marcial Pons, 1996. p. 163 (g. n.).

à própria Constituição como filtro de interpretação. Nada mais grotesco.

Na mesma linha, é inadmissível supor que o "princípio da intervenção mínima", inserido no art. 8º, § 3º, da CLT[9], possa significar uma obsequiosa blindagem para os acordos e convenções coletivas de trabalho, quanto a qualquer questão de "fundo". Fere a Constituição da República qualquer interpretação daquele texto que termine por extrair, de seus termos, uma norma de absoluta imunidade jurisdicional dos ACT/CCT quanto a seus conteúdos, precisamente porque *a ordem constitucional brasileira não transige com negócios jurídicos imunes à jurisdição*. Nos termos do art. 5º, XXXV, CF, *"a lei não excluirá da apreciação do Poder Judiciário lesão ou ameaça a direito"* (inclusive quando ela dimanar de negócio jurídico). Eis, então, as razões pelas quais se há de interpretar o art. 8º, § 3º, da CLT no sentido de que *todas as questões de constitucionalidade, convencionalidade e legalidade* podem ser suscitadas, no âmbito da *licitude* e da *possibilidade jurídica* do objeto do negócio jurídico, como dispõe o art. 104, II, do CC, referido pelo novo preceito celetário.

Por tudo isso, em síntese – e eis a tese fundamental a se reconhecer e defender, a –, impende afirmar que:

(a) os juízes do Trabalho, à maneira de todos os demais magistrados investidos com jurisdição, em todos os ramos do Judiciário, devem *cumprir e fazer cumprir a Constituição e as leis*, o que importa (**a.1**) no exercício do controle difuso de constitucionalidade das leis (art. 97/CF); (**a.2**) no próprio controle de convencionalidade das leis (art. 5º, §§ 2º e 3º, CF); e (**a.3**) no uso de todos os métodos de interpretação/aplicação disponíveis (gramatical, lógico, histórico, sistemático, teleológico), sem perder de vista (**a.4**) a própria interpretação conforme a Constituição.

Daí que:

(b) será inconstitucional qualquer norma que colime *imunizar* o conteúdo das convenções e acordos coletivos de trabalho da apreciação da Justiça do Trabalho, inclusive quanto à sua constitucionalidade, convencionalidade. legalidade e conformidade com a ordem pública social, não se admitindo qualquer interpretação que, dimanada do art. 8º, § 3º, da CLT, possa elidir a garantia da inafastabilidade da jurisdição (art. 5º, XXXV, CF); e

(c) será autoritária, antirrepublicana e acintosa, agredindo a independência harmônica entre os Poderes da República (art. 2º/CF) e a independência técnica do juiz (arts. 35, I, e 40, da Lei Complementar n. 35/1979), toda ação política, midiática, administrativa ou correicional que pretenda imputar ao Juiz do Trabalho o "dever" de interpretar a Lei n. 13.467/2017 de modo exclusivamente literal/gramatical.

Não há nisto, insista-se, qualquer pendor "revolucionário". É o que os juízes fazem, desde o século XIX, quando os juristas compreenderam, com a robustez teórica necessária, que a Magistratura não é a *"longa manus"* do Parlamento, como pretendiam os liberais – esses sim, a seu tempo, "revolucionários" – de 1789. Aliás, também é sabido e consabido, hodiernamente, que sequer o Parlamento externa realmente, em acepção sociológica, algo que se possa identificar como a *"volonté générale"* (até porque vivemos, na maior parte dos países ocidentais, democracias representativas permeadas por instrumentos de democracia direta, e não o contrário). Nesse quadro de imperfeição institucional, cunhou-se a ideia dos *"checks and balances"* (= freios e contrapesos), de modo que os Poderes da República limitem-se e complementem-se na consecução dos fins do Estado e da vontade constitucional soberana; logo, também na construção do Direito.

Negar ao Judiciário a sua independência institucional – e, ao juiz, a sua independência técnica –, em qualquer tema que seja (inclusive na reforma trabalhista), é fazer claudicar o sistema constitucional de freios e contrapesos. É ferir de morte a Democracia. E é, no limite, negar um dos fundamentos da República.

Os Juízes do Trabalho julgarão, acima de tudo, com ciência e responsabilidade. Essas mesmas, aliás, que papagaios não têm.

---

(9) *"Art. 8º [...] § 3º No exame de convenção coletiva ou acordo coletivo de trabalho, a Justiça do Trabalho analisará exclusivamente a conformidade dos elementos essenciais do negócio jurídico, respeitado o disposto no art. 104 da Lei n. 10.406, de 10 de janeiro de 2002 (Código Civil), e balizará sua atuação pelo princípio da intervenção mínima na autonomia da vontade coletiva."*

Reflexões Preliminares sobre o Controle de Convencionalidade aplicado à Reforma Trabalhista Brasileira como Mecanismo de Proteção dos Direitos Sociais

Monique Fernandes Santos Matos[1]

1. O DIREITO INTERNACIONAL SOCIAL E A ADESÃO BRASILEIRA AO PADRÃO INTERNACIONAL DE REGULAÇÃO DO TRABALHO

O tema escolhido como objeto deste estudo parte da preocupação com os baixos índices de concretização dos direitos sociais, verificados em extensas regiões do planeta, inclusive no Brasil, com uma análise sobre a importância do controle de convencionalidade, enquanto fiscalização das ações estatais, diante dos compromissos internacionais assumidos, para a harmonização das normatizações doméstica e internacional dos direitos humanos sociais[2]-[3], especialmente diante das alterações produzidas pela denominada "reforma trabalhista" (Lei n. 13.467/2017).

Muitos são os desafios para o enfrentamento, do ponto de vista jurídico, da relevante questão dos baixos índices de concretização dos direitos sociais, nos planos nacional, supranacional e internacional. Para não se estender muito sobre o assunto, muito abordado em estudos específicos sobre o tema, basta pensar no (ainda) crescente número de pessoas vivendo abaixo da linha de pobreza, na existência de pessoas vivendo em condições análogas à de escravos, nas crianças exploradas em trabalhos penosos, grande parte delas em países que, como o Brasil, elegeram a valorização do trabalho e dignidade da pessoa humana como base de seu ordenamento jurídico, e, ainda, como norte para o desenvolvimento de suas relações internacionais.

Tal incoerência, discrepância, descompasso, longe de desencorajar os defensores e estudiosos dos direitos humanos, pode ser visto como um terreno fértil para um convite a uma compreensão mais ampla sobre os direitos sociais como fenômeno jurídico que abriga uma complexa rede de interesses e conflitos sociais, políticos, culturais e jurídicos, especialmente numa perspectiva de globalização de sistemas de justiça, direitos humanos, formação e produção jurídicas.

Neste sentido, convém não olvidar que o tema é permeado por influências, teóricas e práticas, de outros saberes, como a ciência política, a história, a política internacional, a economia, a sociologia, as relações internacionais, dentre tantos outros que podem emprestar suas categorias de construção do pensamento e conceitos para a melhor compreensão das questões jurídicas ligadas aos direitos sociais. E mais, sem tais aportes e abertura ao conhecimento produzido em outros ramos do saber e sistemas jurídicos distintos, torna-se impossível a compreensão almejada, pois ausente a abertura à linguagem dos direitos humanos[4].

---

(1) Doutoranda em Direito das Relações Internacionais no Centro Universitário de Brasília (UniCEUB). Mestre em Direito das Relações Internacionais no Centro Universitário de Brasília (UniCEUB). Integrante do grupo de pesquisa *Internacionalização do Direito*, coordenado pelo Prof. Dr. Marcelo D. Varella. Especialista em Direito do Trabalho e Processo do Trabalho pela Universidade Cândido Mendes. Professora Substituta de Direito do Trabalho e Direito Processual do Trabalho na Faculdade de Direito da Universidade Federal da Bahia – UFBA. Professora convidada da Escola Judicial do Tribunal Regional do Trabalho da 5ª Região – EJUD5. Autora de livros e artigos jurídicos. Juíza do Trabalho Substituta do Tribunal Regional do Trabalho da 5ª Região.

(2) Não será objeto deste artigo a polêmica em torno do conceito de direitos humanos ou, ainda, sua relação ou coincidência com o termo direitos fundamentais. Para este estudo, ambos os conceitos são utilizados como relativos a direitos essenciais à existência digna da pessoa humana, sendo os primeiros, *direitos humanos*, originados em normas internacionais (tratados ou costumes), e os segundos, *direitos fundamentais*, tomados como aqueles positivados em ordens jurídicas nacionais, em especial com sede constitucional (ver, neste sentido, SARLET, Ingo Wolfgang. *A eficácia dos direitos fundamentais: uma teoria geral dos direitos fundamentais na perspectiva constitucional...* p. 29.). Também não abordaremos a problemática em torno das dimensões dos direitos humanos, nem tampouco a respeito da refutação de um fundamento absoluto para esses direitos, que são temas que desbordam os estreitos limites deste trabalho.

(3) As enormes distâncias a serem percorridas entre as promessas ou garantias da linguagem dos direitos humanos e sua(s) prática(s) pelos mais diversos atores sociais, nos planos doméstico e internacional, suscitam uma série de críticas aos direitos humanos, direcionadas à sua falta ou ao seu deficit de efetividade, das quais também não nos ocuparemos, dados os limites desta pesquisa.

(4) Quando usamos a expressão "linguagem dos direitos humanos", convém destacar, o fazemos não no sentido de negar sua natureza jurídica, ou de direito posto em normas jurídicas, mas sim por considerá-los relevantes socialmente em termos não somente jurídicos, como também graças a uma valorização da *força simbólica* desses direitos ou, ainda, afetando a seara do que Norberto Bobbio definiu como *"função promocional do Direito"*, ao defender que os direitos humanos são um meio apto a induzir a mudança social no mundo contemporâneo, por possibilitarem o estímulo e desestímulo de comportamentos. BOBBIO, Norberto. *A era dos direitos*. Sobre a força simbólica da linguagem dos direitos humanos, consultar: NEVES, Marcelo. *A força simbólica dos direitos humanos*. SOUZA NETO, Cláudio Pereira de. SARMENTO, Daniel (coord.). *Direitos sociais*. Fundamentos, judicialização e direitos sociais em espécie..., p. 417-450.

Os direitos sociais, sejam eles propriamente prestacionais e normalmente endereçados aos Estados; ou direitos de defesa, como a limitação da jornada de trabalho, normalmente endereçados aos particulares, sempre visam à melhoria das condições de vida e à promoção da igualdade material. Tais direitos estão assegurados, em normas internas de Estados soberanos, mas também em muitos tratados internacionais e resoluções elaboradas por organismos internacionais, como a Organização Internacional do Trabalho – OIT e o Comitê para o Desenvolvimento dos Direitos Econômicos, Sociais e Culturais, no contexto da Organização das Nações Unidas – ONU, para ficar em apenas dois exemplos.

Em razão do aprofundamento da globalização, e das crescentes desigualdades sociais, mostra-se presente uma necessidade de fixação de critérios de apuração de resultados amplamente aceitos, que possam instrumentalizar a construção de políticas públicas, a nível nacional e internacional, pelos organismos internacionais, garantidoras de uma crescente concretização de direitos sociais e, em paralelo, mecanismos para a responsabilização do Estado violador. Ou seja, de mecanismos capazes de contribuir para o diagnóstico, e a evolução teórica e prática da concretização dos direitos humanos sociais, numa perspectiva de valorização da dignidade da pessoa humana, e de desenvolvimento da cooperação e responsabilização internacional dos Estados (ainda incipiente no tema de direitos sociais, econômicos e culturais).

Partindo destas premissas, o estudo parte da constatação de que, na maioria dos Estados, inclusive no Brasil, os direitos humanos sociais (que serão doravante denominados, neste trabalho, apenas de direitos sociais) ainda não foram concretizados em sua plenitude, apesar do destaque que as legislações nacionais (inclusive em sede de textos constitucionais, geralmente ricos em garantias relacionadas ao gozo dos direitos sociais); as normas internacionais; e a comunidade jurídica internacional vêm atribuindo ao tema.

Outra observação preliminar indispensável versa sobre a persistência de discrepâncias entre as legislações domésticas, incluindo a brasileira e, no particular, a trabalhista tal qual inserida em nossa Consolidação das Leis do Trabalho – CLT, e a normatização internacional sobre a proteção ao direito ao trabalho, a desafiar o uso do controle de convencionalidade. Neste estudo, limitaremos a nossa análise a exemplos extraídos apenas das convenções internacionais com natureza de tratados, ou seja, aquelas ditas *"hard law"* ou cogentes[5], tal qual as convenções da OIT no plano universal, e a *Convenção interamericana dos direitos humanos*, no plano regional interamericano. À parte selecionada deste extenso conjunto normativo confrontaremos extratos do texto normativo da CLT, tal qual estará em vigor após a *vacatio legis* da Lei n. 13.467/2017.

Em uma primeira análise, o controle de convencionalidade serve como instrumento para a adequada hermenêutica dos direitos humanos sociais, pois o sentido dado ao conceito de institutos integrantes desta categoria, bem como de suas normas diretrizes, não pode prescindir daquele dado pela legislação internacional, nem tampouco pelos órgãos originais de controle de sua aplicação (sob pena de incorrermos no grave equívoco dos chamados "tratados nacionais", ou seja, tratados interpretados à luz da legislação doméstica, ignorando os respectivos intérpretes autênticos)[6].

Em acréscimo ao empobrecimento regulatório e cultural, em termos de negativa de uma hermenêutica jurídica plural e cosmopolita, efetivamente voltada para a concretização dos direitos sociais insculpidos no Direito Internacional dos Direitos dos Direitos Humanos (DIDH), o que já representa uma grave consequência para o direito nacional, a postura comum no meio trabalhista brasileiro[7], que ignora a legislação e jurisprudência internacional, pode gerar a responsabilidade internacional do Brasil por violação de direitos humanos sociais.

A noção de responsabilidade internacional de Estados por violação de direitos humanos, tal qual conhecemos atualmente, evoluiu da noção de *respeitar* tais direitos para, também, abranger as suas omissões em *fazer respeitar* tais direitos, ou seja, os Estados podem ser considerados responsáveis por permitirem que terceiros (outros Estados, empresas nacionais ou estrangeiras, e até indivíduos ou grupos sociais) violem direitos humanos de particulares (nacionais ou estrangeiros) em seu território, sem a devida resposta e combate estatal, o que é muito comumente verificado na prática de Estados em que a sua estrutura fiscalizatória é débil[8].

Também pode o Estado ser responsabilizado por elaborar e dar vigência a uma legislação doméstica que contrarie

---

(5) Em contraposição ao denominado *soft law*, característico das declarações de direitos humanos como, por exemplo, as declarações da OIT, marcadas por seu caráter não vinculante, ou, para alguns, por seu conteúdo de reconhecimento de costumes ou princípios que podem lhe atribuir o *status* de *jus cogens*, ou seja, de normas que valem até mais que a vontade estatal. COSTA, José Augusto Fontoura; FRIEDRICH, Tatyana Scheila. As Declarações Internacionais e Direito Internacional do Trabalho. In: GOMES, Ana Virgínia Moreira; FREITAS JÚNIOR, Antonio Rodrigues de (Orgs.). *A Declaração de 1998 da OIT sobre princípios e direitos fundamentais no trabalho...*, p. 49-50.

(6) RAMOS, André de Carvalho. *Pluralidade das ordens jurídicas*. A relação do direito brasileiro com o direito internacional. Curitiba: Juruá, 2012, p. 75.

(7) Para dados estatísticos sobre a aplicação das convenções internacionais da OIT pelos Tribunais Regionais do Trabalho brasileiros e pelo Tribunal Superior do Trabalho – TST, bem como sobre o uso do controle de convencionalidade na jurisprudência trabalhista, ver: FRANCO FILHO, Georgenor de Souza; MAZUOLLI, Valério de Oliveira. Incorporação e aplicação das convenções internacionais da OIT no Brasil. In: FRANCO FILHO, Georgenor de Souza; MAZUOLLI, Valério de Oliveira. *Direito internacional do trabalho*. O estado da arte sobre a aplicação das convenções internacionais da OIT no Brasil. FRANCO FILHO, Georgenor de Souza; MAZUOLLI, Valério de Oliveira (Orgs.)..., p. 15-23.

(8) Sobre o tema da responsabilidade internacional por omissão no combate a violações praticadas por terceiros, é emblemático, para o Brasil, o *caso José Pereira*. Neste caso, denunciada a violação de direitos humanos à Comissão Interamericana de Direitos Humanos, o Estado brasileiro reconhecera sua responsabilidade pelas deficiências no combate ao trabalho em condições análogas à de escravo, do qual o autor, José Pereira, fora vítima no Estado do Pará.

os compromissos internacionais assumidos pois, para o Direito Internacional, o ato legislativo é um mero "fato", pelo qual o Estado pode ser responsabilizado perante os órgãos judiciais ou não de controle da aplicação dos direitos humanos, a exemplo do que ocorre nas sentenças proferidas pela Corte Interamericana de Direitos Humanos ou relatórios de acompanhamento das Comissões de Peritos da OIT.

Assim, a problemática em torno do tema tem importância ímpar e repercussão social forte, sobretudo porque um dos maiores problemas da atualidade é, inegavelmente, tornar efetivo, concreto, e passível de apuração, a violação estatal do projeto de aplicação de patamares mínimos de sobrevivência e desenvolvimento humano, a nível global. O Brasil aderiu, em termos estritamente normativos, satisfatoriamente, a tal projeto, tendo ratificado, por exemplo, nada menos do que quase duzentas convenções da OIT.

Contudo, a falta de adequação da legislação doméstica a tal padrão é verificada em pontos relevantes da legislação trabalhista brasileira e, com ainda maior impacto sobre a proteção aos direitos sociais, a adesão social e jurisprudencial a tal padrão normativo internacional de proteção aos direitos sociais é escassa. Raros são os estudos nacionais com certo aprofundamento sobre as normas do Direito Internacional Social (DIS), e poucas são as decisões judiciais que efetivamente aplicam tais normas, as quais, quando citadas, o são para o efeito de adorno à fundamentação baseada na legislação doméstica.

Este é, segundo nossa compreensão, o quadro atual enfrentado pela sociedade civil e comunidade jurídica preocupada com a concretização dos direitos humanos sociais no Brasil, agravado pela reforma trabalhista subitamente aprovada pelo Poder Legislativo Brasileiro, tudo a desafiar o uso do Controle de Convencionalidade como relevante instrumento de harmonização entre o padrão internacional e a legislação trabalhista doméstica.

2. O CONTROLE DE CONVENCIONALIDADE COMO INSTRUMENTO DE HARMONIZAÇÃO ENTRE O PADRÃO INTERNACIONAL E A LEGISLAÇÃO TRABALHISTA DOMÉSTICA

Com maior ou menor grau de influência sobre o contexto em que atuam, a depender dos mecanismos jurídicos de que dispõem, os sistemas de proteção, seja no âmbito internacional, supranacional, nacional ou infranacional, impactam não apenas os agentes da comunidade internacional ou nacional submetidos ao seu controle, como também os demais agentes que com estes interagem de alguma forma.

Podemos citar, ainda que de maneira bastante sintética, mas como norte para o estudo dos mecanismos de coordenação, dentre eles o controle de convencionalidade, os diferentes sistemas que compõem essa intrincada rede de proteção aos direitos humanos sociais, destacando:

(i) o *sistema universal*[9], sediado no âmbito da *Organização das Nações Unidas (ONU)*, mas também integrado por muitas outras organizações internacionais com pretensões universais a favor dos direitos sociais, intengrantes de sua "família", como a *Organização Internacional do Trabalho (OIT)*, ou estranhas à gigantesca estrutura onusiana;

(ii) os *sistemas europeus* (o regional e capitaneado pelo *Conselho da Europa* e o sistema decorrente do direito comunitário, a encargo da *União Europeia-UE*);

(iii) o *sistema regional interamericano*, desenvolvido e mantido pela *Organização dos Estados Americanos (OEA)*;

(iv) e os sistemas jurídicos nacionais.

Destes, o Estado Brasileiro apenas não integra os sistemas europeus, limitados que estão ao "Velho Continente", e conta com um sistema jurídico nacional extremamente rico em normas sobre direitos sociais, desde a matriz constitucional, por esta mesma razão chamada de "Constituição Cidadã". Tal sistema doméstico, portanto, conta com uma rede própria de normas, instituições e políticas públicas voltadas à promoção e proteção dos direitos sociais, com características próprias a nosso Estado, mas também harmonizadas, em maior ou menor grau, com os sistemas universal e regional, onde houver.

Do *sistema universal de proteção aos direitos humanos*, é bom ressaltar, deriva a tentativa mais visível de dar um conteúdo comum, universal por assim dizer, aos direitos sociais, como atesta o trabalho desenvolvido no âmbito da OIT, em matéria trabalhista especialmente (a qual deu origem e segue como parte relevante do DIS), bem como em outras organizações internacionais com vocação universal, onde foram elaborados e são aplicados pelos órgãos de supervisão e controle inúmeros *standards internacionais* com grande penetração também em outros sistemas de proteção, inclusive nacionais[10]-[11].

---

(9) O *sistema universal de proteção aos direitos humanos*, abrigado em especial no âmbito da *Organização das Nações Unidas* (ONU), conquanto não dotado de órgãos jurisdicionais com competência para questões envolvendo diretamente violações a direitos humanos, é o mais extenso conjunto de mecanismos e instituições voltadas a esse fim. Sua atuação está centrada em órgãos de controle com caráter político, ou quase jurisdicionais (fundados, em grande parte, na apresentação de relatórios sobre o desenvolvimento dos direitos humanos nos Estados-membros, e a realização de perícias pelos especialistas em cada esfera de direitos para acompanhamento e proposição de medidas corretivas), evitando-se, por opção estrutural e ideológica, a criação de um mecanismo jurisdicional.

(10) Também é nas organizações do sistema universal que identificamos os esforços mais relevantes para o desenvolvimento, salutar, de mecanismos de aferição de resultados e de violações pelos Estados aos direitos humanos (para aplicação da responsabilidade internacional estatal), com elaborados instrumentos de supervisão e controle da atuação estatal, cujo prestígio, na comunidade internacional, nas mídias, e na política internacional e interna aos Estados é crescente, apesar das inevitáveis críticas e deficiências. Sobre os mecanismos de aferição de resultados, especificamente em relação aos direitos sociais, conferir: GOTTI, Alessandra. *Direitos sociais: fundamentos, regime jurídico, implementação e aferição de resultados.*

(11) Para um bom estudo sobre as influências do Direito da OIT na ordem jurídica interna, consultar: MEIRELES, Gustavo Fernandes. *Trabalho, comércio e dignidade no direito internacional contemporâneo. Desafios e perspectivas para a Atuação da OIT e da OMC.* Curitiba: Juruá, 2016. p. 204-208.

Dentre os sistemas de proteção, merecem destaque também, em se tratando de direitos humanos sociais, por sua relevante normatização e atuação contínua na supervisão e controle da aplicação de suas normas, os *sistemas regionais*, entendidos como uma síntese classificatória dos vários sistemas de proteção aos direitos humanos instituídos em organizações internacionais com mandatos regionais, representativos da tendência à *regionalização da proteção dos direitos humanos*, tal qual a realizada pelo *Sistema Interamericano de Proteção aos Direitos Humanos (SIDH)*[12].

Nesta ordem de ideias, pode-se afirmar que existe um *Direito internacional social*, que antecedeu o próprio DIDH, cada vez mais complexo, a reunir fontes normativas internacionais e supranacionais sobre direitos sociais, em sentido amplo, a tratar de uma variedade de temas e espécies de direitos, conforme o sistema jurídico em análise, e também diversificados sistemas de proteção e controle da aplicação destas normas. Todos essas fontes normativas e sistemas atuando em sobreposição aos existentes em sistemas nacionais ou domésticos, em forma de rede.

Atuando como coadjuvantes dos tribunais domésticos, os sistemas internacionais de proteção aos direitos humanos, seja o universal ou os regionais, têm importantíssimo papel no aperfeiçoamento desses mecanismos de proteção, por agregarem os esforços de diversos agentes da comunidade internacional na obtenção de (relativos) consensos ou acordos sobre os padrões internacionais de direitos humanos e sua aplicação. Desse modo, os sistemas internacionais, influenciando os domésticos, em sua atuação paralela ou subsidiária, geram o reconhecimento de sua utilidade e, por imperativo lógico e estratégico, a busca do desenvolvimento de mecanismos de coordenação entre eles.

Assim, em apertada introdução ao tema, podemos afirmar que esta pluralidade de sistemas, normas e de órgãos de supervisão e controle, atuando em uma verdadeira rede de proteção aos direitos humanos, está em pleno desenvolvimento, e conta com intrincados conjuntos normativos e originais arranjos institucionais, na tentativa de cumprir as missões que inspiraram suas criações. Tudo isso põe a questão da coordenação, coerência ou harmonização entre a normatização dos direitos humanos sociais e também em relação à atuação de seus órgãos de supervisão e controle[13], apesar de ainda muito pouco estudada sistematicamente, na *ordem do dia*, como uma das mais relevantes para o DIDH, na medida em que se impõe o seu reconhecimento para o pleno desenvolvimento do DIS, especialmente em sua porção de interconexão com os sistemas de proteção aos direitos humanos sociais[14].

O Controle de Convencionalidade, enquanto mecanismo de controle ou fiscalização das ações estatais diante da normatização internacional deve ser realizado, a princípio, pelos próprios órgãos de controle instituídos nos sistemas internacionais de proteção aos direitos humanos, situação em que pode ser denominado de originário ou autêntico, por esta mesma razão.

Ademais, o controle também pode ser realizado internamente, em relação ao próprio Estado obrigado pela normativa internacional, quando o intérprete nacional do direito doméstico compara o conteúdo das normas internas com a normatização internacional, realizando um controle dito derivado ou provisório, especialmente pelo fato de não vincular o entendimento dos órgãos originários de controle no plano internacional, dada supremacia do Direito Internacional Público em relação ao nacional. Mas tal

---

(12) O *Sistema Interamericano de Proteção aos Direitos Humanos*, desenvolvido *pela Organização dos Estados Americanos*, tem a função de proteger os direitos humanos em geral, sejam estes direitos civis, políticos, econômicos, sociais ou culturais, sempre na perspectiva da indivisibilidade dos direitos humanos, consistente no reconhecimento de que todos os direitos humanos devem ter a mesma proteção jurídica, uma vez que são essenciais para uma vida digna. O SIDH tem caráter duplo, pois pode ser concebido como um sistema geral, baseado na *Carta da Organização dos Estados Americanos* e na *Declaração Americana dos Direitos e Deveres do Homem*, válido para todos os Estados-membros da organização; e um sistema que abarca somente os Estados signatários da *Convenção Americana de Direitos Humanos* (CADH) e inclui os procedimentos perante a *Corte Interamericana de Direitos Humanos*.

(13) Neste sentido, "*Fala-se, então, em conceber a harmonização como uma alternativa à codificação, um processo novo que inclui o objetivo da integração normativa, mas que se contenta com uma integração imperfeita, sem impor uma unificação, isto é, preservando as margens nacionais, mas permitindo a aplicação de princípios diretores comuns e viabilizando a cooperação jurídica entre os estados. A harmonização por aproximação é dada como exemplo exatamente para os casos em que a uniformização é impossível, como nos casos de diversidade moral e religiosa, ou seja, casos em que tanto o isolamento quanto a codificação são impossíveis e que, portanto, a saída seria a busca dessa harmonização. A harmonização instaura uma relação vertical, ao contrário do entrecruzamento, que instaura apenas relações horizontais. Mas essa relação vertical instaurada pela harmonização seria do tipo hierarquia emaranhada, significando a convivência de dinâmicas centrípetas, com primazia do Direito supranacional e de dinâmicas centrífugas, com subsidiariedade do Direito supranacional em prol do Direito local.*". DINIZ, Geilza Fátima Cavalcanti. *Os domínios recalcitrantes do Direito Internacional:* diversidade moral e religiosa no direito penal como óbice ao direito comum: o caso do aborto do feto anencéfalo..., p. 201-227. No presente estudo defendemos que a harmonização, de uma maneira geral, pode ser aplicada, enquanto mecanismo de coordenação, em relação a qualquer espécie de direitos humanos, inclusive dos sociais.

(14) Sobre as particularidades do *Direito Internacional da Pessoa Humana*, e suas características relevantes, Sandrine Turgis destaca três elementos: a) o desenvolvimento dos ramos do Direito Internacional da Pessoa Humana, especialmente dos direitos humanos e humanitário; b) a inflação normativa do Direito Internacional da Pessoa Humana, bem como a emergência (ou tentativa de) organizações regionais e sub-regionais sobre o tema (na Europa, América, África, Ásia, e Países Árabes); c) a *multiplicidade dos órgãos internacionais de controle, que coexistem no seio de uma mesma organização e entre organizações diferentes*, sejam organizações especializadas na proteção de direitos da pessoa humana ou de cooperação ou integração econômica, mas também no seio de um mesmo espaço geográfico e entre diferentes espaços territoriais. *O acúmulo de mecanismos de controle, positivo para os indivíduos, pode criar diversos problemas aos Estados e aos órgãos de controle, gerando reflexões na doutrina e jurisprudência*. TURGIS, Sandrine. *Les interactions entre les normes internationales relatives aux droits de la personne...*, p. 23-54. Tradução livre. Grifo nosso.

circunstância não retira a relevância desta forma de controle, que em muito pode e deve nortear a ação interpretativa ou de aplicação das normas brasileiras trabalhistas.

Para não estender muito a questão, e limitarmos a análise a fatores estritamente jurídicos, basta lembrar que o texto constitucional, segunda a interpretação dada pelo Supremo Tribunal Federal no RE n. 466.343-1/SP, de dezembro de 2008, os Tratados de direitos humanos, assim como as Convenções da OIT e a Convenção Americana de Direitos Humanos (CADH), possuem nível de hierarquia supralegal, em regra. Caso aprovados com o rito especial previsto no criticado § 3º do art. 5º da CF de 1988, tais Tratados têm *status* de norma constitucional.

Apenas para concluir a observação, registre-se o entendimento de que todos os tratados, independentemente do rito de aprovação, para muitos doutrinadores, são normas materialmente constitucionais graças à sua integração ao texto constitucional por força do § 2º do art. 5º da CF/1988.

Isso já é suficiente, segundo cremos, para demonstrar que além de imediata e diretamente aplicáveis às relações de trabalho no Brasil, os tratados sobre direitos humanos sociais, aqui incluídas as normas da OIT, têm, inclusive e por aplicação da hierarquia normativa, prevalência sobre as normas legais federais, estaduais e municipais. Desse modo, por questão de imperativa lógica, estas últimas somente podem ser aplicadas no que não contrariem a normatização internacional ratificada e aprovada pelo Estado brasileiro.

Isto vale, por certo, para a nossa CLT, lei federal com o maior volume de normas sobre Direito Trabalhista em nosso País. Como exemplo de uso do controle de convencionalidade sobre as normas celetistas, inclusive para negar aplicação da norma doméstica contrária a convenção da OIT, citamos caso decidido, em última instância, pelo Tribunal Superior do Trabalho, admitindo a possibilidade de cumulação dos adicionais de insalubridade e periculosidade, por ser medida que favorece o trabalhador e o estímulo à proteção a sua saúde e segurança no meio ambiente do trabalho, o que atende a compromissos assumidos internacionalmente pelo Brasil[15].

Desse modo, diante da alteração de mais de uma centena de artigos desta Consolidação de Leis Trabalhistas, a qual faz as vezes de código do trabalho, ainda inexistente em nosso sistema jurídico nacional, pela recente aprovação no Congresso Nacional da Lei n. 13.467/2017, faz-se necessário o esforço de elaboração de algumas reflexões iniciais sobre o controle de convencionalidade aplicado à reforma trabalhista brasileira, ainda que de modo a apenas suscitar o debate sobre tema tão vasto e ainda pouco explorado.

3. REFLEXÕES INICIAIS SOBRE O CONTROLE DE CONVENCIONALIDADE APLICADO À REFORMA TRABALHISTA BRASILEIRA

Noticiada pelo Governo Federal e principais meios de comunicação como urgente, avassaladora e inegociável, o Congresso Nacional aprovou um conjunto de alterações a aproximadamente uma centena de dispositivos da CLT, os quais não puderam ser minimamente ajustados ou estudados pelos congressistas e sociedade civil, culminando na famigerada e criticada Reforma Trabalhista, esforço da Lei n. 13.467 de 2017[16].

Não é essa a primeira e provavelmente não será a última vez em que a legislação trabalhista foi modificada. Oriunda de 1943, a Consolidação da Leis do Trabalho sofreu uma séria de alterações ao longo das últimas décadas. Ressalta-se, a título exemplificativo, o regime do Fundo de Garantia por Tempo de Serviço de 1967, a Lei de Férias de 1977, o vale-tranporte de 1985, bem como as mais diversas adequações constitucionais que, em um esforço hermenêutico, foram presididas pelos operadores do Direito e tribunais ao longo dos últimos anos.

Mais recentemente, e já seguindo a trilha de uma pretensa reforma modernizadora das relações de trabalho, podemos destacar ainda a Lei n. 12.619 de 2012, a lei dos motoristas, abundante em normas que extrapolam o *modus operandi* referente à jornada de trabalho comum aos demais trabalhadores, ou, ainda mais recentemente, a Lei n. 13.287 de 2016, que acrescenta o art. 394-A dispondo sobre a necessidade de afastamento da empregada gestante ou lactante, enquanto durar a gestação e a lactação, de quaisquer atividades, operações ou locais insalubres, devendo exercer suas atividades em local salubre (artigo, aliás, que a reforma não deixou intacto e que figura no rol daqueles que mais estão sendo criticados pelos operadores do Direito)[17].

Apesar de não terem sido poucas as reformas anteriores, nem que, portanto, seja possível concluir que as relações trabalhistas eram regidas por legislação da década de 40 (como querem propagar os entusiastas da reforma), não obstante, é forçoso concluir que nunca estivemos diante de uma mudança tão ampla e dramática, uma reviravolta ideológica que fere em parte a própria principiologia da norma

---

(15) A decisão aplicando expressamente o Controle de Convencionalidade, comparando a norma das Convenções n. 148 e 155 da OIT com o texto do art. 193, § 2º da CLT foi proferida pela 7ª Turma do TST, com relatoria do Ministro Cláudio Brandão, no RR n. 0001072-72.2011.5.02.0384, disponibilizada em 02.10.2014.

(16) Para um estudo completo sobre os artigos da CLT alterados, consultar: BATISTA, Homero Mateus da Silva. *Comentários à reforma trabalhista*. Análise da Lei n. 13.467/2017 – artigo por artigo.

(17) Pela atual reforma trabalhista, o direito ao afastamento do labor em ambiente com agentes insalubres de grau médio ou mínimo somente persistirá quando indicado o afastamento por atestado médico (art. 394-A da CLT), o que diminui sensivelmente a proteção, dada a frequente resistência das empresas brasileiras a seguirem orientações médicas sobre questões afetas à saúde e segurança dos trabalhadores e, ainda, a proteção à mulher e à maternidade.

(até porque a reforma, apressadamente, modificou dispositivos e deixou de alterar outros diametralmente opostos, criando antinomias de difícil solução jurídica.)

Esse amplo conjunto de mudanças legislativas, mal redigidas, pouco discutidas, e que, conforme supracitado, geradora de graves conflitos jurídicos internos, cria um desafio aos operadores do Direito que apenas o tempo dirá como solucionar-se-á. Disso tudo, porém, uma coisa é certa. A reforma desponta como um forte ataque aos direitos do trabalhador: como uma força conservadora que tenta revogar direitos já postos e, em uma outra esfera, como uma verdadeira luta de poderes à la Montesquieu. Explica-se: boa parte dos dispositivos modificados busca justamente derrogar entendimentos já sumulados pelo Tribunal Superior do Trabalho, após demorado, cuidadoso, legítimo e ponderado cotejo dos dispositivos celetistas com a Constituição Cidadã, cumprindo seu papel de lhes proporcionar interpretação conforme o texto constitucional.

Nossas reflexões sobre o tema do controle de convencionalidade aplicado à reforma trabalhista partem, assim, da premissa de que esta gerou um retrocesso nos direitos sociais trabalhistas, tal qual regulados internamente pela Constituição Federal de 1988 e Consolidação das Leis do Trabalho. Assim pensamos porque inúmeros direitos dos trabalhadores foram sumariamente extintos deste último texto legal, a exemplo do direito a pagamento das horas *in itinere*, direito a horas extras dos teletrabalhadores e do intervalo da mulher antes da prática de horas extras. Outros tantos direitos trabalhistas, ademais, tiveram os requisitos para sua aquisição consideravelmente alterados em prejuízo flagrante ao trabalhador, como o direito a equiparação salarial e o direito a reparação pela supressão de intervalo intrajornada, que agora fica restrita aos minutos sonegados e em caráter indenizatório.

Por outro lado, inúmeras normas relacionadas à garantia de pagamento dos créditos trabalhistas foram também modificadas prejudicialmente, como as alterações nos institutos da responsabilidade por sucessão empresarial e grupo econômico, e a preocupante quitação anual de dívidas trabalhistas, ignorando-se seu caráter reconhecidamente alimentar e uma tradição jurídica de proteção derivada de importantes princípios internacionais e constitucionais, como a proibição de retrocesso social, o reconhecimento de que o trabalho não é uma mercadoria, e a valorização do trabalho humano e dignidade da pessoa humana.

Ainda foram alteradas prejudicialmente normas clássicas do direito processual trabalhista, todas visando a garantir efetivamente e não apenas em retórica, o acesso à Justiça do Trabalho do credor de verba de natureza alimentar, normalmente carente de recursos para as despesas processuais como custas, honorários periciais, e honorários de sucumbência[18]. Figuras exdrúxulas como a *homologação de acordo extrajudicial* foram criadas, em evidente tentativa de desconfigurar os contornos do braço de jurisdição mais eficaz do Poder Judiciário brasileiro que, não por acaso, tanto incomoda a classe patronal.

Esse é, em poucas palavras, o quadro geral da reforma trabalhista à brasileira, levada a cabo repentinamente pelo Congresso nacional, em meio a forte crise política e institucional, por um governo de transição após um processo de *impeachment* da presidente do País, maculada pela deslegitimidade dos congressistas e líderes políticos diante do maior processo de investigação anticorrupção já instaurado no Brasil e, talvez, no mundo. A esses fatores, soma-se uma forte crise econômica, com estatísticas oficiais noticiando entre 14 a 17 milhões de trabalhadores desempregados, para a qual a reforma seria a solução por supostamente desonerar o custo da mão de obra no País, e "moralizar" a justiça Especializada, vista pela classe empresária como facilitadora de enriquecimento sem causa de ex-empregados golpistas.

Pois bem. Refletindo sobre a Convenção Americana de Direitos Humanos, observamos que este tratado multilateral e basilar para o Sistema Interamericano de Direitos Humanos prevê, em seu art. 26, o *direito ao desenvolvimento progressivo dos direitos econômicos, sociais e culturais*[19]. O Brasil aderiu a tal convenção e, também, à jurisdição da Corte interamericana de direitos humanos, órgão de controle judicial da aplicação deste sistema regional de proteção aos direitos humanos.

Deste modo, quer no plano internacional, o que se dá com a ratificação; ou no plano doméstico, com a aprovação, a conferir *status* de norma materialmente constitucional e formalmente supralegal (eis que não aprovada com o rito especial), o Estado Brasileiro deve obedecer e fazer seguir as normas nela contidas, incluindo o art. 26 da CADH[20].

Por certo que a questão não é de simples análise, eis que a aplicação da progressão dos direitos sociais ou do não retrocesso está embaralhada, em nossa doutrina e jurisprudência, a obstáculos de peso como a reserva do possível e da discricionariedade na eleição de políticas públicas. Contudo, tais percalços, ainda que não sejam intransponíveis, são aplicáveis a prestações de direitos sociais devidas pelo Estado à sociedade. A reforma trabalhista brasileira,

---

(18) Por questões metodológicas nossa análise ficará restrita ao uso do Controle de Convencionalidade sobre as normas de direito material do trabalho, mas sem que isso represente nenhum menosprezo às alterações legislativas de índole predominantemente processual.

(19) Para um estudo aprofundado sobre a jurisprudência interamericana em matéria de direitos sociais, indicamos consultar adaptação de nossa dissertação de mestrado: MATOS, Monique Fernandes Santos. *Direito internacional social*. Análise das decisões das cortes europeia e interamericana de direitos humanos.

(20) Sobre o Controle de Convencionalidade exercido no SIDH, ver: GUERRA, Sidney. *O Sistema interamericano de proteção aos direitos humanos e o controle de convencionalidade...* p. 169-197.

por seu turno, subverte um subsistema jurídico nacional, o trabalhista firmado na CLT, destinado a reger, em primeiro plano, as relações privadas nas relações de trabalho. Desse modo, nesta seara, o direito ao desenvolvimento progressivo não pode ser justificadamente violado, como o foi com a supressão de direitos e garantias dos trabalhadores, inclusive sem qualquer contrapartida do legislador.

Desse modo, a reforma trabalhista como um todo, ou, ainda que assim não se considere, em seus dispositivos que retiram direitos dos trabalhadores ou dificultam os requisitos para a sua aquisição, não passam pelo crivo do Controle de Constitucionalidade à luz do art. 26 da CADH, por configurarem flagrante retrocesso e não desenvolvimento, ainda que progressivo, dos direitos sociais. Isso já é suficiente, inclusive, para gerar a inconveniente, do ponto de vista jurídico e político, responsabilidade internacional do Estado brasileiro por violação de direitos sociais, embora o SIDH não seja eficiente em analisar tal configuração, em comparação às violações a direitos civis e políticos.

Prosseguindo na análise, exemplificamos com uma convenção da OIT e, portanto, integrante do sistema universal liderado pela ONU, que trata especificamente da proteção do salário – Convenção n. 95 (1949), cujo art. 1º logo expressa que o instituto significa, *"qualquer que seja a denominação ou modo de cálculo, a remuneração ou os ganhos susceptíveis de serem avaliados em espécie ou fixados pela legislação nacional, que são devidos em virtude de um contrato de aluguel de serviços (...)"*[21].

Sendo assim, não é necessário muito esforço para identificar a discrepância ou contrariedade frontal entre tal norma internacional e com plena vigência e eficácia no Brasil, com *status* de supralegalidade segundo o próprio STF, conforme já expusemos, e o novel texto do art. 457, §§ 1º, 2º e 4º da CLT pós-reforma. Sem qualquer respaldo nas normas de hierarquia superior, a simplória e mal intencionada redação deste dispositivo pretende, em seu sentido gramatical, excluir do conceito de salário, e, consequentemente, de sua proteção, quantias pagas para retribuir o trabalho, mas que o empregador pretendeu denominar de modo diverso, como: gratificações não legais, ajuda de custo, auxílio-alimentação, diárias para viagem (em qualquer valor), prêmios e abonos.

Por certo que esta interpretação literal do texto da norma em comento não pode ser tomada como norma a ser aplicada, pois não resiste ao teste da aplicação dos métodos de hermenêutica sistemáticos e teleológicos, eis que viola frontalmente os princípios da proteção, irredutibilidade salarial, valorização do trabalho e proibição de retrocesso. Além disso, representa clara ruptura com o texto convencional.

Como esses, muitos outros exemplos poderiam ser listados, como a afronta da redução da proteção à gestante e lactante trabalhadora em local insalubre promovida pela alteração do art. 394-A, comentada anteriormente e que afronta a Convenção n. 155, sobre Segurança e Saúde dos Trabalhadores (1981), e, seu art. 4º, que estabelece os princípios para uma política nacional com o objetivo de prevenção de acidentes e riscos à saúde decorrentes do labor, reduzindo **ao mínimo** as causas dos riscos inerentes ao ambiente de trabalho. Na hipótese em análise, portanto, o Estado brasileiro, ao contrário do compromisso internacionalmente assumido e com força vinculante internamente, aprovou legislação doméstica insuficiente ao crivo do Controle de Convencionalidade em relação á norma ora proposta.

Apenas para pontuar, reiteramos que o Controle de Convencionalidade originalmente previsto é o realizado pelos órgãos de controle da aplicação dos direitos sociais integrantes dos respectivos sistemas de proteção. Contudo, nada obsta que o controle ou caso se prefira rejeitar tal denominação, a comparação entre os sentidos das normas internas e de origem internacional seja realizada em decisões judiciais internas, com base no princípio *pro homine*, ou seja, com aplicação da norma mais favorável à proteção da pessoa humana.

Isso porque não cabe a solução de eventual antinomia entre tais normas com base nos critérios cronológicos ou da especialidade, pois trata-se de direitos humanos, não importando a origem, interna ou internacional da norma, ou *status* hierárquico que se queira a ela atribuir. No caso específico brasileiro, em que a Constituição Federal, por meio de cláusula aberta, torna os direitos enunciados em Tratados de Direitos Humanos incorporados ao catálogo de direitos fundamentais expresso no art. 5º da Constituição Federal de 1988, a dúvida quanto à necessidade de aplicação da norma mais favorável não pode persistir.

4. CONCLUSÕES

A ideologia dos direitos sociais os toma em uma dialética entre o Estado e a sociedade civil, sendo a interação de ambas imprescindível para sua existência. Assim, não há direitos sociais sem intervenção estatal, e sem a participação dos cidadãos reclamando por eles, em um procedimento jurídico, situado na democracia parlamentarista-representativa. Os direitos, como assinalado, dependem do Estado, e serão os socialistas, em especial, que partirão da confiança no poder para impulsionar os direitos positivos à satisfação de necessidades básicas que o indivíduo não pode alcançar por si mesmo.

Tais origens, de luta contra as injustiças sociais estabelecidas por um sistema político e de produção que despreza os interesses e até mesmo exclui grandes parcelas da população, não apenas os que estão fora dos sistemas sociais educacionais ou produtivos, estão na base formadora dos

---

(21) RODRIGUES JÚNIOR, Edson Beas. *Convenções da OIT e outros instrumentos de direito internacional público e privado relevantes ao direito do trabalho...*, p. 84. Grifamos.

direitos sociais e trabalhistas. Isso porque restam excluídos, inclusive, os próprios trabalhadores que permitem o funcionamento do sistema capitalista, em especial após o avanço da globalização econômica e cultural (e o consequente dilatamento da distância entre o centro e a periferia, em termos de igualdade substancial entre os membros da sociedade)[22]. Contudo, tais circunstâncias, aliadas ao desenvolvimento do DIDH, modelarão as características desses direitos quando estes passam a ser absorvidos pelos mais diversos sistemas e subsistemas jurídicos, ou pelo menos assim deveria ser.

Assim, considerando que a linguagem dos direitos humanos, tomada em um determinado conjunto normativo em particular, representa uma abertura a outros sistemas e subsistemas de proteção de direitos humanos (numa visão do Direito Internacional como conjunto de subsistemas autônomos mas permeados por uma base jurídica transversal comum, consubstanciada pelos princípios gerais do Direito Internacional[23]), a principal diretriz deste estudo é o reconhecimento da importância do uso de Controle de Convencionalidade para a adequada aplicação da legislação trabalhista doméstica, especialmente a CLT após o início da vigência da nova redação dada pela reforma trabalhista.

O tema ganha, assim, relevo na conjuntura atual do Direito do Trabalho brasileira, especialmente como forma de evitar o forte retrocesso social almejado com a reforma trabalhista brasileira, denominação que pouco condiz com o verdadeiro desmonte sofrido pela CLT com as alterações promovidas por essa Lei federal, muitas em total afronta ao sistema constitucional inaugurado pela Constituição Federal de 1988, e outras tantas em descompasso com os compromissos internacionais assumidos pelo Estado brasileiro em matéria de proteção social.

Também o Controle de Convencionalidade, ao promover uma harmonização da legislação doméstica com a internacional, pode evitar a responsabilização internacional do Estado brasileiro por violação dos direitos sociais extintos ou remodelados, em flagrante prejuízo ao trabalhador, pela reforma trabalhista eis que, a rigor, as obrigações dos Estados, em relação aos direitos sociais, compreendem tanto aqueles direitos previstos em seu ordenamento jurídico interno, quanto em pactos internacionais dos quais sejam signatários.

O intérprete comprometido em uma hermenêutica adequada dos direitos sociais, que garanta a sua finalidade de propiciar o incremento da justiça social, ao tempo que foge do obscurantismo de aplicar, segundo a mais rasteira interpretação gramatical, texto legal com sentido dissociado de normas de índole constitucional e supralegal, bem como ciente da importância do princípio da proteção da pessoa humana no DIDH, terá no Controle de Convencionalidade aplicado à reforma trabalhista brasileira um forte aliado.

5. REFERÊNCIAS BIBLIOGRÁFICAS

BATISTA, Homero Mateus da Silva. *Comentários à reforma trabalhista*. Análise da Lei n. 13.467/2017 – artigo por artigo. São Paulo: Revista dos Tribunais, 2017.

BOBBIO, Norberto. *A era dos direitos*. 9. ed. Rio de Janeiro: Elsevier, 2004.

CASSAR, Vólia Bomfim. *Direito do Trabalho*. De acordo com a Reforma Trabalhista. Lei n. 13.467/2017. 14. ed. rev., atual. e ampl. Rio de Janeiro: Forense; São Paulo: Método, 2017.

COSTA, José Augusto Fontoura; FRIEDRICH, Tatyana Scheila. As Declarações Internacionais e Direito Internacional do Trabalho. In: GOMES, Ana Virgínia Moreira; FREITAS JÚNIOR, Antonio Rodrigues de (Orgs.). *A Declaração de 1988 da OIT sobre princípios e direitos fundamentais no trabalho*. São Paulo: LTr, 2014.

DINIZ, Geilza Fátima Cavalcanti. Os domínios recalcitrantes do direito internacional: diversidade moral e religiosa no direito penal como óbice ao direito comum: o caso do aborto do feto anencéfalo. *Revista de Direito Internacional*, 2012, v. 9, n. 4.

FRANCO FILHO, Georgenor de Souza; MAZUOLLI, Valério de Oliveira (Orgs.). Incorporação e aplicação das convenções internacionais da OIT no Brasil. In: *Direito internacional do trabalho*. O estado da arte sobre a aplicação das convenções internacionais da OIT no Brasil. São Paulo: LTr, 2016.

GOTTI, Alessandra. *Direitos sociais*: fundamentos, regime jurídico, implementação e aferição de resultados. São Paulo: Saraiva, 2012.

GUERRA, Sidney. *O sistema interamericano de proteção aos direitos humanos e o controle de convencionalidade*. São Paulo: Atlas, 2013.

MATOS, Monique Fernandes Santos. *Direito internacional social*. análise das Decisões das Cortes Europeia e Interamericana de Direitos Humanos. Curitiba: Juruá, 2015.

MEIRELES, Gustavo Fernandes. *Trabalho, comércio e dignidade no direito internacional contemporâneo*. Desafios e perspectivas para a atuação da OIT e da OMC. Curitiba: Juruá, 2016.

NEVES, Marcelo. A força simbólica dos direitos humanos. In: SOUZA NETO, Cláudio Pereira de; SARMENTO, Daniel (Coord.). *Direitos sociais*. Fundamentos, judicialização e direitos sociais em espécie. Rio de Janeiro: Lumen Juris, 2008.

RAMOS, André de Carvalho. *Pluralidade das ordens jurídicas*. A relação do direito brasileiro com o direito internacional. Curitiba: Juruá, 2012.

RODRIGUES JÚNIOR, Edson Beas. *Convenções da OIT e outros instrumentos de direito internacional público e privado relevantes ao direito do trabalho*. 2. ed. ampl. e atual. São Paulo: LTr, 2015.

RODRIGUEZ, José Rodrigo. *Como decidem as cortes? Para uma crítica do direito (brasileiro)*. Rio de Janeiro: FGV, 2013.

SARLET, Ingo Wolfgang. *A eficácia dos direitos fundamentais*. Uma teoria geral dos direitos fundamentais na perspectiva constitucional. 10. ed. Porto Alegre: Livraria do Advogado, 1998.

TURGIS, Sandrine. *Les Interactions entre les normes internationales relatives aux droits de la personne*. Paris: Editions A. Pedone, 2010.

VARELLA, Marcelo D. *Direito internacional público*. 4. ed. São Paulo: Saraiva, 2012.

---

[22] Sobre o tema, conferir: RODRIGUEZ, José Rodrigo. *Como decidem as cortes? Para uma crítica do direito (brasileiro)*.
[23] VARELLA, Marcelo D. *Direito internacional público*. 4. ed. São Paulo: Saraiva, 2012. p. 453-454.

Lei n. 13.467/2017: as Consequências Econômicas da Ampliação do Poder do Estipulante

Marcus Menezes Barberino Mendes[1]

1. INTRODUÇÃO NECESSÁRIA

O nome do presente artigo busca homenagear um dos mais lúcidos habitantes do século XX, John Maynard Keynes. Banqueiro, estadista, publicista e economista. Seu texto nominado As Consequências Econômicas da Paz constitui num libelo contra a "paz cartaginesa" imposta pelos vencedores da Primeira Guerra Mundial. O excesso de reparações e o prazo para sua implementação, as restrições ao uso do território e ao desenvolvimento econômico do vencido, a Alemanha, levariam a uma nova escalada de ressentimentos nacionalistas e nova corrida armamentista, predizia o inglês mais citado do século XX, depois de Paul e John.

A Lei n. 13.467/2017 representa a paz cartaginesa para a crise da sociedade frágil e tímida salarial brasileira. Com efeito, os contornos do *welfare state* começaram a ser delineados ainda durante as guerras econômicas do final do Século XIX, travadas entre os Estados nacionais, com o desenvolvimento da previdência do Reich sob a batuta de Bismarck, mesmo que fundado no argumento de *"uma solicitação à indústria para se unir a ele no oferecimento de concessões para atender às reivindicações legítimas dos trabalhadores a fim de tornar mais fácil, tanto para ele quanto para ela, a resistência aos assédios ilegítimos dos mesmos"*[2].

O *ethos* de todas as regulações sucedâneas até a completa institucionalização do capitalismo moderno, com seus sistemas de proteção social, mediações de conflitos e arbitramento da distribuição da renda da produção com preponderante ação estatal, é a inserção dos seres humanos no mercado de trabalho.

Mesmo os países onde o *welfare state* cunhou com mais força o caráter universal do seu sistema de proteção, a chancela de direitos relaciona-se com a participação no mercado de trabalho (proteção contra a dispensa, pisos salariais, regulação das condições ambientais, organização coletiva do trabalho), o desejo de participar dele (creches, limitação da jornada de trabalho, proibição de trabalho às crianças) e a proteção pela ausência do emprego (seguro-desemprego, benefícios assistenciais, programas de segurança alimentar) ou a impossibilidade momentânea de exercê-lo (auxílio-acidente de trabalho ou auxílio-doença) e, por fim, o direito a renda permanente pela perda da capacidade laborativa (aposentadorias).

Esse arranjo institucional, denominado por Castel (1998) como sociedade salarial, se compunha não apenas do salário pago diretamente em retribuição ao trabalho, mais dos pagamentos pelo não trabalho (férias e descanso semanal remunerado) e os salários indiretos representados pelos benefícios da seguridade social acima indicados, retirando parte da renda apropriada pelo trabalho das flutuações econômicas[3] do regime capitalista, além da fruição de bens públicos universais ou universalizáveis no âmbito das sociedades nacionais. O *status* de trabalhador e assalariado parecia definitivo como condição de integração dos seres humanos.

Em que pese a crescente institucionalização e mesmo estatização na maioria dos Estados nacionais de tais direitos, ou ao menos de parte deles, seu núcleo irradiador era e continua a ser o contrato de emprego, mesmo para a efetivação do direito à moradia. Esse modelo de sociabilização via mercado de trabalho regulado por contrato está no cerne do desenvolvimento do capitalismo e sua essência não restou modificada pela presença do Estado, ainda que tenha sido mitigada pelo poder de coerção e coordenação deste.

A regulação pública construída, principalmente, ao longo do século XX assumiu duplo significado para as classes sociais protagonistas: a neutralização ou diminuição da assimetria política, jurídica e econômica dos trabalhadores em face dos capitalistas, e a normalização das relações de trabalho, quer num ambiente de cunho corporativo e institucional – com maior intensidade – quer num ambiente contratual e pluralista, de modo mais residual[4].

Vista tal institucionalidade num momento de crescimento econômico e crescente expansão da produtividade e do emprego, e de relativa estabilidade da concorrência intercapitalista percebe-se a sua funcionalidade e a capacidade de prolongar os ciclos expansivos com incorporação de novos trabalhadores e consumidores no espaço econômico nacional, mormente quando se cuidava de reconstruir o centro do capitalismo desde a sua afirmação: a Europa. Mas não só a Europa. Também o extremo oriente sofreria

---

(1) Juiz do Trabalho do Tribunal Regional do Trabalho da 15ª Região, mestre em Economia Social do Trabalho pelo Instituto de Economia da UNICAMP e doutorando em Desenvolvimento Econômico pela mesma Universidade.
(2) MARSHALL, T.H. *Política Social*, o advento do seguro social. p. 57-58.
(3) CASTEL, Robert. *As metamorfoses da questão social*. p. 485.
(4) Ver STREECK: *Social institutions and economic perfomance*. p. 58-63.

o influxo modernizador e paradigmático da reconstrução capitalista, além da incorporação de outros quadrantes do globo na nova ordem mundial, ainda que com outra intensidade e matizações próprias.

Como menciona Castel (1998), a expansão da sociedade do salário parecia condenada ao sucesso[5] – *"a sociedade salarial parece arrebatada por um irresistível movimento de promoção: acumulação de bens e de riquezas, criação de novas posições e de oportunidades inéditas, ampliação dos direitos e das garantias, multiplicação das seguridades e proteções"*.

A perda da dinâmica expansiva, entretanto, fez emergir uma série de assimetrias e demandas que pareciam estar latentes ou foram engendradas por esse padrão regulatório: questões de gênero, etnia e idade, político-representativas, culturais e ambientais passam a corroer a aparente coesão e homogeneidade do chamado modelo econômico keynesiano[6].

A instabilidade que se instala no interior das economias nacionais do capitalismo avançado com a emergência de novos Estados nacionais como "players" nos mercados internacionais e seus peculiares padrões regulatórios fundados em um alto grau de cooperação e subordinação dos trabalhadores; com a redução da dinâmica interna e os crescentes repiques inflacionários e de desemprego, recoloca em cena as condições de integração dos seres humanos e a percepção sobre os diferentes graus de exposição da população aos novos e velhos riscos da civilização capitalista.

O que parecia ser uma ocidentalização do oriente, ensaia sofrer uma inversão vetorial, com a crescente introdução de inovações de gestão do processo produtivo e do processo de trabalho – busca da especialização produtiva e segmentação do trabalho, balançando o marco regulatório de integração difundido pelo capitalismo avançado: o contrato de emprego por prazo indeterminado[7].

A partir da década de 1960 verifica-se, nos países centrais, a emergência de um novo contingente de pobres. O grupo dos "novos" pobres seria constituído por desempregados de longo prazo, trabalhadores precários e famílias monoparentais[8] sem qualificação. Ao que tudo indica, a emergência desta nova pobreza está diretamente relacionada com as transformações na economia, no mundo do trabalho, na estrutura das famílias e na pirâmide etária que têm gerado: altas e persistentes taxas de desemprego; aumento no desemprego de longa duração; precarização do trabalho; intensificação da concorrência internacional; desestruturação das famílias em razão da multiplicação de divórcios e separações; pressões constantes e crescentes nas despesas com aposentadorias em detrimento da cobertura dos riscos sociais[9].

Neste contexto, os sistemas de proteção social tradicionais, estruturados para atender famílias nucleares, em uma economia estável com crescimento econômico, e com os membros adultos trabalhando, começa a ser questionado como inadequado. *"É quando o aparecimento de um novo perfil de 'populações com problemas' atropela essa construção, que emerge a questão da inserção. É uma inovação considerável: não se trata mais de abrir uma nova categoria no registro da deficiência, da desvantagem, da anormalidade. Esse novo público não impede diretamente nem a injunção ao trabalho, nem das diferentes respostas preparadas pela ajuda social. As políticas de inserção vão se mover nesta zona incerta onde o emprego não está garantido, nem mesmo para quem quisesse ocupá-lo, e onde o caráter errático de algumas trajetórias de vida não decorre somente de fatores individuais de inadaptação. Para essas novas populações, as políticas de inserção vão precisar inventar novas tecnologias de intervenção. Vão situar-se aquém das ambições das políticas integradoras universalistas, mas também são distintas das ações particularistas com o objetivo reparador, corretivo e assistencial de ajuda social clássica. Aparecem numa conjuntura específica em que, no fim dos anos 70, começa a se abrir uma zona de turbulência na sociedade salarial. Será que estão à altura dessa pertubação? (CASTEL, 1998: 542)*

É certo que as crises e as mutações sociais nunca foram patrimônio em regime monopólico da sociedade capitalista, mas o regime de competição e a busca da inovação que lhe dá dinâmica produz surtos de crises mais ou menos constantes. Mesmo nos albores do capitalismo, a sociedade desconfiava da virtude autorregulatória dos mercados e temia, ainda que inconscientemente[10], o risco social embutido na mercantilização do trabalho. Exemplo institucional dessa resistência está na lei de abonos de 1795, que concedia aos pobres "uma renda mínima independente dos seus proventos".[11]

A *Speenhamland Law* de 1795 tentou refrear a monetarização do trabalho para dar cabo de uma grande perturbação na localidade, acentuando o caráter paternal e assegurando o direito de viver. Em seu desfavor sustenta-se a estigmatização dos seus potenciais beneficiários e o rebaixamento

---

(5) CASTEL, Robert. *As metamorfoses da questão social.* p. 417.
(6) Ob citada, p. 64-65.
(7) DEDDECA. *Racionalização econômica e trabalho no capitalismo avançado.* p. 21-28.
(8) Como sinteza FELETTO (1999:6), famílias monoparentais apresentam um maior risco de insuficiência de renda, por no mínimo três razões claras e fundamentais: (i) apenas um indivíduo se apresenta como potencial gerador de renda para a família; (ii) ausência das "economias de escala" usufruídas por domicílios maiores; e (iii) irregularidade no suporte financeiro realizado pelo outro adulto, geralmente o pai, que não exerça a custódia da criança.
(9) EUZEBY (1991:5).
(10) polany, karl. *a grande transformação.* p. 99.
(11) *Apud* POLANY, p. 100.

constante dos salários e da produtividade do trabalho, além do rebaixamento moral dos trabalhadores[12].

A menção ligeira a esta normatividade anterior à formação do mercado de trabalho nacional na Inglaterra, busca evocar um precursor dos programas de renda mínima e sua relação com a situação de risco para a reprodução social dos seres humanos, para acrescentar um elemento perturbador nas discussões sobre a suposta perda da centralidade do trabalho assalariado. Como se vê nas asserbas discussões teóricas sobre os programas de renda mínima a partir dos anos 70, parte dos argumentos favoráveis e contrários encontra eco nos argumentos do período de formação do mercado de trabalho inglês e mesmo em momentos históricos anteriores.

2. A LEI N. 13.467/2017 E SEU CONTEXTO

Mas o que isso tem a ver com a alteração regulatória proposta e aprovada no Brasil, por meio da Lei n. 13.467/2017? Ela se insere no contexto de crise do capitalismo do início da segunda década do século XXI, numa sociedade periférica, de relativa capacidade de inovação técnica e institucional, **mas periférica**. Sociedade de consumo de massas, **mas de perfil rebaixado**, que se assemelha, mas não se equipara, às sociedades do capitalismo central. Ela busca responder com a mercantilização do trabalho e em termos neocontratuais à crítica que setores organizados do capital formulam contra a incipiente e tardia sociedade salarial brasileira, em sua versão constitucionalizada e jurisdicionalizada.

A forma como essa nova regulação será apropriada por esta sociedade periférica, marcada pela heterogeneidade de organizações econômicas, com capacidade técnica das mais distintas, e formas jurídicas e sociais igualmente variadas, somente os próximos anos poderão efetivamente descortinar.

Há, porém, três vetores econômicos para explorar prospectivamente acerca dos efeitos econômicos da nova lei. A suposta queda dos custos de transação, a redução da litigiosidade e a ampliação da liberdade individual de contratar, chegando ao ponto de equiparar certos indivíduos ao uso da autonomia privada coletiva.

Abordaremos de modo prospectivo esses três elementos, pois não me parece ser possível dizer como a sociedade vai absorver o uso da legislação, embora se possa supor que os agentes mais atirados e ligeiros farão uma leitura singular e pessoal da regulação, no âmbito de uma sociedade complexa, relativamente aberta e extremamente judicializada, não sendo possível estabelecer a resultante imediata das novas regras.

3. UM NÃO ASSUNTO INTRODUZIDO NO MUNDO JURÍDICO

Há, ainda, um não assunto econômico que sempre persiste nas discussões sobre a reforma da regulação do trabalho nas sociedades capitalistas: a possibilidade de que a reforma por si só gere empregos, geralmente sobre o argumento de que a crise da empregabilidade se limita a uma crise de custos do trabalho e da rigidez do mercado de trabalho nacional. Comecemos pelo não assunto, ou pelo fetiche se a *verve à gauche* do leitor preferir.

Supondo que todos os países que alteraram vivamente o seu arcabouço regulatório tivessem atingido o pleno emprego, onde estão essas demonstrações empíricas? Por que o Japão ainda atrelado ao emprego vitalício tem taxas de desemprego constantemente baixas, quando se compara com mercados de trabalho já flexibilizados, inclusive Estados Unidos e Reino Unido?

Uma possível resposta seria que o trabalho e o nível de emprego são variáveis dependentes das variáveis macroeconômicas e dos arranjos institucionais e competitivos que uma economia nacional possui e como se insere na divisão internacional do trabalho. Reformas da legislação do trabalho alteram as condições dos postos de trabalho gerados pelas economias nacionais, permitindo formas de remuneração flexíveis ou imunes à incidência de tributos; intensificando a jornada de trabalho; ampliando a modulação da jornada de trabalho; criando formas contratuais atípicas.

Nada disso impacta, todavia, a formação bruta de capital fixo, variável, do investimento em uma economia. Ademais, reformas da legislação do trabalho podem influenciar na alocação da renda nacional, retirando renda funcional do trabalho ou receitas do Estado, que passam a ser canalizadas para os detentores dos meios de produção.

A recuperação econômica que se ensaia na estrutura econômica brasileira tem direta relação com a alteração dos preços relativos estruturais (moeda, relativa estabilidade dos preços das *comodities* com tendência a elevação e queda da taxa de juros). Adicionalmente, a frágil rede de proteção social do Brasil e a necessidade alimentar inerente ao trabalho faz com que os trabalhadores busquem alternativas de trabalho informal ou na modalidade do "auto-emprego". Nenhum desses fenômenos guarda relação com a legislação do trabalho. Nem a vigente, nem sua nova versão contida na Lei n. 13.467/2017.

A relativa fixidez nominal dos salários nas estruturas mais organizadas da economia privada e pública, inclusive por força das restrições regulatórias de nível constitucional torna a batalha pela redução dos custos diretos do trabalho um onda ideológica mais eficiente para disciplinar e incutir medo, preventivamente, do que produzir resultados efetivos.

Em suma, o nível de emprego é uma variável dependente de decisões de investimentos dos agentes privados e públicos que detenham o controle do capital em qualquer de suas formas. Não é o custo do trabalho que determina a taxa de inversão na Noruega em detrimento do Brasil, mas a inserção dessas economias na divisão internacional do

---

(12) *Apud* POLANY, p. 101.

trabalho, de modo que inversões em alta tecnologia, energias alternativas e lançamento de um produto de alto valor agregado tenham a propensão de se destinar para o país do norte da Europa, em detrimento do Brasil, de Botsuawana, Espanha, ou qualquer outra economia que tenha alterado sua regulação do trabalho.

Por sua vez, se alguma organização capitalista, estatal ou privada, resolver fazer uma inversão em terras e alimentos voltados para a economia global, seguramente a escolha do Brasil em detrimento da Noruega ou da Rússia será a aposta mais razoável, ante a existência de razoável pesquisa básica e a baixo custo sobre agricultura (fundada na empresa pública de acrônimo EMBRAPA), as vastas extensões de terras agricultáveis, a incidência do principal insumo de produção (o sol) e o pleno acesso à água, bem escasso e caro no mundo, e relativamente barato no Brasil.

O custo do trabalho é uma variável dependente. Somente quem pretende fazer inversões intensivas em trabalho manual e de baixo valor agregado procura comparar custos e a existência de instituições de proteção ao trabalho. Daí, quanto mais dependente da apropriação de mais valor absoluto, mais elevada é a possibilidade de o capital aportar em países destituídos de regulações de proteção à saúde e à segurança dos trabalhadores, e de regras previdenciárias e de remuneração do trabalho, bem como da presença de entidades de representação dos trabalhadores.

Ainda assim, isso interfere mais na taxa de retorno do capital investido do que na formação da taxa geral de capital invertido naquela economia, pois a estrutura de capital nesses casos é de escassa complexidade técnica. É bom lembrar que por trás da escassez de institucionalidade de proteção do trabalho dos riscos sistêmicos do capitalismo está sempre um estado autocrático a garantir a taxa de retorno do capital, e não uma economia diversificada e de mercado, retrato de uma sociedade complexa e com relativa estrutura de bens públicos partilhados pelos cidadãos.

Mas a premissa só é valida para produtos *tradeables* (comercializáveis em qualquer economia do planeta). Os *non-tradeables* não participam dessa lógica. Assim, se a inversão de capital ocorrerá em infraestrutura urbana ou de logística no Brasil, na Suécia, ou no Iraque, pouco importa o custo do trabalho. A inversão somente acontecerá no território que utilizará e consumirá os equipamentos de infraestrutura (pontes, escolas, rodovias, ferrovias, pouco importa o uso e a lógica a que se destina), sendo irrelevante a que tipo de institucionalidade social, democrática e técnica o capital haverá de se relacionar, ou o custo unitário da hora de trabalho. Isso também ocorre com o setor de serviços, cuja pessoalidade da prestação e da fruição tende a circunscrever a inversão de capital ao território em que será prestado.

4. A REDUÇÃO DOS CUSTOS DE TRANSAÇÃO

Um dos efeitos expectados da nova lei decorre da privatização de bens públicos que, em tese, seriam internalizados nas relações jurídicas contratuais, dizimando a estrutura administrativa ou paraestatal associada a tais bens e atividades públicas, algumas delas voltadas à segurança de certos atos contratuais, ou à prática de certas atividades. Assim, retirada a exigência da homologação da rescisão do contrato de trabalho no âmbito do sindicato e do Ministério do Trabalho, as rescisões passariam a depender apenas da boa-fé entre os participantes do negócio jurídico, ademais os únicos interressados nos aspectos obrigacionais do ato rescisório.

Embora não seja possível dimensionar os efeitos econômicos na sociedade como um todo, é possível afirmar que tanto o Estado como as entidades sindicais deixarão de alocar recursos econômicos para a atividade rescisória, numa economia que promove cera de 12 milhões de dispensas todo ano, e poderão realocar tais recursos em outras atividades mais próximas das suas finalidades estratégicas, deixando o Estado de alocar Auditores Fiscais do Trabalho para atividade-meio, podendo deslocá-los para as atividades de fiscalização estruturais e planejadas, em locais em que os bancos de dados públicos ou as denúncias de pessoas e organizações indiquem a existência de sistêmica violação à proteção do trabalho. E os sindicatos profissionais poderão inclusive dispensar o contingente de empregados envolvidos nessa atividade.

De igual modo, é possível prever o aumento dos custos de transação das empresas, pois a atividade rescisória não foi extinta e nem o poderia. Tais custos passam a ser internalizados em cada unidade econômica, que assumem o risco próprio da prática do ato voltado à extinção do contrato de trabalho e à regularidade do distrato, inclusive seu pagamento. Para as grandes corporações o aumento dos custos de transação são quase neutros, pois possuem ampla capacidade técnica de absorção das regulações públicas que regulam a rescisão contratual, além das disposições contidas nos seus próprios regulamentos e nos contratos e acordos coletivos de trabalho que celebram.

Para as pequenas e microempresas implica elevação dos seus custos de transação, pois o Estado e os sindicatos patronais e profissionais construíram ao longo do tempo a técnica de assessoramento e retificação dos erros de toda a espécie no ato de rescisão. Agora as unidades econômicas de menor porte terão que internalizar toda essa técnica e fazer os lançamentos em plataforma eletrônica, além de cumprir a obrigação patrimonial por uma das modalidades descritas em lei (dinheiro, depósito bancário ou cheque visado).

Não é preciso muito esforço para perceber o grau das dificuldades criadas para as pequenas e micro-organizações, geralmente destituídas de complexidades administrativas e técnicas e com escasso uso de recursos tecnológicos e meios eletrônicos. Numa economia com alto grau de informalidade e baixo nível de bancarização, os riscos e custos internalizados pela legislação parecem ser significativos.

Outra dimensão relevante e que impacta os custos de transação das micro e pequenas organizações se relaciona com a adoção de formas escritas de determinadas modalidades contratuais, ampliando a solenidade dos instrumentos jurídicos, quando a prática histórica do mundo do trabalho é reconhecer formas orais e até tácitas de contratação.

A notória dificuldade de escrituração e internalização de técnicas de arrecadação tributária, pagamentos de obrigações legais inescusáveis, e de documentação das relações jurídicas em que se envolve, levou o próprio constituinte brasileiro a distinguir as micro e pequenas empresas das demais organizações econômicas, preconizando a adoção de regras de estímulo ao seu funcionamento. Não por outra razão, o Poder Executivo propôs e o parlamento aprovou a chamada Lei do Supersimples. As regras criadas pela nova legislação subvertem essas diretrizes, criando formas escritas compulsórias para o teletrabalho, por exemplo.

Embora associado ao uso de tecnologias da comunicação e telemática, o teletrabalho não é fenômeno recente. Mas ao disciplinar o teletrabalho no âmbito da Consolidação das Leis do Trabalho, o parlamento cometeu mais uma legislação de afogadilho, generalizando custos de transação por todo o espectro de atividades econômicas, sem sequer distinguir os setores nascentes, cujo uso do teletrabalho supõe ser recorrente e cuja extensão e aplicação sequer conhecemos.

O fato é que se incorporou ao teletrabalho o uso compulsório da forma jurídica escrita, inclusive a cada alteração a ser implementada no contrato de trabalho. Numa análise prospectiva e supondo a intensidade das alterações próprias em setores de uso intenso de tecnologia da informação, telemática e telemetria, é possível expectar o aumento dos custos de transação nessas empresas, mormente os custos voltados para a regularidade dos instrumentos jurídicos, pois a forma jurídica para integrar a essência dos atos jurídicos contratuais, sem a qual o risco de ser secundado o contrato em sua essência ou nas cláusulas de alteração supervenientes, se eleva consistentemente.

Idêntico raciocínio vale para o contrato intermitente, integrado como uma das formas atípicas de contrato de emprego, e que também possui uma série de regras relacionadas a sua validade, todas elas a serem celebradas e alteradas por meio da forma escrita, tornando seu uso sujeito aos mesmos riscos técnicos decorrentes do uso ou não das adequadas formas jurídicas.

5. A REDUÇÃO DA LITIGIOSIDADE

A litigiosidade é um fenômeno de amplo espectro nas sociedades capitalistas e está longe de possuir uma relação de causalidade única ou mesmo prevalente, sendo possível encontrar vasto acervo bibliográfico invocando associações fortes e fracas sobre a sociabilidade pós-moderna e a litigiosidade. Sem pretender esgotar ou mesmo percorrer tema tão complexo, vale a pena suscitar algumas reflexões sobre a causa da litigiosidade brasileira e que não se limite ao moralismo conservador e algo antidemocrático de se imputar à clientela da justiça – cidadãos e seus advogados, o fator de emulação da judicialização, até porque o fenômeno é comum a todos os ramos do Direito e segmentos da Justiça brasileira.

Por primeiro, cumpre destacar a litigiosidade recente que foi causada pela profunda recessão vivida pela sociedade brasileira, que resultou na paralisação de atividades e em famílias e empresas cronicamente deficitárias, incapazes de fazer face às mínimas obrigações assumidas e reconhecidas. Assim, boa parte da litigiosidade recente está associada ao relevante fator conjuntural representado pela recessão econômica que se delineara no segundo semestre de 2014 e que aparenta ter atingido seu ápice no primeiro semestre de 2017.

Como o viés conservador contido na reforma é restringir o acesso à Justiça, criando instrumentos que façam o suposto credor e litigante assumir um cálculo racional e instrumental acerca dos riscos econômicos da perda do litígio, não se vislumbra como esse comportamento racional pode ser adotado pela comunidade que se serve dos serviços judiciários ante a simples e direta inadimplência de obrigações mínimas e inescusáveis fixadas em lei, cuja única forma de elisão da obrigação é a demonstração de pagamento, hipótese mais comum nos litígios que envolvem empregados e empregadores.

Mas há um elemento estrutural e emulador da litigiosidade que as proposições contidas na nova regulação sequer enfrentaram adequadamente. Supondo a existência de um *cluster* econômico composto de quatro municípios, que podemos apelidar de forma, brioche, croissant e francês. Supondo que os senhores pensantes dessas cidades tenham criado um arranjo local produtivo e especializado seus municípios em produzir pão que expresse o nome da cada cidade do arranjo institucional. Uma série de incentivos regulatórios foram adotados para desenvolver essa especialização produtiva, com créditos direcionados para a criação de escolas de padeiros, gestão de padarias, inclusive sua distribuição.

Com tais incentivos regulatórios e creditícios, irá surgir na área de influência desses municípios uma elevada taxa de inversão em capital fixo que produza escolas, financiamentos escolares que produzam bens e serviços que conduzam à elevação das taxas de matrículas nessas escolas e, naturalmente, ao fim e ao cabo de alguns anos um conjunto de cidadãos que vão se dedicar ao feitio da produção e venda de pães e assemelhados em profusão, até o limite da saturação do mercado local e possibilitarão a extroversão dessa produção para além das cercanias dessa quadra de municípios administrada por sábios.

A metáfora panificadora serve como riso e argumento didático para fixar o conceito, mas o problema no mundo real é mais profundo. O Brasil investiu na expansão do ensino superior e dentre todas as possibilidades para executar uma estratégia de *catch up*, escolheu os cursos jurídicos como um dos destinatários das inversões em formação de capital fixo e de financiamento de educação superior aos cidadãos, expandindo a rede de formação de bacharéis em Direito de modo a tornar o Brasil a maior banca de advocacia do planeta.

Como a vocação de tais bacharéis é prestar serviços especializados no nicho que escolheram, a sociabilidade institucional brasileira juntou a esse fenômeno econômico a individualização do pertencimento de cada cidadão, com uma carta de direitos civis, políticos e socioeconômicos, e que é a origem da demanda pela solução jurídica e estilizada dos conflitos de interesses. Acrescentou a isso a oferta de serviços privados de consulência e litígios judiciais. Essa é uma das dimensões econômicas da litigiosidade brasileira em todas as esferas do direito.

Essa hipótese de que a regulação que estimulou a expansão do ensino superior, com subsídios espraiados tanto na formação da capital fixo (abertura de cursos jurídicos e sua infraestrutura civil e tecnológica) como na adesão ao curso (financiamentos e bolsas de estudos), não apenas afasta a culpabilidade do catálogo de direitos dos cidadãos pela litigiosidade da sociedade brasileira, como permite vislumbrar uma das formas de tratamento do problema nas próximas décadas.

Lidar com a litigiosidade exige, portanto, cuidar da sustentabilidade da atividade econômica e com isso atacar a demanda por litigiosidade decorrente da direta violação da lei, além de atacar a oferta de serviços de litígio sem desestruturar o acesso ao ensino superior – dando estímulos para novas inversões em formação de capital fixo na educação de nível superior, que permita ao longo das próximas décadas reverter a formação de cidadãos com nível superior dos cursos jurídicos para canalizar a oferta de serviços e conhecimentos outros, que não se traduzam na oferta de litígios, cuja saturação se mostra evidente.

A tentativa de restringir o acesso à Justiça numa sociedade periférica e de proteção social residual parece desconhecer os elementos centrais da sociabilidade capitalista, marcada pela vulnerabilidade social, e o elemento estrutural da sociedade salarial brasileira que é a proteção social residual, o que tende a tornar nulas as restrições de acesso ao serviço que, pacificamente, pode mitigar parcialmente a vulnerabilidade.

6. A SUPOSTA AMPLIAÇÃO DA AUTONOMIA INDIVIDUAL E A AMPLIAÇÃO DO PODER DO ESTIPULANTE

Diversamente do que a narrativa oficial tem lançado para a sociedade, não é fato que a alteração regulatória que entrará em vigor em 11 de novembro de 2017 tenha ampliado a esfera da autonomia individual privada. Em verdade, a regulação vigente e que de certo modo continuará vigendo tem elementos estruturais mais amplos e capazes de preservar a autonomia individual de todos os trabalhadores e empregadores, basta comparar vis a vis a redação original do art. 444 da CLT com a redação renovada pela inserção do parágrafo sobre o empregado "hipersuficiente".

Em verdade, a legislação recebeu afluxos de formas contratuais escritas e conceitos relacionados à renda dos cidadãos, e mesmo seu nível de instrução para a prática de certos atos jurídicos, aparentemente criando uma associação entre renda corrente do trabalho, nível educacional e autonomia da vontade, tornando tais trabalhadores equiparados à entidade coletiva que representa o coletivo de trabalhadores.

Os equívocos de tal formulação parecem evidentes e não se pretende nesse texto dissecar as contradições políticas e jurídicas de equiparar o *status* advindo do contrato individual – precário e condicionado à vontade do estipulante, daquele decorrente do processo institucional e eletivo que busca contrapor interesses comuns do trabalho ao capital. Tentemos nos fixar nos fenômenos socioeconômicos que estão na substância do mercado de trabalho: a vulnerabilidade estrutural de todos aqueles que não são proprietários de meios de produção e a mobilidade potencial dos trabalhadores manuais e especializados no mercado de trabalho e o reflexo desses elementos no âmbito das organizações públicas e privadas.

A escala salarial representa, também, uma escala social, de modo que ascender na escala salarial no interior das organizações amplia o grau de dependência do *status* social do trabalhador em relação ao empregador. Essa dependência é mitigada nas organizações públicas e privadas pela criação de proteções à dispensa unilateral dos trabalhadores, como ocorre no Brasil com mais incidência no âmbito do setor público, inclusive com as garantias pétreas de alguns agentes de Estado como os magistrados.

Parece paradoxal, mas quem mais renda aufere no trabalho torna-se menos livre quanto às condicionantes impostas ou propostas pelo empregador, principal estipulante das regras privadas de execução do contrato. Sem regras de estabilidade como as do setor público ou mitigações da dispensa unilateral no setor privado, a capacidade de resistência do empregado limita-se a ajustar-se ao ambiente existente.

Com efeito, se a renda auferida mitiga a vulnerabilidade econômica dos empregados de alta renda, a especialização do trabalho executado ou a relativa escassez de postos de comando, ainda que intermediários, no mercado de trabalho, resulta numa maior propensão para aquiescer com os procedimentos negociais e as próprias cláusulas propostas pelo estipulante, pois o risco da dispensa implica retornar ao mercado de trabalho em busca de uma ocupação, sendo mais escassas as ocupações de maior complexidade e maior remuneração.

Ao reverso, a ampla disponibilidade de empregos manuais torna os empregados dos níveis mais básicos da escala salarial mais pragmáticos quanto ao grau de resiliência para com as condições de trabalho e a análise de outras possibilidades de trabalho, pois as condições tendem a ser muito próximas, reduzindo os riscos de queda na escala social, mormente porque a residual rede de proteção se equipara ao seu *status* social (vide a regulação do seguro-desemprego no Brasil).

As alterações regulatórias parecem ampliar a capacidade de estipulação das grandes organizações, capazes de criar a tecnologia jurídica para exercitar as possibilidades de manifestação de vontade dos chamados empregados hipersuficientes, quer para celebrar cláusulas contratuais próprias da autonomia privada coletiva, quer para eleger cláusula compromissória de arbitragem. De resto, a escala salarial da sociedade brasileira e a sua dispersão imita a aplicação da regra criada, sem fazer juízo de valor sobre suas antinomias com a Constituição, a um espectro muito pequeno de empregados.

7. PARA CONCLUIR ESSE CURTO TEXTO PROSPECTIVO

Parece ser inegável na sociedade a persistência da ideia de que todo cidadão apto deve trabalhar. Com base na ética do trabalho, que desenvolveu o sentimento do "dever de trabalhar" e o de responsabilidade social ligado a ele, torna-se difícil pensar na integração social e no sentimento de pertencimento por outras vias que não a do trabalho. E é também por isso que o direito ao trabalho tem sido defendido como direito social[13]. (SILVA, 1998).

A reforma da regulação do trabalho no Brasil atualiza o dever de trabalhar com a manifestação de vontade no âmbito do contrato de trabalho, para fazer emergir a utilidade e radicalizar o utilitarismo do contrato de emprego. Fenômeno que não é apenas brasileiro.

Para Castel (1998), essa nova "*contratualização traduz, e ao mesmo tempo impulsiona, uma recomposição da troca social de modo cada vez mais individualista (...). Esse novo regime de políticas sociais pode, de fato, ser interpretado parcialmente a partir da situação de antes das proteções, quando indivíduos (...) deviam enfrentar com seus próprios meios os sobressaltos devidos ao nascimento da sociedade industrial (...)*".

Nesse aspecto o trabalho continua a ser plasmado pela ambiguidade de ser uma maldição eterna à qual estamos acorrentados a executar ou ansiar por ele, consumindo o tempo da vida dos seres humanos de modo a privá-los da fruição da vida em seus múltiplos elementos, mas ao mesmo tempo é manifestação da personalidade humana, modo de relacionamento com o tempo, com os outros seres humanos, contrapondo-se no plano econômico à ideia de caridade institucional como meio de repartição da riqueza socialmente produzida. Esta formulação nos remete ao mito de Sísifo.

Sísifo foi condenado à mais dura das penas: empurrar sem descanso uma rocha até o cume de uma montanha. Atingido o objetivo, a rocha, em consequência do seu peso e do declive do terreno, sempre caía. Não nos deteremos no pecado cometido por Sísifo, apenas à sua pena. Não há castigo mais terrível – trabalho inútil e sem esperança e o que é pior, consciente. Óbvio, onde estaria a tortura se a cada passo a esperança de superação da pena o ajudasse a prosseguir?[14]

É inquestionável que, nos países ocidentais, a cidadania se estruturou em torno da ética do trabalho. Castel (1998) trata brilhantemente do tema. Aos que acreditam que esta construção histórica do capitalismo é inexorável e permanente, o papel a ser desempenhado por programas de contenção dos direitos subjetivos dos cidadãos é limitado. Ajudar as grandes organizações capitalistas com formas jurídicas que ampliem seu poder de estipulação, amplia a capacidade de gestão e de arbitramento do valor a ser apropriado pelo capital, mas não influencia a criação de novas oportunidades no principal mecanismo de integração social – o mercado de trabalho assalariado; e, contribuir para evitar o pior, "*se pelo menos se pensa que a passagem ao ato de violência e a revolta são o pior a evitar*". (Castel. 1998: 558).

Sintetizando o calmante, se a crise do mercado de trabalho como estruturado no século XX é irreversível, as políticas de ajustamento baseadas na modulação da jornada e formas atípicas e precárias de trabalho, frequentemente elegem e produzem populações em situação de risco tendo como parâmetro a ausência de trabalho ou a baixa eficácia deste.

Mas se a crise no mercado de trabalho não é apenas reflexo da mudança de paradigma de inserção, e também consequência das estratégias dos agentes econômicos para enfrentar a queda na atividade econômica e o aumento da concorrência intercapitalista, não se vislumbra, por enquanto, a superação da estrutura fundamental do capitalismo: a propriedade privada dos meios de produção e a consequente necessidade de vender sua força de trabalho para alguém. É nisso que a lei tem maior impacto. Cria perspectivas para que o valor da contraprestação pela venda do trabalho se reduza, ou ao menos se contenha.

8. REFERÊNCIAS BIBLIOGRÁFICAS

BURAWOY, M. A transformação dos regimes fabris no capitalismo avançado. *Revista Brasileira de Ciências Sociais*, 13, Junho, Rio de Janeiro: Anpocs, 1990.

CASTEL, R. *As metamorfoses da questão social*: uma crônica do salário. Petrópolis, RJ: Vozes, 1998.

CAMUS, Albert. *O Mito de Sísifo*. São Paulo: Companhia das Letras, 2005.

---

(13) Para Josué Silva, no entanto, o direito ao trabalho como direito social não é defensável nem empírica nem politicamente. Isto porque o Estado, por meio de políticas econômicas específicas, pode apenas incentivar a criação de empregos, mas isto não garante a criação dos mesmos de fato; ou seja, o Estado (pelo menos o democrático) não tem como assegurar o direito ao trabalho como direito social – embora o assegure como direito civil, ao garantir a liberdade de trabalhar: a liberdade de qualquer indivíduo ganhar a vida exercendo uma atividade de sua "livre" escolha. (SILVA, 1998).

(14) Baseado no "Mito de Sísifo" de Albert Camus.

DEACON, A.; MANN, K. Agency, modernity and social policy in *Journal of Social Policy*, 28/3, UK: Cambridge University Press, 1999.

EUZÉBY, C. *Le Revenu Minimum Garanti*. Paris: La Découverte, 1991.

GORZ, A. *Reclaiming work:* beyond the wage-based society. Cambridge, UK: Polity Press, 1997.

MARSHALL, T. H. *Política social*. Rio de Janeiro: Zahar, 1965.

_____. Cidadania e classe social, in *cidadania, classe social e status*. Rio de Janeiro: Zahar, 1967.

SILVA e SILVA, Maria O. *Renda mínima e reestruturação produtiva*. São Paulo: Cortez, 1997.

STREECK. *Social institucions and economic performance,* London: Sage. Schimnd, G, O'Reilly & Scgomann, k. (1996) Theory and Methodology of Labour Market Policy and Evolution: an Introduction, International Handbook of Labour Market Policy and Evolution, Edward Elgar, Cheltenham, 1996.

O Impacto da Reforma Trabalhista na Atuação do Ministério Público do Trabalho

Rosangela Rodrigues Dias de Lacerda[1]

1. INTRODUÇÃO

O presente estudo versa sobre o impacto da Lei n. 13.467/2015, também denominada de reforma trabalhista, sobre a atuação do Ministério Público do Trabalho, com o escopo de destacar os aspectos primordiais das alterações sob a ótica do *Parquet*. Trata-se de tema socialmente relevantíssimo, em face das ingentes alterações de direito material e processual provocadas pela reforma trabalhista, que subverte o paradigma tuitivo e de aplicação da norma mais favorável ao obreiro.

Inicialmente, são tecidas breves considerações acerca do conceito e princípios do Ministério Público do Trabalho, perpassando em seguida pela modificação do seu papel após o advento da Constituição Federal de 1988. Os paradigmas neoconstitucionais tornam o Ministério Público do Trabalho o guardião dos direitos fundamentais sociais dos trabalhadores, ou seja, o responsável pela defesa judicial e extrajudicial de direitos difusos, coletivos e individuais homogêneos na seara trabalhista.

O estudo discorre ainda sobre as modificações experimentadas na atuação judicial do *Parquet* Laboral, na qualidade de parte, e sobre a atuação extrajudicial, enfocando os projetos e grupos de estudo das coordenadorias nacionais e seu papel institucional.

As pesquisas bibliográfica e documental foram utilizadas para demonstração da tese ora sufragada.

2. MINISTÉRIO PÚBLICO DO TRABALHO – CONCEITO E PRINCÍPIOS NORTEADORES

O Ministério Público do Trabalho é o ramo do Ministério Público da União ao qual incumbe a defesa da ordem jurídica, do regime democrático e dos interesses sociais e individuais indisponíveis no âmbito trabalhista. Trata-se de instituição que atua perante a Justiça do Trabalho com a atribuição de promoção dos direitos fundamentais dos trabalhadores e de defesa da ordem jurídico-democrática, no âmbito das relações laborais.

O Ministério Público do Trabalho tem por dever institucional a promoção dos direitos fundamentais e a efetivação dos direitos sociais constitucionalmente garantidos, estando fundamentada a sua atuação no *caput* do art. 127 da Constituição Federal de 1988:

> Art. 127. O Ministério Público é instituição permanente, essencial à função jurisdicional do Estado, incumbindo-lhe a defesa da ordem jurídica, do regime democrático e dos interesses sociais e individuais indisponíveis.

Suas atribuições gerais encontram-se disciplinadas no art. 129 da Constituição Federal de 1988 e no art. 6º da Lei Complementar n. 75/1993, no que lhe for aplicável, ao passo que as atribuições específicas estão discriminadas nos arts. 83 e 84 da Lei Complementar n. 75/1993.

Como ramificação do Ministério Público da União, o Ministério Público do Trabalho é instituição permanente, ou seja, que não pode ser suprimida mediante emenda constitucional, regida pelos princípios da unidade, indivisibilidade e independência funcional, gozando de plena autonomia administrativa e financeira.

A missão institucional do Ministério Público está adstrita, ontologicamente, à defesa da sociedade, na luta pela manutenção do Estado Social e Democrático de Direito e pelo respeito à cidadania, de que são corolários a prevalência da ordem jurídica, do regime democrático e dos interesses sociais e individuais indisponíveis[2].

Na lição de Paulo Bonavides, o Ministério Público é a própria Constituição em ação, em nome da sociedade, do interesse público, da defesa do regime democrático, da eficácia e salvaguarda das instituições[3]. Com maior razão ainda, o Ministério Público do Trabalho, que tem por finalidade a defesa dos direitos e interesses difusos, coletivos e individuais homogêneos no âmbito trabalhista, é a ramificação do Ministério Público da União incumbida da concretização dos denominados direitos de segunda

---

[1] Procuradora do Trabalho, lotada na Procuradoria Regional do Trabalho da 5ª Região. Professora Adjunta da Universidade Federal da Bahia. Doutora em Direito do Trabalho e da Seguridade Social pela Universidade de São Paulo.
[2] FERRAZ, Augusto Mello de Camargo; GUIMARÃES JÚNIOR, João Lopes. A necessária elaboração de uma nova doutrina de Ministério Público, compatível com seu atual perfil constitucional. In: FERRAZ, Augusto Mello de Camargo (Coord.). *Ministério Público*: instituição e processo. São Paulo: Atlas, 1999. p. 20-21.
[3] BONAVIDES, Paulo. Os dois Ministérios Públicos do Brasil: o da Constituição e o do governo. In: MOURA JÚNIOR, Flávio Paixão *et al* (Coords.). *Ministério Público e a ordem social justa*. Belo Horizonte: Del Rey, 2003. p. 350.

dimensão[4], em especial os que tutelam a saúde e integridade física do trabalhador, o direito à igualdade nas relações de trabalho, o combate ao trabalho infantil e escravo e a promoção da liberdade de atuação sindical.

Considerando que o Ministério Público atua como guardião da pauta axiológica mais relevante para uma determinada sociedade, e tendo em vista seu caráter de instituição permanente, na dicção do art. 127 da Constituição Federal, não pode ser extinto ou abolido por emenda constitucional, vez que se trata de cláusula pétrea, infensa ao poder de reforma constitucional. A previsão de direitos sem a correspondente disponibilização de mecanismos aptos à sua efetivação é inócua; por esta razão, a preservação da atividade finalística do Ministério Público está associada à própria preservação dos direitos fundamentais, o que reforça a sua característica de cláusula pétrea e preserva a unidade do texto constitucional[5].

O Ministério Público, incluindo o do Trabalho, não é um quarto poder, mas uma instituição especial que não se encontra subordinada ao Legislativo, Executivo ou Judiciário; muito ao revés, sua atuação provoca por vezes confrontos em relação aos membros dos demais poderes, na hipótese de violação de direitos metaindividuais ou individuais indisponíveis.

São princípios norteadores de todo o Ministério Público, dos Estados e da União, bem como do Ministério Público do Trabalho, a unidade (os membros do Ministério Público integram um só órgão, sob a direção de um só chefe, existindo apenas uma divisão administrativa, não orgânica, em diversas ramificações[6]), a indivisibilidade (os membros de um mesmo Ministério Público podem ser substituídos uns pelos outros, por critérios não arbitrários, tanto em relações jurídicas processuais quanto na atuação extrajudicial, sem que haja alteração subjetiva na relação da qual participe a instituição, seja como órgão agente, seja como órgão interveniente[7]), a independência funcional (cada membro e cada órgão do Ministério Público goza de liberdade para exercer suas funções em face dos outros membros e órgãos da mesma instituição, não se configurando a hierarquia funcional entre os membros do Ministério Público) e o princípio do promotor natural (princípio segundo o qual nenhuma autoridade ou poder poderá escolher o promotor ou procurador específico para determinada causa, ao tempo em que o pronunciamento do membro do Ministério Público ocorrerá sem interferência de terceiros[8]).

3. O MINISTÉRIO PÚBLICO DO TRABALHO E SUAS TRANSFORMAÇÕES APÓS A CONSTITUIÇÃO FEDERAL DE 1988

Os direitos sociais, denominação genérica utilizada para designar os direitos econômicos, sociais e culturais, no plano do Direito Internacional, originaram-se no século XIX, após a Revolução Industrial e por força dos movimentos sindicais. No Brasil, foram incorporados pela primeira vez ao texto constitucional na Carta Magna de 1934, com inspiração nas Constituições do México, de 1917, e da República Alemã, de 1919. Nesta fase inicial, possuíam baixa normatividade e pouca eficácia.

Historicamente, os direitos sociais tiveram sua juridicidade questionada, buscando-se anular sua potencialidade jurídica com a estratégia de remetê-los à esfera programática, sob a alegação de que:

a) não são dotados de coercibilidade;

b) não há recursos orçamentários para implementá-los, e

c) faltam instrumentos processuais adequados à sua tutela jurisdicional.

Os direitos sociais não são meras recomendações ou preceitos morais, cujo cumprimento pode ocorrer ou não ao talante do gestor público. São normas jurídicas, como quaisquer outras, que precisam ser densificadas; são dotadas de juridicidade e de eficácia, e originam obrigações concretas para o Estado.

A tese de que não possuem o caráter de coercibilidade cai por terra pelo enunciado do art. 5º, § 1º, da Constituição Federal, ao afirmar que todos os direitos fundamentais possuem aplicabilidade imediata. Como espécie de direitos fundamentais, os direitos sociais, obviamente, também possuem eficácia jurídica. Ingo Wolfgang Sarlet[9] afirma as seguintes cargas de eficácia aos direitos fundamentais:

a) Acarretam a revogação dos atos normativos anteriores e contrários ao conteúdo da norma definidora de direito fundamental e, por via de consequência, sua desaplicação, independentemente de uma declaração de inconstitucionalidade;

b) Contêm imposições que vinculam o legislador, no sentido de que este não apenas está obrigado a concretizar os programas, tarefas, fins e ordens, mas também que o legislador, ao cumprir seu desiderato, não pode se afastar dos parâmetros preestabelecidos nas normas definidoras de direitos fundamentais a prestações;

---

(4) É preferível a designação de dimensões de direitos, em vez de geração de direitos, porquanto esta última nomenclatura sugere uma substituição de direitos, de uma geração por outra, e não um acréscimo de conquistas de direitos humanos.
(5) GARCIA, Emerson. *Ministério Público*: organização, atribuições e regime jurídico. 3. ed. Rio de Janeiro: Lumen Juris, 2008. p. 48.
(6) MAZZILLI, Hugo Nigro. *Introdução ao Ministério Público*. São Paulo: Saraiva, 2012. p. 72.
(7) LEITE, Carlos Henrique Bezerra. *Ministério Público do Trabalho* – doutrina, jurisprudência e prática. 5. ed. São Paulo: LTr, 2011. p. 45.
(8) CARNEIRO, Paulo Cezar Pinheiro. *O Ministério Público no processo civil e penal*: o promotor natural, atribuição e conflito. Rio de Janeiro: Forense, 1989. p. 52-53.
(9) SARLET, Ingo Wolfgang. *A eficácia dos direitos fundamentais*. 7. ed. Porto Alegre: Livraria do Advogado, 2007. p. 280-287.

c) Com base no exposto no item anterior, constata-se também que se impõe a declaração da inconstitucionalidade de todos os atos normativos editados após a vigência da Constituição, caso colidentes com o conteúdo dos direitos fundamentais, isto é, contrários ao sentido dos princípios e regras contidos nas normas que os consagram;

d) Os direitos prestacionais de cunho programático constituem parâmetro para a interpretação, integração e aplicação das normas jurídicas (demais normas constitucionais e normas infraconstitucionais), já que contêm princípios, diretrizes e fins que condicionam a atividade dos órgãos estatais e influenciam, neste sentido, toda a ordem jurídica;

e) Os direitos fundamentais a prestações, mesmo os que reclamam uma *interpositio legislatoris*, geram sempre algum tipo de posição jurídico-subjetiva, tomando-se esta em um sentido amplo, e não restrito à concepção de um direito subjetivo individual a determinada prestação estatal. Portanto, criam, no mínimo, um direito subjetivo no sentido negativo, já que sempre possibilitam ao indivíduo que exija do Estado que se abstenha de atuar de forma contrária ao conteúdo da norma que consagra o direito fundamental;

f) Proibição de retrocesso: impedir o legislador de abolir determinadas posições jurídicas por ele próprio criadas.

O grau de concretude dos direitos sociais é variável, a depender do seu objeto e da decisão política sobre a sua implementação. Em síntese, a conceituação tradicional de normas programáticas, já superada, infringe o princípio da força vinculante da Constituição ao considerar que tais dispositivos são apenas programas a serem implementados eventualmente pelo poder político da ocasião. A conclusão extraída por Dirley da Cunha Júnior, destarte, é irreprochável:

> É irrecusável, pois, a eficácia jurídica das normas constitucionais programáticas. Desse modo, podemos concluir que o único problema da eficácia das normas constitucionais, notadamente das normas constitucionais programáticas, reside no tipo de jurisdição constitucional praticado em cada país. Uma jurisdição constitucional desassombrada, emancipatória e progressista, voltada a aproximar a norma da realidade, certamente contribuirá – e isso é decisivo! – para a eficácia e efetivação dessas normas constitucionais[10].

O papel do Ministério Público do Trabalho no Estado Democrático de Direito é primacial para a própria conformação deste último. Se a sua atuação for tímida ou pouco expressiva, se não implementar os direitos sociais ou considerá-los desimportantes, estará refutando o papel que lhe foi outorgado pela Constituição Federal de 1988.

A Carta Magna em vigor redefiniu as atribuições do Ministério Público, de forma geral, alçando-o da condição de mero apêndice do Poder Executivo para a de instituição permanente, autônoma e independente, incumbida da defesa da ordem jurídica, do regime democrático e dos interesses sociais e individuais indisponíveis. Na dicção de Carlos Henrique Bezerra Leite, "constituindo o Brasil um Estado Democrático de Direito, cometeu-se ao Ministério Público a tarefa de ser eterno guardião da democracia"[11].

Em momento anterior, o papel desempenhado pelo *Parquet* laboral limitava-se à emissão de pareceres nos Tribunais de segundo e terceiro graus, manifestando-se precipuamente acerca de matérias relativas a questões de ordem pública. Tendo como pano de fundo os novos princípios consagrados pelo neoconstitucionalismo, o Ministério Público do Trabalho passou a assumir a função de parte em lides coletivas que versam sobre direitos metaindividuais, no âmbito trabalhista. Não é exagero afirmar que o advento da Constituição Federal de 1988 provocou uma verdadeira revolução copernicana no âmbito do Ministério Público do Trabalho, que foi sentida em maior escala a partir do final da década de 1990.

Historicamente, os Tribunais nacionais estavam mais familiarizados com as lides individuais, que buscavam de maneira atomizada a resolução dos conflitos trabalhistas, com uma cultura individualista predominante e que, no cômputo geral, exprimiam o insucesso quanto à valorização do trabalho no plano coletivo[12]. Esta situação, portanto, foi superada com a introjeção, pelos membros da instituição, de seu papel de promotor de direitos sociais e trabalhistas e de defesa do regime de emprego.

As novas atribuições, por seu turno, demandaram a utilização de instrumentos jurídicos adequados para a tutela das pretensões relativas a direitos difusos, coletivos e individuais homogêneos. Conquanto no âmbito judicial o primacial instrumento para atuação do Ministério Público do Trabalho seja a ação civil pública, a atuação extrajudicial do órgão é de absoluta relevância, pois se propõe à resolução dos conflitos mediante celebração de termos de ajustamento de conduta ou por meio de promoção de políticas públicas, em especial.

É possível afirmar atualmente que a atuação extrajudicial do *Parquet* laboral obtém maior efetividade, no plano fático, do que a sua atuação judicial, sempre sujeita aos riscos inerentes a qualquer litígio. Assim, o Ministério Público

---

(10) CUNHA JÚNIOR, Dirley da. *Curso de direito constitucional*. 3. ed. Salvador: JusPodivm, 2009. p. 182.
(11) LEITE, Carlos Henrique Bezerra. *Ministério Público do Trabalho* – doutrina, jurisprudência e prática. 5. ed. São Paulo: LTr, 2011. p. 38.
(12) BELTRAMELLI NETO, Sílvio. Inquérito civil no âmbito do Ministério Público do Trabalho: reflexões a partir de um novo perfil institucional. In: SANTOS, Élisson Miessa dos; CORREIA, Henrique (Coords.). *Estudos aprofundados MPT*. Salvador: JusPodivm, 2012. p. 542.

do Trabalho, ao receber a denúncia ou atuar *ex officio*, tem por dever institucional investigar os fatos para verificação da lesão ou possibilidade de lesão a direitos ou interesses metaindividuais trabalhistas, no escopo de coibir a sua prática e de conformar a conduta da empresa ou do empregador aos termos da lei.

Todo o norte finalístico de legitimação e de direcionamento dos atos institucionais praticados pelo Ministério Público, inclusive o do Trabalho, encontra-se plasmado no art. 127 da Constituição Federal de 1988, ou seja, é precisamente a defesa da ordem jurídica, do regime democrático e dos interesses sociais e individuais indisponíveis.

Para consecução deste mister constitucional, entrementes, a atividade do *Parquet* é classificada, pela ingente maioria dos autores, em atuação extrajudicial (em processos de natureza administrativa) e atuação judicial (em demandas propostas perante a Justiça do Trabalho), que pode ser subdividida em atuação judicial na qualidade de *custos legis* (atualmente fiscal da ordem jurídica e não mais fiscal da lei) ou de parte.

Cumpre gizar a existência de certa controvérsia doutrinária com relação à nomenclatura que adquire a atuação do *Parquet* laboral na órbita extrajudicial, que também é denominada por muitos de atuação como órgão agente ou como promotor de direitos fundamentais sociais. Esta discussão, contudo, é de somenos importância, visto que a natureza jurídica da atuação e as normas que a regem não será alterada por uma ou por outra nomenclatura.

O perfil institucional do Ministério Público do Trabalho foi alterado pelo advento da Constituição Federal de 1988 e vem se consolidando, ao longo do tempo, pelos paradigmas do neoconstitucionalismo, no escopo de promoção dos direitos fundamentais dos trabalhadores e da defesa da ordem jurídico-democrática no âmbito das relações laborais. Segundo Gustavo Tepedino, o Ministério Público assumiu uma função promocional, coerente com o papel definido para o Estado nos princípios gerais da Constituição, e deixa de atuar simplesmente nos momentos patológicos, em que ocorre a lesão a interesse público, sendo convocado a intervir de modo permanente, promovendo o projeto constitucional e a efetividade dos valores consagrados pelo ordenamento[13].

A classificação mais consentânea com os dispositivos constitucionais é a de que a atuação do Ministério Público do Trabalho pode ser judicial ou extrajudicial; por outro lado, a atuação judicial se subdivide em atuação como parte ou como *custos legis*. Não é cabível a subdivisão da atividade extrajudicial em atuação como fiscal da ordem jurídica ou como parte – esta subdivisão cinge-se à atuação judicial. Esta classificação, contudo, limita-se a finalidades pedagógicas, porquanto a nova configuração constitucional do Ministério Público do Trabalho deixa pouco nítida esta linha demarcatória entre a atuação como órgão interveniente e órgão agente,
vez que sempre estará norteada pela defesa do regime democrático, da ordem jurídica e dos interesses sociais, coletivos e individuais indisponíveis, no âmbito das relações laborais.

Esclarecidos estes aspectos propedêuticos acerca da atuação do Ministério Público do Trabalho, imbuída das premissas do neoconstitucionalismo, torna-se imperiosa uma digressão acerca da reforma trabalhista e seu impacto sobre a atuação ministerial.

4. A REFORMA TRABALHISTA E SEU IMPACTO NA ATUAÇÃO DO MINISTÉRIO PÚBLICO DO TRABALHO

Impende gizar, *ab initio*, que a atuação judicial como *custos legis* do Ministério Público do Trabalho não sofreu maiores alterações com o advento da reforma trabalhista.

O grande impacto da reforma trabalhista, por conseguinte, ocorre na atuação judicial como parte e na atuação extrajudicial do Ministério Público do Trabalho, que serão estudadas de *per si*.

4.1. Atuação como parte na Justiça do Trabalho

A atuação judicial do Ministério Público do Trabalho, como parte, encontra-se disciplinada no art. 83, incisos I, III, IV, V, VI, VIII e X da Lei Complementar n. 75/1993:

> Art. 83. Compete ao Ministério Público do Trabalho o exercício das seguintes atribuições junto aos órgãos da Justiça do Trabalho:
>
> I – promover as ações que lhe sejam atribuídas pela Constituição Federal e pelas leis trabalhistas;[...]
>
> III – promover a ação civil pública no âmbito da Justiça do Trabalho, para defesa de interesses coletivos, quando desrespeitados os direitos sociais constitucionalmente garantidos;
>
> IV – propor as ações cabíveis para declaração de nulidade de cláusula de contrato, acordo coletivo ou convenção coletiva que viole as liberdades individuais ou coletivas ou os direitos individuais indisponíveis dos trabalhadores;
>
> V – propor as ações necessárias à defesa dos direitos e interesses dos menores, incapazes e índios, decorrentes das relações de trabalho;
>
> VI – recorrer das decisões da Justiça do Trabalho, quando entender necessário, tanto nos processos em que for parte, como naqueles em que oficiar como fiscal da lei, bem como pedir revisão dos Enunciados da Súmula de Jurisprudência do Tribunal Superior do Trabalho; [...]
>
> VIII – instaurar instância em caso de greve, quando a defesa da ordem jurídica ou o interesse público assim o exigir; [...]
>
> X – promover mandado de injunção, quando a competência for da Justiça do Trabalho;

---

(13) TEPEDINO, Gustavo. *Temas de direito civil*. Rio de Janeiro: Renovar, 1999. p. 298.

Após o advento da Constituição Federal de 1988, é possível asseverar a ocorrência de um incremento espetacular das funções promocionais do Ministério Público do Trabalho, especialmente no âmbito extrajudicial, para concretização de direitos fundamentais dos trabalhadores. Ao lado desta atuação no âmbito da sociedade, diretamente ou indiretamente, o Ministério Público do Trabalho também possui a atribuição de ajuizamento de ações, perante o Poder Judiciário Trabalhista, que visem à defesa dos direitos e interesses difusos, coletivos e individuais homogêneos, na seara laboral. Cumpre destacar, porque oportuno, que a realização de inúmeras atividades extrajudiciais, especialmente audiências administrativas e propostas de celebração de termos de compromisso de ajustamento de conduta, torna a atividade judicial do *Parquet* laboral a *ultima ratio* para obtenção de efetividade de direitos.

Podem ser apontadas diversas modificações trazidas a lume pela reforma trabalhista na seara do processo trabalhista de conhecimento, que serão traduzidas em adoção de condutas distintas pelo Ministério Público. Com efeito, dispõe o art. 223-G, § 1º, da nova CLT, que o valor da indenização por dano extrapatrimonial terá limites máximos taxativamente delimitados, em função da gravidade da ofensa consumada. Os limites, destarte, variam de três a cinquenta vezes o último salário contratual do ofendido. Abstraindo a questão da inconstitucionalidade do dispositivo, que cria discriminações em função da remuneração dos trabalhadores, como se a dignidade da pessoa humana pudesse ser calculada na proporção direta dos rendimentos mensais que aufere, o fato é que não é admissível a sua aplicação para ações que visam tutelar direitos difusos, coletivos ou individuais homogêneos. A uma, porque não há um único ofensor a ser indenizado, ou seja, não há parâmetro salarial a ser adotado, vez que a ofensa dirige-se contra toda a coletividade; a duas, porque a finalidade pedagógica do instituto do dano moral coletivo, a sua primordial razão de existir, não será alcançada pela fixação de limites ao montante do ressarcimento; a três, porque a Lei n. 7.347/1985, a Lei de Ação Civil Pública, não impõe qualquer limitação ao ressarcimento dos danos perpetrados contra os direitos metaindividuais e, por conseguinte, prevalece a aplicação da lei mais específica em detrimento da norma mais geral – neste caso, a nova CLT. Assim, o art. 3º da Lei n. 7.347/1985 determina, sinteticamente, que a ação civil poderá ter por objeto a condenação em dinheiro ou o cumprimento de obrigação de fazer ou não fazer, sem estabelecer limites para a referida condenação em dinheiro – o que ratifica ao entendimento de que os fins colimados, em ações individuais e ações coletivas, são distintos, possuindo as ações civis públicas uma finalidade pedagógica preponderante.

De outra parte, também impende destacar a dicção do art. 8º, §§ 2º e 3º, da nova CLT, que impõe uma verdadeira lei de mordaça à Justiça do Trabalho, impedindo as súmulas ou outros enunciados de jurisprudência de tribunais trabalhistas de restringir direitos ou de criar obrigações não previstas em lei e determinando que o Judiciário Trabalhista somente analisará, nas convenções coletivas ou acordos coletivos de trabalho, os elementos do negócio jurídico, balizando sua atuação prelo princípio da intervenção mínima na autonomia de vontade coletiva. Trata-se, portanto, de regra extremamente prejudicial à atuação de todos os advogados, de forma geral, mas especialmente anódina ao Ministério Público do Trabalho, porquanto extingue o papel inovador da jurisprudência e determina verdadeiramente a impossibilidade de construção e criação de teses jurídicas no âmbito trabalhista. Muitos direitos que hoje são reconhecidos em sede de ação civil pública, a exemplo do dano moral coletivo, foram originariamente uma construção doutrinária que passou a ser adotada pelos tribunais, em momento posterior, sem uma norma legal específica que o disciplinasse. Apenas a título exemplificativo, o poder de efetivação das decisões judicias, insculpido no art. 497 do Código de Processo Civil de 2015, terá o seu âmbito de aplicação restringido na Justiça do Trabalho, vez que a jurisprudência não poderá chancelar qualquer conduta que assegure a obtenção da tutela pelo resultado prático equivalente se não houver previsão legal. Ademais, importa em *capitis diminutio* para a Especializada, pois não existe esta restrição, inconstitucional, a propósito, para os demais ramos do Poder Judiciário, o que transforma o Juiz do Trabalho em exegeta, como nos primórdios do século XIX – *le juge est la bouche de la loi*[14].

Também é relevante frisar a exigência de liquidação de pedidos na exordial trabalhista, agora especificada no art. 840, § 1º, da nova CLT. Ora, em se tratando de direitos difusos ou coletivos, a liquidação não importará restrições ao exercício do direito de ação, pois normalmente são pleiteadas, quanto à violação destes direitos e interesses, obrigações de fazer ou não fazer mediante cominação de *astreintes* em caso de descumprimento. Todavia, a hermenêutica literal do dispositivo efetivamente extinguirá as ações coletivas para tutela de direitos individuais homogêneos, em face da impossibilidade de liquidação destes pedidos em momento anterior à propositura da ação. A reforma trabalhista, no particular, foi ainda mais conservadora que a antiga Súmula n. 310 do Tribunal Superior do Trabalho, declarada inconstitucional pelo Supremo Tribunal Federal e cancelada em outubro de 2003. O enunciado de jurisprudência previa que a substituição processual somente seria admissível mediante juntada, com a petição inicial, da listagem contendo nome completo e número de CTPS ou outro documento de identidade dos substituídos. A Lei n. 13.467/2017 vai além: em interpretação literal e equivocada, exigiria que o *quantum* devido a cada substituído, na ação civil pública, que pode açambarcar centenas ou milhares de empregados, estivesse especificado, inclusive quanto

---

(14) O juiz é a boca da lei – tradução nossa.

aos seus centavos. Esta conclusão, contudo, não se coaduna com os paradigmas da Lei n. 7.347/1987 (LACP), que permite até mesmo a prolação de sentença genérica, a fim de propiciar o mais amplo acesso à Justiça para tutela de direitos metaindividuais. Destarte, inadmissível a aplicação do dispositivo para extinção, sem julgamento do mérito, dos pedidos relativos a direitos individuais homogêneos, em face da própria natureza jurídica da tutela pretendida. A hipótese, por conseguinte, é de aplicação do microssistema legislativo de defesa de direitos metaindividuais, não a aplicação da norma geral trabalhista – a CLT.

Ressalte-se ainda, quanto ao processo trabalhista de conhecimento, que a disciplina normativa da transcendência, insculpida no art. 896-A da nova CLT, poderá favorecer as ações civis públicas interpostas pelo Ministério Público do Trabalho, considerando que ordinariamente possuem ingentes reflexos econômicos (por versarem sobre valores elevados) e sociais, pois sempre estarão postulando direitos sociais constitucionalmente garantidos, com fundamento na mais elevada pauta axiológica escolhida pela sociedade brasileira como seus valores fundantes.

Quanto ao processo de execução, contudo, as modificações são preocupantes para todos os credores, em especial para aqueles que visam coibir condutas de violação a direitos fundamentais ou reconstituição destes direitos por meio de fundos públicos.

Em primeiro lugar, é mister salientar que a admissibilidade do incidente de desconsideração da pessoa jurídica já estava prevista na Instrução Normativa n. 39/2016, do Tribunal Superior do Trabalho. O texto de lei, neste caso, torna indene de dúvidas a sua aplicação, que deixará de ser subsidiária, embora não convença a existência de compatibilidade com os princípios da celeridade e da informalidade que informam o processo do trabalho com maior ênfase. O referido incidente pode ser utilizado na fase de conhecimento ou de execução, sempre suspendendo o processo até a prolação da decisão interlocutória que o resolva, o que poderá provocar maior delonga para solução do conflito. No caso do Ministério Público do Trabalho, as chances de utilização do incidente de desconsideração da personalidade jurídica são relevantes, especialmente nos casos de fraudes ao regime de emprego ou de *dumping* social, nos quais as empresas, em geral, dilapidam seu patrimônio, cerram suas portas, extinguem vínculos jurídicos e desarticulam canais de comunicação, tais como telefones e *e-mails,* embora mantenham-se funcionando formalmente. O êxito do exequente, após o advento da reforma trabalhista, tornou-se mais árduo e improvável.

Esta afirmação é ainda corroborada pelo art. 10-A da nova CLT, que prevê a responsabilidade dos sócios retirantes pelo prazo de dois anos após a averbação da modificação do contrato social no órgão competente. Além da exiguidade do prazo, é mister gizar também que a responsabilidade do sócio retirante é subsidiária até mesmo em relação ao sócio atual, o que se traduz em regra ainda mais nefasta do que aquela contida no art. 1003 do Código Civil, segundo a qual a responsabilidade entre os sócios – retirantes e atuais – é solidária.

Outra questão que será objeto de calorosa discussão, em especial quanto a direitos difusos, coletivos e individuais homogêneos, é a expressa admissibilidade da prescrição intercorrente na execução trabalhista. Conquanto existam inúmeras celeumas sobre o tema, a doutrina e a jurisprudência majoritárias esposam o entendimento de que os direitos difusos e os direitos coletivos não patrimoniais são imprescritíveis e, por conseguinte, estão excluídos da regra insculpida no art. 11-A da nova CLT. Em outras palavras, ainda que o Ministério Público do Trabalho não tenha a possibilidade de cumprimento de determinação judicial, no prazo de dois anos, no curso da execução, o que ocorrerá amiúde graças à complexidade da tutela objeto de condenação nas ações coletivas, não poderá haver a extinção do processo, com julgamento de mérito, por reconhecimento de prescrição intercorrente. O dispositivo, à evidência, não se coaduna com a defesa de direitos metaindividuais que são, por si sós, imprescritíveis, indivisíveis e indisponíveis.

Insta salientar que o seguro garantia judicial, previsto como forma de garantia da execução trabalhista no art. 882 da nova CLT, também pode redundar em inadimplemento generalizado de condenações, caso não sejam adotadas medidas que promovam maior segurança jurídica ao instituto. Além de garantia de execução, este novo instrumento contratual também pode ser utilizado para realização do depósito recursal, ao lado da fiança bancária, na expressa dicção do art. 899, § 1º, da nova CLT.

No seguro garantia judicial, o tomador é a pessoa jurídica (o empregador) que contrata o seguro junto à seguradora para garantir ao segurado o cumprimento das obrigações assumidas, seja em processos cíveis, trabalhistas e/ou fiscais. É o responsável pelo pagamento do prêmio. Segurado, nas modalidades cível e trabalhista, é o potencial credor de obrigação pecuniária *sub judice*; nos processos fiscais, o credor da obrigação fiscal pecuniária em cobrança judicial. Garantidor é a seguradora, empresa devidamente autorizada pela SUSEP a emitir apólices para garantir as obrigações de um tomador nos processos judiciais.

A interposição de um terceiro entre o credor e o devedor poderá tornar ainda mais dilatado o prazo de prestação jurisdicional, porquanto serão adicionadas, às defesas do executado, as defesas da seguradora, quando pretender se eximir do pagamento das verbas trabalhistas. As matérias a serem apreciadas pelo Estado-Juiz, na execução trabalhista garantida por seguro garantia judicial, serão ainda mais numerosas e extensas, o que promoverá uma ampliação da dilação probatória dos embargos à penhora ou à execução, tornando ainda menos factível a percepção dos créditos. No caso do Ministério Público do Trabalho, conquanto as verbas oriundas da condenação não possuam natureza jurídica alimentícia, têm por finalidade a recomposição dos bens jurídicos que sofreram danos com a conduta ilícita do empregador, de sorte que a efetividade dos direitos fundamentais e os efeitos pedagógicos da condenação ficam comprometidos.

Estes são, por conseguinte, os mais relevantes impactos da reforma trabalhista na atuação judicial do Ministério Público do Trabalho. Entrementes, considerando que a Lei n. 13.467/2017 subverte os princípios tuitivos do direito material do trabalho e inaugura uma nova racionalidade neoliberal e de garantia de direitos fundamentais mínimos – quiçá insuficientes – para o trabalhador, as mais notáveis alterações de atuação ocorrerão no âmbito extrajudicial.

4.2. Atuação extrajudicial

Trata-se, sobejamente, da mais relevante atuação institucional na contemporaneidade, porquanto possibilita uma efetividade maior aos direitos sociais constitucionalmente garantidos, muitas vezes mediante atuação concreta do Ministério Público do Trabalho na vida social e no cotidiano dos trabalhadores, evitando a interposição de ações individuais e coletivas perante a Justiça do Trabalho.

A atuação extrajudicial do Ministério Público do Trabalho está em parte prevista no art. 83, inciso XI, bem como no art. 84, incisos II e V, todos da Lei Complementar n. 75/1993:

> Art. 83. Compete ao Ministério Público do Trabalho o exercício das seguintes atribuições junto aos órgãos da Justiça do Trabalho: [...] XI – atuar como árbitro, se assim for solicitado pelas partes, nos dissídios de competência da Justiça do Trabalho;
>
> Art. 84. Incumbe ao Ministério Público do Trabalho, no âmbito das suas atribuições, exercer as funções institucionais previstas nos Capítulos I, II, III e IV do Título I, especialmente: [...] II – instaurar inquérito civil e outros procedimentos administrativos, sempre que cabíveis, para assegurar a observância dos direitos sociais dos trabalhadores; [...] V – exercer outras atribuições que lhe forem conferidas por lei, desde que compatíveis com sua finalidade.

Para melhor explanação do tema, sob o aspecto didático, podem ser divididas as atividades extrajudiciais do Ministério Público do Trabalho em sete grandes áreas: atuação em mediações ou arbitragens; realização de ou participação em audiências públicas; articulação social; implementação de políticas públicas; instauração de inquérito civil ou outros procedimentos administrativos de investigação; celebração de termos de compromisso de ajustamento de conduta e emissão de recomendações.

A compreensão da atividade extrajudicial do Ministério Público do Trabalho, todavia, não pode ser realizada sem a informação de que a instituição criou metas organizacionais, subdivididas em coordenadorias, que têm âmbito nacional e regional, para enfrentamento das múltiplas e variegadas violações aos direitos fundamentais dos trabalhadores. Estas coordenadorias trabalham mediante elaboração e implementação de projetos ou grupos de estudo, que via de regra possuem abrangência nacional.

Como já explanado, o Ministério Público do Trabalho, até o advento da Constituição Federal de 1988, funcionava precipuamente como órgão parecerista em segundo grau, intervindo nas demandas trabalhistas em que figurassem entes públicos, primordialmente. Após a promulgação da Carta Magna de 1988, entrementes, a sua função foi erigida a patamar de maior relevância social, porquanto tornou-se verdadeiro promotor dos direitos sociais trabalhistas e concretizador dos direitos fundamentais dos trabalhadores.

A nova configuração constitucional, por seu turno, exigiu uma modificação na estrutura administrativa e orgânica da instituição. Com efeito, a previsão legal, insculpida no art. 85 da Lei Complementar n. 75/1993, é de existência dos seguintes órgãos do Ministério Público do Trabalho: a) o Procurador-Geral do Trabalho; b) o Colégio de Procuradores do Trabalho; c) o Conselho Superior do Ministério Público do Trabalho; d) a Câmara de Coordenação e Revisão do Ministério Público do Trabalho; e) a Corregedoria do Ministério Público do Trabalho; f) os Subprocuradores-Gerais do Trabalho; g) os Procuradores Regionais do Trabalho; h) os Procuradores do Trabalho.

Esta conformação, todavia, não atendia às demandas de equalização de atuação dos membros da instituição, com o escopo de uniformização de procedimentos e de priorização de áreas temáticas. De fato, a criação das Coordenadorias, no início dos anos 2000[15], teve por objetivo conferir maior efetividade aos procedimentos extrajudiciais e às ações intentadas, em sendo adotada a atuação nacionalmente uniformizada.

Em outras palavras, os instrumentos judiciais e extrajudiciais a serem manejados pelo membro do Ministério Público do Trabalho, na defesa dos direitos e interesses sociais, devem estar voltados ao atendimento das *metas institucionais*, ou seja, aos temas mais relevantes naquele dado momento histórico e que são objeto de preocupação crescente em razão da gravidade das situações fáticas observadas ou do desprezo às mais comezinhas normas internacionais e nacionais trabalhistas. O número de trabalhadores atingidos também é relevante para a escolha das metas institucionais e para os assuntos que serão objeto de projetos nacionais, vez que as reuniões das coordenadorias, que podem ocorrer anualmente ou semestralmente, a depender da opção de seus membros, se debruçarão sobre estes assuntos

---

(15) A primeira coordenadoria criada foi a COORDINFÂNCIA, em 10 de novembro de 2000. As demais que lhe seguiram foram: CONAETE (12 de setembro de 2002), COORDIGUALDADE (28 de outubro de 2002), CONAFRET (30 de setembro de 2003), CONATPA (30 de setembro de 2003), CODEMAT (14 de outubro de 2003), CONAP (14 de outubro de 2003), e finalmente a CONALIS (28 de maio de 2009), após o advento da Emenda Constitucional n. 45/2004.

e sobre o andamento de cada regional – êxitos ou insucessos – em cada matéria.

As coordenadorias, como se verifica, não possuem previsão legal, mas previsão em portarias editadas pelo Procurador Geral do Trabalho, porquanto à época do advento da Lei Complementar n. 75/1993 as demandas de atuação não eram tão ingentes e complexas e não precisavam da configuração organizacional e administrativa atual. Todas as coordenadorias estão vinculadas diretamente ao Procurador Geral do Trabalho e possuem pelo menos um membro de cada regional, além de um coordenador e um vice-coordenador. Existem atualmente 08 (oito) coordenadorias, a saber: a) COORDINFÂNCIA – Coordenadoria Nacional de Combate à Exploração do Trabalho da Criança e do Adolescente; b) COORDIGUALDADE – Coordenadoria Nacional de Promoção da Igualdade de Oportunidades; c) CONAETE – Coordenadoria Nacional de Erradicação do Trabalho Escravo; d) CONAP – Coordenadoria Nacional de Combate às Irregularidades na Administração Pública; e) CONALIS – Coordenadoria Nacional de Promoção da Liberdade Sindical; f) CONAFRET – Coordenadoria Nacional de Combate às Fraudes nas Relações de Trabalho; g) CODEMAT – Coordenadoria Nacional de Defesa do Meio Ambiente do Trabalho; h) CONATPA – Coordenadoria Nacional do Trabalho Portuário e Aquaviário.

A Lei n. 13.467/2017 promoveu mudança de atuação extrajudicial do Ministério Público do Trabalho em quatro coordenadorias: CONAFRET, CODEMAT, CONAP e CONALIS. A atuação nas demais coordenadorias foi afetada, obviamente, quanto ao ajuizamento de ações civis públicas e demais mudanças de regras processuais; o conteúdo das denúncias recebidas, contudo, não sofrerá tantos percalços. Por esta razão, o presente estudo se restringirá às alterações nos projetos nacionais destas quatro coordenadorias.

4.2.1. A reforma trabalhista e a CONAFRET

A coordenadoria foi criada por meio da Portaria PGT n. 386, em 30 de setembro de 2003. Surgiu com o objetivo de estudar, combater e inibir as práticas fraudulentas que objetivam afastar a relação de emprego e desvirtuar a aplicação dos direitos trabalhistas previstos na Constituição Federal, na CLT e em demais normas de proteção ao trabalhador. A tentativa de camuflar o regime de emprego sob outros rótulos é aperfeiçoada diuturnamente, nas atividades pública e privada, variando de acordo com o momento, circunstâncias e localidade, sendo as mais comuns e intensas na atualidade as fraudes por meio de cooperativas intermediadoras de mão de obra, as terceirizações ilegais, as "sociedades" de empregados, entre outras "invenções criativas" que, por conta do desemprego, são utilizadas para prejudicar os trabalhadores e eliminar os seus mais fundamentais direitos.

Atualmente, de acordo com as últimas reuniões nacionais ocorridas em 2015 e 2016, existem 06 (seis) grupos de trabalho no âmbito da CONAFRET:

1) Grupo de Trabalho Souza Cruz (constituído pela Portaria PGT n. 650, de 21.08.2015, para combate a fraudes nas jornadas de trabalho dos empregados da empresa e temas correlatos);

2) Grupo de Trabalho BRF S/A[16] (criado pela Portaria PGT n. 651, de 21.08.2015, para atuação uniforme do MPT quanto à promoção da fiscalização das obrigações deferidas na decisão judicial na ação civil pública n. 0163402011-016-10-00-1[17], proposta em face da BRF S/A, combate à terceirização na atividade de criação de aves e unificação da atuação do MPT no que se refere à técnica de abate de animais denominada de HALAL ou abate islâmico);

3) Grupo de Trabalho Suzano (criado pela Portaria PGT n. 599, de 29.09.2014, para acompanhamento da ação civil pública n. 0002069-52.2010.5.05.0531, em trâmite perante a Vara do Trabalho de Teixeira de Freitas/BA e no IC n. 000193.2011.10.002/9, oriundo da PRT 10ª Região, em face da empresa Suzano Papel e Celulose S/A, para despersonalização da atuação do Ministério Público do Trabalho na Bahia, inclusive para deliberar a respeito dos requerimentos formulados pela empresa quanto a possível revisão do acordo judicial celebrado e homologado);

4) Grupo de Trabalho facções do setor têxtil (sobre a terceirização ilícita no setor de facção da indústria têxtil, especialmente enfocando o controle empresarial exercido pelas tomadoras, em relação às pequenas empresas que produzem a peça de roupa, bem como a subordinação estrutural a que estão sujeitos os empregados das facções, relativamente à dinâmica empresarial das tomadoras);

5) Grupo de Trabalho CONTAX (instituído pela Portaria PGT n. 1.049, de 04.12.2015, para combate a terceirizações ilícitas em que a empresa CONTAX S/A é prestadora de serviços e assédio moral no âmbito da referida empresa, com ajuizamento de diversas ações civis públicas em face das tomadoras do serviço);

6) Grupo de Trabalho sobre falsas sociedades nos escritórios de advocacia, criado na ata da reunião nacional realizada em 14.06.2016.

O impacto da reforma trabalhista sobre a CONAFRET é o mais retumbante e ignominioso. Com efeito, a Lei

---

(16) BRF S/A – Brasil Foods S/A – é um conglomerado brasileiro do ramo alimentício, que surgiu com a fusão das ações da Sadia S.A ao capital social da Perdigão S.A. Atua nos segmentos de carnes, alimentos processados, margarinas, massas, pizzas e vegetais congelados. As maiores unidades industriais do grupo localizam-se em Minas Gerais, Goiás e Mato Grosso.

(17) Processo n. 0001634-96.2011.5.10.0016, pela numeração única do CNJ.

n. 13.467/2017 dispõe, no art. 442-B da nova CLT, que a contratação de autônomo, desde que preenchidas as formalidades contratuais, afasta a possibilidade de reconhecimento do vínculo empregatício, ainda que exercida a atividade com onerosidade, permanência, pessoalidade e subordinação. A reforma é ainda mais conservadora ao dispor que, mesmo na hipótese de exclusividade, não se cogitará de vínculo empregatício, o que implicará evidente legalização da fraude ao regime de emprego, seja por meio da contratação de pessoa física como trabalhador autônomo, seja por meio de contratação de pessoa jurídica, em fenômeno conhecido como pejotização.

O Ministério Público do Trabalho, por conseguinte, adotará postura combativa quanto a este dispositivo, à semelhança do que ocorreu com as cooperativas de trabalho, porquanto a regra significará o desmonte da Social Democracia e a perpetuação de desigualdades econômicas e sociais. Trata-se de evidente inconstitucionalidade, por indiscutível violação do princípio de vedação do retrocesso social. O princípio de proibição do retrocesso social é uma garantia constitucional implícita que veda ao legislador infraconstitucional, uma vez alcançado determinado patamar civilizatório de concretização de direitos fundamentais, retroceder e amesquinhar direitos conquistados preteritamente, anulando-os, tornando-os ineficazes socialmente ou defenestrando-os da ordem jurídica, mediante simples revogação. Na lição de Luísa Cristina Pinto e Netto,

O princípio de proibição de retrocesso social é norma jusfundamental adscrita, de natureza principal, que proíbe ao Legislador a supressão ou alteração das normas infraconstitucionais que densifiquem normas constitucionais de direitos sociais de molde a violar sua eficácia[18].

O princípio exsurge da matriz axiológica dos princípios da segurança jurídica, da máxima efetividade dos direitos constitucionais e da dignidade da pessoa humana. Apesar de não estar expresso no texto constitucional, como já asseverado, é dedutível do *caput* do art. 7º da Constituição Federal de 1988, visto que o constituinte assegurou os "direitos dos trabalhadores urbanos e rurais, *além de outros que visem à melhoria de sua condição social*", o que torna imperiosa a conclusão de que o rol de direitos fundamentais sociais enumerado no referido dispositivo não é *numerus clausus*, podendo ser acrescidas, na ordem jurídica, outras conquistas de melhoria de qualidade de vida e bem-estar aos trabalhadores, mas jamais a sua supressão ou mera aniquilação.

Como se observa, grande parte dos grupos de trabalho e da atenção do MPT está voltada à questão da terceirização de atividade-fim, o que sofrerá graves consequências com o advento da nova redação dos arts. 4º e 5º da Lei n. 6.019/1974, modificada no caudal da reforma trabalhista. A possibilidade de terceirização de atividade-fim resultará na precarização dos vínculos, no maior número de acidentes de trabalho e de doenças ocupacionais, além da descartabilidade da mão de obra. É um instrumento, por conseguinte, de *dumping* social, ou seja, de aumento de lucratividade das empresas em escala exponencial mediante exploração da classe trabalhadora e inadimplemento dos mais comezinhos direitos sociais fundamentais.

A reforma trabalhista também institui a maior possibilidade de coação sobre os trabalhadores, materializada na criação do instituto do trabalhador hipersuficiente, nos arts. 444, parágrafo único, e art. 507-A da nova CLT, bem como no processo de homologação de acordo extrajudicial disciplinado nos arts. 855-B a 855-E da nova CLT. O empregado que possuir remuneração superior a duas vezes o limite máximo de benefícios do regime geral de previdência social poderá ajustar "livremente" as regras a serem aplicadas ao seu contrato de trabalho, além de poder dirimir eventuais conflitos pela arbitragem. A homologação de acordo extrajudicial poderá ser utilizada como moeda de troca dos empregadores para pagamento imediato das verbas rescisórias, contando com a necessidade imperiosa de sobrevivência do trabalhador para aceitar as mais aviltantes condições de adimplemento.

As modificações na CLT trarão inúmeras repercussões e o aumento exponencial das denúncias de irregularidades, fraudes e coações sobre os trabalhadores, que estarão à mercê de uma legislação que subverte o princípio da proteção do hipossuficiente e desmantela os instrumentos de garantia de direitos fundamentais.

4.2.2. A reforma trabalhista e a CODEMAT

A Coordenadoria Nacional de Defesa do Meio Ambiente do Trabalho (CODEMAT), criada pela Portaria PGT n. 140, de 14 de outubro de 2003, tem como objetivo conjugar esforços para harmonizar as ações desenvolvidas pelo Ministério Público do Trabalho na defesa do meio ambiente do trabalho, inclusive no que se refere ao relacionamento com outros órgãos e entidades voltados para o ambiente laboral, além de fornecer apoio técnico-científico, observadas as disponibilidades materiais, e integrar os membros do Ministério Público do Trabalho visando a dar tratamento uniforme e coordenado à matéria, com a eleição das estratégias de atuação institucional e providências para implementação da legislação pertinente.

A partir de um planejamento estratégico e de gestão de prioridades, a CODEMAT estabeleceu 03 (três) projetos coordenados nacionalmente para atuar com foco na proteção do ambiente do trabalho: a) o Programa Nacional de Combate às Irregularidades na Indústria da Construção Civil, b) o Programa de Banimento do Amianto no Brasil, e c) o Programa de Adequação das Condições de Trabalho nos Frigoríficos.

---

(18) NETTO, Luísa Cristina Pinto e. *O princípio de proibição de retrocesso social*. Porto Alegre: Livraria do Advogado, 2010. p. 113.

O *Programa Nacional de Combate às Irregularidades na Indústria da Construção Civil* tem ênfase no segmento de atividade econômica com um dos mais altos índices de acidentes do trabalho no Brasil. A atuação ministerial objetiva reprimir situações relacionadas aos maiores riscos nos canteiros de obra, considerando queda de material e de trabalhadores, choques elétricos e soterramento. O *Programa de Banimento do Amianto no Brasil* concentra esforços na atuação que busca evitar o manuseio e utilização da fibra do amianto, também conhecido como asbesto, em todo o território nacional. A atuação administrativa e judicial vinculada ao programa se projeta para conceder efetividade às legislações estaduais que proíbem a utilização do amianto, agindo de forma repressiva para as empresas que descumprirem a lei. Atua também, aqui considerando os demais Estados, para garantir medidas de controle à saúde dos trabalhadores expostos ao amianto, durante e após a contratualidade, mediante a realização periódica de exames médicos, por exemplo. O *Programa de Adequação das Condições de Trabalho nos Frigoríficos* consiste na adoção de medidas judiciais e extrajudiciais para regularizar o meio ambiente do trabalho na indústria de abate e processamento de carnes bovina, suína e de aves, com objetivo de reduzir as incapacidades e os adoecimentos dos trabalhadores. As condições de trabalho encontradas nos diversos frigoríficos pelos procuradores integrantes das forças-tarefas vinculadas ao projeto nacional expõe a realidade de ambientes laborais marcados pelo ritmo intenso e repetitivo de trabalho, ausência de pausas para recuperação da fadiga, frio ou calor e ruídos excessivos e mobiliários inadequados.

A CODEMAT também se ressente com o advento da reforma trabalhista, em especial graças à novel regulamentação da jornada de trabalho, que poderá exceder os limites constitucionais mesmo mediante acordo individual, bem como graças à possibilidade de implementação do regime de teletrabalho, no qual as condições de infraestrutura necessária à execução do serviço serão entabuladas em contrato escrito entre as partes.

A Lei n. 13.467/2017 está na contramão do entendimento de que as normas sobre jornada de trabalho são cogentes, de ordem pública, e não podem ser objeto de negociação coletiva desbordando dos limites do preceito constitucional transcrito. Têm por finalidade assegurar um meio ambiente de trabalho sadio e seguro, cuja monetização sempre acarretará prejuízos aos trabalhadores.

Há que se ressaltar, outrossim, que a jornada de trabalho de 12 (doze) horas de labor seguidas de 36 (trinta e seis) horas de descanso foi possibilitada também mediante acordo individual entre as partes do contrato de trabalho, *livremente*[19]. Sequer há necessidade de autorização do Ministério do Trabalho para prestação de serviços em jornada tão extensa, ainda que se trate de meio ambiente do trabalho que sujeite o indivíduo a condições insalubres[20].

Outras duas modificações na norma infraconstitucional representam inarredável violação de conquistas sociais: a exclusão do direito a horas extraordinárias, sem exceção, a todos os teletrabalhadores[21], e a determinação de indenização do intervalo intrajornada suprimido apenas quanto ao período não usufruído, tendo-lhe sido retirada também a natureza jurídica salarial[22].

Em suma, pouco importa a carga de trabalho a que estará submetido o empregado que labora em regime de teletrabalho, pois nunca fará jus ao pagamento de horas extraordinárias, ainda que seja humanamente impossível o cumprimento de todas as tarefas elencadas pelo empregador na jornada ordinária de oito horas diárias.

A afetação das normas do meio ambiente do trabalho pela reforma trabalhista será objeto de embates e controvérsias acalorados, porquanto as alterações provocarão a redução da capacidade laborativa a longo prazo e a maior incidência de doenças ocupacionais, com inegável violação de preceitos constitucionais.

4.2.3. A reforma trabalhista e a CONAP

Com o escopo de viabilizar o cumprimento da meta institucional de combate ao desrespeito à legislação constitucional e trabalhista, no âmbito da Administração Pública Direta e Indireta, foi criada, em 14 de outubro de 2003, por meio da Portaria PGT n. 409, a Coordenadoria Nacional de Combate às Irregularidades Trabalhistas na Administração Pública – CONAP.

A CONAP tem a finalidade de estabelecer, em nível nacional, estratégias de atuação coordenada e uniforme nos temas relativos ao trabalho na Administração Pública Direta e Indireta, incluindo meio ambiente de trabalho dos servidores estatutários, celetistas e terceirizados, concurso público, terceirização, nulidade da contratação, responsabilidade solidária ou subsidiária da Administração Pública

---

(19) BRASIL. *Consolidação das Leis do Trabalho*. Nova redação conferida pela Lei n. 13.467/2017. Art. 59-A. Em exceção ao disposto no art. 59 desta Consolidação, é facultado às partes, mediante acordo individual escrito, convenção coletiva ou acordo coletivo de trabalho, estabelecer horário de trabalho de doze horas seguidas por trinta e seis horas ininterruptas de descanso, observados ou indenizados os intervalos para repouso e alimentação.

(20) *Ibidem*, art. 60. Parágrafo único. Excetuam-se da exigência de licença prévia as jornadas de doze horas de trabalho por trinta e seis horas ininterruptas de descanso.

(21) BRASIL. *Consolidação das Leis do Trabalho*. Nova redação conferida pela Lei n. 13.467/2017. Art. 62. Não são abrangidos pelo regime previsto neste capítulo: [...] III – os empregados em regime de teletrabalho.

(22) *Ibidem*, art. 71. [...] §4º A não concessão ou a concessão parcial do intervalo intrajornada mínimo, para repouso e alimentação, a empregados urbanos e rurais, implica o pagamento, de natureza indenizatória, apenas do período suprimido, com acréscimo de 50% (cinquenta por cento) sobre o valor da remuneração da hora normal de trabalho.

nas questões trabalhistas, utilização ilegal de cargo em comissão e outros temas que digam respeito ao trabalho na Administração Pública, sempre no âmbito das atribuições do Ministério Público do Trabalho e respeitada a independência funcional de seus membros.

Os projetos estratégicos aprovados pela CONAP e pelo Conselho Superior do Ministério Público do Trabalho, no ano de 2011, foram os seguintes: Terceirização sem Calote; Atividade-Fim e Saúde na Saúde. O *Projeto Terceirização sem Calote* é um dos resultados do planejamento estratégico que vem sendo desenvolvido no âmbito do MPT e tem por finalidade assegurar a observância dos direitos dos trabalhadores que prestam serviços terceirizados aos entes públicos, nas três esferas de governo (municipal, estadual e federal), seja na Administração Direta ou Indireta, a partir da adoção de medidas extrajudiciais e judiciais. Essas medidas poderão ter caráter preventivo, configurando-se em diretrizes para que a Administração Pública realize procedimentos licitatórios que elejam empresas idôneas, bem como fiscalize o adimplemento dos encargos sociais e trabalhistas no curso dos contratos de prestação de serviços continuados; ou caráter repressivo, responsabilizando as empresas terceirizadas e seus sócios, bem como os entes públicos e seus dirigentes pela reparação dos danos, nos casos de violação dos referidos direitos. A reforma trabalhista não afetará o projeto, porquanto o adimplemento dos direitos trabalhistas continuará a ser fiscalizado pelo Ministério Público do Trabalho. O *Projeto Atividade-Fim* tem como objetivo combater as terceirizações ilícitas na Administração Pública Direta e Indireta, ou seja, a terceirização ocorrida fora das hipóteses juridicamente admitidas e que violam os valores republicanos fundamentais da legalidade, da moralidade, da impessoalidade e da eficiência, acarretando também a precarização das relações de trabalho com aviltamento direto da dignidade do trabalhador, além de outras consequências como o esfacelamento da organização sindical dos servidores, a discriminação entre os servidores públicos e os terceirizados, a burla ao concurso público, dentre outras. A possibilidade de terceirização de atividade-fim, prevista nos arts. 4º e 5º da Lei n. 6.019/1974 significará, na prática, a extinção do concurso público e a derrocada dos direitos sociais dos trabalhadores, em grave violação à Constituição Federal de 1988. Destarte, a atuação do Ministério Público do Trabalho continuará no combate à terceirização de atividade-fim na Administração Pública, em face da evidente, incontestável e inarredável inconstitucionalidade da norma, se for aplicada por entes obrigados à realização de concurso público. O impacto da reforma trabalhista, no particular, é direto e instaurador de perplexidades. O *Projeto Saúde na Saúde* tem como objetivo a adequação do meio ambiente laboral, nas unidades de saúde da Administração Direta e Indireta, às condições de higidez, segurança e salubridade, necessárias à garantia de realização do trabalho seguro e decente, uma vez que todo trabalhador urbano e rural possui o direito à proteção da saúde, da segurança e da higiene, nos termos do art. 7º, XXII, da Carta Magna. A reforma trabalhista, no caso deste último projeto, poderá promover grande impacto quanto aos empregados públicos, considerando as normas sobre ampliação de jornada na área médico-hospitalar.

4.2.4. A reforma trabalhista e a CONALIS

A CONALIS foi criada por meio da Portaria n. 211, de 28 de maio de 2009 do Procurador-Geral do Trabalho, tendo sido a última coordenadoria criada no âmbito do MPT, em face da Emenda Constitucional n. 45/2004, que trouxe para o âmbito de competência da Justiça do Trabalho – e logicamente para o âmbito de atribuição do Ministério Público do Trabalho – todas as controvérsias decorrentes do exercício do direito de greve, bem como aquelas decorrentes da representação sindical, entre sindicatos, entre sindicatos e trabalhadores, e entre sindicatos e empregadores.

A liberdade sindical está entre as prioridades na atuação do Ministério Público do Trabalho. Uma sociedade efetivamente democrática deve conviver com as estratégias legítimas adotadas pelos representantes dos trabalhadores para assegurar o trabalho digno e decente e a cidadania no ambiente de trabalho.

A organização e a filiação em sindicatos, a greve e a negociação coletiva são asseguradas pela Constituição e pelas leis. Essas liberdades fundamentais propiciam a participação direta de todos os trabalhadores na determinação das condições de trabalho.

O Ministério Público do Trabalho possui a missão institucional de fortalecer os sindicatos e coibir os atos atentatórios ao exercício satisfatório da liberdade sindical. A violação desse direito compromete não só os trabalhadores, mas a sociedade como um todo.

A Coordenadoria tem por objetivo fortalecer a missão constitucional dos sindicatos, ou seja, a defesa dos interesses individuais e coletivos da categoria, coibindo os atos atentatórios ao exercício das liberdades sindicais[23].

A coordenadoria possui atualmente 02 (dois) projetos nacionais: o projeto de combate às condutas antissindicais (cuja abreviação do nome é CONAN, de *condutas antissindicais*) e o projeto estratégico "o MPT na mediação de conflitos coletivos e seu impacto no diálogo social".

A Lei n. 13.467/2017 atinge em cheio a organização sindical no Brasil, com o escopo não declarado de esvaziar politicamente o movimento sindical e prejudicar o funcionamento das entidades, mediante vulnerabilização da situação do trabalhador, sob o aspecto individual e coletivo.

---

(23) LEITE, Carlos Henrique Bezerra. *Ministério Público do Trabalho* – doutrina, jurisprudência e prática. 5. ed. São Paulo: LTr, 2011. p. 171.

A reforma impõe o fim da contribuição sindical obrigatória, a prevalência do negociado sobre o legislado e a vedação da ultratividade das normas coletivas. Todas estas disposições precisam ser interpretadas à luz da Constituição vigente e da racionalidade de garantia de direitos fundamentais. Caso aplicada em sua literalidade, a extinção da contribuição sindical representará o enfraquecimento da atuação sindical e a possibilidade de exercício de maior poder econômico por parte do empregador, mesmo em nível coletivo, graças à necessidade de manutenção da própria entidade e do enfraquecimento político e econômico sazonal. A vedação da ultratividade das normas coletivas ensejará a supressão de importantes conquistas sociais dos trabalhadores, que em momentos de crise econômica e de desemprego crescente não terão condições de igualdade para negociação sequer da manutenção de direitos já obtidos em normas coletivas anteriores.

Ressalte-se que, quanto ao art. 477-A da nova CLT, a intenção normativa foi a de tornar desnecessária a participação do sindicato na dispensa coletiva, equiparando as dispensas imotivadas individuais, plúrimas ou coletivas. Todavia, nunca, jamais, em tempo algum, houve qualquer necessidade de autorização prévia da entidade sindical, muito menos a necessidade de celebração de norma coletiva para efetivação da denominada dispensa coletiva. A jurisprudência, plasmada no acórdão da Seção de Dissídios Coletivos do Tribunal Superior do Trabalho[24], determinou a necessidade de negociação prévia com a entidade sindical, que poderia ou não ser exitosa. A negociação coletiva prévia é imprescindível para a dispensa em massa de trabalhadores, diante da necessidade de mitigar os efeitos destas demissões, cujo impacto social é inegável. Diante da percepção da iminência do encerramento de suas atividades, deve o empregador, mediante negociação, buscar alternativas para diminuir os efeitos sociais e econômicos anódinos das demissões coletivas.

Em outras palavras, nunca houve a obrigatoriedade de celebração de acordo, até porque esta exigência seria ilógica, verdadeira *contradictio in terminis*. Por esta razão, o Ministério Público do Trabalho poderá manter o entendimento de que a negociação prévia é condição necessária para a realização de dispensa em massa, em conformidade com os princípios da dignidade da pessoa humana e do valor social do trabalho.

A atuação do Ministério Público do Trabalho estará sempre direcionada à efetivação das normas constitucionais, podendo ser eventualmente arguída a nulidade de acordos ou convenções coletivas que disponham de modo prejudicial ao trabalhador, ainda que contenham cláusulas sobre matérias enumeradas no art. 611-A da CLT. Toda a hermenêutica será de conformidade constitucional e de garantia e ampliação de direitos sociais fundamentais, sob a égide do princípio de vedação do retrocesso social.

---

(24) BRASIL. Tribunal Superior do Trabalho. *Recurso Ordinário em Dissídio Coletivo n. 0030900-12.2009.5.15.0000*. Relator Ministro Maurício Godinho Delgado. Órgão julgador: Seção de Dissídios Coletivos; Data de publicação: DJe 04.09.2009. EMENTA. DISPENSAS TRABALHISTAS COLETIVAS. MATÉRIA DE DIREITO COLETIVO. IMPERATIVA INTERVENIÊNCIA SINDICAL. RESTRIÇÕES JURÍDICAS ÀS DISPENSAS COLETIVAS. ORDEM CONSTITUCIONAL E INFRACONSTITUCIONAL DEMOCRÁTICA EXISTENTE DESDE 1988. A sociedade produzida pelo sistema capitalista é, essencialmente, uma sociedade de massas. A lógica de funcionamento do sistema econômico-social induz a concentração e centralização não apenas de riquezas, mas também de comunidades, dinâmicas socioeconômicas e de problemas destas resultantes. A massificação das dinâmicas e dos problemas das pessoas e grupos sociais nas comunidades humanas, hoje, impacta de modo frontal a estrutura e o funcionamento operacional do próprio Direito. Parte significativa dos danos mais relevantes na presente sociedade e das correspondentes pretensões jurídicas têm natureza massiva. O caráter massivo de tais danos e pretensões obriga o Direito a se adequar, deslocando-se da matriz individualista de enfoque, compreensão e enfrentamento dos problemas a que tradicionalmente perfilou-se. A construção de uma matriz jurídica adequada à massividade dos danos e pretensões característicos de uma sociedade contemporânea – sem prejuízo da preservação da matriz individualista, apta a tratar os danos e pretensões de natureza estritamente atomizada – é, talvez, o desafio mais moderno proposto ao universo jurídico, e é sob esse aspecto que a questão aqui proposta será analisada. As dispensas coletivas realizadas de maneira maciça e avassaladora, somente seriam juridicamente possíveis em um campo normativo hiperindividualista, sem qualquer regulamentação social, instigador da existência de mercado hobbesiano na vida econômica, inclusive entre empresas e trabalhadores, tal como, por exemplo, respaldado por Carta Constitucional como a de 1891, já há mais um século superada no país. Na vigência da Constituição de 1988, das convenções internacionais da OIT ratificadas pelo Brasil relativas a direitos humanos e, por consequência, direitos trabalhistas, e em face da leitura atualizada da legislação infraconstitucional do país, é inevitável concluir-se pela presença de um Estado Democrático de Direito no Brasil, de um regime de império da norma jurídica (e não do poder incontrastável privado), de uma sociedade civilizada, de uma cultura de bem-estar social e respeito à dignidade dos seres humanos, tudo repelindo, imperativamente, dispensas massivas de pessoas, abalando empresa, cidade e toda uma importante região. Em consequência, fica fixada, por interpretação da ordem jurídica, a premissa de que 'a negociação coletiva é imprescindível para a dispensa em massa de trabalhadores'. DISPENSAS COLETIVAS TRABALHISTAS. EFEITOS JURÍDICOS. A ordem constitucional e infraconstitucional democrática brasileira, desde a Constituição de 1988 e diplomas internacionais ratificados (Convenções OIT n. 11, 87, 98, 135, 141 e 151, ilustrativamente), não permite o manejo meramente unilateral e potestativista das dispensas trabalhistas coletivas, por se tratar de ato/fato coletivo, inerente ao Direito Coletivo do Trabalho, e não Direito Individual, exigindo, por consequência, a participação do(s) respectivo(s) sindicato(s) profissional(is) obreiro(s). Regras e princípios constitucionais que determinam o respeito à dignidade da pessoa humana (art. 1º, III, CF), a valorização do trabalho e especialmente do emprego (arts. 1º, IV, 6º e 170, VIII, CF), a subordinação da propriedade à sua função socioambiental (arts. 5º, XXIII e 170, III, CF) e a intervenção sindical nas questões coletivas trabalhistas (art. 8º, III e VI, CF), tudo impõe que se reconheça distinção normativa entre as dispensas meramente tópicas e individuais e as dispensas massivas, coletivas, as quais são social, econômica, familiar e comunitariamente impactantes. Nesta linha, seria inválida a dispensa coletiva enquanto não negociada com o sindicato de trabalhadores, espontaneamente ou no plano do processo judicial coletivo. A d. Maioria, contudo, decidiu apenas fixar a premissa, para casos futuros, de que 'a negociação coletiva é imprescindível para a dispensa em massa de trabalhadores', observados os fundamentos supra. Recurso ordinário a que se dá provimento parcial.

5. CONCLUSÕES

Destarte, é possível adotar as seguintes conclusões:

1. O Ministério Público do Trabalho, que tem por finalidade a defesa dos direitos e interesses difusos, coletivos e individuais homogêneos no âmbito trabalhista, é a ramificação do Ministério Público da União incumbida da concretização dos denominados direitos de segunda dimensão, em especial os que tutelam a saúde e integridade física do trabalhador, o direito à igualdade nas relações de trabalho, o combate ao trabalho infantil e escravo e a promoção da liberdade de atuação sindical.

2. O papel do Ministério Público do Trabalho no Estado Democrático de Direito é primacial para a própria conformação deste último. Se a sua atuação for tímida ou pouco expressiva, se não implementar os direitos sociais ou considerá-los desimportantes, estará refutando o papel que lhe foi outorgado pela Constituição Federal de 1988.

3. Em momento anterior, o papel desempenhado pelo *Parquet* laboral limitava-se à emissão de pareceres nos Tribunais de segundo e terceiro graus, manifestando-se precipuamente acerca de matérias relativas a questões de ordem pública. Tendo como pano de fundo os novos princípios consagrados pelo neoconstitucionalismo, o Ministério Público do Trabalho passou a assumir a função de parte em lides coletivas que versam sobre direitos metaindividuais, no âmbito trabalhista. Não é exagero afirmar que o advento da Constituição Federal de 1988 provocou uma verdadeira revolução copernicana no âmbito do Ministério Público do Trabalho, que foi sentida em maior escala a partir do final da década de 1990.

4. a atuação judicial como *custos legis* do Ministério Público do Trabalho não sofreu maiores alterações com o advento da reforma trabalhista. O grande impacto da reforma trabalhista, por conseguinte, ocorre na atuação judicial como parte e na atuação extrajudicial do Ministério Público do Trabalho.

5. A atuação extrajudicial é a mais relevante atuação institucional na contemporaneidade, porquanto possibilita uma efetividade maior aos direitos sociais constitucionalmente garantidos, muitas vezes mediante atuação concreta do Ministério Público do Trabalho na vida social e no cotidiano dos trabalhadores, evitando a interposição de ações individuais e coletivas perante a Justiça do Trabalho.

6. As modificações na CLT trarão inúmeras repercussões e o aumento exponencial das denúncias de irregularidades, fraudes e coações sobre os trabalhadores, que estarão à mercê de uma legislação que subverte o princípio da proteção do hipossuficiente e desmantela os instrumentos de garantia de direitos fundamentais.

7. A afetação das normas do meio ambiente do trabalho pela reforma trabalhista será objeto de embates e controvérsias acalorados, porquanto as alterações provocarão a redução da capacidade laborativa a longo prazo e a maior incidência de doenças ocupacionais, com inegável violação de preceitos constitucionais.

8. A possibilidade de terceirização de atividade-fim, prevista nos arts. 4º e 5º da Lei n. 6.019/1974 significará, na prática, a extinção do concurso público e a derrocada dos direitos sociais dos trabalhadores, em grave violação à Constituição Federal de 1988. Destarte, a atuação do Ministério Público do Trabalho continuará no combate à terceirização de atividade-fim na Administração Pública, em face da evidente, incontestável e inarredável inconstitucionalidade da norma, se for aplicada por entes obrigados à realização de concurso público. O impacto da reforma trabalhista, no particular, é direto e instaurador de perplexidades.

9. A Lei n. 13.467/2017 atinge em cheio a organização sindical no Brasil, com o escopo não declarado de esvaziar politicamente o movimento sindical e prejudicar o funcionamento das entidades, mediante vulnerabilização da situação do trabalhador, sob o aspecto individual e coletivo. A reforma impõe o fim da contribuição sindical obrigatória, a prevalência do negociado sobre o legislado e a vedação da ultratividade das normas coletivas. Todas estas disposições precisam ser interpretadas à luz da constituição vigente e da racionalidade de garantia de direitos fundamentais. Caso aplicada em sua literalidade, a extinção da contribuição sindical representará o enfraquecimento da atuação sindical e a possibilidade de exercício de maior poder econômico por parte do empregador, mesmo em nível coletivo, graças à necessidade de manutenção da própria entidade e do enfraquecimento político e econômico sazonal. A vedação da ultratividade das normas coletivas ensejará a supressão de importantes conquistas sociais dos trabalhadores, que em momentos de crise econômica e de desemprego crescente não terão condições de igualdade para negociação sequer da manutenção de direitos já obtidos em normas coletivas anteriores.

10. o Ministério Público do Trabalho poderá manter o entendimento de que a negociação prévia é condição necessária para a realização de dispensa em massa, em conformidade com os princípios da dignidade da pessoa humana e do valor social do trabalho.

11. A atuação do Ministério Público do Trabalho estará sempre direcionada à efetivação das normas constitucionais, podendo ser eventualmente arguída a nulidade de acordos ou convenções coletivas que disponham de modo prejudicial ao trabalhador,

ainda que contenham cláusulas sobre matérias enumeradas no art. 611-A da CLT. Toda a hermenêutica será de conformidade constitucional e de garantia e ampliação de direitos sociais fundamentais, sob a égide do princípio de vedação do retrocesso social.

6. REFERÊNCIAS BIBLIOGRÁFICAS

BELTRAMELLI NETO, Sílvio. Inquérito civil no âmbito do Ministério Público do Trabalho: reflexões a partir de um novo perfil institucional. In: SANTOS, Élisson Miessa dos; CORREIA, Henrique (Coords.). *Estudos aprofundados MPT*. Salvador: JusPodivm, 2012.

BONAVIDES, Paulo. Os dois Ministérios Públicos do Brasil: o da Constituição e o do governo. In: MOURA JÚNIOR, Flávio Paixão *et al* (Coords.). *Ministério Público e a ordem social justa*. Belo Horizonte: Del Rey, 2003.

BRASIL. Tribunal Superior do Trabalho. *Recurso Ordinário em Dissídio Coletivo n. 0030900-12.2009.5.15.0000*. Relator Ministro Mauricio Godinho Delgado. Órgão julgador: Seção de Dissídios Coletivos; Data de publicação: DJe 04.09.2009.

BRASIL. *Consolidação das Leis do Trabalho*. São Paulo: Saraiva, 2017.

CARNEIRO, Paulo Cezar Pinheiro. *O Ministério Público no processo civil e penal*: o promotor natural, atribuição e conflito. Rio de Janeiro: Forense, 1989.

CUNHA JÚNIOR, Dirley da. *Curso de direito constitucional*. 3. ed. Salvador: JusPodivm, 2009.

FERRAZ, Augusto Mello de Camargo; GUIMARÃES JÚNIOR, João Lopes. A necessária elaboração de uma nova doutrina de Ministério Público, compatível com seu atual perfil constitucional. In: FERRAZ, Augusto Mello de Camargo (Coord.). *Ministério Público*: instituição e processo. São Paulo: Atlas, 1999.

GARCIA, Emerson. *Ministério Público*: organização, atribuições e regime jurídico. 3. ed. Rio de Janeiro: Lumen Juris, 2008.

LEITE, Carlos Henrique Bezerra. *Ministério Público do Trabalho* – doutrina, jurisprudência e prática. 5. ed. São Paulo: LTr, 2011.

MAZZILLI, Hugo Nigro. *Introdução ao Ministério Público*. São Paulo: Saraiva, 2012.

NETTO, Luísa Cristina Pinto e. *O princípio de proibição de retrocesso social*. Porto Alegre: Livraria do Advogado, 2010.

SARLET, Ingo Wolfgang. *A eficácia dos direitos fundamentais*. 7. ed. Porto Alegre: Livraria do Advogado, 2007.

TEPEDINO, Gustavo. *Temas de direito civil*. Rio de Janeiro: Renovar, 1999.

A Reforma Trabalhista e o Mito da Classe Média Esclarecida: Capital Cultural e Dependência dos Fatores Organizados da Produção

Daniela Muradas[1]

Em *Os batalhadores brasileiros: nova classe média ou nova classe trabalhadora?* Jessé de Souza indica a busca incessante de afirmação das clivagens sociais pela "pequena incorporação dos capitais impessoais mais importantes da sociedade moderna, capital econômico e capital cultural" (2010, p. 327).

Como estrato social próprio e complexo, a classe média é reprodução do capital cultural e busca se afirmar independentemente da renda, da detenção do capital econômico.

De se perceber a povoar o imaginário a notável pré-compreensão, em um quadro de referências quase mítico, a exultar o trabalho intelectual desde os gregos, e de uma tradição cultural do bacharelismo em nossas raízes culturais. Inegável assentar-se entre a sociedade um elitismo pautado no poder simbólico que é arrestado para dentro das contradições de uma classe complexa e que se compõe de pequenos burgueses e altos empregados, em fronteira de classe não desconhecida por Marx, uma vez que asseverou que *"el mundo civilizado ha confirmado el veredicto con el irrefutable epigrama que define a esta clase: serviles con los de arriba, tirânicos con los de abajo"*[2] (MARX, 2013, p. 97)

Apropriando-se dessa zona turva dos marcos distintivos de classe, conjuram-se por disparidades não escoimadas pelo Direito e entre ambiguidades discriminam e são discriminados, em um elitismo que serve tanto aos propósitos comuns da manutenção de privilégios quanto para conjurar contra os próprios interesses da classe trabalhadora.

A Lei n. 13.467/2017 nesse passo acresceu novo parágrafo ao art. 444 da CLT, no tocante à disponibilidade dos direitos arrolados no art. 611-A[3], estabelecendo a prevalência do acordo individual sobre o coletivo por meio de disposições contratuais para trabalhadores *portadores de diploma de nível superior* que recebam salário mensal não inferior ao dobro do teto de benefícios do Regime Geral da Previdência Social:

> Art. 444. As relações contratuais de trabalho podem ser objeto de livre estipulação das partes interessadas em tudo quanto não contravenha às disposições de proteção ao trabalho, aos contratos coletivos que lhes sejam aplicáveis e às decisões das autoridades competentes.
>
> Parágrafo único. A livre estipulação a que se refere o *caput* deste artigo aplica-se às hipóteses previstas no art. 611-A desta Consolidação, **com a mesma eficácia legal e preponderância sobre os instrumentos coletivos**, no caso de empregado portador de diploma de nível superior e que perceba salário mensal igual ou superior a duas vezes o limite máximo dos benefícios do Regime Geral de Previdência Social.

---

(1) Pós-Doutora em Sociologia do Trabalho pela Universidade Estadual de Campinas (UNICAMP). Doutora em Direito pela Universidade Federal de Minas Gerais (UFMG). Mestre em Direito pela Universidade Federal de Minas Gerais (UFMG). Bacharel em Direito pela UFMG. Professora Associada de Direito do Trabalho da Universidade Federal de Minas Gerais. Endereço eletrônico: <danielamuradas@gmail.com>.

(2) Tradução simples: O mundo civilizado confirmou o veredito com a irrefutável ironia que define essa classe: subservientes com os de cima e tirânicos com os de baixo (MARX, 2013, p. 97)

(3) Art. 611-A. A convenção coletiva e o acordo coletivo de trabalho têm prevalência sobre a lei quando, entre outros, dispuserem sobre:
I – pacto quanto à jornada de trabalho, observados os limites constitucionais;
II – banco de horas anual;
III – intervalo intrajornada, respeitado o limite mínimo de trinta minutos para jornadas superiores a seis horas;
IV – adesão ao Programa Seguro-Emprego (PSE), de que trata a Lei n. 13.189, de 19 de novembro de 2015;
V – plano de cargos, salários e funções compatíveis com a condição pessoal do empregado, bem como identificação dos cargos que se enquadram como funções de confiança;
VI – regulamento empresarial;
VII – representante dos trabalhadores no local de trabalho;
VIII – teletrabalho, regime de sobreaviso, e trabalho intermitente;
IX – remuneração por produtividade, incluídas as gorjetas percebidas pelo empregado, e remuneração por desempenho individual;
X – modalidade de registro de jornada de trabalho;
XI – troca do dia de feriado;
XII – enquadramento do grau de insalubridade;
XIII – prorrogação de jornada em ambientes insalubres, sem licença prévia das autoridades competentes do Ministério do Trabalho;
XIV – prêmios de incentivo em bens ou serviços, eventualmente concedidos em programas de incentivo;
XV – participação nos lucros ou resultados da empresa.

A vulnerabilidade é a marca de todo e qualquer trabalho assalariado, independente de seu grau de instrução e sua distinção salarial.

A linha acolhida na Reforma Trabalhista, ao estabelecer corte de natureza salarial para fins de proteção no emprego, retoma, de certo modo, discussão acerca da subordinação como estado de dependência econômica para fins de delimitação de cobertura social do direito do trabalho. E o faz não em uma ótica inclusiva de outros dependentes ecônomicos do trabalho por conta alheia no raio protetivo do Direito do Trabalho, linha doutrinária tradicional de caráter expansionista, cujo baluarte encontra-se em Cesarino Junior (1940, p. 57), bem como em novas propostas de ampliação de proteção de margens do trabalho assalariado típico e protegido (NICOLI, 2016). Mas em uma linha antagônica para propiciar o desamparo aos que, em face da dependência dos fatores e meios organizados de produção e, portanto, em posição de vulnerabilidade, independentemente do regime de assalariamento e de seu capital cultural, apresando a recusa da construção identitária unificante e a repulsa das entidades representantes em um mito de autossuficiência, sob o qual se estrutura um aparato de legitimação de soluções que desconsideram o primado da solidariedade social e *do respeito aos pactos de natureza coletiva, em interpretação conforme o art. 7º, XXVI da Constituição da República de 1988.*

Sob a ótica constitucional, erigida sob o reconhecimento da igual dignidade do ser humano trabalhador, o *status* de empregado e sua proteção legal independe do tipo de atividade a que se dedica, o que torna absolutamente irrelevante a sua qualificação profissional, inclusive por formação em nível superior. Do mesmo modo, ao interditar tratamento distinto entre os profissionais respectivos, a Constituição brasileira de 1988 assegura a não discriminação para trabalhadores qualificados e não qualificados e entre os trabalhadores manuais, técnicos e intelectuais, os últimos normalmente portadores de diploma de ensino superior.

1. A NATURALIZAÇÃO DO ELITISMO PELO DIREITO

O tratamento igualitário entre trabalhadores, com "a proibição de distinção entre trabalho manual, técnico e intelectual ou entre os profissionais respectivos" como garantia constitucional nunca interditou, bem se reconheça em conformidade com a máxima aristotélica da igualdade e finalidades tuitivas singulares ao ramo, o tratamento diferenciado na medida da desigualdade, a justificar o direito fundamental ao piso salarial proporcional à complexidade do trabalho e a presença de regulações especiais em atendimento às singularidades de categorias, ofícios ou profissões estabelecidas por disposições da legislação consolidada ou por leis especiais e paradoxalmente ir distando uns e outros trabalhadores.

Nesse sentido, a própria Convenção n. 111 da OIT, que dispõe sobre a discriminação em matéria de emprego e ocupação, preconiza, em seu art. 1º, inciso 2º, que as distinções, exclusões ou preferências fundadas em "qualificações" exigidas para um determinado emprego não serão consideradas como discriminação.

Os mesmos fundamentos naturalizados pelo Direito justificaram clivagens de classe em categorias profissionais, assentada em uma singularidade de condições de vida em medidas de adequação setorial por meio das negociações coletivas de trabalho em sua função promocional traçada pela combinação do art. 7º, *caput, in fine*, com o seu inciso XXVI, em interpretação sitemática com os incisos III e VI do art. 8º; bem como, frustadas as tentativas de negociação coletiva e o recurso à arbitragem, por meio das sentenças normativas que, a teor do art. 114, § 2º, da Constituição da República de 1988, na solução de conflitos coletivos de trabalho de natureza econômica devem observância aos padrões legais e convencionais mínimos.

Exortando singularidades sociais justificadoras do exercício de profissão regulada por lei, mormente se proliferou uma fragmentação em amontoados de categorias profissionais diferenciadas a promover efetivo ato de intervenção estatal de fragmentação da classe e em descompasso com os padrões preconizados pela Organização Internacional do Trabalho, em seus instrumentos convencionais e suas interpretações autênticas acolhidas pelo Comitê de Liberdade Sindical.

Ao permitir aos empregados qualificados e que recebam patamares salariais superiores negociar **com a mesma eficácia legal e preponderância sobre os instrumentos coletivos**, intenta a legislação do trabalho robustecer clivagens entre a classe trabalhadora, acentuando mentalidade elitista e insinuadora de que a situação salarial distintiva estabelece uma posição social diferenciada. Incorpora ainda os frutos de uma larga política de estigmatização dos sindicatos, infundindo sentimento de repulsa da "classe média esclarecida" às entidades de representação de classe legitimadas pela ordem constitucional a defender seus direitos e interesses.

Ora, a Constituição prescreve a obrigatoriedade da participação dos sindicatos nas negociações coletivas de trabalho, atribuindo ao sindicato a defesa dos direitos e interesses coletivos ou individuais da categoria, o que nos impõe concluir que verte do novo dispositivo notável antisindicalidade, medida atentatória à liberdade sindical e ao pleno desenvolvimento da negociação coletiva de trabalho, garantia supralegal decorrente da Convenção n. 98 da Organização Internacional do Trabalho.

De se notar ainda que muitos dos direitos arrolados pelo art. 611-A tangenciam garantias fundamentais dos trabalhadores e que, diante da *supremacia constitucional e supralegalidade de tratados internacionais de direitos humanos ratificados pela República Federativa do Brasil*, são absolutamente indisponíveis aos interesses particulares e de classe.

Pela interpretação sistemática do direito do trabalho revisado, a interpretação e aplicação das fontes de regulação das relações entre capital e trabalho, à luz do art. 8º, *caput*, determina preconizar os interesses públicos, mesmo em situações de singularidades setoriais e de particulares interesses das partes contratantes, ainda que em prol de interesse individual do trabalhador.

Ainda de se ressaltar que variadas temáticas arroladas pelo art. 611-A da CLT como de disponibilidade contratual estão sujeitas à forma prescrita por norma de hierarquia superior do ordenamento jurídico para a validade do ato ou prova do ato. É o que se passa, *verbi gratia*, com o enquadramento do grau de insalubridade, para o qual a ordem jurídica estabelece de modo cogente a análise pericial para fins de caracterização e classificação (art. 195, da CLT); a prorrogação de jornada em local insalubre, para o qual a ordem jurídica prescreve autorização ministerial prévia (art. 60, CLT); as normas legais e administrativas de controle de jornada de trabalho (art. 74, da CLT); e a adesão ao programa denominado "Seguro-Emprego", facultado às empresas de todos os setores em situação de dificuldade econômico-financeira, mediante acordo coletivo de trabalho específico de redução de jornada e de salário, na conformidade com a Lei n. 13.456/2017. Também tem-se a representação de trabalhadores na empresa, a ser instituída por processo eletivo por escrutínio direto e secreto, na linha das formalidades estabelecidas por nova seção da Consolidação das Leis do Trabalho e sua regulação por meio de negociação coletiva (art. 510-C, da CLT c/c 611-A, da CLT), bem como para o estabelecimento da participação nos lucros e resultados, em consonância com o que prescreve a Lei n. 10.101/2000 e o art. 7º, X, da Constituição de 1988 e, notadamente quanto ao regime compensatório de jornada, turnos ininterruptos e alterações redutoras salariais, para os quais a ordem constitucional *exige* a negociação coletiva de trabalho.

Muitos outros pontos tocam aspectos fundamentais do salário, para o qual a ordem jurídica estabelece sistema de proteção especial em face de abusos do empregador (art. 7º, X, CR/88) e podem, ao jugo do negociado pelas partes assimétricas do contrato de trabalho, estabelecer de modo direto ou indireto, redução no valor nominal do salário, o que se interdita pela via contratual individual (art. 7º, VI, CR/88) e ofende de modo direto o sistema imperativo referente à duração do trabalho, em particular quanto ao teletrabalho, regime de sobreaviso e trabalho intermitente; o sistema de descansos, particularmente em feriados, em desarmonia com o preconizado pelo art. 7º, XXII da Constituição brasileira e direitos fundamentais ao culto, à liberdade religiosa, à cidadania, à participação social e outros tantos valores que radicam no tradicional instituto trabalhista.

De resto, muitas outras temáticas escapam à esfera de interesses particulares a serem regulados por contrato, tais como o regulamento empresarial, o plano de cargos, salários e funções e a representação dos trabalhadores no local de trabalho.

Assim, nada que se arrola como objeto de livre disposição das partes pelas alterações introduzidas no art. 444 da Consolidação das Leis do Trabalho, figura-lhes verdadeiramente como direito disponível.

A ordenação de interesses estabelecida pelo art. 8º da CLT, dentro do quadro de maior complexidade regulatória das relações entre empregadores e trabalhadores trazida pela reforma trabalhista, tanto no plano da regulamentação coletiva de condições de trabalho, quanto no plano do contrato individual, impõe prevalecer o interesse público juridicamente tutelado sobre os interesses de categoria, do mesmo modo que se estabelece a preferência do interesse coletivo ao particular, algo que impõe ao sistema de controle judicial uma análise comparativa da natureza dos direitos transacionados.

2. *EX POSITIS, NEMO DAT QUOD NON HABET*

Lado outro, radica nas inovações legislativas referentes à temática o ardil de se pretender, sem lastro jurídico sólido, estabelecer a disponibilidade de direitos em face de uma suposta hipovulnerabilidade econômica e higidez presumida da consciência por instrução de nível superior como mecanismo promocional da adoção de procedimento arbitral para solução de conflito individual do trabalho, buscando, sem sucesso, superar as limitações impostas ao sistema alternativo de solução de controvérsias pelo próprio direito comum.

Quanto ao parágrafo acrescido ao art. 444 da CLT, bem observa Homero Batista que "sincronicamente, o legislador acrescentou o art. 507-A ao texto da CLT para autorizar a fixação de cláusula compromissória, para fins de procedimento arbitral, em caso de conflito trabalhista." (BATISTA, 2017, p. 70).

> Art. 507-A. Nos contratos individuais de trabalho cuja remuneração seja superior a duas vezes o limite máximo estabelecido para os benefícios do Regime Geral de Previdência Social, poderá ser pactuada cláusula compromissória de arbitragem, desde que por iniciativa do empregado ou mediante a sua concordância expressa, nos termos previstos na Lei n. 9.307, de 23 de setembro de 1996.

Homero Batista (2017, p. 70) ainda nos alerta que

> em casos análogos, a Justiça do Trabalho não aceitou essa forma alternativa de solução de conflito por entender que os créditos trabalhistas se inserem no contexto dos direitos indisponíveis, matéria infensa à arbitragem conforme disposto na Lei n. 9.307/1996.

Emula a Reforma que a Justiça do Trabalho, ante os limites tão bem enunciados pela Hermenêutica, seja refratária ao tratamento igualitário em matéria de acesso à Justiça; que incorpore mentalidade de delimitação do trabalhador pobre e fabril, com exclusão de fração capturada do proletariado aos espaços institucionais de soluções de conflitos para a classe média esclarecida, olvidando-se de que se mimetizam as práticas fabris nos domínios do trabalho intelectual, cada vez mais marcam a proletarização dos detentores do capital intelectual em face das dinâmicas próprias ao sistema de produção capitalista, mormente no seu estágio de desenvolvimento atual.

Acolhendo as conclusões de Ernesto Krotoschin (KROTOSCHIN, 1947, p. 13), para quem é de se impor a norma de um modo imperativo quando o interesse amparado é o da sociedade, dizia o Ministro Arnaldo Süssekind, (SÜSSEKIND, 1999, p. 133) acerca do sistema legal brasileiro de regulação do emprego, do qual foi artífice, que

> as normas concernentes à tutela do trabalho, com as quais o Estado coloca os indivíduos e grupos, sobre quem elas incidem, subordinados à própria vontade, estabelecem limites mínimos de proteção, onde prevalece, intensamente o interesse coletivo que o encarna.

Ricardo Antunes também relembra o movimento pendular que caracteriza a classe trabalhadora atual, em que cada vez mais homens e mulheres trabalham muito, marcando a perenidade do trabalho, ao mesmo tempo em que encontram cada vez menos empregos, colocando-se em busca de qualquer labor, em uma crescente precarização do trabalho (2007, p. 13), fenômeno que não escapa à "classe média esclarecida" nem aos trabalhadores intelectuais.

O que se tem observado, de forma ainda mais evidente com a reforma trabalhista, é que a tendência de precarização do trabalho no Brasil se encontra qualquer obstáculo, não recua, aperfeiçoa-se (MELLO, 2017, p. 229).

A Reforma Trabalhista, ao tentar reduzir e até mesmo minar o conceito ampliativo de subordinação, como no caso do art. 444, em que se pretende reduzi-lo ao aspecto meramente econômico e não mais ao estrutural (DELGADO, 2009) intenciona desmantelar a proteção inerente ao Direito do Trabalho.

Constatando o anacronismo da Lei n. 13.467/2017, Francisco Gérson Marques de Lima atesta que "a Reforma Trabalhista não implementa um 'novo' Direito do Trabalho. Ela regride, no geral, para volver a um 'velho' Direito do Trabalho, aquele que ainda se debatia nas incertezas do início do século XX" (LIMA, 2017, p.11), que ainda não tinha iniciado seu processo de progressividade, que ainda não tinha expandido seu conceito de subordinação.

Ora, um dos grandes desafios a ser enfrentado na aplicação da Lei n. 13.467/2017 será "(...) o de proteger os direitos humanos e reequilibrar as forças produtivas, entre capital e trabalho. Porque assim devem ser a justiça e a equidade. O embate no campo das ideias está posto na mesa, agora de modo explícito" (LIMA, 2017, p. 13).

O momento interpretativo, ao contrário do momento legislativo, deverá, portanto, ser de resistência ao 'novo-velho Direito do Trabalho' estabelecido na Reforma Trabalhista.

3. REFERÊNCIAS BIBLIOGRÁFICAS

ANTUNES, Ricardo. Dimensões da precarização estrutural do trabalho. In: DRUCK, Graça; FRANCO, Tânia (Org.). *A perda da razão social do trabalho*: terceirização e precarização. São Paulo: Boitempo, 2007.

BARROS, Alice Monteiro de. *Curso de direito do trabalho*. 7. ed. São Paulo: LTr, 2011.

CESARINO JUNIOR, A. F. *Direito social brasileiro*. São Paulo: Martins, 1940.

CHAVES, D. C. P.; OLIVEIRA, M. P S. Flexibilização trabalhista e a precariedade nas relações de trabalho brasileiras. In: CHAVES, Débora Caroline Pereira (Org.). *Trabalhos precários no mundo contemporâneo*. Belo Horizonte: RTM, 2017.

DELGADO, Mauricio Godinho. *Manual de direito do trabalho*. São Paulo: LTr, 2009.

_____. *Capitalismo, trabalho e emprego*: entre o paradigma da destruição e os caminhos da reconstrução. 2. ed. São Paulo: LTr, 2015.

DRUCK, Graça; FRANCO, Tânia (Org.). *A perda da razão social do trabalho*: terceirização e precarização. São Paulo: Boitempo, 2007.

KROTOSCHIN, Ernesto. *Instituciones de derecho del trabajo*. Buenos Aires: Depalma, 1947.

LIMA, Francisco Gérson Marques de. *Reforma trabalhista*: Convite à hermenêutica no direito do trabalho, 2017. Disponível em: <http://www.excolasocial.com.br/informe-se/artigos/nossos-artigos/19/>.

MARX, Karl. La classe media inglesa. In; *Artículos periodísticos*. Barcelona: Alba, 2013.

_____. *Para a crítica da economia política, salário, preço e lucro*. O rendimento e suas fontes. São Paulo: Abril Cultural, "Os economistas", 1982.

MELLO, Roberta Dantas. Considerações finais – O avesso da precarização do trabalho: a efetividade do direito do trabalho. In: CHAVES, Débora Caroline Pereira (Org.). *Trabalhos precários no mundo contemporâneo*. Belo Horizonte: RTM, 2017.

NICOLI, Pedro Augusto Gravatá. *Fundamentos de direito internacional social*: sujeito trabalhador, precariedade e proteção global às relações de trabalho. São Paulo: LTr, 2016.

PLÁ RODRIGUEZ, Américo. *Princípios de direito do trabalho*. São Paulo: LTr, 2015.

SÜSSEKIND, Arnaldo. *Direito constitucional do trabalho*. Rio de Janeiro: Renovar, 1999.

VIANA, Marcio Tulio. Conflitos coletivos. *Revista TST*, v. 66, n. 1, jan./mar., 2000.

URIARTE, Oscar Ermida. *A flexibilidade*. Tradução: Edilson Alkmin Cunha. São Paulo: LTr, 2002.

A Proteção no Princípio: Elementos para a Resistência à "Reforma"

Valdete Souto Severo[1]

1. INTRODUÇÃO

Este artigo pretende propor a ressignificação do princípio da proteção, como importante instrumento para o enfrentamento da chamada "reforma" trabalhista. Bem sabemos o contexto de exceção em que as Leis ns. 13.429/2017 e 13.467/2017 foram propostas e aprovadas. O conteúdo do projeto que originou a "reforma" foi drasticamente alterado por mais de 850 emendas, na Câmara dos Deputados, em relatório assinado por Rogério Marinho, desde sempre um defensor da precarização da legislação social do trabalho.

A aprovação a portas fechadas e a omissão em exercer sua função constitucional, foram a tônica da atuação do Congresso Nacional nesse verdadeiro golpe à classe trabalhadora. Apesar de admitir textualmente no relatório apresentado ao Senado, que a Lei n. 13.467/2017 contém inconstitucionalidades, Ricardo Ferraço rejeitou todas as propostas de alteração ali apresentadas e encaminhou à votação, contando com a aprovação, em regime de urgência, por parte da maioria dos parlamentares, muitos dos quais sequer conheciam a integralidade do texto que estavam aprovando.

A precarização dos direitos trabalhistas já vinha sendo realizada pelo STF, de modo bastante agressivo. São exemplos as recentes decisões sobre a responsabilidade do ente público que admite a terceirização, impedimento do exercício de greve no serviço público, autorização para previsão de efeitos ilegais na hipótese de despedida mediante PDV ou redução do prazo de prescrição do FGTS.

A Emenda Constitucional n. 95, que congela gastos sociais por 20 anos; a reforma do ensino médio; a retirada sistemática de benefícios previdenciários, aliada à pretensão de reforma do sistema de seguridade social, são outros elementos de um mesmo projeto. Esse contexto de exceção, fortemente potencializado pelo golpe que culminou na retirada da Presidenta Dilma, do cargo para o qual fora legitimamente eleita, impõe o reconhecimento de que estamos diante de uma situação grave, que não nos deixa outra escolha. A palavra de ordem é resistência. É preciso resistir, para que não retornemos à lógica liberal clássica, pela qual a exploração do trabalho pelo capital orientava-se pela lei da oferta e da procura, sem qualquer limite que assegurasse um mínimo de dignidade aos trabalhadores e trabalhadoras.

O desafio que assumimos, ao nos comprometermos com a resistência a essa destruição programada do Direito do Trabalho, não será certamente resolvido apenas na perspectiva do enfrentamento jurídico. É preciso reconhecer que não estamos tratando de mera alteração legislativa. Estamos diante de um projeto de sociedade, no qual não há espaço para o Direito do Trabalho ou para a Justiça do Trabalho.

É por isso que é necessário o enfrentamento claro não apenas dos termos das Leis ns. 13.429/2017 e 13.467/2017, mas sobretudo do discurso ultraliberal que mal se esconde por trás de suas linhas. Nesse aspecto, o Direito é um importante espaço de disputa discursiva. Por isso, ressignificar o princípio da proteção, para aplicá-lo de modo comprometido com a racionalidade que justifica, historicamente, a existência do Direito do Trabalho, é fundamental para embasar a luta para a qual estamos sendo desafiados.

2. PARA A PERGUNTA "O QUE É UM PRINCÍPIO", UMA RESPOSTA SIMPLES

A existência do Direito do Trabalho só pode ser compreendida a partir de um princípio norteador: a necessidade histórica (econômica, social, fisiológica e inclusive filosófica) de proteger o ser humano, que, para sobreviver na sociedade do capital, precisa "vender" sua força de trabalho. Portanto, a proteção a quem trabalha é o que está *no início*, no princípio da existência de normas que protejam o trabalhador, em sua relação com o capital.

Eis uma definição de princípio que desafia o senso comum teórico dos juristas[2]. Baseados em Alexy[3] ou Dworkin[4], a maioria da doutrina contemporânea, ao enfrentar o árduo tema da definição de princípio, acaba conceituando-o

---

(1) Juíza do Trabalho em Porto Alegre. Doutora em Direito pela USP/SP. Diretora e Professora na FEMARGS – Fundação Escola da Magistratura do Trabalho do RS. Membro da AJD – Associação dos Juízes pela Democracia.

(2) Expressão utilizada por Warat: WARAT, Luis Alberto. *A rua grita dionísio! Direitos humanos da alteridade, surrealismo e cartografia*. Rio de Janeiro: Lumen Juris, 2010.

(3) ALEXY, Robert. *Teoria dos direitos fundamentais*. Tradução de Virgílio Afonso da Silva. São Paulo: Malheiros, 2008. É importante observar que mesmo Alexy, que admite e desenvolve a técnica da ponderação, reconhece em sua obra que "sempre que um princípio for, em última análise, uma razão decisiva para um juízo concreto de dever-ser, então esse princípio é o fundamento de uma regra, que representa uma razão definitiva para esse juízo concreto".

(4) DWORKIN, Ronald. *Levando os direitos a sério*. 3. ed., 2. t. São Paulo: Martins Fontes, 2011.

como espécie do gênero norma jurídica, ao lado das regras. Normas que encerram "deveres de otimização", e devem ser aplicadas ou afastadas mediante critério de ponderação, "ordenam que algo seja realizado na maior medida possível dentro das possibilidades jurídicas e fáticas existentes"[5]. Normas que "contêm apenas fundamentos, que podem ser conjugados com os fundamentos de outros princípios", com dimensão de "peso ou importância"[6]. Humberto Ávila, por exemplo, em obra que já está na 16ª edição, refere que princípios são normas que estabelecem "fundamentos normativos para a interpretação e aplicação do direito, deles decorrendo, direta ou indiretamente, normas de comportamento"; remetem a valores e devem ser examinados de modo a identificar as condutas necessárias à realização dos valores neles contidos, para um uso "racionalmente controlado". Princípios são "normas imediatamente finalísticas, primariamente prospectivas e com pretensão de complementaridade e de parcialidade", cuja aplicação demanda "uma avaliação da correlação entre o estado de coisas a ser promovido e os efeitos daí decorrentes"[7]. Até mesmo Plá Rodriguez acaba por legar uma definição imprecisa, ao afirmar que princípios são "ideias fundamentais e informadoras da organização jurídica"[8].

A intenção de todos esses autores é a melhor possível: reconhecer o espectro moral do Direito. Ou, melhor explicando, ultrapassar o discurso que aparta a moral do Direito, e que serviu à transição do modelo de sociedade e à consolidação da sociedade do capital, para o efeito de reconhecer que valores também transitam na esfera jurídica, exatamente porque as regras do "jogo de convívio social" possuem um conteúdo ideológico que delas não se despega. Não há como estabelecer regras jurídicas sem reproduzir, por meio desse discurso de ordem, as razões morais que ditam, ainda que inconscientemente, o convívio social. Exemplo claro do que estou referindo é o fato de termos um código estabelecendo regras processuais que, com exceção de fissuras recentemente introduzidas na racionalidade liberal que ali se reproduz (tais como as previsões acerca das tutelas de urgência ou a possibilidade de liberação de dinheiro em execução provisória), não apenas atribui o ônus do tempo do processo integralmente ao sujeito que alega haver sido lesado em seus direitos, como também determina que após convencer o Estado da lesão sofrida, esse sujeito promova a execução do modo "menos gravoso" para o agressor da ordem jurídica. Há, aqui, uma mensagem ideológica muito clara. Trata-se de evitar ao máximo que o patrimônio mude de mãos, pouco importando, nesse contexto, que ele esteja em mãos "erradas", ou seja, que esteja na posse de quem, burlando regras de convívio social, agrediu a ordem jurídica. A prescrição, que incide apenas sobre os direitos de crédito, é outro exemplo do caráter ideológico do Direito, bem como do conteúdo dessa ideologia, cujas repercussões na compreensão do que é moral, e de como devem ser disseminadas e respeitadas as questões morais, são evidentes.

Pois bem, a noção de princípio como norma jurídica, que é desenvolvida a partir da segunda metade do século XX, como forma de reconhecer um conteúdo moral ao Direito e ao mesmo tempo comprometê-lo com a racionalidade solidária e inclusiva, acaba gerando o que Lenio Streck denuncia como "panprincipiologismo"[9], ou seja, não apenas os Juízes passam a decidir com base nos princípios, muitas vezes esquecendo as regras existentes, como também passam a criar novos princípios, como se se tratasse de um tipo de norma infensa ao filtro democrático, passível de ser criada para cada caso concreto, de acordo com a vontade do intérprete. Esse "desvio de rota", que fez da tentativa válida de comprometer os Juízes com a ordem de valores morais do Estado Social o caminho para um ativismo destrutivo, constitui grave risco para a sobrevivência do Direito do Trabalho, em tempos de desmanche, como o que atualmente vivemos.

Constituindo-se enquanto discurso, o Direito certamente jamais será uma ciência exata, como pretendiam os idealizadores dos códigos no século XVIII. Aliás, é mesmo curioso que o CPC busque, com algumas de suas regras, determinar a obediência dos juízes às súmulas (art. 332 e o 927) ou estabelecer o que não é fundamentação de uma decisão judicial (art. 489), quando os mais de dois séculos vividos desde o Código de Napoleão já revelaram, insistentemente, a ineficácia de tal pretensão.

Na mesma linha, a "reforma" pretende atrelar os Juízes e Juízas do Trabalho ao texto da lei, impedindo a interpretação (parágrafo terceiro do art. 8º da CLT) ou estabelecendo a impossibilidade de julgamento com base em elementos que não estejam contidos em determinado dispositivo legal (art. 223-A da CLT).

São regras destinadas ao fracasso, exatamente porque atuando no âmbito do discurso, a norma jurídica será sempre o resultado de uma regra interpretada/complementada pelo intérprete no momento de sua aplicação/interpretação. Essa conclusão impõe aqui um alerta. É certo que também a concepção de princípio como o que está no início e, portanto, como o que identifica determinado ramo do Direito, constituindo sua razão histórica de existência, não resolverá todos os problemas que decorrem do apartamento que algumas decisões judiciais operam entre os parâmetros constitucionais, por exemplo, e as soluções dadas a casos concretos. Será preciso "vontade de Constituição",

---

(5) ALEXY, Robert. *Teoria dos direitos fundamentais*. Tradução de Virgílio Afonso da Silva. São Paulo: Malheiros, 2008.
(6) DWORKIN, Ronald. *Levando os direitos a sério*. 3. ed., 2. t. São Paulo: Martins Fontes, 2011.
(7) AVILA, Humberto. *Teoria dos princípios*. Da definição à aplicação dos princípios jurídicos. 16. ed. São Paulo: Malheiros, 2015.
(8) RODRIGUEZ, Plá. *Princípios do direito do trabalho*. 3. ed. São Paulo: LTr, 2000.
(9) STRECK, Lenio Luiz. *Verdade e consenso. Constituição, hermenêutica e teorias discursivas*. 4. ed. São Paulo: Saraiva, 2011.

como refere Konrad Hesse[10]. Ou, de modo mais explícito, será preciso coragem e comprometimento com atos que viabilizem um convívio social menos excludente, e, nesse sentido, transformador. Havendo tal disposição, certamente serão úteis discursos jurídicos que convençam – dentro dessa esfera de linguagem – os aplicadores do Direito, acerca da viabilidade de dar sentido e concretude a normas que atuem para a "melhoria das condições sociais" de quem trabalha e, ao mesmo tempo, afastar regras que traem a própria razão de existência do Direito do Trabalho, a partir de uma concepção diversa do que é princípio e de como aplicá-lo.

É exatamente aí que se inscreve a importância da ressignificação do princípio da proteção, e de seu reconhecimento como o único verdadeiro princípio do Direito do Trabalho, justamente por ser o elemento histórico que o justifica e o diferencia de todos os demais ramos do Direito.

Portanto, mesmo reconhecendo o caráter cultural e a carga ideológica do Direito, é fundamental que também nesse ambiente travemos disputa por uma linguagem que comprometa os intérpretes com parâmetros civilizatórios que, no caso brasileiro, estão bem delineados nos primeiros artigos da nossa Constituição. Parece-me que a reconstrução do conceito de princípio, propondo uma nova forma de aplicação, é importante instrumento nessa disputa.

3. PARA A PERGUNTA "POR QUE PROTEGER QUEM TRABALHA?" DUAS RESPOSTAS FUNDAMENTAIS

O reconhecimento de que o Direito é instrumento de conservação da ordem, que opera no nível do discurso, nos condena, por um lado, a abrir mão da ilusão de que é possível transformar radicalmente a realidade, mediante a criação e aplicação de normas jurídicas. Por outro lado, porém, nos habilita a melhor utilizar esse instrumento. Sabendo seus limites, temos, também, melhor compreensão de suas potencialidades.

Ainda que tenha sido justamente a construção de normas trabalhistas a abrir caminho para o desenvolvimento da teoria dos direitos fundamentais, é importante compreender que mesmo sob a perspectiva estritamente liberal, a edição de normas de proteção a quem trabalha se tornou indispensável.

A primeira resposta à pergunta formulada acima, portanto, é no sentido de que a proteção justifica-se em razão da necessidade de dar conta das promessas da modernidade. O principal argumento da modernidade é o de que todos são destinatários da norma jurídica, todos são iguais e livres. Então, todos, inclusive os trabalhadores e trabalhadoras, têm direito a uma vida minimamente boa, a exercer sua liberdade, a ter sua dignidade respeitada etc.

A liberdade *para a troca* só pode ocorrer se houver uma simulação de que a força da dominação não será mais exercida, especialmente se a grande maioria das pessoas que compõem a sociedade é destituída de propriedade real: tem apenas a sua força física e mental para "vender" em troca de salário. A promessa de que todos são "iguais perante a lei", sujeitando-se apenas ao Estado, que figurará, então, como um terceiro neutro, cuja função será a de garantir a propriedade privada dos meios de produção "como precondição da exploração mercantil da força de trabalho"[11], mesmo falaciosa, é o que sustenta o discurso moderno.

Um dos principais argumentos revolucionários da burguesia, para legitimar todo o movimento que conduz à superação do modelo de sociedade feudal, foi justamente o fim da dominação, ou seja, a ideia de que todos participariam da formação das regras de conduta (leis), seriam delas destinatários e mereceriam o mesmo respeito, no que tange à incolumidade física e moral e ao acesso aos bens que facilitam a vida.

O Direito naturaliza essa dominação disfarçada, qualificando-se como uma espécie de "cortina ideológica que deve cobrir o fato nu da dominação de classe, legalizá-la, justificá-la". Tudo para "convencer que o poder do Estado não é um simples fenômeno de força, mas que está baseado no direito, que não possui um caráter cobiçoso de classe, mas que está direcionado exclusivamente aos interesses comuns". Isso em realidade dá à classe dominante, sem que precise sustentá-lo pela coerção direta, um poder tão sólido que "nenhuma substituição, nem de pessoas, nem de instituições, nem de partidos na república democrática" poderá abalá-lo[12].

O problema é que em uma sociedade fundada na troca entre capital e trabalho, na qual o trabalho não é apenas um meio de realização do ser humano, mas é sobretudo meio de subsistência física, o trabalhador – sem uma

---

(10) Konrad Hesse trata da força normativa da Constituição, especificando o duplo viés do texto constitucional. Ao mesmo tempo em que retrata a conjugação de forças das classes dominantes, que interferem nos direitos a serem reconhecidos como vigentes em determinada comunidade, a Constituição também se apresenta como um projeto de Estado. Tem, pois, pretensão de eficácia, que "não pode ser separada das condições históricas de sua realização, que estão, em diferentes formas, numa relação de interdependência". HESSE, Konrad. *A força normativa da Constituição*. Tradução de Gilmar Ferreira Mendes. Porto Alegre: Sergio Fabris, 1991, p. 14.

(11) HIRSCH, Joachim. *Teoria materialista do estado*. Rio de Janeiro: Revan, 2010. p. 29.

(12) "Os elementos da comunidade formalmente institucionalizada, do caráter público que o poder do Estado burguês desenvolve em relação ao Estado feudal e ao Estado escravista, não somente se acomodam com a escravidão material do trabalho assalariado, mas a presumem, não somente não contradizem os privilégios políticos das classes proprietárias, mas, ao invés, reforçam, de modo particularmente firme nas mãos da burguesia, o poder do Estado como instrumento fundamental de sua dominação de classe". PACHUKANIS, Evgeni. *A teoria geral do direito e o marxismo e ensaios escolhidos* (1921 – 1929). Coordenação de Marcus Orione, Tradução de Lucas Simone. São Paulo: Sundermann, 2017. p. 278-9.

proteção minimamente adequada – será transformado em coisa (mercadoria) durante o tempo de trabalho, e perderá a possibilidade de viver dignamente fora dele. Isso não depende de maldade ou bondade de qualquer das partes dessa relação social. Bem sabemos que o melhor empregado será sempre aquele que mais conseguir anular sua condição humana enquanto trabalha. Ou seja, aquele que não reclamar, não contestar, não se atrasar, não conversar, não trouxer os problemas de casa para o trabalho; produzir muito e de preferência, sem distrações.

O trabalho assalariado figura no contexto de uma sociedade capitalista como elemento da empresa, comprado como mercadoria e tratado como tal. Por isso Marx escreve que o "trabalhador só sente, por conseguinte e em primeiro lugar, junto a si quando fora do trabalho e fora de si quando no trabalho. Está em casa quando não trabalha e, quando trabalha, não está em casa". É claro que alguns privilegiados conseguem realizar uma atividade que realmente escolhem, porque com ela se identificam. A regra, porém, é que a necessidade de trabalhar e de se manter trabalhando, faz com que a maioria das pessoas se sujeite a atividades que são realizadas apenas para poder obter o salário e, com isso, viver de modo decente. Daí porque Marx segue afirmando que, como regra, na realidade capitalista, o trabalho não é voluntário, "mas forçado, trabalho obrigatório. O trabalho não é por isso a satisfação de uma carência, mas somente um meio para satisfazer necessidades fora dele"[13].

Na relação de trabalho, o conflito revela-se na circunstância objetiva de vivermos uma forma de organização social que permite e estimula que um ser humano seja *empregado* (utilizado como meio de produção e, pois, como mercadoria) de outro, ao mesmo tempo em que o reconhece como destinatário dos benefícios da vida comum. Os limites de duração de trabalho, remuneração mínima, vedação de alterações lesivas ou exigência de um ambiente saudável, constituem, então, respostas necessárias para a contenção da força organizada dos trabalhadores, que logo perceberam a falácia da ideia de igualdade proposta como principal elemento de evolução social, capaz de justificar a sociedade de trocas. Constitui, ainda, resposta indispensável as consequências sociais da exploração desmedida do trabalho pelo capital (acidentes, adoecimento, miséria). Por fim, constitui uma necessidade para o funcionamento do sistema, que precisa fazer desses trabalhadores e trabalhadoras consumidores dos produtos que oferece no mercado.

As primeiras regras trabalhistas, portanto, protegem o trabalhador e a trabalhadora, para que não haja revolta capaz de superar o modelo de organização social que, baseado no pressuposto da igualdade, revela-se na prática como reprodutor de dominação e desigualdade. Servem, portanto, para seguir convencendo quem trabalha por conta alheia, de que pode ter sua humanidade preservada, dentro e fora do ambiente de trabalho. Trata-se de reproduzir a promessa fundamental da modernidade, de que a dominação servil seria substituída pela igualdade e pela liberdade. Toda a retórica do discurso moderno fundamenta-se nessa promessa, e, por mais que ela seja falsa para a realidade da vida de muita gente, a sustentação do conjunto normativo, moral e burocrático em que se assenta o Estado pressupõe sua reprodução[14].

É exatamente por isso que o Direito do Trabalho deve ser compreendido em sua realidade histórica, como *expressão da luta de classes*, porque desvela a falácia da promessa de liberdade e de igualdade, e, portanto, o fato de que trabalho e capital estão necessariamente em lados opostos (dominado e dominante). Por isso, Marx refere-se à legislação fabril inglesa como a "primeira concessão penosamente arrancada do capital"[15] e é também por isso que o Direito do Trabalho deve ser aplicado sob a perspectiva da classe dominada, reconhecendo no trabalho, e não no capital, seu lugar de fala. É por isso, ainda, que não apenas a história da relação capital x trabalho, mas a do próprio Direito do Trabalho, é feita de investidas e recuos, avanços e retrocessos[16].

Enquanto o Direito é a ciência do ocultamento, pois suas regras baseiam-se na falsa crença de igualdade entre todos, as normas trabalhistas, mesmo buscando cumprir idêntica função, acabam por desocultar a realidade, pois é justamente o reconhecimento de que não há possibilidade de acesso para todos, não existe emprego para todos, nem

---

(13) MARX, Karl. *Manuscritos econômicos-filosóficos*. São Paulo: Boitempo, 2004, p. 83. E mais adiante: "A propriedade privada nos fez tão cretinos e unilaterais que um objeto somente é o nosso, se o temos, portanto, quando existe para nós como capital ou é por nós imediatamente possuído, comido, bebido, trazido em nosso corpo, habitado por nós, etc., enfim, usado. Embora a propriedade privada apreenda todas estas efetivações imediatas da própria posse novamente apenas como meios de vida, e a vida, à qual servem de meio, é a vida da propriedade privada: trabalho e capitalização. O lugar de todos os sentidos físicos e espirituais passou a ser ocupado, portanto, pelo simples estranhamento de todos esses sentidos, pelo sentido do ter". *Idem*, p. 108.

(14) Como resume Marx: "Foi preciso esperar séculos para que o trabalhador livre, em consequência de um modo de produção capitalista desenvolvido, aceitasse livremente, isto é, fosse socialmente coagido a vender a totalidade de seu tempo ativo de vida, até mesmo sua própria capacidade de trabalho, pelo preço dos meios de subsistência que lhe são habituais, e sua primogenitura por um prato de lentilhas". MARX, Karl. *O capital*. São Paulo: Boitempo, 2013, p. 342.

(15) MARX, Karl. *O capital*. Livro I. São Paulo: Boitempo, 2013. p. 558.

(16) Não é por razão diversa que no século XX a doutrina institucionalista propõe deva a relação de trabalho ser examinada não como uma espécie de contrato, mas como mera instituição. A instituição é a empresa, e a mão de obra é um de seus fatores de produção. Deve ser protegida a fim de que não apenas a empresa sobreviva e se desenvolva, mas também o trabalhador se "emancipe", conquistando o direito de consumir as mercadorias que produz. Para tanto, precisa de tempo livre (razão da necessidade de limitação da jornada) e de salário adequado. MARANHÃO, Délio; SÜSSEKIND, Arnaldo; VIANNA, Segadas. *Instituições de direito do trabalho*. São Paulo: LTr, 1991, p. 226.

existe igualdade quando uns possuem patrimônio e outros precisam vender a si mesmos para sobreviver, o que determina historicamente o surgimento de normas trabalhistas.

O que disso resulta é a consciência da necessidade de superar a própria ideia liberal clássica de Estado, reconhecendo, no discurso jurídico, a necessidade da promoção de medidas que contenham ou reduzam os efeitos do sistema (desigualdade, concentração de renda, miséria).

Temos, então, a segunda resposta possível à pergunta acerca de por que temos proteção no *princípio* do Direito do Trabalho. É justamente esse ramo do Direito que evidencia a necessidade de alteração (ainda que parcial) das funções que Estado e Direito desempenham em uma sociedade capitalista.

No Brasil, é apenas a partir da Constituição de 1988 que a linguagem estatal se altera, para efetivamente colocar em evidência os direitos sociais, notadamente aqueles de caráter trabalhista. O Estado, inclusive por meio do Direito, passa a assumir deveres de conduta: de proteção e de prestação. Abandona sua posição de "adversário" dos direitos fundamentais, para assumir uma postura de "garante", "guardião desses direitos".

A compreensão passa a ser de que o Estado (administrador) deve promover espaços de inclusão social e redução de desigualdades. Quando falha, o Poder Judiciário assume esse lugar, tornando-se, nas palavras de Garapon, "um espaço de exigibilidade da democracia"[17]. Tal espaço, porém, não substitui o âmbito da responsabilidade privada. Antes, o identifica e exige sua observância. A eficácia direta dos direitos e deveres fundamentais nas relações privadas é a teorização dessa compreensão diferenciada do discurso jurídico. Ao contrário do que ocorre com a maioria dos direitos sociais, os direitos trabalhistas não são endereçados diretamente ao Estado, mas destinados a serem "cumpridos" pelo empregador.

É claro que o capital cede à racionalidade solidária, apenas e na medida suficiente para a sua continuidade. E o faz menos em resposta à miséria social e ao esgotamento ecológico que gera, do que em razão das possibilidades para além do capital, que se tornam cada vez mais próximas e reais, em face da resistência organizada dos trabalhadores; das doutrinas alternativas de convívio social que se disseminam e das necessidades econômicas advindas das crises cada vez mais agudas do sistema.

Por isso, mesmo o avanço promovido pela Constituição de 1988, que pela primeira vez reconhece um catálogo de direitos fundamentais no centro do qual figuram direitos sociais trabalhistas, não é suficiente para fazer supor a existência sequer de uma pretensão de ruptura. É esse o limite que o Estado Social não ultrapassa.

O discurso jurídico segue cumprindo sua função ideológica, pois mesmo os direitos sociais existem para que tudo permaneça como está. Isso evidentemente não lhes retira importância. Ao contrário, é preciso levar a sério a sua inserção no rol de fundamentos do Estado, elevá-los ao expoente máximo, reconhecê-los como condição de possibilidade da política, da economia e da atuação jurídica[18].

A proteção aparece no texto constitucional, seja pela escolha dos valores sociais do trabalho como um dos fundamentos do Estado (art. 1º), seja pela inclusão dos direitos trabalhistas no Título II, Dos Direitos e Garantias Fundamentais, seja pela redação dada ao *caput* do art. 7º da Constituição. Ao fixar sejam os direitos ali elencados o mínimo a ser garantido aos trabalhadores brasileiros, invocando expressamente o reconhecimento de outros que visem "a melhoria da condição social", esse dispositivo não apenas positiva a noção de proibição de retrocesso, como também torna manifesta a proteção mínima outorgada pelo Estado, como uma necessidade para a própria continuidade do sistema.

Logo, a proteção que está no início da criação de normas trabalhistas, como elemento justificador da necessidade social da edição de normas específicas que garantam direitos a quem trabalha e deveres a quem toma trabalho, ganha contorno de fundamentalidade, encontrando na Constituição um discurso jurídico reforçado, imperativo.

4. A PROTEÇÃO COMO INSTRUMENTO DE RESISTÊNCIA CONTRA AS PRETENSÕES DESTRUTIVAS DA "REFORMA"

O resgate da noção clássica de princípio como o que está no início, o que justifica o desenvolvimento de determinado ramo do direito, permite a compreensão de que os princípios constituem, em realidade, o fundamento para a aplicação ou o afastamento de uma regra, no caso concreto. Portanto, o intérprete do Direito irá fundamentar sua decisão justamente no princípio que historicamente justifica a existência de determinado conjunto de regras jurídicas.

---

(17) GARAPON, Antoine. *O juiz e a democracia. o guardião das promessas.* Tradução de Maria Luiza de Carvalho. 2. ed. Rio de Janeiro: Revan, 2001.
(18) Em obra publicada em 1919, Evaristo de Moraes escreve: "Ora, ninguem nega, em princípio, a semelhança econômica do trabalho e da mercadoria; mas tem-se de atender a que, si o trabalho é mercadoria, distingue-se das outras por seus aspectos social, moral e jurídico. [...] Andam, pois, errados os que, ainda hoje, pretendem atribuir ao Estado simples funções de conservação, de coordenação e de segurança, querendo que o indivíduo, como unico e exclusivo motor do progresso, promova, por si só, a sua felicidade econômica. Os factos tornaram palpavel a inexactidão desta theoria; porque o que se observou foi o esmagamento do operariado, dada sua impotência para reagir contra a pressão do capitalismo. Chamar livre, economicamente falando, o productor que tem de se sujeitar, para não morrer de fome, a vender o seu trabalho por um salario insuficiente, ou a ficar desoccupado – é flagrante abominação. Louvar as condições do trabalho, sob a acção da ampla liberdade, quando se sabe a dominação effectiva em que vivem os trabalhadores – é escarnecer do infortúnio, é chasquear da penuria alheia. MORAES, Evaristo de. *Os accidentes no trabalho e a sua reparação.* Edição fac-similada. São Paulo: LTr, 2009, p. 13-4.

No caso do Direito do Trabalho, sendo a proteção o que fundamenta historicamente a criação de regras trabalhistas, não há como ponderá-la com qualquer outro postulado ou princípio, pois afastá-la equivale a negar a própria razão de existência desse ramo do direito. Regra e princípio, consequentemente, não são espécies de normas jurídicas, mas partes de um mesmo conceito. A regra só se tornará norma quando sua aplicação puder ser fundamentada no princípio que a instituiu (ou que viabiliza a sua inserção no sistema).

O princípio da proteção a quem trabalha, que determina a existência de regras trabalhistas, dá, portanto, a medida da exploração possível. Pois bem, se reconhecemos isso, precisamos também reconhecer que regras de conduta social emanadas pelo Estado só serão realmente normas jurídicas trabalhistas se estiverem fundamentadas na noção de proteção a quem trabalha e na medida em que concretizarem esse princípio.

A mudança é radical. O princípio não poderá, sob essa perspectiva, ser aplicado diretamente, nem ponderado com outros princípios supostamente colidentes. Aliás, a própria colisão de princípios perde sentido, para esse modo de compreensão. Nem tampouco haverá espaço para que Juízes ou doutrinadores inventem seus próprios princípios[19]. Ao contrário, aos Juízes e Juízas caberá concretizar o projeto constitucional, por meio da aplicação ou do afastamento de regras, justificando essa escolha / fundamentando-a no princípio que institui determinado conjunto normativo[20]. Com isso, reforça-se a importância da fundamentação das decisões. Ao admitirmos que norma jurídica é a *regra aplicada em conformidade com o princípio que a inspira*, comprometemos o Poder Judiciário com o propósito da Constituição, demonstrando em que medida a regra aplicada cumpre essa função integrativa, resultando efetivamente uma norma jurídica.

Essa compreensão hermenêutica do conteúdo e da função que o princípio da proteção assume na aplicação das regras trabalhistas é vital para a resistência necessária à Lei n. 13.467/2017. Essa verdadeira aberração jurídica, nega, do início ao fim, a proteção positivada em regras constitucionais. Eis alguns exemplos:

A) Esvazia a noção de gratuidade da Justiça prevista como direito fundamental (Art. 5º, LXXIV – o Estado prestará assistência jurídica **integral** e gratuita aos que comprovarem insuficiência de recursos), na contramão, até mesmo, da disciplina contida no CPC (Art. 98).

B) Busca equiparar dispensas individuais e coletivas (Art. 477-A), em afronta direta à Convenção 158 da OIT, fonte formal do Direito do Trabalho por força do art. 5º, § 2º da Constituição (Os direitos e garantias expressos nesta Constituição não excluem outros decorrentes do regime e dos princípios por ela adotados, ou dos tratados internacionais em que a República Federativa do Brasil seja parte) e do Art. 8º, *caput*, da CLT (As autoridades administrativas e a Justiça do Trabalho, na falta de disposições legais ou contratuais, decidirão, conforme o caso, pela jurisprudência, por analogia, por equidade e outros princípios e normas gerais de direito, principalmente do Direito do Trabalho, e, ainda, de acordo com os usos e costumes, o Direito Comparado, mas sempre de maneira que nenhum interesse de classe ou particular prevaleça sobre o interesse público), contrariando diretamente o art. 7º, I da Constituição (I – relação de emprego protegida contra despedida arbitrária ou sem justa causa, nos termos de lei complementar, que preverá indenização compensatória, dentre outros direitos).

C) Pretende, também, instituir possibilidade de vedação de acesso à Justiça (Art. 477-B; Art. 507-B; Art. 855-B e 844, §§ 2º e 3º, da CLT) e restrição do apreciação do litígio pelo Poder Judiciário, determinando no art. 223-A que o Juiz examine o litígio aplicando exclusivamente a regra ali contida; dispondo no art. 611-B que apenas o rol ali contido possa ser declarado objeto ilícito de norma coletiva e no art. 8º, § 3º, que no exame de norma coletiva o Juiz analisará "exclusivamente a conformidade dos elementos essenciais do negócio jurídico", ordem que se repete no art. 611-A, § 1º. Tudo isso em afronta direta ao art. 5º da Constituição (XXXV – a lei não excluirá da apreciação do Poder Judiciário lesão ou ameaça a direito; XXXVI – a lei não prejudicará o direito adquirido, o ato jurídico perfeito e a coisa julgada);

D) Prevê a condenação de testemunha, nos próprios autos da demanda trabalhista, sem possibilidade de defesa (Art. 793-D), contrariando o art. 5º da Constituição (LIV – ninguém será privado da liberdade **ou de seus bens** sem o devido processo legal e LV – aos litigantes, em processo judicial ou administrativo, **e aos acusados em geral** são assegurados o contraditório e ampla defesa, com os meios e recursos a ela inerentes).

---

(19) STRECK, Lenio Luiz. *Verdade e consenso*. Constituição, hermenêutica e teorias discursivas. 4. ed. São Paulo: Saraiva, 2011. p. 581.

(20) O autor refere que "as regras constituem modalidades objetivas de solução de conflitos. Elas regram o caso, determinando o que deve ou não ser feito. Os princípios autorizam esta determinação; eles fazem com que o caso decidido seja dotado de autoridade que – hermeneuticamente – vem do reconhecimento da legitimidade. O problema da resposta adequada/correta, neste caso, só é resolvido na medida em que seja descoberto o princípio que institui (legitimamente) a regra do caso. Idem, p. 562. Para Streck, ao Estado-Juiz compete fundamentar a legitimidade de sua decisão, e o faz demonstrando que a regra ali concretizada "é instituída por um princípio". Por isso o autor afirma que "não há regra sem um princípio instituidor. Sem um princípio instituinte, a regra não pode ser aplicada, posto que não será portadora do caráter de legitimidade democrática". STRECK, Lenio Luiz. *Verdade e consenso*. Constituição, hermenêutica e teorias discursivas. 4. ed. São Paulo: Saraiva, 2011. p. 546.

E) Torna normal o trabalho por doze horas, permitindo ajuste inclusive por acordo individual ou tácito, contrariando frontalmente regra constitucional (Art. 7º, XIII – duração do trabalho normal **não superior a oito horas diárias** e quarenta e quatro semanais, facultada a compensação de horários e a redução da jornada, mediante **acordo ou convenção coletiva de trabalho**; XIV – jornada de seis horas para o trabalho realizado em turnos ininterruptos de revezamento, salvo negociação coletiva; XVI – remuneração do serviço extraordinário superior, no mínimo, em cinquenta por cento à do normal).

F) Nega a proteção à jornada como questão de saúde, higiene e segurança do trabalho (Art. 611-B, parágrafo único), contrariando diretamente o art. 7º, XXII, da Constituição (redução dos riscos inerentes ao trabalho, por meio de normas de saúde, higiene e segurança).

G) Permite e de certo modo até estimula que gestante e lactante trabalhem em ambiente insalubre (Art. 394-A), contrariando a norma do art. 6º (São direitos sociais a educação, a saúde, a alimentação, o trabalho, a moradia, o transporte, o lazer, a segurança, a previdência social, a proteção à maternidade e à infância, a assistência aos desamparados, na forma desta Constituição), do art. 7º, XX (proteção do mercado de trabalho da mulher, mediante incentivos específicos, nos termos da lei); e do art. 226 (A família, base da sociedade, tem especial proteção do Estado) da Constituição.

H) Admite a contratação de empregado como autônomo (Art. 442-B) e a terceirização de qualquer atividade (Arts. 4-A e 5-A da Lei n. 13.429/2017, alterados pela Lei n. 13.467/2017), em flagrante ofensa ao art. 7º, I, da Constituição (São direitos dos trabalhadores urbanos e rurais, além de outros que visem à melhoria de sua condição social: I – relação de emprego) e aos conceitos de empregado e empregador, dos arts. 2º e 3º da CLT.

I) Disciplina trabalho intermitente, negando os direitos fundamentais do art. 7º da Constituição a: IV – salário mínimo capaz de atender a suas necessidades vitais básicas e às de sua família com moradia, alimentação, educação, saúde, lazer, vestuário, higiene, transporte e previdência social, com reajustes periódicos que lhe preservem o poder aquisitivo, sendo vedada sua vinculação para qualquer fim; VI – irredutibilidade do salário; VII – garantia de salário, nunca inferior ao mínimo, para os que percebem remuneração variável; VIII – décimo terceiro salário com base na remuneração integral ou no valor da aposentadoria; XV – repouso semanal remunerado, preferencialmente aos domingos; XVII – gozo de férias anuais remuneradas com, pelo menos, um terço a mais do que o salário normal.

J) Tarifa dano moral (Art. 223-D), contrariando frontalmente o art. 7º, IV – salário mínimo capaz de atender a suas necessidades vitais básicas e às de sua família com moradia, alimentação, educação, saúde, lazer, vestuário, higiene, transporte e previdência social, com reajustes periódicos que lhe preservem o poder aquisitivo, **sendo vedada sua vinculação para qualquer fim**).

K) Estabelece e disciplina amplamente a representação de empregados no âmbito da empresa (Art. 510-A), buscando esvaziar (e com isso afrontar) o conteúdo da regra do art. 8º, III, da Constituição (ao sindicato cabe a defesa dos direitos e interesses coletivos ou individuais da categoria, inclusive em questões judiciais ou administrativas).

L) Proíbe "estipular duração de convenção coletiva ou acordo coletivo de trabalho superior a dois anos, sendo vedada a ultratividade" (Art. 614, § 3º) e estabelece a supremacia do acordo sobre a convenção coletiva (Art. 620), contrariando o art. 5º (XXXVI – a lei não prejudicará o direito adquirido, o ato jurídico perfeito e a coisa julgada) e o art. 7º da Constituição (São direitos dos trabalhadores urbanos e rurais, **além de outros que visem à melhoria de sua condição social**: XXVI – reconhecimento das convenções e acordos coletivos de trabalho).

M) Altera normas processuais, prevendo incidentes (Arts. 800 e 855-A) e benesses ao demandado (Art. 841, § 3º; Art. 843, § 3º; Art. 844, §§ 4º e 5º; Art. 899, §§ 4º, 9º, 10 e 11; Art. 882; Art. 883-A e Art. 884, § 6º), além de tentar esvaziar a responsabilidade extraordinária pelos créditos trabalhistas (Art. 2º, § 2º; Art. 10-A; Art. 448-A), tudo em afronta direta ao art. 5º, LXXVIII, da Constituição (a todos, no âmbito judicial e administrativo, são assegurados a razoável duração do processo e os meios que garantam a celeridade de sua tramitação).

É importante deixar claro que o confronto das regras acima referidas, com normas constitucionais que constam no rol dos Direitos e Garantias Fundamentais da Constituição de 1988 não determina, necessariamente, o enfrentamento da matéria sob a perspectiva da declaração (ainda que incidental) de inconstitucionalidade. Não há dúvida de que os exemplos acima referidos dão conta da inconstitucionalidade (que aliás, não é apenas material) da chamada "reforma". Nesse sentido, os Juízes, Juízas, Advogados, Advogadas e representantes do MPT, reunidos na **Segunda Jornada de Direito Material e Processual do Trabalho da ANAMATRA**, em Brasília, nos dias 09 e 10 de outubro de 2017, aprovaram tese fixando que: "**A Lei n. 13.467/2017 é ilegítima, formal e materialmente**". Entretanto, não parece taticamente adequada a arguição de inconstitucionalidade em decisões judiciais, em razão dos demais elementos que compõem o golpe ultraliberal que hoje enfrentamos no que tange aos direitos sociais.

Refiro-me à possibilidade de Reclamação Constitucional, suprimindo instâncias e remetendo o exame da matéria diretamente ao STF, cuja atuação recente revela clara tendência de precarização e mesmo supressão de direitos fundamentais trabalhistas, conforme exemplos já mencionados no início desse estudo.

5. CONCLUSÃO

Não podemos esquecer que vivemos um período de exceção. É exatamente por isso que a proposta aqui formulada não transita pela declaração de inconstitucionalidade, mas sim pelo afastamento da aplicação das regras da chamada "reforma", a partir de uma hermenêutica que reconheça a impossibilidade de que uma regra que nega a proteção (já fixada em norma ordinária, constitucional ou internacional) se torne norma jurídica trabalhista. A impossibilidade de justificar a aplicação da regra no princípio instituidor desse ramo específico do Direito é o que determina o seu afastamento no caso concreto.

Regras que negam proteção a quem trabalha podem ser qualquer coisa, menos norma jurídica trabalhista. Por isso, não podem ser aplicadas, sob pena de ruptura do sistema e comprometimento da ordem constitucional vigente.

Parte II

Direito Material
do Trabalho

Reflexões sobre o Novo Artigo Oitavo na CLT

Silvia Teixeira do Vale[1]

1. CONSIDERAÇÕES INICIAIS

A fim de "modernizar" as normas trabalhistas, a Lei n. 13.467/2017, publicada em 13 de julho de 2017, trouxe diversas inovações ao Direito do Trabalho brasileiro, sobretudo na atividade interpretativa dos Juízes. Este artigo intenta trazer uma reflexão crítica à norma que modificou tão profundamente as regras que regem a integração do Direito do Trabalho e a hermenêutica realizada pelo Poder Judiciário trabalhista, analisando o novo art. 8º da Consolidação das Leis do Trabalho à luz da Filosofia do Direito, da história do Direito do Trabalho e da Constituição vigente.

2. A ATIVIDADE CRIATIVA DO JUIZ NO CONTEXTO PÓS-POSITIVISTA: NOTAS INTRODUTÓRIAS

Durante o curto tempo em que o PL n. 6.787/2016 tramitou na Câmara do Deputados, posteriormente transformado no PLC n.38/2017, duras críticas foram lançadas contra o Tribunal Superior do Trabalho, órgão de cúpula da hierarquia destinada à Justiça do Trabalho, argumentando os entusiastas da "Reforma" que as normas trabalhistas precisavam ser modificadas com urgência por diversos motivos, sempre havendo destaque para a assim denominada "atividade legislativa do TST", que, de fato redundou na aprovação do novo art. 8º da Consolidação das Leis do Trabalho, passando este a partir de novembro a contar com os seguintes parágrafos: § 1º O direito comum será fonte subsidiária do direito do trabalho; § 2º Súmulas e outros enunciados de jurisprudência editados pelo Tribunal Superior do Trabalho e pelos Tribunais Regionais do Trabalho não poderão restringir direitos legalmente previstos nem criar obrigações que não estejam previstas em lei; § 3º No exame de convenção coletiva ou acordo coletivo de trabalho, a Justiça do Trabalho analisará exclusivamente a conformidade dos elementos essenciais do negócio jurídico, respeitado o disposto no art. 104 da Lei n. 10.406, de 10 de janeiro de 2002 (Código Civil), e balizará sua atuação pelo princípio da intervenção mínima na autonomia da vontade coletiva."

Ignorando a ordem cronológica trazida pelo Legislador, propõe-se analisar inicialmente o § 2º do referido dispositivo legal, por se acreditar que a premissa estabelecida pela hermenêutica pós-positivista já levará o leitor a também refletir sobre a redação do novo art. 8º da Consolidação das Leis do Trabalho nesse mesmo contexto.

Nesse trilhar, propõe-se, antes de mais, a análise sobre se os tribunais superiores brasileiros, de fato, "legislam" ou, simplesmente, julgam. É evidente que a análise de todos os julgados se revela insustentável para esse espaço, por isso pretende-se averiguar apenas alguns julgados já consolidados do Supremo Tribunal Federal, bem assim verbetes sumulares do Tribunal Superior do Trabalho.

Inicia-se pela jurisprudência sumulada do Supremo Tribunal Federal e a ausência de normas para fundamentar o uso de algemas, tendo-se que a referida Corte possui súmula vinculante de número 11, assim estabelecida:

> só é lícito o uso de algemas em casos de resistência e de fundado receio de fuga ou de perigo à integridade física própria ou alheia, por parte do preso ou de terceiros, justificada a excepcionalidade por escrito, sob pena de responsabilidade disciplinar, civil e penal do agente ou da autoridade e de nulidade da prisão ou do ato processual a que se refere, sem prejuízo da responsabilidade civil do Estado[2].

Percebe-se claramente pelo teor literal da indigitada súmula, que o Supremo Tribunal Federal criou critérios para o uso de algemas (somente em casos de resistência), com conceito jurídico indeterminado (fundado receio de fuga ou de perigo à integridade física própria ou alheia), estabelecendo formalidade não prevista formalmente em lei (justificada a excepcionalidade por escrito), inclusive considerando ilícito administrativo, civil e penal, passível de punição (sob pena de responsabilidade disciplinar, civil e penal do agente ou da autoridade e de nulidade da prisão ou do ato processual a que se refere, sem prejuízo da responsabilidade civil do Estado). Tais critérios não constam de qualquer lei expressamente positivada, mas a Corte Maior, em sua constituição plenária, ao analisar e julgar o HC 91952, com decisão publicada no DJe de 19.12.2008, cuja relatoria coube ao Ministro Marco Aurélio, invocou os princípios da não culpabilidade e que do princípio do Estado Democrático decorre "o inafastável tratamento

---

(1) Possui graduação em Direito pela Universidade Potiguar (1998), instituição esta onde se pós-graduou e foi professora durante seis anos. Professora convidada do curso de pós-graduação *lato sensu* da Faculdade Baiana de Direito, EMATRA5, CERS e da Escola Judicial do TRT da 5ª Região. Juíza do Trabalho no TRT da 5ª Região. Mestre em Direito pela UFBA. Doutoranda pela PUC/SP, Membro do Conselho da Escola Judicial do TRT da 5ª Região (2012-). Coordenadora acadêmica da Escola Associativa da AMATRA 05, biênio 2013/2015. Membro do Conselho editorial da Revista eletrônica do Tribunal Regional do Trabalho da Quinta Região e da *Revista Vistos* etc. Autora da Obra "Proteção efetiva contra a despedida arbitrária no Brasil", pela LTr, ex-professora substituta da UFRN.

(2) Disponível em: <http://www.stf.jus.br/portal/jurisprudencia/menuSumario.asp?sumula=1220>. Acesso em: 08 ago. 2017.

humanitário do cidadão, na necessidade de lhe ser preservada a dignidade", que igualmente encerra conteúdo principiológico.

É dizer, o Supremo Tribunal Federal, ao resolver um caso concreto que deu origem à súmula vinculante, a partir da interpretação de princípios e sopesamento destes, criou regra de formalidade inexistente até então.

Em 2011 os ministros do Excelsa Corte, ao julgarem a Ação Direta de Inconstitucionalidade n. 4277 e a Arguição de Descumprimento de Preceito Fundamental n. 132, reconheceram a união estável para casais do mesmo sexo. O relator das ações, Ministro Ayres Britto, argumentando que o art. 3º, inciso IV, da CF veda qualquer discriminação em virtude de sexo, raça, cor e que, nesse sentido, ninguém pode ser diminuído ou discriminado em função de sua preferência sexual. Os ministros Luiz Fux, Ricardo Lewandowski, Joaquim Barbosa, Gilmar Mendes, Marco Aurélio, Celso de Mello e Cezar Peluso, bem como as ministras Cármen Lúcia Antunes Rocha e Ellen Gracie, acompanharam o entendimento do ministro Ayres Britto, pela procedência das ações e com efeito vinculante, no sentido de dar interpretação conforme a Constituição Federal para excluir qualquer significado do art. 1.723 do Código Civil que impeça o reconhecimento da união entre pessoas do mesmo sexo como entidade familiar.

Percebe-se, assim, que invocando o princípio da não discriminação, a Suprema Corte acresceu significado ao artigo do Código Civil.

No julgamento da ADPF n. 54, igualmente com a relatoria do Ministro Marco Aurélio de Melo, o Supremo Tribunal Federal decidiu que o aborto de feto anencéfalo não é conduta tipificada nos arts. 124, 126, 128, incisos I e II, do Código Penal.

Inicialmente se lê na aludida decisão que o Estado brasileiro é laico, sendo, portanto, impermeável aos argumentos religiosos. Concluindo seu voto, o Min. Marco Aurélio consignou importantes entendimentos, que nortearam oito dos ministros votantes da Corte: "está em jogo o direito da mulher de autodeterminar-se, de escolher, de agir de acordo com a própria vontade num caso de absoluta inviabilidade de vida extrauterina. Estão em jogo, em última análise, a privacidade, a autonomia e a dignidade humana dessas mulheres"[3].

Ou seja, a partir do indigitado julgado, a Suprema Corte descriminalizou a hipótese de aborto de feto anencéfalo, também sem previsão em norma estatuída pelo Legislador.

Por seu turno, a Súmula n. 372 do TST, vigente desde 2005, prevê que "percebida a gratificação de função por dez ou mais anos pelo empregado, se o empregador, sem justo motivo, revertê-lo a seu cargo efetivo, não poderá retirar-lhe a gratificação tendo em vista o princípio da estabilidade financeira". Indigitado verbete demonstra, outrossim, como o Tribunal Superior do Trabalho, invocando princípios, estabelece obrigações não previstas expressamente na legislação.

Igualmente infere-se da Súmula n. 443 do Tribunal Superior do Trabalho que "presume-se discriminatória a despedida de empregado portador do vírus HIV ou de outra doença grave que suscite estigma ou preconceito. Inválido o ato, o empregado tem direito à reintegração no emprego", em franca homenagem ao princípio da não discriminação.

Retorna-se, agora, ao primeiro ponto de reflexão: um juiz ou uma corte de juízes pode, no exercício da jurisdição, estabelecer critérios, acrescer texto legal ou, simplesmente, inovar texto legislativo, sem receber autorização expressa do Estado-Legislador? A resposta para essa pergunta passa necessariamente pela análise das principais escolas hermenêuticas e como o exercício da jurisdição é complexo em um contexto hermenêutico pós-positivista.

2.1. Da escola de exegese à jurisprudência dos interesses

A chegada do Estado Liberal, estimulada pelos ventos soprados pelo iluminismo, redunda no declínio do jusnaturalismo e a eclosão do positivismo, movimento estimulador de diversas escolas hermenêuticas do século XIX e primeira metade do século XX, que enaltecia o Estado-Legislador, pregando, em síntese, que o Direito era uma ciência hermeticamente fechada, impermeável aos valores e à moral.

A racionalidade liberal, que estimulava a superioridade da Legislação ordinária, esta inquestionável à luz da Constituição, subordinava o Estado-Juiz ao Estado-Legislador, tendo-se que ao Poder Judiciário somente era dado agir de forma silogística, aplicando a lei aos casos concretos. As discussões acerca da moral e da ética interessavam somente à filosofia.

A era de ouro das codificações se inicia com o Código de Napoleão, em 1804, que, do nascimento à morte, da aquisição de bens à herança, intentava regulamentar todas as relações sociais por meio de pactuação entre pessoas "livres" e "iguais".

Após a Revolução Francesa de 1789, a França, extremamente guiada pelos interesses da classe emergente burguesa, almejava ter um Direito nacional para regulamentar as relações sociais e justificar por meio do Direito toda a racionalidade liberal, daí a importância do Código Civil francês, que, fortemente racionalista, influencia outros países europeus de tradição romanística, a exemplo da Alemanha. Nesse contexto, surge a Escola da Exegese, que tinha como escopo interpretar o Código Civil francês também de uma maneira nacional, ou seja, somente o Código napoleônico, máxime no tocante à exegese do texto legal. A fórmula aglutinativa Código Civil napoleônico com a Escola da Exegese, intentava obter o controle social e político

---

(3) Disponível em: <http://www.stf.jus.br/portal/processo/verProcessoAndamento.asp?incidente=2226954>. Acesso em: 08 ago. 2017.

por meio da legislação, fechando qualquer possibilidade de questionamento que desbordasse dos herméticos limites interpretativos da referida Escola positivista.

A codificação dos direitos naturais no início do século XIX redundou na virada do jusnaturalismo, que passou a ser, então, guiado pela razão. Esse movimento modificativo foi fundamental para retirar dos direitos naturais a condição revolucionária, deixando-os conservadores e, agora, imóveis, presos ao texto legal.

A Escola da Exegese pregava a completude do Direito, este entendido como tudo que redundava da atividade do legislador. É dizer, o Direito não continha lacunas, a lei sim; e esta poderia ser suprida pela própria atividade do Estado-Legislador, único responsável por pinçar e reconhecer os valores existentes na sociedade francesa. Em uma frase poder-se-ia afirmar que a aludida Escola, igualmente conhecida como Escola Racionalista ou Legalista, tinha como lógica a certeza de que o Direito somente se revelava por meio da Lei, guiada por uma interpretação gramatical e histórica.

Imperava a ideia da segurança jurídica, na qual o intérprete deveria renunciar a toda contribuição criativa na interpretação da lei, limitando-se tão somente a tornar explícito, por intermédio de um procedimento lógico (silogismo), aquilo que já estava implicitamente previsto na lei. Ao juiz era destinada a missão de ser *la bouche qui prononce les paroles de la loi*[4].

Bobbio[5] destaca os cinco pilares fundamentais da Escola da Exegese, tendo-se o tratado de Bonnecase[6]: a) inversão das relações tradicionais entre direito natural e direito positivo; b) concepção rigidamente estatal do Direito, segundo a qual jurídicas são exclusivamente as normas postas pelo Estado, ou, de qualquer forma, que conduzam a um reconhecimento por parte dele; c) a interpretação da lei fundada na intenção do legislador; d) o culto do texto da lei; e) o respeito ao princípio da autoridade.

A Alemanha, ainda não unificada, igualmente necessitava de um Direito Nacional para servir de fio condutor regulatório das regiões e, como neste país não havia Código Civil no século XIX, surge a Escola Pandectista, que busca nas *pandectas*, a segunda parte do *Corpus Juris Civilis*, de Justiniano, a interpretação civil, desvelando posteriormente duas Escolas hermenêuticas extremante importantes: a dos conceitos e a dos interesses.

A assim denominada Jurisprudência dos conceitos, que, em linhas gerais, buscava interpretar o Direito por meio da criação de um sistema de conceitos devidamente organizado sob a lógica piramidal, teve em Puchta o seu principal expoente, para quem, segundo Larenz, "com inequívoca determinação, conclamou a ciência jurídica do seu tempo a tomar o caminho de um sistema lógico no sentido de uma pirâmide de conceitos"[7], seguindo uma racionalidade formal.

A ideia de Puchta poderia ser assim resumida: cada conceito superior autoriza certas afirmações; por conseguinte, se um conceito inferior se subsumir ao superior, valerão para ele todas as afirmações que se fizerem sobre o conceito superior. A "genealogia dos conceitos ensina, portanto, que o conceito supremo, de que se deduzem todos os outros, codetermina os restantes através de seu conteúdo", sendo o seu conteúdo encontrado na Filosofia do Direito. Ou, em outras palavras, "a construção dedutiva do sistema depende absolutamente da pressuposição de um conceito fundamental determinado quanto ao seu conteúdo", conceito que não é, por seu turno, "inferido do Direito positivo, mas dado previamente pela Filosofia do Direito"[8].

No dizer de Larenz[9], esse processo lógico-dedutivo trazido pela jurisprudência dos conceitos, que somente se preocupava com construções conceituais abstratas, preparava o terreno para o formalismo jurídico que viria prevalecer durante mais de um século, fazendo com que a ciência jurídica ignorasse a realidade social, política e moral do Direito.

Nelson Saldanha, citado por Guerra Filho[10], esclarece que a ciência jurídica e seu legalismo, nessa fase positivista, mostram forte comprometimento com o Estado liberal e o capitalismo burgueses, tendo-se que os conceitos centrais dessa ciência, como os de autonomia privada, direito subjetivo, propriedade individual, relação jurídica, liberdade contratual, vieram ao encontro dos interesses particulares da classe empresarial emergente, ajudando a romper com o imobilismo das sociedades tradicionais, com sua organização profissional corporativista.

Sem embargo, a ciência do Direito e, por conseguinte, a hermenêutica positivista vigorante na primeira metade do século XIX, que vislumbrava como seu maior contributo a aplicação fiel das fontes jurídicas romanas, dando-lhes validade em um sistema de conceitos que se mostrava inquestionável, não "podia corresponder às exigências de uma

---

(4) MONTESQUIEU. *De l'esprit des lois*, livre XI, chap. 6, 1748. No texto em português (*O espírito das leis*. 7. ed. São Paulo: Saraiva, 2000. p. 176): "Mas os Juízes da Nação, como dissemos, são apenas a boca que pronuncia as palavras da lei; seres inanimados que não lhe podem moderar nem a força, nem o rigor".

(5) BOBBIO, Norberto. *O positivismo jurídico*: lições de filosofia do direito. Tradução de Márcio Pugliesi, Edson Bini e Carlos E. Rodrigues. São Paulo: Ícone, 1995. p. 70.

(6) Que, segundo o referido autor, chegou a afirmar certa feita: "eu não conheço o Direito Civil, eu ensino o Código de Napoleão".

(7) *Op. cit.*, p. 21.

(8) LARENZ, Karl. *Metodologia da ciência do direito*. 2. ed. Lisboa: Fundação Calouste Gulbenkian, 1983. p. 23.

(9) *Op. cit.*, p. 25-26.

(10) GUERRA FILHO. Willis Santiago. *Teoria da ciência jurídica*. Colaborador: Henrique Garbellini Carnio. São Paulo: Saraiva, 2009. p. 41.

prática do Direito que diuturnamente era colocada perante problemas a que aquelas fontes não conseguiam dar uma resposta satisfatória"[11].

Para Jhering, grande pensador da Escola dos Conceitos, a realidade que preconizava como dogma jurídico a plena autonomia da vontade não foi ignorada, tanto que, já em fase mais madura, em 1877, o referido filósofo publica "A finalidade no Direito", propondo uma leitura econômica do Direito e da ordem social, substituindo o paradigma preponderante da "vontade", pelas figuras do "interesse" e da "coação social" para sua observância. Afirma Guerra Filho, que "sem ter a clara percepção disso, Jhering posiciona-se francamente contra o individualismo e a favor do socialismo, sem deixar, porém, de fazer o registro de que este também pode levar ao exagero"[12], quando sobrepõe a dimensão social da vida humana em detrimento da individual.

Os escritos da maturidade, que trouxeram Jhering para uma jurisprudência pragmática, figuraram como o início do que mais adiante se denominou jurisprudência dos interesses, que tem em Philipp Heck o seu maior representante. À medida que a jurisprudência dos conceitos impunha um escalonamento hermético de conceitos jurídicos, promovendo o primado da lógica no trabalho científico do Direito, impedindo qualquer interpretação do Estado-Juiz que desbordasse do silogismo, a jurisprudência dos interesses, tende, ao revés, "para o primado da pesquisa vital e da valoração vital"[13].

A síntese trazida por Larenz merece transcrição literal:

a Jurisprudência dos interesses considera o Direito como tutela de interesses. Significa isto que os preceitos legislativos – que também para Heck constituem essencialmente o Direito – não visam apenas delimitar interesses, mas são, em si próprios, produtos de interesses. As leis são as resultantes dos interesses da ordem material, nacional, religiosa e ética, que, em cada comunidade jurídica, se contrapõem uns aos outros e lutam pelo seu reconhecimento. Na tomada de consciência disto, garante-nos Heck, reside 'o cerne da Jurisprudência dos interesses, sendo também daí que ele extrai a sua fundamental exigência metodológica de 'conhecer com rigor, historicamente, os interesses que assim se descobriram'. Deste modo, também para Heck, como para Jhering, o legislador como pessoa vem a ser substituído pelas forças sociais, aqui chamadas 'interesses' (o que é justamente uma forma de sublimação), que, através dele, obtiveram prevalência na lei. O centro de gravidade desloca-se da decisão pessoal do legislador e da sua vontade entendida psicologicamente, primeiro para os motivos e, depois, para os fatores causais motivantes. A interpretação, reclama Heck, deve remontar, por sobre as concepções do legislador, aos interesses que foram causais para a lei. O legislador aparece simplesmente como um transformador, não sendo já para Heck nada mais do que a designação englobante dos interesses causais.

Percebe-se, assim, que mesmo sem quebrar verdadeiramente os dogmas do positivismo, Heck exorta o juiz a aplicar os juízos de valor contidos na lei, abrindo caminho para o que mais tarde se chamaria de Jurisprudência dos valores, vez que nesta "os interesses são transmudados em valores, consagrados em princípios jurídicos, positivados, em geral, na Constituição"[14].

2.2. A chegada da jurisprudência dos valores

A transmudação do Estado liberal para o Social trouxe à reboque o ajustamento da lente por onde eram enxergados os direitos fundamentais, tendo-se que também os particulares passaram a ser tidos como destinatários de tais direitos. A grande desigualdade criada pelo capitalismo sem rédeas sociais, desvelou à sociedade do final do século XIX quão assimétrica era a relação de emprego com o afastamento do Estado e como, de modo geral, a ideia absenteísta estabelecida pelo liberalismo estatal, somada à interpretação positivista do Direito posto, serviam tão somente para manutenção do *status quo* e legitimação das desigualdades. Daí porque a partir da segunda metade do século XX se inicia uma nova hermenêutica constitucional, atribuindo imperatividade e supremacia às normas constitucionais fundamentais, que passariam, a partir de então, a vincular os particulares, irradiando-se nas relações privadas e todas a áreas do Direito.

Leciona Pérez Luño que a partir da teoria da integração de Rudolf Smend, ainda sob a égide da Constituição de Weimar, iniciou-se a virada na jurisprudência para o que viria posteriormente ser denominada de Jurisprudência de valores. Segundo o autor, Smend sedimentou uma *"interpretación axiológica de los derechos fundamentales, al asignar al conjunto de los derechos y libertades básicos proclamados por la Consitución weimariana una función integradora e inspiradora de todo el orden jurídico-político estatal"*. Prossegue Luño, sintetizando a ideia, para afirmar que *"los derechos fundamentales cumplen su función integradora al sistematizar el contenido axiológico objetivo del ordenamiento democrático al que la mayoria de los ciudadanos prestan su consentimiento"*, mas ao mesmo tempo, os direitos fundamentais *"constituyen un sistema coherente que inspira todas las normas e insituiciones del ordenamiento y prescribe las metas políticas a alcanzar"*[15].

---
(11) LARENZ, Karl. *Metodologia da ciência do direito*. 2. ed. Lisboa: Fundação Calouste Gulbenkian, 1983. p. 50-51.
(12) *Op. cit.* p. 69.
(13) LARENZ, Karl. *Metodologia da ciência do direito*. 2. ed. Lisboa: Fundação Calouste Gulbenkian, 1983. p. 57.
(14) GUERRA FILHO, Willis Santiago. *Teoria da ciência jurídica*. Colaborador: Henrique Garbellini Carnio. São Paulo: Saraiva, 2009. p. 76.
(15) PÉREZ LUÑO, Antonio Enrique. *Derechos humanos, estado de derecho y constitución*. Madrid: Editorial Tecnos, 2003. p. 298.

No dizer de Roca, a característica mais importante da Teoria da Integração, também conhecida como Científico-Espiritual, é idealizar o Estado e a Constituição como realidades espirituais em transformação incessante repelindo qualquer reducionismo metodológico, admitindo-se que a realidade estatal do Direito é arraigada na sua positivação, emanando daí o Estado como ser espiritual dinâmico[16]. Com essa nova proposta hermenêutica, buscava-se amenizar tendências excessivamente positivistas no Direito público, ressaltando a relevância do espírito e da cultura com o escopo de comprovar as conexões existentes entre os valores da sociedade e a Ciência do Direito, lançando um método que integrasse a realidade social e o ordenamento jurídico.

Esses influxos doutrinários foram fundamentais para a aposição da Constituição como eixo axiológico principal do Estado alemão e estimularam a chegada de um novo viés jurisprudencial constitucional, somente possível sob a égide da Constituição de Bonn, de 1949, devidamente interpretada pelo novo Tribunal Constitucional Federal de 1951. Nesse trilhar, a matriz jurisprudencial inovadora deita raízes no multicitado *Caso Lüt*, com decisão publicada em 15.01.1958. Veit Harlan, uma antiga celebridade e diretor da película "Amantes Imortais" (1941), que incitava fortemente a violência contra o povo judeu, foi vítima de um boicote organizado por Erich Lüth, à época crítico de cinema e diretor do Clube de Imprensa da Cidade Livre e Hanseática de Hamburgo, tendo este conclamado todos os distribuidores de filmes cinematográficos, bem assim o público em geral, ao boicote do filme lançado, à época, por Harlan. Este, juntamente com os parceiros comerciais, ajuizaram uma ação cominatória em face de Erich Lüth, alicerçando-se no § 826 BGB, dispositivo da lei civil alemã que obriga todo aquele que, por ação imoral, causar dano a outrem, a uma prestação negativa, sob cominação de uma pena pecuniária. Indigitada ação foi julgada procedente pelo Tribunal Estadual de Hamburgo e em face desta decisão foi interposto recurso de apelação ao Tribunal Superior de Hamburgo e, simultaneamente, Reclamação Constitucional ao Tribunal Constitucional Federal, alegando-se violação ao direito fundamental à liberdade de expressão do pensamento, garantida pelo art. 5 I 1 GG[17].

O Tribunal Constitucional Federal, já em 1958, julgando procedente a Reclamação, revogou a decisão do Tribunal Estadual, declarando que de acordo com a jurisprudência permanente do Tribunal Constitucional Federal, as normas jusfundamentais contêm não só direitos subjetivos de defesa do indivíduo frente ao Estado, mas representam, ao mesmo tempo, uma ordem valorativa objetiva que, enquanto decisão básica jurídico-fundamental, vale para todos os âmbitos do Direito e proporcionam diretrizes e impulsos para a legislação, a administração e a jurisprudência.

A partir dessa decisão, com fulcro na teoria axiológica, os direitos fundamentais, a despeito de encerrarem direitos subjetivos para os indivíduos, também passaram a ser considerados como valores objetivos[18] de uma comunidade e, como tais, se espraiam por todo o ordenamento, vinculando juridicamente todas as funções estatais, bem assim os particulares.

O Tribunal Constitucional Federal acresceu à clássica tese dos direitos fundamentais como direitos subjetivos de liberdade, a racionalidade segundo a qual os direitos fundamentais também figuram como um sistema de valores, ou uma ordem objetiva de valores[19] e a partir de tal concepção formou-se o fundamento para a eficácia irradiante dos direitos fundamentais em relação a todos os âmbitos do direito, os direitos fundamentais como direitos à proteção, e a eficácia dos direitos fundamentais nas relações particulares ou privadas. No dizer de Steinmetz, a teoria da dupla dimensão é "a construção teórico-dogmática mais fértil e útil do Tribunal Constitucional Federal alemão em matéria de direitos fundamentais"[20].

Sobre o papel de protagonista que o Estado-Juiz passa a desempenhar no Segundo Pós-Guerra, Wilhelm Sauer, citado por Larenz, afirma que o julgamento jurídico é emitido sobre um fato da vida concreto, embora típico, de acordo com as normas gerais, para a maior realização possível da lei fundamental do bem comum, em direção à Justiça. Procura, pois, não verificar um nexo do ponto de vista do ser, mas sim medir a situação de fato com as normas existentes, para deste modo a orientar segundo um critério ou valor válido em últimas instâncias e assim a conformar. É dizer, os valores são reguladores, "não são objetivos concretos da vida e da atividade, mas constituem padrões abstratos pelos quais hão de ser aferidos e orientados na vida todos os fenômenos dentro dos domínios da cultura que lhes dizem respeito"[21].

---

(16) ROCA, Javier Garcia. Sobre la teoria constitucional de Rudolf Smend. *Revista de estúdios políticos*, Centro de Estúdios Constitucionales: Madrid, 1998. p. 271.

(17) SCHWABE, Jürgen. *Cinquenta anos de jurisprudência do Tribunal Constitucional Federal alemão*. Tradução de Beatriz Hennig e outros. Montevideo: Konrad Adenauer Stiftung, 2005. p. 381.

(18) No dizer de Pérez Luño (*Los derechos fundamentales*. Madrid: Editorial Tecnos, 1984. p. 21): "*en el horizonte del constitucionalismo actual los derechos fundamentales desempeñan, por tanto, una doble función: en el plano subjetivo siguen actuando como garantias de la libertad individual, si bien a este papel clásico se aúna ahora la defensa de los aspectos sociales y colectivos de la subjetividad, mientras que en el objetivo han asumido una dimensión institucional a partir de la cual su contenido debe funcionalizarse para la consecución de los fines y valores constitucionalmente proclamados*".

(19) Não é exagero afirmar que a partir desta decisão foi instalada o que se denominou "jurisprudência de valores", ou jurisprudência axiológica.

(20) STEINMETZ, Wilson. *A vinculação dos particulares a direitos fundamentais*. São Paulo: Malheiros, 2004. p. 105.

(21) *Op. cit.*, p.117.

Na doutrina de Vieira de Andrade, os Direitos Fundamentais "não podem ser pensados apenas do ponto de vista dos indivíduos, enquanto posições jurídicas de que estes são titulares perante o Estado", pois, eles "valem juridicamente também do ponto de vista da comunidade, como valores ou fins de que se propõe prosseguir, em grande medida através da acção estadual"[22]. É dizer, os direitos fundamentais são valores pertencentes à comunidade e formalizados em texto constitucional. Ou, nas palavras de Hesse, sem abandonar a acepção dos direitos fundamentais como direitos subjetivos, a ideia daqueles direitos como ordem objetiva estatui "uma relação de complemento e fortalecimento recíproco"[23].

Alexy, apesar de reconhecer que princípios e valores possuem a mesma estrutura, sendo ambos passíveis de sopesamento quando em conflito com outros princípios ou valores, afirma que aqueles ocupam o campo da deontologia, ou do dever-ser – como os conceitos de dever, proibição, permissão e direito a algo –, enquanto estes se localizam no âmbito da axiologia, identificado como o conceito de bom – como os conceitos de bonito, corajoso, seguro, econômico, democrático, social, liberal ou compatível com o Estado de direito[24].

A criativa e avançada teoria axiológica dos Direitos Fundamentais encontrou séria divergência, sendo Habermas um dos seus principais opositores, quando lança contra o discurso da ponderação de valores o epíteto de "frouxo", argumentando que:

> ao deixar-se conduzir pela ideia da realização de valores materiais, dados preliminarmente no direito constitucional, o tribunal constitucional transforma-se numa instância autoritária. No caso de uma colisão, *todas* as razões podem assumir o caráter de argumentos de colocação de objetivos, o que faz ruir a viga mestra introduzida no discurso jurídico pela compreensão deontológica de normas de princípios do direito. [...] Normas e princípios possuem uma força de justificação maior do que a de valores, uma vez que podem pretender, além de uma *especial dignidade de preferência, uma obrigatoriedade geral*, devido ao seu sentido deontológico de validade; valores têm que ser inseridos, caso a caso, numa ordem transitiva de valores. E, uma vez que não há medidas racionais para isso, a avaliação realiza-se de modo arbitrário ou irrefletido, seguindo ordens de precedência e padrões consuetudinários[25].

Noticia Steinmetz[26] que a teoria axiológico-sistêmica também encontrou na doutrina de Forsthoff grande crítica, acreditando o citado jurista que, na filosofia dos valores, "a interpretação jurídica dá lugar à interpretação filosófica", tornando "inseguro o direito constitucional, dissolvendo a lei constitucional na casuística, porque o caráter formal-normativo do direito constitucional, isto é, a sua positividade jurídico-normativa, é substituída por uma suposta normatividade constitucional estabelecida caso a caso".

Isso também é relatado por Peréz Luño, dando conta este autor que para Forsthoff quando a interpretação dos direitos fundamentais deixa de ser uma atividade jurídica baseada em normas, para converter-se em uma tarefa filosófica de intuição de valores, o próprio processo interpretativo perde sua racionalidade e evidência e ameaça a própria certeza da Constituição[27].

Com essa virada hermenêutica que colocou a Constituição no centro do ordenamento jurídico, atribuindo carga axiológica aos direitos fundamentais, que se irradiam para todas as esferas da sociedade e vinculam indistintamente poderes estatais e particulares, é esperado que juristas de formação mais positivista, até muitas vezes por tradição, resistam aos novos influxos interpretativos, pois "*toda cultura tiene a ofrecer resistencia a aquello que lhe é alheio, procurando así perpetuar sus modelos operativos*". Daí porque a cultura jurídica tradicional atrelada a um método interpretativo guiado pela lógica da subsunção e do silogismo, se veja desorientada ao ter que projetar seus métodos interpretativos e as disposições constitucionais, enunciadas em termos mais gerais e amplos para conseguir a máxima força expansiva das normas[28].

Aderindo-se às palavras de Sarmento, "não se afigura necessária a adesão" à teoria da ordem de valores para "aceitação da existência de uma dimensão objetiva dos direitos fundamentais", e para o reconhecimento dos três efeitos práticos mais importantes desta dimensão: a eficácia irradiante dos direitos fundamentais, a teoria dos deveres estatais de proteção e eficácia dos direitos fundamentais nas relações privadas[29].

2.3. Normatividade dos princípios no contexto do pós-positivismo

Após a Segunda Guerra Mundial, com todas as mudanças legislativas comprometidas com o combate às ideias

---

(22) VIEIRA DE ANDRADE, José Carlos. *Os direitos fundamentais na Constituição portuguesa de 1976*. 4. ed. Coimbra: Almedina, 2009. p. 109.
(23) HESSE, Konrad. *Elementos de direito constitucional da República Federal da Alemanha*. Tradução de Luís Afonso Heck. Porto Alegre: Sérgio Antonio Fabris, 1998. p. 239. Título original, *Grundzüge des Verfassungsrechts der Burnderrepublik Deutschland*. 20. ed, 1995.
(24) *Op. cit.*, p. 144 e ss.
(25) HABERMAS, Jürgen. *Direito e democracia. Entre facticidade e validade*. Tradução de Flávio Breno Siebeneichler. Rio de Janeiro: Biblioteca Tempo Universitário 101, 2003. v. I, p. 231.
(26) *Op. cit.*, p. 107-108.
(27) PÉREZ LUÑO, Antonio Enrique. *Derechos humanos, estado de derecho y constitución*. Madrid: Editorial Tecnos, 2003. p. 284.
(28) *Idem*, p. 285.
(29) SARMENTO, Daniel. *Direitos fundamentais e relações privadas*. 2. ed. Rio de Janeiro: Lumens Juris, 2006. p. 123.

que estimularam o Holocausto, sobretudo pelo reconhecimento do valor da dignidade da pessoa humana como um direito fundamental, conforme visto ao norte, o Direito já não cabia mais nos ideais positivistas, sobretudo na certeza de neutralidade da lei e interpretação meramente silogística do Estado-juiz.

Todavia, o discurso científico obtivera sucesso entre os estudiosos, tanto que, a despeito da discussão de retorno aos valores, não se desejava a volta pura e simples ao jusnaturalismo. Como o Direito não funciona exclusivamente no sistema binário, sendo capaz de se reinventar pelos influxos interpretativos, a hermenêutica evoluiu para uma solução intermediária, que assimilasse os valores, por vezes até codificados, sem o retorno aos fundamentos abstratos e metafísicos do jusnaturalismo puro. Nesse trilhar, o pós-positivismo não emerge "com o epíteto de desconstrução, mas como uma superação do conhecimento convencional. Ele inicia sua trajetória guardando deferência relativa ao ordenamento positivo, mas nele reintroduzindo as ideias de justiça e legitimidade"[30].

A partir da proposta de perceber o Direito sob um viés não positivista, Ronald Dworkin, elabora uma percuciente tese, e em 1977 publica *Taking rights seriusly*, obra que ganha importância mundial, afirmando que "casos difíceis" normalmente não logram ser resolvidos sob a lógica das regras, estas aplicáveis "à maneira do tudo-ou-nada". Pois, "dados os fatos que uma regra estipula, então ou a regra é válida, e nesse caso a resposta que ela fornece deve ser aceita, ou não é válida, e neste caso em nada contribui para a decisão". Já os princípios "possuem uma dimensão que as regras não têm – a dimensão do peso ou importância". Assim, "quando os princípios se entrecruzam, (...) aquele que vai resolver o conflito tem de levar em conta a força relativa de cada um"[31].

Essa seria, então, a grande novidade. Os princípios sempre existiram, desde a filosofia grega, passando pelo jusnaturalismo e até mesmo durante o positivismo, com a formalização codificada. A originalidade da tese de Dworkin consiste em trazer normatividade aos princípios, o que também, em outras palavras, já tinha sido tratado no aludido *Caso Lüth*.

Pouco tempo depois, foi a vez de Robert Alexy afirmar categoricamente em sua *Theorie der Grundreche* que "tanto regras quanto princípios são normas, porque ambos dizem o que deve ser. Ambos podem ser formulados por meio de expressões deônticas básicas do dever, da permissão e da proibição". Princípios são "tanto quanto as regras, razões para juízos concretos de dever-ser, ainda que de espécie muito diferente. A distinção entre regras e princípios é, portanto, uma distinção entre duas espécies de normas"[32].

Mais adiante Alexy, esclarece que o ponto decisivo na distinção entre regras e princípios é que estes "são normas que ordenam que algo seja realizado na maior medida possível dentro das possibilidades jurídicas e fáticas existentes", sendo "mandamentos de otimização, que são caracterizados por poderem ser satisfeitos em graus variados e pelo fato de que a medida devida de sua satisfação não depende somente das possibilidades fáticas, mas também das possibilidades jurídicas"[33].

No pensamento de ambos os juristas há um ponto em comum: a certeza da normatividade dos princípios e a inexistência de distinção qualitativa entre ambos.

A normatividade dos princípios ganha, a partir dessa construção doutrinária, importância ímpar nos julgados das cortes guiadas pelo sistema anglo-saxão ou romano-germânico.

Já em 1994, o Supremo Tribunal Federal, invocando o princípio da dignidade da pessoa humana, liberou réu de se submeter a exame de DNA em ação de investigação de paternidade[34], de forma que quando a Lei n. 12.004, de 29 de julho de 2009 foi publicada, assimilou-se a decisão da Corte Superior, não havendo imposição legal para que o réu forneça material genético para o referido exame.

Alhures já se fez referência ao julgamento da Ação Direta de Inconstitucionalidade n. 4277 e a Arguição de Descumprimento de Preceito Fundamental n. 132, em que o Supremo Tribunal Federal reconheceu a união estável para casais do mesmo sexo, fazendo com que o Conselho Nacional de Justiça (CNJ) editasse a Resolução n. 175/2013, que obrigou os cartórios a realizarem casamento entre casais do mesmo sexo. Por seu turno, tramita no Congresso Nacional projeto de Lei n. 612/2011, do Senado, que intenta legalizar a união entre pessoas do mesmo sexo, para todos os fins.

Percebe-se, assim, que o Estado-Legislador, quando exerce o seu mister, fá-lo observando o que normalmente já vem

---

(30) BARROSO, Luís Roberto. Fundamentos teóricos e filosóficos do novo direito constitucional brasileiro – pós-modernidade, teoria crítica e pós-positivismo. *Direito constitucional brasileiro*. Perspectivas e controvérsias contemporâneas. QUARESMA, Regina; OLIVEIRA, Maria Lúcia de Paula (Coords.), p. 27-66.

(31) DWORKIN, Ronald. *Levando os direitos a sério*. São Paulo: Martins Fontes, 2011. p. 39-43.

(32) ALEXY, Robert. *Teoria dos direitos fundamentais*. Tradução de Virgílio Afonso da Silva. São Paulo: Malheiros, 2008. p. 87.

(33) *Op. cit.* p. 90.

(34) STF, *RTJ* 165/902, HC 71.373-RS, Tribunal Pleno, rel. Ministro Marco Aurélio, j. 10.11.1994: "Discrepa a não mais poder, de garantias constitucionais implícitas – preservação da dignidade humana, da intimidade, da intangibilidade do corpo humano, do império da lei e da inexecução específica e direta de obrigação de fazer – provimento judicial que, em ação civil de investigação de paternidade, implique determinação no sentido de o réu ser conduzido ao laboratório, 'debaixo de vara', para coleta do material indispensável à feitura do exame de DNA. A recusa resolve-se no plano jurídico-instrumental, consideradas a dogmática, a doutrina e a jurisprudência, no que voltadas ao deslinde das questões ligadas à prova dos fatos".

sendo debatido e resolvido pela jurisprudência, como já ocorreu com diversas alterações realizadas na Consolidação das Leis do Trabalho, a exemplo das horas itinerantes, que quando figuraram na Lei n. 10.243/2001, foram conduzidas à Legislação com teor literal da Súmula n. 90 do Tribunal Superior do Trabalho. O mesmo ocorreu quando o art. 58, § 1º da Consolidação das Leis do Trabalho foi alterado pela mesma Lei referida, que absorveu o teor da Súmula n. 366 do TST.

Diante desses singelos exemplos, percebe-se claramente que o argumento habitualmente desferido em desfavor da "atividade criativa" do Tribunal Superior do Trabalho, no sentido de que este tribunal "legisla", não possui respaldo. Isso porque não só o Tribunal Superior do Trabalho é criativo e "legisla", mas também o Supremo Tribunal Federal ou mesmo o Superior Tribunal de Justiça, sendo certo que todos esses tribunais superiores do Brasil adotaram a ideia de que princípios são normas, sendo possível e até mesmo impositivo, em um contexto de hermenêutica jurisdicional pós-positivista, que tribunais atuem para dar concretização aos princípios. Tal acusação, como já aludido, é uma grande incompreensão do que é a função jurisdicional em um cenário para além do positivismo, pois, no dizer de Barroso "o pós-positivismo é uma superação do legalismo, não com recurso a ideias metafísicas ou abstratas, mas pelo reconhecimento de valores compartilhados por toda a comunidade". Tais valores "integram o sistema jurídico, mesmo que não positivados em um contexto normativo específico. Os princípios expressam os valores fundamentais do sistema, dando-lhe unidade e condicionando a atividade do intérprete", sendo certo que a decisão judicial "deverá levar em conta a norma e os fatos, em uma interação não formalista, apta a produzir a solução justa para o caso concreto, por fundamentos acolhidos pela comunidade jurídica e pela sociedade em geral"[35].

Ou, em outras palavras, o intérprete "torna-se coparticipante do processo de criação do Direito, completando o trabalho do constituinte ou do Legislador, ao fazer valorações de sentido para as cláusulas abertas e ao realizar escolhas entre soluções possíveis"[36].

2.4. A tentativa de amordaçamento do Poder Judiciário trabalhista por meio da Reforma

Lê-se do § 1º do novo art. 8º da Consolidação das Leis do Trabalho, que "o direito comum será fonte subsidiária do direito do trabalho", quando a redação original do mesmo dispositivo dispunha que "o direito comum será fonte subsidiária do direito do trabalho, naquilo em que não for incompatível com os princípios fundamentais deste".

É clara a tentativa do Estado-Legislador em fazer com que a principiologia própria do Direito do Trabalho não seja observada quando da importação de normas do Direito comum e a razão desse tipo de alteração legislativa certamente está na incompreensão de que o Direito do Trabalho é um ramo apartado do Direito Civil, com principiologia particular, fruto não de ato legislativo anterior, mas sim de grande respaldo histórico, fundado no reconhecimento estatal das lutas de classes presentes na sociedade, bem assim da desigualdade real entre empregados e empregadores. É dizer, o ato do Estado-Legislador não tem o condão de retirar toda essa construção doutrinário-filosófica firmada por séculos.

Ademais, a própria Lei de Introdução às Normas do Direito Brasileiro prevê em seu art. 4º que "Quando a lei for omissa, o juiz decidirá o caso de acordo com a analogia, os costumes e os princípios gerais de direito", assim como também estabelece no art. 5º que "na aplicação da lei, o juiz atenderá aos fins sociais a que ela se dirige e às exigências do bem comum". A tentativa do Estado-Legislador em encaixotar o Direito do Trabalho, diminuindo-o para que na aplicação do Direito comum sequer seja questionada a compatibilidade deste com a principiologia daquele, chega até a ser inocente, diante das regras referidas.

O Estado-Legislador parece ter tanto pavor da normatividade dos princípios no cenário pós-positivista, que omitiu deliberadamente a necessidade de se analisar a compatibilidade do Direito comum com os princípios próprios do Direito do Trabalho, mas tal desiderato igualmente se mostra inócuo quando se pensa que até o próprio Direito Civil foi constitucionalizado e absorveu o princípio da função social do contrato (art. 421 do CC), com sede constitucional no art. 5º, XXIII da Constituição Federal de 1988, que também informa a ordem social, sempre fundada na valorização do trabalho humano. Ou seja, ao mesmo tempo em que a Carta Maior[37] reconhece a livre iniciativa – e por conseguinte a autonomia privada – como princípio, estatui que esta encontrará limitações na valorização do trabalho humano, na justiça social, devendo sempre ser obervada a função social da propriedade e a busca do pleno emprego.

---

(35) BARROSO, Luís Roberto. Fundamentos teóricos e filosóficos do novo direito constitucional brasileiro – pós-modernidade, teoria crítica e pós-positivismo. *Direito constitucional brasileiro*. Perspectivas e controvérsias contemporâneas. QUARESMA, Regina; OLIVEIRA, Maria Lúcia de Paula (Coords.), p. 27-66.

(36) BARROSO, Luís Roberto. *Curso de direito constitucional contemporâneo*. 3. ed. São Paulo: Saraiva, 2011. p. 333.

(37) CRFB/1988. Art. 170. A ordem econômica, fundada na valorização do trabalho humano e na livre iniciativa, tem por fim assegurar a todos existência digna, conforme os ditames da justiça social, observados os seguintes princípios:

I – soberania nacional;

II – propriedade privada;

III – função social da propriedade;

IV – livre concorrência;

V – defesa do consumidor;

VI – defesa do meio ambiente;

Tal base principiológica foi amplamente absorvida pelo Código Civil de 2002 e ainda que isso não tivesse ocorrido, como já analisado ao norte, princípios são normas e, como tais, valem no ordenamento jurídico brasileiro, não podendo ser ignorados sequer pelas entidades privadas, quiçá pelo Estado-Legislador, razão por que a atuação deste no sentido de limitar a atividade hermenêutica do Estado-Juiz ao suprimir os princípios do "novo" art. 8º da Consolidação das Leis do Trabalho se revela inútil.

O Código Civil constitucionalizado também estatui em seu art. 422, que todos os contratos devem se guiar pela boa-fé objetiva[38] e mais adiante ainda prevê a necessidade de observância do equilíbrio contratual entre as partes convenentes.

Igualmente previsto no Código Civil de 2002, o instituto da lesão, com sede legal no art. 157, assegura que haverá defeito no negócio jurídico sempre que uma pessoa, sob premente necessidade, ou inexperiência, se obrigue a prestação manifestamente desproporcional ao valor da prestação posta.

Poder-se-ia falar em outros princípios constitucionais que inspiraram o Estado-Legislador em 2002 quando da confecção do Código Civil, mas esses já são suficientes para perceber como a Legislação comum, historicamente guiada pela igualdade das partes e pelo *pacta sunt servanda*, se modernizou, internalizando princípios constitucionais protetivos, enquanto o Estado-Legislador de 2017 retrocedeu na legislação social, historicamente guiada pela proteção ao hipossuficiente, diante da clara assimetria existente na relação capital-trabalho.

Uma outra tentativa clara de silenciamento do Poder Judiciário trabalhista consiste na redação do § 2º do art. 8º: "súmulas e outros enunciados de jurisprudência editados pelo Tribunal Superior do Trabalho e pelos Tribunais Regionais do Trabalho não poderão restringir direitos legalmente previstos nem criar obrigações que não estejam previstas em lei".

Ora, o que o Estado-Legislador entende por Lei? Certamente não são os princípios, já retirados do § 1º do analisado art. 8º.

Retornamos à Escola da exegese, com o seu silogismo?

É evidente que o Estado-Legislador não pode, até porque é guiado pelas normas constitucionais, impedir que o Estado-Juiz deixe de interpretar amplamente e utilize princípios como normas. Já ultrapassamos essas discussões há algum tempo, sobretudo com o advento da Constituição Federal de 1988, extremamente avançada socialmente e que contempla não só princípios específicos para o cidadão trabalhador, mas também para o cidadão em geral, sendo certo, inclusive, que princípios como liberdade, privacidade, devido processo legal, igualdade, presunção de inocência, valem também na relação de emprego como direitos laborais inespecíficos[39].

Nunca é demais invocar Alexy, para quem princípios são "*mandamentos de otimização*, caracterizados por poderem ser satisfeitos em graus variados"[40] e isso significa que tais devem ser utilizados na maior medida possível, servindo a atividade do Estado-Legislador no sentido de limitar a atuação judicial para nada, já que se vivencia na atualidade um contexto pós-positivista.

Certamente que o Estado-Legislador, guiado pelos argumentos sempre lançados em desfavor do Poder Judiciário trabalhista, no sentido de que este ramo judicial "legisla", resolveu tolher a atribuição hermenêutica dos juízes especializados. Simples assim. Todavia, se crítica há e se esta é pertinente, essa atividade criativa não se deve somente ao Tribunal Superior do Trabalho ou aos órgãos da Justiça do Trabalho, conforme já analisado. Cumprir o que foi determinado pelo legislador de 2017 é retroceder ao início do século XIX, para a Escola da exegese, e permitir que somente o Poder Judiciário trabalhista não possa utilizar princípios como normas, julgando, assim, de forma meramente silogística. Agir de modo a apenas cumprir a "Lei" de maneira estrita, não é só inconstitucional sob esse viés anti-isonômico entre os diversos ramos do Poder Judiciário, é inconstitucional também porque a partir de 1988 instalou-se um Estado Democrático e Social de Direito e não tão somente um Estado de Direito.

Um outro aspecto que deve ser levado em conta é a patente investida do Estado-Legislador em desfavor da jurisprudência há anos consolidada no Tribunal Superior do

---

VI – defesa do meio ambiente, inclusive mediante tratamento diferenciado conforme o impacto ambiental dos produtos e serviços e de seus processos de elaboração e prestação;

VII – redução das desigualdades regionais e sociais;

VIII – busca do pleno emprego;

IX – tratamento favorecido para as empresas brasileiras de capital nacional de pequeno porte.

IX – tratamento favorecido para as empresas de pequeno porte constituídas sob as leis brasileiras e que tenham sua sede e administração no País.

(38) MARTINS-COSTA, Judith. *A boa-fé no direito privado*. Sistema e tópica no processo obrigacional. São Paulo: Revista dos Tribunais, 1999. *passim*.

(39) Atribui-se a José João Abrantes a expressão "cidadania na empresa", explicando o referido autor que há determinados Direitos Fundamentais que não são especificamente laborais, mas devem ser exercidos por todos os trabalhadores, enquanto cidadãos, na empresa. Ou seja, são direitos atribuídos "genericamente aos cidadãos, exercidos no quadro de uma relação jurídica de trabalho por cidadãos, que, ao mesmo tempo, são trabalhadores e que, por isso, se tornam verdadeiros direitos de matriz juslaborista, em razão dos sujeitos e da natureza da relação jurídica em que são feitos valer" (ABRANTES, José João. *Contrato de trabalho e direitos fundamentais*. Coimbra: Coimbra Editora, 2005. p. 60).

(40) *Op. cit.* p. 90.

Trabalho. Basta observar a redação do parágrafo único do art. 611-B, trazido pela Lei n. 13.467/2017, que, para permitir o aumento da jornada de trabalho, com compensação mediante acordo particular escrito (até seis meses) e até tácito (compensação dentro do mesmo mês), bem assim para não gerar questionamentos sobre a diminuição do intervalo intrajornada, estatuiu que "regras sobre duração do trabalho e intervalos não são consideradas como normas de saúde, higiene e segurança do trabalho".

Em que pese a flagrante inconstitucionalidade de tal previsão legal, diante dos arts. 7º, XXII, XXVIII, 200, VIII e 225, caput, da Constituição Federal de 1988, a inovação recentemente trazida pela referida Lei vai literalmente na contramão do item II da Súmula n. 347 do Tribunal Superior do Trabalho, que prevê ser inválida cláusula de acordo ou convenção coletiva de trabalho contemplando a supressão ou redução do intervalo intrajornada porque este constitui medida de higiene, saúde e segurança do trabalho, garantido por norma de ordem pública, infenso à negociação coletiva.

O mesmo ocorreu com a redação que a Lei n. 13.467/2017 deu ao § 2º do art. 468 da Consolidação das Leis do Trabalho, que a partir de novembro passará a estabelecer que o contrato de trabalho alterado, com ou sem justo motivo, não assegura ao empregado o direito à manutenção do pagamento da gratificação correspondente, que não será incorporada, independentemente do tempo de exercício da respectiva função, contrariando a estreita redação da Súmula n. 372 do TST, segundo a qual "percebida a gratificação de função por dez ou mais anos pelo empregado, se o empregador, sem justo motivo, revertê-lo a seu cargo efetivo, não poderá retirar-lhe a gratificação tendo em vista o princípio da estabilidade financeira". O mesmo aconteceu com a nova redação trazida ao art. 461 da norma consolidada, que contraria praticamente todos os itens da Súmula n. 06 do Órgão Superior do Poder Judiciário trabalhista.

É manifesto o propósito do Estado-Legislador em menosprezar a jurisprudência consolidada do Tribunal Superior do Trabalho, sendo certo que durante o quase inexistente debate para a confecção da Lei n. 13.467/2017, sempre a "atividade criativa ou legislativa" era lançada como argumento para se dar mais "segurança jurídica" aos empresários.

Sem desprezar que a segurança jurídica é um princípio resguardado na Constituição, toda essa atividade interpretativa do Tribunal Superior do Trabalho foi fruto de construção jurisprudencial debatida e com observância do devido processo legal, sempre levando em conta que no cenário constitucional pós-positivista, os princípios são normas e todas as normas fundamentais estimulam a hermenêutica e vinculam os órgãos do Poder Judiciário. Isso foi desprezado pelo Estado-Legislador.

O argumento da segurança jurídica igualmente cai por terra e cede à realidade segundo a qual as citadas súmulas já haviam sido assimiladas pelos atores da relação capital-trabalho. Modificar as regras do jogo com o jogo sendo jogado só trará ainda mais insegurança e discussão judicial.

Imagine-se, por exemplo, um empregado que recebe gratificação de serviço por incorporação temporal e a partir de novembro deixa de recebê-la por ato unilateral do seu empregador. Certamente ingressará em algum momento perante o Judiciário trabalhista, almejando reaver a percepção da gratificação, e o debate certamente passará pela segurança jurídica, direito adquirido e princípio da condição mais benéfica. Conforme se percebe por meio desse singelo exemplo, não haverá mais segurança jurídica nos próximos anos pela chegada da nova legislação. Ao revés, o efeito será rebote.

O Estado-Legislador de 2017, além de ter se vinculado à Escola da exegese, foi ainda mais conservador do que Kelsen, para quem a jurisprudência é considerada fonte do Direito: "a decisão judicial também pode ser considerada como fonte dos deveres ou direito das partes litigantes por ela estatuídos, ou da atribuição de competência ao órgão que tem de executar esta decisão"[41].

A Lei n. 13.467/2017 inovou ainda mais, dispondo no § 3º do mesmo art. 8º, que "no exame de convenção coletiva ou acordo coletivo de trabalho, a Justiça do Trabalho analisará exclusivamente a conformidade dos elementos essenciais do negócio jurídico" devendo-se guiar "pelo princípio da intervenção mínima na autonomia da vontade coletiva".

Esse dispositivo não pode ser lido isoladamente, já que a referida Lei aumentou substancialmente as hipóteses de matérias que podem ser objeto de negociação coletiva e, para impedir que o Judiciário trabalhista invalide cláusulas ofensivas aos trabalhadores, assegurou que os Juízes somente poderão analisar as normas coletivas sob o viés meramente formal, impedindo-se, dessa forma, a análise do mérito das cláusulas e se estas são inconstitucionais.

Ora, também aqui a investida do Estado-Legislador é flagrantemente inconstitucional, por afrontar o princípio da inafastabilidade da jurisdição, com sede legal no art. 5º, XXXV da Constituição Federal de 1988[42], que no dizer de Didier Jr. assegura o direito e ação, "de acesso ao Poder Judiciário, sem peias, condicionamentos ou quejandos, conquista histórica que surgiu a partir do momento em que, estando proibida a autotutela privada, assumiu o Estado o monopólio da jurisdição"[43].

Não fosse isso suficiente, o legislador reformista inova e cria pseudo "princípio da princípio da intervenção mínima na autonomia da vontade coletiva", trazendo a inevitável

---

(41) KELSEN, Hans. Teoria pura do direito. Tradução de João Baptista Machado. 5. ed. São Paulo: Martins Fontes, 1996. p. 259.
(42) CRFB/1988, Art. 5º.: "XXXV – a lei não excluirá da apreciação do Poder Judiciário lesão ou ameaça a direito".
(43) DIDIER JR, Fredie. Curso de direito processual civil. Vol. 1. 6.ed., Salvador: JusPodium, 2006. v. 1, p. 96.

conclusão de que esse poder criativo não é dado ao legislador ordinário, tendo-se que princípio não redunda da criação de lei, sendo esta fruto da inspiração naquele.

3. NOTAS CONCLUSIVAS

Uma das grandes inovações da Lei n. 13.467/2017 foi retirar do § 1º do art. 8º da Consolidação das Leis do Trabalho a necessidade de compatibilização do direito comum com os princípios trabalhistas, quando aquele for utilizado subsidiariamente, para suprir lacunas legislativas. Ao longo deste trabalho viu-se que a tentativa do Estado-Legislador em limitar a capacidade interpretativa do Juiz trabalhista é visível, assim como também o é o retorno à autonomia das partes como grande racionalidade a ser utilizada na contratação da mão de obra humana, o que parece um retorno ao passado, quando o Direito do Trabalho ainda era atrelado ao Direito Civil.

O Legislador de 2017 desconhece não só a história do Direito do Trabalho, mas também ignora a autonomia deste ramo jurídico, assim como também menospreza a hermenêutica evolutiva realizada há mais de dois séculos, quando no § 2º do mesmo art. 8º estatui limitação interpretativa ao magistrado trabalhista. Cumprir a regra como estabelecida é se curvar a uma discriminação desarrazoada, somente estabelecida aos Juízes do Trabalho, que, mesmo na perspectiva pós-positivista, deverão permanecer jungidos à estrita legalidade.

Por fim, este mesmo Estado-Legislador "moderno", no § 3º do art. 8º da Consolidação das Leis do Trabalho ainda cria regra flagrantemente inconstitucional, que, a fim de dar mais autonomia para as partes, no cenário da negociação coletiva, afasta a possibilidade de apreciação do mérito das normas coletivas pelo Estado-Juiz, em clara ofensa ao art. 5º, XXXV da Constituição Federal de 1988.

A Lei n. 13.467/2017, na linha do que Supiot denomina de "darwinismo normativo"[44], tem na igualdade entre as partes o primado para a modernização, mas, convenhamos, já ultrapassamos isso há muito tempo e o retorno ao passado só trará mais desigualdade social e não fará os deuses da economia acordarem para que "o país possa crescer" ou "ser mais competitivo". A impressão que se tem é que se vivencia uma daquelas tendências da moda, que de tempos em tempos querem fazer crer que o legal estava no passado, como uma espécie de CLT *vintage*.

4. REFERÊNCIAS BIBLIOGRÁFICAS

ABRANTES, José João. *Contrato de trabalho e direitos fundamentais*. Coimbra: Coimbra Editora, 2005.

ALEXY, Robert. *Teoria dos direitos fundamentais*. Tradução de Virgílio Afonso da Silva. São Paulo: Malheiros, 2008.

BARROSO, Luís Roberto. Fundamentos teóricos e filosóficos do novo Direito Constitucional brasileiro – pós-modernidade, teoria crítica e pós-positivismo. *Direito constitucional brasileiro*. Perspectivas e controvérsias contemporâneas. QUARESMA, Regina; OLIVEIRA, Maria Lúcia de Paula (coordenadoras), p. 27-66.

_____. *Curso de direito constitucional contemporâneo*. 3. ed. São Paulo: Saraiva, 2011.

BOBBIO, Norberto. *O positivismo jurídico*: lições de filosofia do direito. Tradução de Márcio Pugliesi, Edson Bini e Carlos E. Rodrigues. São Paulo: Ícone, 1995.

DWORKIN, Ronald. *Levando os direitos a sério*. São Paulo: Martins Fontes, 2011.

GUERRA FILHO. Willis Santiago. *Teoria da ciência jurídica*. Colaborador: Henrique Garbellini Carnio. São Paulo: Saraiva, 2009.

HABERMAS, Jürgen. *Direito e democracia*. Entre facticidade e validade. Tradução de Flávio Breno Siebeneichler. Rio de Janeiro: Biblioteca Tempo Universitário 101, 2003. v. I.

HESSE, Konrad. *Elementos de direito constitucional da República Federal da Alemanha*. Tradução de Luís Afonso Heck. Porto Alegre: Sérgio Antonio Fabris, 1998. Título original, *Grundzüge des Verfassungsrechts der Burnderrepublik Deutschland*. 20. ed., 1995.

LARENZ, Karl. *Metodologia da ciência do direito*. 2. ed. Lisboa: Fundação Calouste Gulbenkian, 1983.

MARTINS-COSTA, Judith. *A boa-fé no direito privado*. Sistema e tópica no processo obrigacional. São Paulo: Revista dos Tribunais, 1999.

MONTESQUIEU. *De l'esprit des lois*, livre XI, chap. 6., 1748. No texto em português (*O espírito das leis*. 7. ed. São Paulo: Saraiva, 2000.).

PÉREZ LUÑO, Antonio Enrique. *Derechos humanos, Estado de Derecho y Constitución*. Madrid: Editorial Tecnos, 2003.

_____. *Los derechos fundamentales*. Madrid: Editorial Tecnos, 1984.

ROCA, Javier Garcia. *Sobre la teoria constitucional de Rudolf Smend*. Revista de estúdios políticos, Centro de estúdios constitucionales: Madrid, 1998.

SARMENTO, Daniel. *Direitos fundamentais e relações privadas*. 2. ed. Rio de Janeiro: Lumens Juris, 2006.

SCHWABE, Jürgen. *Cinquenta anos de jurisprudência do Tribunal Constitucional Federal alemão*. Tradução de Beatriz Hennig e outros. Montevideo: Konrad Adenauer Stiftung, 2005.

SUPIOT, Alain. *O espírito de Filadélfia*. Porto Alegre: Sulina, 2014.

STEINMETZ, Wilson. *A vinculação dos particulares a direitos fundamentais*. São Paulo: Malheiros, 2004.

VIEIRA DE ANDRADE, José Carlos. *Os direitos fundamentais na Constituição portuguesa de 1976*. 4. ed. Coimbra: Almedina, 2009.

---

(44) SUPIOT, Alain. *O espírito de Filadélfia*. Porto Alegre: Sulina, 2014. p. 58.

A Prescrição Total na Reforma Trabalhista

Rodolfo Pamplona Filho[1]
Leandro Fernandez[2]

1. CONSIDERAÇÕES INICIAIS

A denominada Lei da Reforma Trabalhista (Lei n. 13.467/2017) alterou sensivelmente a disciplina da prescrição no âmbito do Direito do Trabalho.

O diploma a) positivou a noção de prescrição total, estendendo-a também aos casos de descumprimento do pactuado; b) sugeriu[3] a limitação das hipóteses de interrupção da prescrição apenas ao caso de ajuizamento de reclamação trabalhista; c) admitiu expressamente a prescrição intercorrente na fase de execução e sua pronúncia *ex officio*, fixando em dois anos o prazo para tanto, sem, todavia, prever a adoção das cautelas consagradas no art. 921 do CPC/2015; d) criou uma nova causa de suspensão da prescrição, consistente no ajuizamento de ação destinada à homologação de acordo extrajudicial.

Cumpre-nos, aqui, analisar a mais radical alteração de paradigmas em matéria de prescrição trabalhista, contida no novo art. 11, § 2º, da Consolidação das Leis do Trabalho, que passa a disciplinar a prescrição total[4]. Prevê o novel dispositivo: *"Tratando-se de pretensão que envolva pedido de prestações sucessivas decorrente de alteração ou descumprimento do pactuado, a prescrição é total, exceto quando o direito à parcela esteja também assegurado por preceito de lei"*.

Sob o pretexto de positivar os parâmetros adotados pelo Tribunal Superior do Trabalho na Súmula n. 294[5] (vide, neste sentido, o relatório do Projeto da Reforma Trabalhista na Câmara dos Deputados), o legislador ampliou a abrangência da prescrição total também para os casos de atos omissivos (descumprimento do pactuado), linha interpretativa há décadas rejeitada pela Alta Corte Trabalhista. Embora passível de críticas, por conferir distinto tratamento jurídico a atos comissivos e omissivos, sem fundamento objetivo para tanto, é certo que o posicionamento encontrava-se sedimentado na jurisprudência da Corte.

Vale recordar, a propósito, que a Súmula n. 452[6] do TST reflete o entendimento no sentido da aplicação da prescrição parcial em relação a pretensões decorrentes de atos omissivos, verbete que, com início da vigência da nova legislação, tende a ser cancelado.

---

(1) Juiz Titular da 32ª Vara do Trabalho de Salvador/BA. Professor Titular de Direito Civil e Direito Processual do Trabalho da Universidade Salvador – UNIFACS. Professor Associado da graduação e pós-graduação (Mestrado e Doutorado) em Direito da UFBA – Universidade Federal da Bahia. Coordenador dos Cursos de Especialização em Direito Civil e em Direito e Processo do Trabalho da Faculdade Baiana de Direito. Mestre e Doutor em Direito das Relações Sociais pela PUC/SP – Pontifícia Universidade Católica de São Paulo. *Máster en Estudios en Derechos Sociales para Magistrados de Trabajo de Brasil* pela UCLM – Universidad de Castilla-La Mancha/Espanha. Especialista em Direito Civil pela Fundação Faculdade de Direito da Bahia. Membro e Presidente Honorário da Academia Brasileira de Direito do Trabalho (antiga Academia Nacional de Direito do Trabalho – ANDT). Presidente da Academia de Letras Jurídicas da Bahia e do Instituto Baiano de Direito do Trabalho. Membro da Academia Brasileira de Direito Civil, do Instituto Brasileiro de Direito de Família (IBDFam) e do Instituto Brasileiro de Direito Civil (IBDCivil).

(2) Juiz do Trabalho Substituto no Tribunal Regional do Trabalho da Sexta Região. Mestre em Relações Sociais e Novos Direitos pela Faculdade de Direito da Universidade Federal da Bahia. Especialista em Direito e Processo do Trabalho pelo JusPodivm/BA. Professor da Pós-Graduação em Direito do Trabalho e Processo do Trabalho e em Direito Contratual da Universidade Estácio de Sá em convênio com o Complexo de Ensino Renato Saraiva. Membro do Instituto Bahiano de Direito do Trabalho (IBDT). Membro do Conselho Fiscal da Associação dos Magistrados da Justiça do Trabalho da Sexta Região – AMATRA VI (gestão 2016/2018).

(3) Admitir tal conclusão importaria, porém, em flagrante violação ao princípio da proporcionalidade (na vertente da vedação à proteção insuficiente), pois seria atribuído tratamento jurídico menos favorável ao credor de verba de natureza alimentar (e diretamente vinculada à própria concretização da dignidade humana) em relação ao credor comum. Ademais, a prevalecer a interpretação literal do dispositivo, o Direito do Trabalho será o único ramo do Direito em que o reconhecimento da obrigação pelo devedor não produzirá qualquer efeito em relação à prescrição. Sob essa ótica, a entrega aos credores (fornecedores, clientes, empregados e o Poder Público) de uma empresa de uma declaração de confissão de dívida seria irrelevante para fins de contagem do prazo prescricional exclusivamente em relação aos trabalhadores... A interpretação literal conduz, no particular, a um resultado absurdo. Assim, com espeque no preceito da vedação à proteção insuficiente, desdobramento da proporcionalidade, entendemos que o novo art. 11, §3º, da CLT não deve ser interpretado como dispositivo veiculador de uma exclusão das demais causas interruptivas previstas no ordenamento jurídico, que prosseguem plenamente aplicáveis na seara trabalhista.

(4) Vale destacar que, na doutrina, um dos primeiros autores a perceber o impacto do novel art. 11, § 2º, da CLT foi Raphael Miziara (Disponível em: <http://ostrabalhistas.com.br/reforma-trabalhista-o-acolhimento-da-teoria-do-ato-unico-do-empregador-tanto-para-os-casos-de-alteracao-como-para-os-casos-de-descumprimento-do-pactuado/>).

(5) 294. Tratando-se de ação que envolva pedido de prestações sucessivas decorrente de alteração do pactuado, a prescrição é total, exceto quando o direito à parcela esteja também assegurado por preceito de lei.

(6) 452. Tratando-se de pedido de pagamento de diferenças salariais decorrentes da inobservância dos critérios de promoção estabelecidos em Plano de Cargos e Salários criado pela empresa, a prescrição aplicável é a parcial, pois a lesão é sucessiva e se renova mês a mês.

O déficit democrático que caracterizou a elaboração do projeto da reforma trabalhista redundou em graves prejuízos sociais, em aumento exponencial da insegurança jurídica para a atuação dos agentes econômicos e, também, na baixa qualidade da redação de alguns dispositivos, seja sob a perspectiva da boa técnica gramatical, seja sob a ótica da técnica jurídica. Tivesse havido efetivo debate sobre o texto com todos os setores sociais interessados e com a academia, decerto muitos equívocos teriam sido sanados ao longo da tramitação.

O novo art. 11, § 2º, celetista é um dos mais eloquentes exemplos da gravidade dos erros técnicos contidos no mencionado diploma legislativo.

Até naquilo em que o dispositivo poderia contribuir para o aperfeiçoamento do entendimento dominante (isto é, no afastamento da ideia de atribuição de efeitos jurídicos distintos a atos comissivos e omissivos) acabou por falhar, ao consagrar amplamente a figura da prescrição total. Todas as demais deficiências contidas na Súmula n. 294 são visíveis no art. 11, § 2º, da CLT.

No presente trabalho, analisaremos a prescrição total consagrada na Súmula n. 294 do TST e no novel art. 11, § 2º, celetista. Para tanto, abordaremos as modalidades de prescrição ordinariamente admitidas na seara trabalhista, o contexto histórico de edição do mencionado verbete, a delicada questão da prescritibilidade dos atos nulos, o conteúdo do art. 7º, inciso XXIX, da Constituição de 1988 e a desafiadora delimitação do sentido da expressão "preceito de lei". Proposto o itinerário, passemos a percorrê-lo.

2. MODALIDADES DE PRESCRIÇÃO NO DIREITO DO TRABALHO

A prescrição consiste em ato-fato jurídico caducificante cujo suporte fático é composto pela inação do titular do direito em relação à pretensão exigível e pelo decurso do tempo fixado em lei (PONTES DE MIRANDA, 1955, § 665, 1 e 3). Com a oposição da exceção (em sentido material) da prescrição ou, na atualidade, sua pronúncia *ex officio*, encobre-se a eficácia da pretensão[7]. Não há, entretanto, extinção do direito, da ação processual ou da própria pretensão.

Rigorosamente, não há falar em distinção ontológica entre as denominadas espécies de prescrição, já que todas dizem respeito ao mesmo fenômeno jurídico. No entanto, peculiaridades em sua operacionalização têm justificado abordagens específicas em relação às modalidades identificadas pela doutrina.

A **prescrição bienal** é aquela que flui a partir da extinção do contrato de trabalho, alcançando a generalidade das pretensões nele lastreadas (a exceção fica por conta das lesões pós-contratuais).

Por sua vez, a **prescrição quinquenal** corre no curso do contrato, a partir da exigibilidade da pretensão, encontrando, em caso de superveniência da cessação do liame, limitação no prazo de dois anos após tal evento.

São elas as duas únicas modalidades de prescrição previstas no art. 7º, inciso XXIX, da Constituição de 1988.

Seguindo a lógica trilhada pela Súmula n. 294 do TST, a prescrição quinquenal poderá ser **total** ou **parcial**, de acordo com a fonte em que se ampare o direito. A discussão acerca da natureza total ou parcial da prescrição somente encontra sentido quando analisamos parcelas de trato sucessivo.

Por isso, não é da melhor técnica atribuir à prescrição bienal a qualificação de total, já que, para a pronúncia daquela, não se coloca em debate a fonte da qual emanam prestações de índole sucessiva. Para a incidência da prescrição bienal interessa apenas o transcurso do prazo fixado na Constituição após a ruptura do vínculo empregatício. No entanto, em uma acepção ampla e desvinculada dos conceitos construídos em torno da Súmula n. 294[8] do TST, a prescrição bienal possui, por assim dizer, um efeito "total", por atingir as pretensões em geral oriundas do contrato de emprego (ressalvadas as lesões pós-contratuais), estabelecendo um limite fatal para o seu exercício.

Em razão dessa acepção ampla, popularizou-se o uso da expressão "prescrição total" como referência à prescrição bienal. A confusão conceitual é agravada por um motivo histórico: antes da Constituição de 1988, a prescrição das pretensões trabalhistas em geral consumava-se em dois anos (excetuando-se as atinentes ao FGTS), seja no curso do contrato, seja após sua extinção.

As vastas consequências da prescrição **bienal** conduziram os Tribunais trabalhistas e a doutrina à utilização de outras nomenclaturas para designá-la: **totalíssima**, **absoluta** ou **extintiva**.

Em contraposição, a prescrição **quinquenal** (total ou parcial) seria **relativa**, já que diria respeito a pretensões específicas decorrentes do contrato, não à totalidade delas.

---

(7) Conforme demonstrado por Pontes de Miranda (1955, § 695, 6), a prescrição apenas encobre a eficácia da pretensão, sem, todavia, importar em sua extinção: "*É erro dizer-se (...) que a renúncia à prescrição faz reviver a obrigação. Com a prescrição, não se extinguiu a pretensão e, pois, não morreu a obrigação: ambas continuaram. Pretensão e obrigação são efeitos; a prescrição só se passa no plano da eficácia: torna-a encobrível; alegada, encobre-a. Com a renúncia, o devedor fá-la não encobrível. Por isso mesmo, o devedor que paga a dívida não pode repetir o pagamento: tornou não encobrível a eficácia do fato jurídico, ou a descobriu, se já alegada, e ao mesmo tempo solveu a dívida, ou satisfez a pretensão. O que apenas renuncia à prescrição faz inencobrível a eficácia; e deixa para momento posterior solver a dívida ou satisfazer a pretensão*". Raciocínio diverso inviabilizaria a figura da renúncia à prescrição consumada (CC/2002, art. 191) e a proibição da restituição do pagamento efetuado para solver dívida prescrita (CC/2002, art. 882). Melhor seria, então, que houvesse previsto o novel Código que a prescrição encobre a eficácia da prescrição, até mesmo para garantir a coerência entre os arts. 189, 191 e 882.

(8) 294. Tratando-se de ação que envolva pedido de prestações sucessivas decorrente de alteração do pactuado, a prescrição é total, exceto quando o direito à parcela esteja também assegurado por preceito de lei.

3. PRESCRIÇÃO TOTAL E PARCIAL: A SÚMULA N. 294 DO TST E O ART. 11, § 2º, DA CLT

A distinção entre prescrição parcial e total trata-se de temática relacionada às Súmulas n. 168 e n. 198 (canceladas há cerca de 30 anos) e n. 294 do TST, além do novo § 2º do art. 11 da CLT (inserido pela Lei n. 13.467/2017).

A discussão a respeito da incidência de cada uma delas apresenta-se, como dito, apenas quando em jogo parcelas de trato sucessivo.

Quando se considera uma lesão pontual (a exemplo do não pagamento de prêmio prometido em uma única oportunidade ao longo do contrato), não se cogita, rigorosamente, de prescrição total. A violação não atingirá prestações sucessivas e, simplesmente, ocorrerá a prescrição da pretensão correspondente no prazo de cinco anos no curso do contrato, observada a limitação ao biênio em caso de sua extinção.

Não obstante, alertamos o amigo leitor que pode ser visualizado na jurisprudência e na doutrina o uso da expressão "prescrição total" em referência a três distintas situações: a da prescrição bienal (pelo motivo anteriormente mencionado), a da prestação única (lesão pontual) e a da alteração contratual que importe em prejuízo a prestações sucessivas.

A última situação é aquela à qual está reservada, propriamente, a locução "prescrição total".

O critério consagrado na **Súmula n. 294** para a distinção entre a prescrição total e a parcial é a fonte em que se funda o direito (parâmetro que veio a ser albergado pelo novo § 2º do art. 11 da CLT).

Teremos a **prescrição total (também conhecida como "nuclear" ou do "fundo do direito" ou da "fonte do direito")** quando a alteração do pactuado afetar prestações sucessivas de direito assegurado **por preceito de lei** (por exemplo: décimo terceiro salário).

Por outro lado, teremos a **prescrição parcial (ou "parciária" ou "parcelar")** quando a alteração do pactuado afetar prestações sucessivas de direito previsto **apenas no âmbito da relação individual de trabalho, isto é, no contrato ou no regulamento de pessoal da empresa** (v. g.: anuênio).

A partir dessa enunciação, é possível extrair, desde logo, quatro reflexões.

A incidência da prescrição total ou parcial busca fundamento no **grau de indisponibilidade** dos direitos trabalhistas. Na precisa síntese de Augusto César Leite de Carvalho (2016, p. 92), *"se a lesão se dá a direito previsto em lei, fere-se direito de indisponibilidade absoluta e, por isso, a prescrição é total; se a lesão se dá a direito não previsto em lei, fere-se direito de indisponibilidade relativa e, por isso, a prescrição é parcial"*.

O emprego das expressões **"nuclear"**, **"fundo do direito"** e **"fonte do direito"** em referência à prescrição total bem revela os efeitos por ela provocados: transcorridos cinco anos da alteração contratual lesiva (mediante ato positivo que suprima, reduza ou modifique de maneira prejudicial o direito), a prescrição alcançará o próprio direito e, em consequência, as parcelas sucessivas dele decorrentes (como numa relação entre acessório e principal). Assim, a *actio nata* existiria apenas no momento da alteração do contrato (bem como, a partir da lógica inaugurada pelo art. 11, § 2º, da CLT, na data do primeiro descumprimento do pactuado), não na data em que se torna exigível cada pretensão.

Reside aí uma das dificuldades envolvendo a Súmula n. 294: como se sabe, a prescrição não atinge o direito, mas a pretensão, de modo que o decurso do tempo não leva à extinção do direito em si. O direito continua a existir e, a cada momento em que se torna exigível (normalmente, a cada mês), deflagra-se o prazo prescricional em relação à respectiva pretensão.

A terceira reflexão é que o verbete de n. 294 foi elaborado a partir da premissa de ocorrência de alteração dos termos pactuados **em sede de relação individual de trabalho**. Logo, mostra-se imprópria sua incidência em discussões que envolvam direitos previstos em diplomas coletivos (convenção coletiva, acordo coletivo e sentença normativa), por impertinência lógica. Entretanto, o leitor encontrará decisões judiciais que invocam o citado enunciado quando em litígio direitos assegurados por tais instrumentos.

A quarta e última reflexão refere-se à constatação de que, em larga medida por influência da hoje cancelada Súmula n. 198, a jurisprudência do Tribunal Superior do Trabalho firmou-se no sentido de que **a aplicação da parte final da Súmula n. 294 é possível apenas diante de condutas comissivas do empregador, de atos concretos e positivos de alteração contratual**. No caso de condutas omissivas, não haveria propriamente alteração do pactuado, mas mero descumprimento, de modo que a *actio nata* surgiria a cada momento em que se torna exigível a pretensão, renovando-se mensalmente (em regra) a lesão, atraindo a incidência da prescrição parcial. Representativa desse entendimento é a Súmula n. 452[9] da Corte (resultado da conversão da OJ n. 404 da SDI-I). O posicionamento alberga a ideia de diferentes consequências para violações de direitos, de acordo com seu caráter comissivo ou omissivo e, na prática, desconsidera a possibilidade de alterações contratuais tácitas. Deve-se ressaltar, porém, que o art. 11, § 2º, da CLT (acrescentado pela Lei n. 13.467/2017) estabeleceu a incidência da prescrição total tanto para atos comissivos quanto omissivos, superando o entendimento consagrado no TST ao longo das últimas décadas.

---

(9) 452. Tratando-se de pedido de pagamento de diferenças salariais decorrentes da inobservância dos critérios de promoção estabelecidos em Plano de Cargos e Salários criado pela empresa, a prescrição aplicável é a parcial, pois a lesão é sucessiva e se renova mês a mês.

3.1. Breve contextualização histórica da Súmula n. 294 do TST

O antigo **Prejulgado n. 48 do Tribunal Superior do Trabalho** previa o seguinte: "*Na lesão de direito que atinja prestações periódicas, de qualquer natureza, devidas ao empregado, a prescrição é sempre parcial e se conta do vencimento de cada uma delas e não do direito do qual se origina*". O verbete era compatível com a noção segundo a qual a prescrição atinge a pretensão, não o direito, e, ainda, levava em consideração a teoria da *actio nata* para definição do termo inicial do prazo prescricional.

Em 1982, por força da Resolução Administrativa n. 102, o citado enunciado foi cancelado (assim como os demais prejulgados), sendo editada a **Súmula n. 168**, com idêntica redação.

No entanto, conforme bem observado por Eduardo Baracat (2007, p. 31/33), a Súmula n. 168 estava em desconformidade com os Enunciados n. 349[10] e 443[11] da Súmula de Jurisprudência Predominante do STF, verbetes que partem da premissa da possibilidade de prescrição do próprio direito.

Assim, o quadro jurisprudencial no TST veio a ser alterado em abril de 1985, visando a adequá-la ao entendimento do STF, com a elaboração da **Súmula n. 198**, que possuía a seguinte redação: "*Na lesão de direito individual que atinja prestações periódicas devidas ao empregado, à exceção da que decorre de ato único do empregador, a prescrição é sempre parcial e se conta do vencimento de cada uma dessas prestações, e não da lesão do direito*".

Explicita Délio Maranhão (apud BARACAT, 2007, p. 36/37) o raciocínio que ensejou a edição do enunciado:

> se o empregador, através de um **ato positivo**, altera as condições pactuadas, em prejuízo do trabalhador, ferindo-lhe interesse **individual**, protegido pelo art. 468 da Consolidação, a anulação desse ato violador, por se tratar de anulabilidade, exige a propositura de ação, sujeita, no curso do contrato, ao prazo prescricional (grifos no original).

Por outro lado, se

> o empregador não pratica nenhum **ato positivo**, mas, simplesmente, **deixa de cumprir** aquilo a que se obriga contratualmente e se isso se faz por meio de prestações periódicas (ato meramente **negativo**), a prescrição não atinge o próprio direito, que não chegou a ser violado por um ato positivo, e sim, e apenas, tais prestações periódicas (grifos no original).

Consultando as decisões proferidas na época pela Corte, é interessante perceber que, por exemplo, no acórdão do E-RR 3791/1982, um dos precedentes da Súmula n. 275[12] do TST, consta a declaração de que os arts. 58, 59 e 167 do Código Civil de 1916 teriam fundamentado a elaboração do Enunciado de n. 198. Tais dispositivos referiam-se à noção jurídica de acordo com a qual o acessório segue a sorte do principal, a evidenciar, novamente, que o TST passava a adotar a orientação no sentido de que a prescrição atingiria o próprio direito material e, por consequência, as prestações sucessivas.

Ao aludir à figura do ato único do empregador, o Verbete n. 198 gerou dúvidas e críticas por parte da doutrina, dada a dificuldade na delimitação do seu sentido e alcance[13]. Ademais, a despeito da aparente excepcionalidade da prescrição total sugerida por sua redação, a verdade é que, em razão da própria dinâmica do contrato de trabalho, a incidência daquela ocorreria em número amplíssimo de casos.

O cenário jurisprudencial veio novamente a alterar-se em 1989, com o cancelamento das Súmulas ns. 168 e 198 e a edição da Súmula n. 294, com o seguinte teor: "*Tratando-se de ação que envolva pedido de prestações sucessivas decorrente de alteração do pactuado, a prescrição é total, exceto quando o direito à parcela esteja também assegurado por preceito de lei*".

O novo verbete foi elaborado a partir do julgamento do Incidente de Uniformização de Jurisprudência no Recurso de Revista n. 6928/1986. Da leitura do acórdão, destacam-se as **linhas argumentativas** a seguir indicadas: a) afirmação da ideia de que haveria duas espécies de prescrição na CLT. A primeira estaria prevista no art. 11, referente a interesses de ordem privada. A segunda residiria no art. 119; b) utilização da doutrina de Orlando Gomes, segundo o qual seria necessário distinguir a prescrição nos casos de interesses de ordem pública em relação aos de ordem privada, com a consequente definição da espécie de prescrição de acordo com a fonte do direito; c) alusão ao art. 167 do CC/2016, acolhendo a ideia de que haveria prescrição do direito material (da "fonte" ou "fundo" do direito) e, consequentemente, das prestações sucessivas; d) afirmação da

---

(10) 349. A prescrição atinge somente as prestações de mais de dois anos, reclamadas com fundamento em decisão normativa da Justiça do Trabalho, ou em convenção coletiva de trabalho, quando não estiver em causa a própria validade de tais atos.

(11) 443. A prescrição das prestações anteriores ao período previsto em lei não ocorre, quando não tiver sido negado, antes daquele prazo, o próprio direito reclamado, ou a situação jurídica de que ele resulta.

(12) O texto primitivo, que veio a ser posteriormente alterado, era o seguinte: "275. Na demanda que objetive corrigir desvio funcional, a prescrição só alcança as diferenças salariais vencidas no período anterior aos dois anos que precederam o ajuizamento".

(13) Afirma Augusto César Leite de Carvalho (2016, p. 97) que a "*expressão 'ato único do empregador' mostrou-se, em verdade, extremamente dúbia, pois rendia ensejo a pelo menos três significados: a) o ato patronal de efeito instantâneo (v. g. um ato punitivo de advertência ou suspensão disciplinar, ou ainda um desconto salarial em mês específico); b) o ato patronal que, não consistindo em alteração do contrato, surtia efeitos que repercutiam na continuidade do vínculo (v. g. o enquadramento funcional); c) a alteração unilateral do contrato com efeitos igualmente sentidos no restante da relação laboral (v. g. a transferência abusiva para outra localidade, a redução do salário contratual, o aumento da jornada sem extrapolação do limite legal)*".

tese de que o art. 468 da CLT não assegura o direito em si a qualquer parcela, mas a intangibilidade do contrato de trabalho, bem como menção à ideia de que a violação ao art. 468 consistiria em um caso de anulabilidade.

Vale salientar, por oportuno, que, mesmo após o cancelamento do Verbete n. 198, a teoria do ato único do empregador ainda é visualizada em diversas Súmulas, Orientações Jurisprudenciais e seus precedentes, bem como em decisões proferidas na atualidade. A título de exemplo, podemos mencionar que há menção expressa à tese do ato único do empregador em precedentes das Súmulas n. 199, n. 275, n. 452 e das Orientações Jurisprudenciais da SDI-I n. 175, n. 242 e n. 243.

Reiteremos que o raciocínio consagrado na Súmula n. 294 veio a ser positivado no novo art. 11, § 2º, da CLT, com ampliação, entretanto, da sua abrangência também para hipóteses de atos omissivos.

Apresentado o contexto histórico, podemos prosseguir na análise da compatibilidade dos critérios (e dos seus fundamentos) erigidos na citada Súmula e no novo dispositivo legal com o ordenamento jurídico. Para isso, mostra-se indispensável abordar a questão da prescritibilidade do ato nulo.

3.2. A prescritibilidade do ato nulo

Um dos aspectos mais polêmicos no campo da teoria das nulidades diz respeito à questão da prescritibilidade ou não do ato nulo, isto é, do seu convalescimento com a passagem do tempo, a ponto de, após determinado período, não mais ser possível seu reconhecimento.

O Código Civil de 2002 eliminou, ao menos a partir da perspectiva do direito positivo, a controvérsia, dispondo, em seu art. 169, que o *"negócio jurídico nulo não é suscetível de confirmação,* **nem convalesce pelo decurso do tempo**".

Sob a estrita perspectiva da dogmática jurídica, o atual art. 169 do CC/02 revela-se irrepreensível. O defeito do ato nulo é de tal maneira agressivo à ordem jurídica que o decurso do tempo não é capaz de saná-lo, sendo inaplicáveis os institutos da prescrição e da decadência.

Entretanto, sob o ponto de vista da realidade fática das relações sociais, é inegável haver fundada preocupação com a possibilidade de, com espeque na nulidade de um ato ou negócio, serem formuladas postulações retroativas a muitos anos ou décadas.

A solução interpretativa apta a tecnicamente harmonizar as características jurídicas da nulidade e a razoável preocupação social é, reiterando que a pronúncia da nulidade não se submete a prazo de prescrição ou decadência, reconhecer que as pretensões condenatórias sujeitam-se aos prazos prescricionais fixados na legislação, como, aliás, é-lhes próprio.

A respeito do tema, manifestam-se Rodolfo Pamplona Filho e Pablo Stolze Gagliano (2017, p. 163/164):

Todavia, se a ação declaratória de nulidade for cumulada com pretensões condenatórias, como acontece na maioria dos casos de restituição dos efeitos pecuniários ou indenização correspondente, admitir-se a imprescritibilidade seria atentar contra a segurança das relações sociais. Neste caso, entendemos que prescreve, sim, a pretensão condenatória, uma vez que não é mais possível retornar ao estado de coisas anterior. Por imperativo de segurança jurídica, melhor nos parece que se adote o critério da prescritibilidade da pretensão condenatória de perdas e danos ou restituição do que indevidamente se pagou, correspondente à nulidade reconhecida, uma vez que a situação consolidada ao longo de dez anos provavelmente já terá experimentado uma inequívoca aceitação social. Aliás, se a gravidade, no caso concreto, repudiasse a consciência social, que justificativa existiria para tão longo silêncio? Mais fácil crer que o ato já atingiu a sua finalidade, não havendo mais razão para desconsiderar os seus efeitos. Em síntese: a imprescritibilidade dirige-se, apenas, à declaração de nulidade absoluta do ato, não atingindo as eventuais pretensões condenatórias correspondentes (grifos no original).

A linha de intelecção aqui propugnada foi consagrada no Enunciado n. 536 das Jornadas de Direito Civil: *"Resultando do negócio jurídico nulo consequências patrimoniais capazes de ensejar pretensões, é possível, quanto a estas, a incidência da prescrição"*.

O tema adquire contornos ainda mais interessantes no âmbito do Direito do Trabalho, como será visto a seguir.

3.3. A nulidade no Direito do Trabalho e a prescrição total

Prevê o *caput* do art. 468 da Consolidação das Leis do Trabalho que *"nos contratos individuais de trabalho só é lícita a alteração das respectivas condições por mútuo consentimento, e ainda assim desde que não resultem, direta ou indiretamente, prejuízos ao empregado,* **sob pena de nulidade da cláusula infringente desta garantia**".

À época de elaboração do diploma, vigia há mais de vinte e cinco anos o Código Civil de 1916, que estabelecia ser **nulo o ato jurídico**, entre outros motivos, *"quando a lei taxativamente o declarar nulo ou lhe negar efeito"* (art. 145, inciso V).

A orientação foi mantida no Código Civil de 2002, com alteração apenas em sua parte final, passando a ser previsto ser nulo o negócio jurídico quando *"a lei taxativamente o declarar nulo, ou proibir-lhe a prática, sem cominar sanção"* (art. 166, inciso VII).

Não obstante a redação dos três dispositivos mencionados, há décadas viceja na área trabalhista divergência a respeito do significado do art. 468 celetista, sustentando parcela importante da doutrina que a violação à garantia nele consagrada consistiria, em verdade, em um caso de anulabilidade, de modo que inexistiria, no particular, o óbice da imprescritibilidade dos atos nulos.

Com o devido respeito, não nos parece ser esse o melhor posicionamento.

Como anteriormente afirmado, a CLT foi concebida quando vigente o CC/1916 há mais de duas décadas, não sendo possível assumir a presunção de que a distinção entre nulidade e anulabilidade era desconhecida por seus autores.

Em verdade, o art. 468 pretende significar exatamente aquilo que expressa: a alteração contratual lesiva consiste em ato jurídico nulo, não anulável.

A essa conclusão pode-se objetar com um argumento também de ordem gramatical. O art. 9º (que supostamente estaria atrelado apenas a regras previstas na CLT) e o art. 619 (relacionado a diplomas coletivos) da CLT estabelecem que a conduta violadora dos preceitos neles assegurados é *"nula de pleno direito"*.

Haveria, então, uma gradação de invalidade na CLT, sendo a nulidade prevista nos arts. 9º e 619 da CLT referente a preceitos de ordem pública ("nulidade de pleno direito"), em contraposição à nulidade prevista no art. 468, que estaria relacionada a interesses privados (tratando-se, então, de anulabilidade).

A objeção é interessante e respeitável, mas não prospera.

A resposta é simples e há muito foi enunciada por Pontes de Miranda.

No mundo jurídico, é possível visualizar três distintos planos: o da existência, o da validade e o da eficácia.

No plano da validade, podemos contemplar as figuras da nulidade e da anulabilidade.

Enquanto a segunda depende sempre de alegação pelo interessado, a primeira pode, em regra, ser conhecida de ofício e, excepcionalmente, depender de alegação pelo interessado. De acordo com o critério da possibilidade ou não de atuação *ex officio*, a nulidade pode ser *ipso jure* (ou *pleno iure* ou de pleno direito) ou dependente de alegação (ou "de ação").

Nas palavras do mestre (1955, § 360, 4):

> *Em estado puro, a nulidade produz ação, mas independe de "ação" e até incidenter pode ser arguida. A decretabilidade só em ação (ope exceptionis), tratando-se de nulidade, superpõe à divisão sistemática romana (ipso iure, ope exceptionis); é medida legislativa que atenua da sua radicalidade o inválido ipso iure; e esse nulo só se pode ter como, em verdade, nulo, em vez de anulável, se mantém elementos, sinais, de não ter passado à classe do anulável.*

É dizer: a possibilidade de conhecimento *ex officio* pelo Juiz (ou por provocação pelo Ministério Público) *não é característica indeclinável* da nulidade, mas decorrência possível (e estabelecida como a regra geral) do regime jurídico fixado pelo legislador.

O art. 468 celetista é uma hipótese clara de nulidade dependente de alegação (não anulabilidade), por estar relacionada a interesses privados, mas reputada pelo ordenamento jurídico como merecedora da sanção máxima no plano da validade.

A seu turno, os arts. 9º e 619 da CLT albergam casos de nulidade de pleno direito, passível, pois, de conhecimento *ex officio* pelo julgador.

O argumento gramatical que fundamenta a objeção anteriormente referida (presença ou não da expressão "de pleno direito" na redação dos dispositivos) não afasta a conclusão de que o art. 468 diz respeito a uma nulidade. Ao revés: corrobora-o, indicando que o art. 468 refere-se à nulidade dependente de alegação, ao passo que os arts. 9º e 619 abordam a nulidade *pleno iure*.

O equívoco dos autores que sustentam tratar o art. 468 da CLT como anulabilidade reside, além da divergência da sua literalidade, em partir da premissa de que o resguardo a interesses privados está sempre e necessariamente vinculado à anulabilidade, não visualizando à categoria das nulidades dependentes de alegação.

A partir de tais elementos, podemos afirmar que a pretensão de reconhecimento da nulidade é imprescritível, o que é desconsiderado pela Súmula n. 294 (e, também, pelo novo art. 11, § 2º, da CLT).

De acordo com a Súmula n. 294 do TST, o decurso de cinco anos no curso do contrato provoca a prescrição total em relação à alteração contratual ocorrida quanto à verba de trato sucessivo, de modo que o trabalhador não mais poderá postular seu pagamento. O art. 11, § 2º, celetista estende tal compreensão aos casos de descumprimento do pactuado, admitindo, portanto, que o reiterado descumprimento consiste em alteração contratual tácita.

Sinteticamente, os dois principais argumentos para tanto são: a) a ideia de que haveria direitos principais e acessórios e que a prescrição total fulmina o direito material, impedindo a postulação das prestações sucessivas (que seriam o "acessório"); b) a noção de que o art. 468 da CLT prevê uma espécie de anulabilidade para o caso de alteração contratual lesiva referente a direito não assegurado por preceito de lei, sendo possível o convalescimento da anulabilidade se o trabalhador deixar transcorrer o prazo prescricional.

Concessa maxima venia, os fundamentos não se sustentam.

Quanto ao primeiro, temos que a prescrição não extingue o direito material, mas apenas atinge a eficácia da pretensão. Não importa o tempo decorrido: no Direito Privado, a prescrição não é capaz de extinguir o direito.

Ocorre que o raciocínio consagrado na Súmula n. 294 e reiterado no art. 11, § 2º, da CLT é precisamente o da possibilidade de extinção do próprio direito em razão da prescrição, impedindo a postulação das prestações sucessivas.

No tocante ao segundo fundamento, é sabido que o exercício de direito potestativo de atuação em face de ato ou negócio anulável está sujeito a prazo decadencial (CC/2002, arts. 178 e 179, como parâmetros gerais)[14]. Ultrapassado o prazo, extingue-se, pela decadência, o próprio direito material. A impugnação de atos anuláveis não guarda qualquer relação com a prescrição, mas com a decadência.

Na prática, a Súmula n. 294 e o art. 11, § 2º, da CLT pretendem transmutar o nulo em anulável, a prescrição em decadência e a pretensão condenatória em direito potestativo...

Esses são alguns dos motivos pelos quais sustentamos, com o devido respeito, que os critérios neles consagrados devem ser abandonados.

Em nossa visão, é necessário reconhecer que: a) o art. 468, *caput*, da CLT refere-se a uma hipótese de nulidade dependente de alegação; b) como tal, a pretensão de sua pronúncia é imprescritível; c) sujeitam-se, todavia, à prescrição as pretensões condenatórias decorrentes da afirmação da nulidade; d) no caso do contrato de trabalho, não serão alcançadas pela prescrição apenas as pretensões referentes a cinco anos no curso do vínculo, observado sempre o biênio posterior à sua cessação.

3.4. A prescrição total é compatível com o art. 7º, inciso XXIX, da Constituição?

A previsão em sede constitucional da prescrição trabalhista foi, como mencionado anteriormente, uma novidade veiculada pela Carta de 1988. Antes dela, a regra geral da prescrição repousava no art. 11 da CLT.

Quando se cogita do tema da prescrição total (Súmula n. 294) diante do regramento da Constituição Federal de 1988, duas indagações (de teor diametralmente oposto, diga-se) são inevitáveis: a) seria a prescrição total uma *imposição* da Lei Maior? b) seria a prescrição total *compatível* com a CF/1988?

O interesse da primeira pergunta reside em saber se, ao prever um prazo prescricional, a Carta de 1988 estaria impondo uma limitação absoluta a qualquer espécie de pretensão que pudesse decorrer do contrato de trabalho. Segundo essa linha de pensamento, o prazo máximo de cinco anos seria, por assim dizer, absoluto, peremptório, inevitável, aniquilando qualquer pretensão a ele anterior, até mesmo a atinente ao reconhecimento de nulidades.

O argumento é interessante, mas não nos parece o mais acertado.

Em primeiro lugar, o texto constitucional limitou-se a traçar a regra geral da prescrição em matéria trabalhista, sem propósito de regular situações pontuais, específicas, tipicamente disciplinadas pela legislação infraconstitucional.

Nessa ordem de ideias, é importante recordar que, no projeto original da Constituição Federal de 1988, sequer havia previsão relativa à prescrição trabalhista e que várias Emendas a respeito do tema foram rejeitadas sob o fundamento de que a regulamentação do instituto deveria ocorrer em sede de legislação ordinária (*vide*, por exemplo, os pareceres pela rejeição das Emendas 28.159, 28.835 e 31.885).

Em segundo lugar, é necessário reconhecer que o argumento desconsidera a natureza das postulações deduzidas em Juízo, aspecto decisivo para análise da prescrição. A prosperar a tese de que o prazo de cinco anos no curso do contrato de emprego seria, por força do disposto na Carta Cidadã, absoluto e incontornável, dever-se-ia admitir que até mesmo postulações de natureza declaratória encontrariam nesse prazo seu limite, o que desafia a lógica da Teoria do Direito e definitivamente não parece haver sido pretendido pelo constituinte.

Ademais, pretender extrair da ausência de ressalva no art. 7º, XXIX, quanto ao reconhecimento das nulidades a conclusão de que também elas seriam "prescritíveis" não é adequado. Vale recordar que nem tal dispositivo nem o art. 11 da CLT regulam, por exemplo, a ocorrência de causas de impedimento, suspensão e interrupção do prazo prescricional e, ainda assim, não se levantam vozes a sustentar que tais causas não seriam aplicáveis ao Direito do Trabalho.

Em verdade, a própria redação final do inciso XXIX do art. 7º da Constituição concorre para o afastamento do argumento aqui abordado. Isso porque o texto é expresso ao indicar que o prazo prescricional refere-se a "*créditos resultantes das relações de trabalho*", não a "*atos lesivos ocorridos nas relações de trabalho*" ou a "*postulações em geral resultantes das relações de trabalho*".

E, a despeito do equívoco técnico do constituinte na utilização da ideia de "prescrição da ação" (em razão até mesmo dos embates doutrinários sobre o tema), quando o correto seria prescrição da pretensão, andou bem ao permitir que se compreenda, a partir da redação do inciso, que a prescrição está relacionada a pretensões condenatórias, como é próprio do instituto.

Finalmente, é importante repisar que, independentemente da possibilidade de apreciação de nulidade ocorrida há mais de cinco anos, eventual repercussão condenatória está restrita ao período fixado no art. 7º, XXIX, da Carta. Isto é, os créditos alcançam apenas o prazo quinquenal (observado, naturalmente, o período de dois anos após a extinção do liame empregatício).

Assim, a prescrição total prevista na Súmula n. 294 e no art. 11, § 2º, da CLT definitivamente não se trata de uma imposição da Constituição Federal.

---

(14) Conforme ensina Agnelo Amorim Filho (211, p. 43), "*se impõe, necessariamente, a conclusão de que só na classe dos potestativos é possível cogitar-se da extinção de um direito em virtude do seu não exercício. Daí se infere que os potestativos são os únicos direitos que podem estar subordinados a prazos de decadência, uma vez que o objetivo e efeito desta é, precisamente, a extinção dos direitos não exercitados dentro dos prazos fixados*".

Seria ela, então, ao menos compatível com a Carta Magna?

Inexiste, no texto constitucional, sequer aceno para a possibilidade de entender-se que a previsão ou não em lei de um direito determinaria a incidência de prescrição total ou parcial. A Carta de 1988 somente conhece duas categorias de prescrição na seara trabalhista: a bienal e a quinquenal.

Ademais, admitir a prescrição total, nos moldes acolhidos pelo art. 11, § 2º, da CLT significa aceitar a ideia de prescrição do próprio direito material, conferindo à prescrição efeito que não lhe é próprio e que, por isso, sequer foi concebido pelo constituinte, desprezando-se o comando contido no art. 7º, inciso XXIX, da CF/1988. A Lei Maior previu a prescrição trabalhista com seus efeitos típicos, não um instituto que, pelo decurso do tempo, extingue o direito material subjacente a pretensões condenatórias.

Para além das questões técnicas de Direito Privado abordadas anteriormente (impossibilidade de extinção de direitos pela prescrição, imprescritibilidade das nulidades, submissão de postulações de natureza anulatória a prazo decadencial, não prescricional), é forçoso reconhecer que o manejo de quaisquer outras "espécies" de prescrição significa ultrapassar os limites do texto constitucional[15], em clara tentativa de fraude aos comandos da Carta Política.

Em nossa visão, além da influência da jurisprudência do STF, é provável que a redação originária do art. 11 da CLT, ao referir-se a "ato infringente", haja contribuído para o desenvolvimento da ideia de que até mesmo as nulidades estariam sujeitas à prescrição, como sugere a Súmula n. 294 (e, atualmente, também o art. 11, § 2º, da CLT).

Observe o leitor que a Constituição de 1988, no art. 7º, inciso XXIX, nem em seu texto original mencionava "ato infringente", mas "créditos resultantes das relações de trabalho". A não adoção, pela Carta, da redação do art. 11 da CLT, que à época contava com 45 anos, não deve ser reputada como mero diletantismo do constituinte, mas como opção por uma construção textual mais consentânea com o instituto da prescrição, atrelado a pretensões de índole condenatória[16].

Em nossa perspectiva, o art. 11, § 2º, da CLT revela-se inconstitucional, por violar o disposto no art. 7º, inciso XXIX, da CF/1988.

Resta-nos examinar um ponto: as divergências em torno do significado de "preceito de lei" para fins de incidência da prescrição total. Será o alvo do próximo tópico.

3.5. O desafio de delimitação do sentido da locução "preceito de lei" como fator criador de insegurança jurídica na seara trabalhista

As múltiplas dúvidas existentes na doutrina a respeito do significado da expressão "preceito de lei" são acentuadas na jurisprudência.

Se o propósito essencial da Súmula n. 294 é assegurar estabilidade nas relações sociais, o enunciado, com o devido respeito, definitivamente não está cumprindo seu papel. Ao revés: a aplicação da Súmula tem provocado inúmeras divergências em todas as instâncias do Judiciário trabalhista e, inclusive, internamente nos Tribunais, contribuindo decisivamente para criação de insegurança jurídica e elevação da litigiosidade. Persistirão, sob a égide das alterações promovidas pela Lei n. 13.467/2017, as mesmas tormentosas questões interpretativas quanto ao sentido da aludida expressão.

Podemos citar como exemplos de tais dificuldades cotidianas os seguintes (embora não seja possível, neste espaço, realizar um aprofundamento em cada um dos temas): a) o dissenso a respeito da utilização do art. 7º, inciso VI, da CF/1988 e do art. 468 da CLT como parâmetro de confronto para fins de identificação da prescrição (ou, em outros termos, a possibilidade de exclusão, pelo Judiciário, de um dispositivo legal do âmbito de abrangência da expressão "preceito de lei"); b) a invocação, em precedentes da Súmula n. 275 do TST, do art. 461, § 2º, da CLT, na redação anterior à Lei n. 13.467/2017, como preceito legal que determinaria o pagamento de diferenças salariais em caso de desvio de função, a justificar a incidência da prescrição parcial, conquanto não seja possível, com a devida vênia, extrair diretamente tal conclusão do dispositivo; c) a colisão entre precedentes da Súmula n. 373 e da Orientação Jurisprudencial n. 175 a respeito da espécie de prescrição aplicável para situações idênticas; d) aplicação da prescrição parcial nas hipóteses de supressão de gratificação de função percebida por mais de dez anos, embora inexista previsão legal expressa que a assegure (em verdade, com a Lei n. 13.467/2017, pretendeu-se vedar a incorporação a que se referia a Súmula n. 372); e) a Súmula n. 199, item II, do TST propugna, sem ressalvas, pela prescrição total em situações de supressão de horas extraordinárias pré-contratadas. Todavia, a SDI-I vem rejeitando a aplicação do verbete às situações de pactuação prévia de prestação de horas extraordinárias sem a correspondente prestação na mesma proporção, em conduta consistente em fraude trabalhista, tenha ou não ocorrido a supressão do pagamento; f) a divergência jurisprudencial acerca da existência ou não de previsão expressa que assegure o pagamento da participação nos lucros ou resultados.

---

(15) Informamos, porém, ao leitor, por dever de lealdade intelectual, que, por ocasião do julgamento do ARE 697.514, sob a relatoria do Ministro Gilmar Mendes, o Supremo Tribunal Federal concluiu inexistir repercussão geral quanto à definição da aplicação total ou parcial no Direito do Trabalho, tratando-se de questão infraconstitucional (tema n. 583 da tabela de repercussão geral).

(16) Não apenas de obrigações de dar, como também de fazer e de não fazer.

Especificamente o tema referido na alínea "a" *supra* merece especial atenção, em razão das suas repercussões.

Já nos manifestamos pela inconstitucionalidade do art. 11, § 2º, da CLT, por violação do disposto no art. 7º, inciso XXIX, da CF/1988.

No entanto, caso o mencionado parágrafo seja considerado constitucional, é certo que a ele não devem ser reconhecidos efeitos práticos. Isso porque o art. 468, *caput*, da CLT trata-se, sem dúvida, de "preceito de lei". Logo, qualquer alteração contratual lesiva ao trabalhador consistirá em violação de direito assegurado por preceito de lei, conforme, inclusive, vem sendo reconhecido em algumas decisões do TST[17], atraindo, pois, a incidência da parte final do dispositivo, com a consequente pronúncia da prescrição parcial[18]. Diga-se o mesmo em relação à vedação da irredutibilidade salarial contida no art. 7º, inciso VI, da CF/1988.

É bem verdade que se deve evitar, como regra de hermenêutica, interpretação que conduza à inutilidade de um dispositivo legal. Contudo, os equívocos técnicos contidos no art. 11, § 2º, da CLT são de tal gravidade que, lamentavelmente, não resta opção ao intérprete. Solução ainda pior seria sustentar que o art. 7º, inciso VI, da CF/1988 e o art. 468, *caput*, da CLT não são preceitos de lei ou que o Judiciário poderia escolher, ao seu alvedrio e em cada momento, aquilo que deve ser considerado como preceito de lei, em flagrante ofensa aos princípios da separação dos poderes e da segurança jurídica.

4. CONCLUSÕES

A partir do exposto, podemos enunciar as seguintes conclusões:

1) As duas únicas modalidades de prescrição trabalhista conhecidas pela Constituição Federal de 1988 são a bienal e a quinquenal. A prescrição bienal é aquela que flui a partir da extinção do contrato de trabalho, alcançando a generalidade das pretensões nele lastreadas (ressalvadas as lesões pós-contratuais). A prescrição quinquenal corre no curso do contrato, a partir da exigibilidade da pretensão, encontrando, em caso de superveniência da cessação do liame, limitação no prazo de dois anos após tal evento;

2) Sob a perspectiva da Súmula n. 294 e do art. 11, § 2º, da CLT, a prescrição quinquenal poderá ser total ou parcial, de acordo com a fonte em que se ampare o direito, estando a discussão relativa à espécie de prescrição a ser pronunciada sempre atrelada a parcelas de trato sucessivo;

3) Teremos a prescrição total (também conhecida como "nuclear" ou do "fundo do direito" ou da "fonte do direito") quando a alteração do pactuado afetar prestações sucessivas de direito assegurado por preceito de lei. Por outro lado, teremos a prescrição parcial (ou "parciária" ou "parcelar") quando a alteração do pactuado afetar prestações sucessivas de direito previsto apenas no âmbito da relação individual de trabalho, isto é, no contrato ou no regulamento de pessoal da empresa;

4) A Súmula n. 294 não se desvencilhou da (controversa) tese do ato único do empregador (antiga Súmula n. 198), atribuindo efeitos jurídicos diversos a condutas ilícitas comissivas e omissivas (*vide* ainda a Súmula n. 452), reservando às primeiras a incidência da prescrição total, bem como, na prática, desconsiderando a possibilidade de ocorrência de alterações contratuais tácitas. A seu turno, o art. 11, § 2º, da CLT superou a (artificial) distinção entre atos comissivos e omissivos, estabelecendo em ambos os casos a incidência da prescrição total, na hipótese de direito não assegurado por preceito de lei (o que deve conduzir ao cancelamento da Súmula n. 452 ou à alteração da sua redação para compabitilização ao novo dispositivo legal);

5) A Súmula n. 294 e o art. 11, § 2º, da CLT assumem a premissa segundo a qual haveria direitos principais e acessórios, sendo que a prescrição total fulminaria o próprio direito material. Ocorre que a prescrição não extingue o direito material (característica típica da decadência), mas apenas encobre a eficácia da pretensão;

6) A Súmula n. 294 e o art. 11, § 2º, da CLT albergam a noção de que o art. 468 da CLT prevê uma espécie de anulabilidade para o caso de alteração contratual lesiva referente a direito não assegurado por preceito de lei, sendo possível o convalescimento da anulabilidade se o trabalhador deixar transcorrer o prazo prescricional. No entanto, o referido dispositivo consagra uma hipótese de nulidade dependente de alegação (não anulabilidade), sendo incompatível com os institutos da prescrição e da decadência, por não ser sanada pelo decurso do tempo (CC/02, art. 169). Ainda que seja adotada a tese de acordo com a qual haveria, no art. 468, um caso de anulabilidade, é sabido que a anulação de ato ou negócio jurídico está sujeita a prazo decadencial, cujo encerramento importa na extinção do próprio direito potestativo não exercido, sendo destituída de sentido a discussão a respeito da prescrição;

7) A Súmula n. 294 e o art. 11, § 2º, da CLT admitem, em verdade, a possibilidade de convalescimento da nulidade, conferindo ao Direito do Trabalho posição bastante peculiar em matéria de prescrição no Direito Privado[19];

---

(17) Exemplificativamente: RR 3016300-10.2008.5.09.0008, Data de Julgamento: 24.05.2017, 7ª Turma, Data de Publicação: DEJT 02.06.2017; RR 624-31.2010.5.04.0303, Data de Julgamento: 22.03.2017, 3ª Turma, Data de Publicação: DEJT 24.03.2017.

(18) *Vide*, nesse sentido, a Orientação Jurisprudencial n. 65 da Quarta Turma do Tribunal Regional do Trabalho da 9ª Região: "*A alteração contratual ilícita, por violar direito previsto em lei (art. 468 da CLT), faz incidir apenas a prescrição parcial*".

(19) Na precisa lição de Augusto César Leite de Carvalho (2016, p. 100): "*De tudo se extrai a propriedade da tese que consubstanciaria o resgate da regra outrora consagrada pela Súmula 168 do TST, porquanto a adoção universal da prescrição parcial reincluiria o direito do trabalho no sistema de direito privado que proscreve a consolidação jurídica de atos nulos, quaisquer atos nulos*".

8) Na prática, a Súmula n. 294 e o art. 11, § 2º, da CLT pretendem transmutar o nulo em anulável, a prescrição em decadência e a pretensão condenatória em direito potestativo;

9) Inexiste, no texto constitucional, sequer aceno para a possibilidade de entender-se que a previsão ou não em lei de um direito determinaria a incidência de prescrição total ou parcial. Ademais, a Lei Maior previu a prescrição trabalhista com seus efeitos típicos, não um instituto que, pelo decurso do tempo, extingue o direito material subjacente a pretensões condenatórias. A Carta de 1988, como dito, somente conhece duas categorias de prescrição na seara trabalhista: a bienal e a quinquenal;

10) A Súmula n. 294 e o art. 11, § 2º, da CLT são, infelizmente, fonte de grave insegurança jurídica na área juslaboralista, em razão das inúmeras divergências (já existentes quando havia apenas o verbete de n. 294) nos tribunais (internamente, inclusive) para a definição do significado da locução "preceito de lei", atuando como fator propulsor da elevação da litigiosidade.

Pelas razões enunciadas, sustentamos, com o devido respeito, que os critérios consagrados na Súmula n. 294 devem ser abandonados e que o art. 11, § 2º, deve ser reconhecido como inconstitucional, por violação do art. 7º, inciso XXIX, da CF/1988.

Não obstante, ainda que o novo § 2º venha a ser reputado constitucional, a ele não devem ser reconhecidos efeitos práticos. Isso porque o art. 468, *caput*, da CLT e o 7º, inciso VI, da CF/1988 consistem em "preceito de lei", atraindo, pois, a incidência da parte final do dispositivo, com a consequente pronúncia da prescrição parcial. Não é dado ao Judiciário escolher, ao seu alvedrio e em cada momento, aquilo que deve ser considerado como preceito de lei, o que redundaria em manifesta agressão aos princípios da separação dos poderes e da segurança jurídica.

Em nossa visão, é necessário reconhecer que: **a)** o art. 468, *caput*, da CLT refere-se a uma hipótese de nulidade dependente de alegação; **b)** como tal, a pretensão de sua pronúncia é imprescritível (Código Civil de 2002, art. 169); **c)** sujeitam-se, todavia, à prescrição as pretensões condenatórias decorrentes da afirmação da nulidade (Constituição Federal, art. 7º, inciso XXIX, e CLT, art. 11); **d)** no caso do contrato de trabalho, não serão alcançadas pela prescrição apenas as pretensões referentes a cinco anos no curso do vínculo, observado sempre o biênio posterior à sua cessação.

5. REFERÊNCIAS BIBLIOGRÁFICAS

AMORIM FILHO, Agnelo. Critério científico para distinguir a prescrição da decadência e para identificar as ações imprescritíveis. *In*: MENDES, Gilmar Ferreira; STOCO, Rui (Org.). *Coleção doutrinas essenciais*: Direito Civil. Parte Geral. São Paulo: Revista dos Tribunais, 2011. v. 5.

BARACAT, Eduardo Milléo. *Prescrição trabalhista e a Súmula n. 294 do TST*. São Paulo: LTr, 2007.

CARVALHO, Augusto César Leite de. *Direito do trabalho*: curso e discurso. São Paulo: LTr, 2016.

GAGLIANO, Pablo Stolze; PAMPLONA FILHO, Rodolfo. *Manual de Direito Civil*. São Paulo: Saraiva, 2017.

MIRANDA, Francisco Cavalcanti Pontes de. *Tratado de direito privado*: parte geral. Tomo VI. Rio de Janeiro: Borsoi, 1955.

MIZIARA, Rafael. *Reforma trabalhista*: o acolhimento da teoria do ato único do empregador tanto para os casos de alteração como para o s casos de descumprimento do pactuado. Disponível em: <http://ostrabalhistas.com.br/reforma-trabalhista-o-acolhimento-da-teoria-do-ato-unico-do-empregador-tanto-para-os-casos-de-alteracao-como-para-os-casos-de-descumprimento-do-pactuado/>.

O Hipersuficiente e a Presunção de Invulnerabilidade (Análise do Parágrafo Único do art. 444 à Luz do Princípio da Igualdade)

Ana Paola Santos Machado Diniz[1]
Maria da Graça Antunes Varela[2]

1. INTRODUÇÃO: SINALIZAÇÃO DOS PARÂMETROS DO ESTUDO

A Lei n. 13.467/2017 acresceu ao art. 444[3] da CLT um parágrafo único contemplando uma categoria diferenciada de trabalhador, com ampla liberdade de pactuação no âmbito individual, com autonomia de negociação superior à do sindicato profissional. Os critérios definidos pelo legislador para o enquadramento nesse novo tipo de empregado referem-se à sua escolaridade – ser portador de diploma de nível superior – e ao seu nível salarial – percepção de contraprestação financeira em valor igual ou superior ao dobro do teto dos benefícios do Regime Geral da Previdência.

O dispositivo em estudo envolve a questão da autonomia privada e de seus limites no âmbito da relação de emprego, já que introduzido pelo legislador como uma exceção à garantia de prevalência do regramento mínimo, fixado em lei ou negociado pelo sindicato da categoria profissional, sobre o contrato individual de trabalho.

Parte da premissa de que há uma "hipersuficiência" ou autonomia plena do trabalhador subordinado sempre que ele possuir determinada formação acadêmica e perceba como salário valor superior ao patamar já definido pelo legislador. Ressalta, assim, que esse novo tipo de empregado tem capacidade para negociar as condições laborais definidas no art. 611-A da CLT, independentemente do que esteja previsto em lei ou nas normas coletivas envolvendo a categoria profissional por ele integrada.

A grande interrogação, quase que um reflexo automático da leitura do parágrafo único do art. 444 da CLT, é quanto à sua compatibilidade com a cláusula constitucional de igualdade perante a lei e, substancialmente, no gozo dos direitos trabalhistas, art. 3º, IV, 5º e 7º da Constituição Federal, considerando que este princípio tem como desdobramento a não discriminação ou a discriminação justificada, respaldada em razões que traduzam valores que devam ser especialmente protegidos.

O objetivo essencial deste estudo, portanto, é, tomando como marco teórico o Conteúdo Jurídico do Princípio da Igualdade[4] na concepção de Celso Antônio Bandeira de Mello, investigar se os critérios traçados pelo legislador para o tratamento dicotômico da autonomia individual no âmbito da relação de emprego são válidos, se há compatibilidade com a premissa constitucional da isonomia. Ou seja, verificar se a divisão dos trabalhadores em dois grupos – vulneráveis e não vulneráveis – com atribuição de tratamento jurídico diferenciado implica ou não afronta ao princípio da igualdade.

2. O PRINCÍPIO DA IGUALDADE E A VINCULAÇÃO DIRETA DO LEGISLADOR

Destarte, o primeiro ponto a ser destacado é quanto a ser o legislador um dos destinatários necessários da cláusula constitucional da igualdade perante a lei, harmonizando-se, assim, o sistema de garantias e direitos fundamentais com a limitação da atuação do legislador. Por mais ampla que seja a discricionariedade do legislador, não está autorizado a afastar-se das balizas traçadas por esse princípio fundamental.

Deveras, não só perante a norma posta se nivelam os indivíduos, mas, a própria edição dela assujeita-se ao dever de dispensar tratamento equânime às pessoas. (…) A lei não deve ser fonte de privilégios ou perseguições, mas instrumento regulador da vida social que necessita tratar equitativamente todos os cidadãos. Este é o conteúdo político-ideológico absorvido pelo princípio da isonomia e juridicizado pelos textos constitucionais

---

(1) Mestrado em Direito Privado pela Universidade Federal de Pernambuco (UFPE), mestrado em derechos sociales pela Universidad Castilla de la Mancha, professora assistente de direito civil da Universidade do Estado da Bahia, juíza do trabalho titular da 34ª Vara do Trabalho de Salvador, TRT-5.

(2) Mestrado e Doutorado em Direitos Sociais pela Universidade Federal da Bahia (UFBA), professora de direito civil e do trabalho da Universidade Católica do Salvador e direito do trabalho na Pós-graduação da Faculdade Baiana de Direito, juíza do trabalho aposentada do TRT-5.

(3) Art. 444. As relações contratuais de trabalho podem ser objeto de livre estipulação das partes interessadas em tudo quanto não contravenha às disposições de proteção ao trabalho, aos contratos coletivos que lhes sejam aplicáveis e às decisões das autoridades competentes.
Parágrafo único. A livre estipulação a que se refere o *caput* deste artigo aplica-se às hipóteses previstas no art. 611-A desta Consolidação, com a mesma eficácia legal e preponderância sobre os instrumentos coletivos, no caso de empregado portador de diploma de nível superior e que perceba salário mensal igual ou superior a duas vezes o limite máximo dos benefícios do Regime Geral de Previdência Social.

(4) MELLO, Celso Antônio Bandeira de. *Conteúdo jurídico do princípio da igualdade*. 3. ed. São Paulo: Malheiros, 1998.

em geral, ou de todo modo assimilado pelos sistemas normativos vigentes. (...) dúvida não padece que, ao se cumprir uma lei, todos os abrangidos por ela hão de receber tratamento parificado, sendo certo, ainda, que ao próprio ditame legal é interdito deferir disciplinas diversas para situações equivalentes. [5]

O legislador, por sua própria função, destaca grupos, situações, fatos e atribui-lhes um tratamento jurídico específico, destinando-lhes uma proteção jurídica distinta, valorizando aspectos que considera relevantes, promovendo condutas diferenciadas, sempre considerando a realização dos valores, fundamentos e objetivos constitucionais.

Assim sendo, e por ser destinatário do princípio da igualdade, o seu poder discricionário, ou seja, de escolher o quê e como legislar é limitado pela necessária observância dos princípios constitucionais, entre os quais o princípio da igualdade, abrangendo o princípio da não discriminação, ou seja, da vedação da discriminação injustificada porque respaldada em critérios inadequados ao quanto define o texto constitucional.

Gomes Canotilho e Vital Moreira, ao analisarem o princípio da igualdade, atribuem-lhe a condição de princípio estruturante do Estado e do sistema constitucional como um todo, vinculando "directamente os poderes públicos, tenham eles competência legislativa, administrativa ou jurisdicional".[6]

Desta forma, o princípio da igualdade, além de ser um direito fundamental dos cidadãos e de traduzir um dever fundamental de todos nas relações entre si estabelecidas, implica um fator externo limitativo do poder discricionário do Estado. A sua atuação como legislador, administrador ou juiz, deve fundar-se nesse princípio, justificando constitucionalmente, já que se trata de princípio constitucional, a atribuição de regime jurídico diferenciado a grupo de cidadãos que entenda deva destacar.

Em suma, trata-se de princípio que, ao vincular o Estado, estabelece três ordens de mandamento. A primeira, dispensar a todos os que estão em igual situação tratamento igual; a segunda, o dever de tratar de forma desigual quem se encontra em situação desigual, justificando, constitucionalmente, a desigualdade que estabelece; a terceira, a proibição do tratamento discriminatório, aqui entendido como aquele que, nas palavras de Wilson Steinmetz, "denota sempre distinção, exclusão, restrição ou preferência apoiada em um preconceito sobre características ou traços definidores, e, por isso, essenciais, de pessoas ou de categorias de pessoas".[7]

É assim que se compreendem as ações afirmativas, quando, para viabilizar a igualdade de oportunidades, o legislador atribui um tratamento jurídico diferenciado a grupos de maior vulnerabilidade, como os deficientes, os idosos, as crianças e adolescentes, ou a situações jurídicas que ensejam uma desigualdade entre os seus atores, a exemplo das relações de consumo e das relações de trabalho.

Cabe, portanto, examinar os critérios em que se respaldou o legislador ao destacar, entre os trabalhadores, aqueles que detêm determinado nível de escolaridade e de patamar salarial.

3. O REGRAMENTO GERAL DEFINIDO NO *CAPUT* DO ART. 444 DA CLT: PRINCÍPIOS QUE O JUSTIFICAM

Convém ressaltar que o *caput* do art. 444 da CLT restringe a liberdade negocial do empregado frente ao empregador em face do desequilíbrio de forças imanente ao contrato de emprego, garantindo a prevalência de um conteúdo mínimo de proteção à sua condição de empregado, seja esse conteúdo emanado da lei ou da negociação coletiva.

A norma incorpora essenciais princípios do Direito do Trabalho: o princípio da imperatividade das leis trabalhistas, o princípio da indisponibilidade dos direitos laborais e o princípio da norma mais favorável. Essenciais porque são eles que justificam a autonomia do Direito do Trabalho, destacado que foi do Direito Civil, exatamente por exigir um tratamento diferenciado a quem se coloca na posição de empregado, porque apequenado diante do centro de poder que representa aquele que lhe assegura a sobrevivência econômica, sua e de sua família.

Do princípio da imperatividade se extrai a prevalência das regras jurídicas trabalhistas, inafastáveis pela vontade dos sujeitos. "Prevalece a restrição à autonomia da vontade no contrato trabalhista, em contraponto à diretriz civil de soberania das partes no ajuste das condições contratuais. Esta restrição é tida como instrumento assecuratório eficaz de garantias fundamentais ao trabalhador, em face do desequilíbrio de poderes inerente ao contrato de emprego."[8]

Trata-se de uma relação jurídica envolvendo um centro de poder. Cibele Gralha Mateus[9], ao cuidar da denominada teoria dos poderes privados, parte da constatação de que as relações de poder não são estabelecidas apenas pelo Estado, estando presentes em diversos âmbitos, incluindo o familiar, o social, o laboral etc. "Frente a esta constatação, é inegável que há um crescente multiplicar de centros de poder disseminados pela sociedade", estabelecendo-se

---

(5) MELLO, Celso Antônio Bandeira de. *Op. cit.*, p. 9-10.
(6) CANOTILHO, Gomes; MOREIRA, Vital. *Constituição da República Portuguesa anotada*. 3. ed. Coimbra: Coimbra, 1993. p. 125 e 129.
(7) STEINMETZ, Wilson. *A vinculação dos particulares a direitos fundamentais*. São Paulo: Malheiros, 2004. p. 245.
(8) DELGADO, Mauricio Godinho. *Curso de direito do trabalho*. 4. ed. São Paulo: LTr, 2005. p. 201.
(9) MATEUS, Cibele Gralha. *Direitos fundamentais sociais e relações privadas*. O caso do direito à saúde na Constituição Brasileira de 1988. Porto Alegre: Livraria do Advogado, 2008. p. 123 e seguintes.

relações de desigualdade consideradas "indissociáveis das relações humanas, sendo inerentes a toda organização social". Protegendo aquele que assume nessa situação jurídica a posição contraposta ao centro de poder, o legislador assegura-lhe um padrão mínimo de direitos que classifica como indisponíveis, irrenunciáveis, freio a qualquer tentativa de retrocesso. Tratando-se de relação de emprego, cujo fator de vulnerabilidade é a dependência econômica, o legislador assegura a função coletiva do sindicato, atribuindo-lhe autonomia negocial, também limitada pelo padrão mínimo que estabelece.

O princípio da indisponibilidade dos direitos trabalhistas, também incorporado no art. 9º da CLT "impede que o vulnerável, sob a miragem do que lhe seria supostamente vantajoso, disponha de direitos mínimos que à custa de muitas lutas históricas lhe foram assegurados nos termos da lei."[10]

Pinho Pedreira conceitua a indisponibilidade "como aquela limitação à autonomia individual pela qual se impede um sujeito, com legitimação e capacidade adequadas, de efetuar total ou parcialmente, atos de disposição sobre um determinado direito".[11]

A indisponibilidade inata aos direitos trabalhistas constitui-se talvez no veículo principal utilizado pelo Direito do Trabalho para tentar igualizar, no plano jurídico, a assincronia clássica existente entre os sujeitos da relação socioeconômica de emprego. O aparente contingenciamento da liberdade obreira que resultaria da observância desse princípio desponta, na verdade, como o instrumento hábil a assegurar efetiva liberdade no contexto da relação empregatícia: é que aquele contingencialmente atenua ao sujeito individual obreiro a inevitável restrição de vontade que naturalmente tem perante o sujeito coletivo empresarial.[12]

Como ressalta Américo Plá Rodriguez, o Direito do Trabalho, em sua essência, "disciplina a conduta humana na sua função criadora de valores, que é a expressão da responsabilidade social e da colaboração para um fim comum". Por isso mesmo, não pode excluir de seu campo a manifestação da vontade privada, mas "deve traçar-lhe limites que lhe permitam o cumprimento de sua missão"[13]. Esses limites estão retratados no padrão mínimo definido pelo legislador constitucional, ampliados pelo legislador comum ou por força da negociação coletiva. Abaixo desse patamar não há margem para a disposição de direitos no que implicar renúncia.

Por fim, o princípio da norma mais favorável, uma das variáveis do princípio da proteção, contempla a pluralidade de fontes normativas com vigência simultânea e incidentes sobre o contrato individual de trabalho e dá projeção normativa à que é mais benéfica. No contexto do *caput* do art. 444 da CLT, fica assegurada a prevalência das normas coletivas mais vantajosas em face da lei e dos ajustes individuais. Negociado sobrepondo-se ao legislado, desde que estabeleça condições mais favoráveis, observando-se a teoria do conglobamento, o que não afasta a obrigatoriedade da correspondência dos direitos transacionados, optando-se pela que tem como base os institutos, questão que deve ser objeto de um outro estudo.[14]

Observe-se que o tratamento jurídico dado à autonomia privada no âmbito da relação de emprego é distinto do civilista comum, assim designado para que se destaque do direito do consumidor. Neste, também não há paridade dos sujeitos contratantes. A hipossuficiência ou vulnerabilidade do consumidor justifica limitações à autonomia privada, o que reflete nas restrições de validade a cláusulas abusivas e tecidas no âmbito dos contratos consumeristas de adesão.

Essa disparidade normativa – Direito Civil comum e Direito do Trabalho – tem em seu amago o reconhecimento pelo legislador de um critério fundamental que os distingue, a hipossuficiência ou vulnerabilidade do empregado, a diferença de forças entre os sujeitos do contrato de trabalho, tornando o empregado suscetível a aderir a cláusulas contratuais danosas aos seus interesses e necessidades jurídicas e pessoais. Evidente que, ao disponibilizar a sua força de trabalho, o seu tempo e a sua liberdade nesse tempo, o empregado não renuncia à sua condição de cidadão. Submete-se às condições contratuais que são equilibradas pelo mínimo que lhe é assegurado pela lei ou pela norma coletiva. Esse mínimo freia o avanço da vontade do lucro, própria de quem detém o risco econômico do empreendimento. Esse mínimo humaniza a relação de trabalho, assegura equilíbrio entre o direito fundamental do trabalho, incluindo o direito ao trabalho digno, e o direito também fundamental da livre iniciativa. Assim compreendendo, permite-se a concretização da vontade do legislador constituinte, anunciada no preâmbulo do texto fundamental, asseguram-se os fundamentos do Brasil, definidos no art. 1º, e cumprem-se os princípios da Ordem Econômica, apontados no art. 170.

O elemento da hipossuficiência ou vulnerabilidade foi, também, o critério fundamental a justificar a definição pelo legislador de um microssistema de proteção ao

---

(10) MARTINEZ, Luciano. *Curso de direito do trabalho*. 3. ed. São Paulo: Saraiva, 2012. p. 90.

(11) SILVA, Luiz de Pinho Pedreira da. *Principiologia do direito do trabalho*. 2. ed. São Paulo: LTr, 1999. p. 123.

(12) DELGADO, Mauricio Godinho. Ob. cit. p. 201-202.

(13) RODRIGUEZ, Américo Pla. *Princípios de direito do trabalho*. Tradução de Wagner D. Giglio. São Paulo: LTr, Ed. da Universidade de São Paulo, 1978. p. 74.

(14) Trata-se da aplicação da teoria do conglobamento por institutos, defendida por Pinho Pedreira, na obra *Principiologia do direito do trabalho*. 2. ed. São Paulo: LTr, 1999. p. 90.

consumidor. Criou, no âmbito do Direito Civil, sistema normativo periférico ao Código Civil.

Importante sublinhar que a concepção de hipossuficiência no âmbito da relação de emprego é relativamente distinta da mesma concepção de hipossuficiência e vulnerabilidade no âmbito do direito do consumidor. Para o consumidor voga o desconhecimento técnico ou informacional que pode advir da omissão do fornecedor, assim como a dificuldade na produção de provas em seu favor ou comprovação da veracidade do fato constitutivo de seu direito. Para o trabalhador, a vulnerabilidade decorre da dependência econômica, da necessidade do emprego e de sua preservação, ensejando aceitação de condições de exploração ou de alteração prejudicial de condições de trabalho.

Estes princípios, com a fundamentação apontada, justificam, portanto, o sentido do *caput* do art. 444.

4. A EXCEÇÃO À REGRA GERAL DO *CAPUT* DO ART. 444 DA CLT. O TRABALHADOR NÃO VULNERÁVEL

Com a Lei n. 13.467/2017 introduzindo o parágrafo único no art. 444, o intérprete se depara com critérios distintivos fixados sob uma perspectiva absolutamente nova.

Observe-se que não se trata de projetar a dependência do trabalhador em face do empregador para distinguir o contrato de emprego de outros tipos contratuais e, assim, enfatizar a necessária limitação à autonomia privada como garantia da dignidade da relação laboral. Agora a perspectiva de análise é interna, porque construída concebendo possam existir contratos de emprego envolvendo trabalhador que não é vulnerável e, por conseguinte, tem liberdade na estipulação das cláusulas contratuais, com autonomia mais abrangente do que a atribuída ao seu sindicato.

Com base no quanto pretendido pelo legislador, há que considerar agora dois tipos de empregado em face da autonomia negocial: uns com ampla liberdade, independentes, com poder equivalente ao do empregador; outros com autonomia limitada, aos quais ainda se assegura a preservação de um núcleo mínimo de proteção.

Nos termos já ressaltados, ao legislador não é dado ultrapassar as balizas da isonomia. Impõe-se, por conseguinte, uma reflexão prudente acerca dos critérios apresentados pela Lei n. 13.467/2017 para estabelecer tratamento dicotômico entre os empregados no que toca aos limites da autonomia privada no processo de negociação das condições do contrato individual de trabalho.

Este é inexoravelmente o ponto de partida do intérprete ao se deparar com o parágrafo único do art. 444 da CLT. "Como as leis nada mais fazem senão discriminar situações para submetê-las à regência de tais ou quais regras – sendo esta mesma sua característica funcional – é preciso indagar quais as discriminações juridicamente intoleráveis"[15].

Os critérios distintivos eleitos pelo legislador infraconstitucional foram a formação acadêmica de nível superior e a percepção ou ajuste de remuneração correspondente ao dobro do teto do Regime Geral da Previdência. Ao intérprete, consciente da necessária investigação de toda a distinção legislativa, cumpre indagar: os elementos de classificação dos trabalhadores apontados são juridicamente válidos? São toleráveis, ou seja, constitucionalmente justificados?

Serão os critérios da formação acadêmica de nível superior e a remuneração correspondente ao dobro do teto previdenciário juridicamente válidos considerando-se a cláusula constitucional de isonomia? Esses dois fatos eleitos como critérios de distinção asseguram a invulnerabilidade do empregado, justificando o tratamento diferenciado atribuído pelo legislador? Observou o legislador o sentido, o conteúdo do princípio da igualdade?

5. "CONTEÚDO JURÍDICO DO PRINCÍPIO DA IGUALDADE": CRITÉRIOS DE DISCRIMINAÇÃO JURIDICAMENTE ADMISSÍVEIS

São dessa natureza os questionamentos tecidos por Bandeira de Melo ao contemplar o conteúdo jurídico do princípio da igualdade. "Quando é vedado à lei estabelecer discriminações? Ou seja: quais os limites que adversam este exercício normal, inerente à função legal de discriminar?"[16] Observa o professor que diversos elementos diferenciais, sejam estes residentes nas pessoas, nas coisas ou nas situações podem ser escolhidos pelo legislador como um fator de discriminação, sendo o problema fundamental perceber se os elementos escolhidos são válidos. Não o sendo, logicamente não se sustentam e a discriminação será fortuita ou injustificada[17].

Maurício Machado Marca observa que a doutrina, objetivando tornar mais analítica a avaliação da constitucionalidade do critério eleito para a distinção das situações legalmente reguladas, propõe que esse processo seja dividido nas seguintes etapas: "1) *verificação da constitucionalidade da finalidade pretendida com o tratamento desigual; 2) adequação entre o critério eleito e a finalidade pretendida; 3) exigibilidade do meio; 4) a proporção entre os graus de afetação do princípio da igualdade e a realização dos bens ou direitos pretendidos com a distinção.*"[18]

---

(15) MELLO, Celso Antônio Bandeira de. *Op. cit.*, p. 11.
(16) *Ibid.*, p. 13.
(17) *Ibid.*, p. 17-18.
(18) MARCA, Mauricio Machado. A aplicação do princípio da igualdade às relações de trabalho como limitador à autonomia privada, à luz da jurisprudência do Tribunal Superior do Trabalho. *In*: MONTESSO, Cláudio José; FREITAS, Marco Antônio de; STERN, Maria de Fátima Coelho Borges. *Direitos sociais na constituição de 1988: uma análise crítica vinte anos depois*. São Paulo: LTr, 2008. p. 332

Bandeira de Melo, por sua vez, aponta três aspectos que podem identificar quando o elemento diferencial eleito pelo legislador desrespeita a isonomia:

a) *o elemento tomado como fator de desigualação, seja para favorecer, seja para discriminar;*

b) *a correlação lógica abstrata existente entre o fator erigido em critério de discrímen e a disparidade estabelecida no tratamento jurídico diversificado;*

c) *a consonância desta correlação lógica com os interesses absorvidos no sistema constitucional e destarte juridicizados.*[19]

Os elementos tomados como fator de desigualação pela Lei n. 13.467/2017 são, consoante já enfatizado, a formação acadêmica de nível superior e a remuneração correspondente ao dobro do teto previdenciário. Não constituem elementos comuns à generalidade dos trabalhadores, não é um fator neutro, neutralidade que é considerada por Bandeira de Melo como insuscetível de aparecer como um critério de discriminação válido.

> (...) aquilo que é, em absoluto rigor lógico, necessária e irrefragavelmente igual para todos não pode ser tomado como fator de diferenciação, pena de hostilizar o princípio isonômico. Diversamente, aquilo que é diferenciável, que é, por algum traço ou aspecto, desigual, pode ser diferençado, fazendo-se remissão à existência ou à sucessão daquilo que dessemelhou as situações.[20]

A formação em nível superior e a remuneração num determinado patamar econômico são elementos que, num exame simplista, aparentam validade, porque atingem um extrato específico de trabalhadores subordinados, objetivamente identificáveis. Foi essa perspectiva simplista, quase que de senso comum, que orientou o legislador. Assim constou no parecer ao projeto de Lei n. 6.787/2016, do qual resultou a Lei n. 13.467/2017:

> A inclusão de um parágrafo único ao art. 444 visa a permitir que os desiguais sejam tratados desigualmente. De fato, a CLT foi pensada como um instrumento para proteção do empregado hipossuficiente, diante da premissa de que esse se encontra em uma posição de inferioridade ao empregador no momento da contratação e da defesa de seus interesses.
>
> Todavia não se pode admitir que um trabalhador com graduação em ensino superior e salário acima da média remuneratória da grande maioria da população seja tratado como alguém vulnerável, que necessite de proteção do Estado ou de tutela sindical para negociar seus direitos trabalhistas.
>
> A nossa intenção é a de permitir que o empregado com diploma de nível superior e que perceba salário mensal igual ou superior a duas vezes o limite máximo dos benefícios do Regime Geral de Previdência Social possa estipular cláusulas contratuais que prevaleçam sobre o legislado, nos mesmos moldes admitidos em relação à negociação coletiva, previstos no art. 611-A deste Substitutivo.
>
> Cabe ressaltar que, observado o teto salarial estabelecido no dispositivo, apenas algo em torno de 2% dos empregados com vínculo formal de emprego serão atingidos pela regra.[21]

Inspiram-se os fomentadores dessa tese em situações específicas, conforme ressaltado por Adriana Brasil Vieira Wyzykowski, no artigo intitulado "A autonomia privada e a relação de emprego sob a perspectiva do direito individual do trabalho", em que a autora divide o nível de autonomia dos trabalhadores em grau fraco ou quase inexistente: relações típicas, nas quais se constata desequilíbrio grande; grau médio: relações em que existe alguma possibilidade de negociação; grau alto: garantia da liberdade negocial, sendo o caso de empregados altamente especializados e celebridades[22]. Ora, serão altamente especializados e celebridades todos os trabalhadores que conseguiram obter nível superior e salário correspondente a dois valores do teto do Regime Geral de Previdência?

Discriminação exige um fundamento material razoável e é esse fundamento que se busca definir neste artigo, se de fato ele existe. Há que ser verificada, portanto, a legitimidade do discrímen, ou seja, dos critérios utilizados pelo legislador para diferenciar, para destacar, para afastar a regra geral do *caput* do art. 444 da CLT e autorizar a plena liberdade negocial individual.

6. VULNERABILIDADE E HIPOSSUFICIÊNCIA

O parágrafo único do art. 444 da CLT, introduzido pela Lei n. 13.467/2017, estabelece, como já dito, a graduação em nível superior e o patamar salarial como critérios capazes de afastar a vulnerabilidade do trabalhador.

Há que constatar que a vulnerabilidade não se confunde com a hipossuficiência. Esta traz em si a ideia de pobreza, de parcos recursos financeiros, de ausência de condições materiais necessárias a uma vida digna. Trata-se de característica que independe de situação de relação. O indivíduo é carente de recursos materiais independentemente de estar ou não em face de outra pessoa.

---

(19) MELLO, Celso Antônio Bandeira de. *Op. cit.*, p. 21.
(20) *Ibid.*, p. 32.
(21) Disponível em: <http://www.camara.gov.br/proposicoesWeb/prop_mostrarintegra?codteor=1544961>. Acesso em: 15 out. 2017.
(22) WYZYKOWSKI, Adriana Brasil Vieira. A autonomia privada e a relação de emprego sob a perspectiva do direito individual do trabalho. In *Revista do Tribunal Superior do Trabalho*, v. 82, n. 4, p. 19-46, out./dez. 2016. Disponível em: <http://biblioteca2.senado.gov.br:8991/F/KGNIA33RIQ3IPNIBC2XIBC4N3GR1E8F2GTTX7R9LYQBFB78CPY-39498?func=full-set-set&set_number=008589&set_entry=000001&format=999>. Acesso em: 16 out. 2017.

A hipossuficiência pode ensejar uma relação de vulnerabilidade diante do outro, mas nem toda a vulnerabilidade decorre da hipossuficiência. O consumidor e o trabalhador são considerados, via de regra, vulneráveis independentemente de serem ou não hipossuficientes. Ela traduz uma relação de fragilidade, de desproteção, de menor poder diante de um centro de domínio.

Na relação de consumo, a condição de vulnerabilidade decorre da dificuldade da produção de provas sempre que ocorre lesão ao direito do consumidor, seja por desconhecimento técnico, seja por distanciamento do centro de produção ou por impossibilidade de acesso à informação. Nas relações de trabalho, a vulnerabilidade decorre, entre outros fatores, mas essencialmente, da dependência econômica. De forma simplista, todos aqueles que precisam de seu salário para pagamento de suas despesas, independentemente do padrão remuneratório, dependem daquele emprego, necessitam preservá-lo, aceitando, por força dessa condição, o que lhe for imposto por quem representa a fonte pagadora.

Outros fatores, externos ou internos, podem potencializar essa vulnerabilidade na relação de trabalho, a exemplo da crise econômica e o risco de perder emprego associado à dificuldade de obtenção de novo posto de trabalho, ou a própria estrutura emocional do empregado, sua capacidade de enfrentamento de situações adversas, seu medo de novo trabalho, sua dificuldade de ultrapassar os limites a que se adaptou.

Martina Paula Berra, Cecilia Del Carmen Calderone e María Liliana Pizzio, ao analisarem a vulnerabilidade no âmbito do trabalho, mencionam os fatores que a caracterizam, considerando-a própria do trabalhador economicamente dependente, agravada por situações que o fragilizam na situação jurídica em que se encontra. Apontam três dimensões da vulnerabilidade relacionada ao trabalho. A primeira refere-se às características pessoais do empregado, sua conduta, sua estrutura emocional, suas crenças, seus hábitos, sua forma de enfrentamento de situações adversas, sua capacidade de responder a desafios. A segunda, ao trabalho propriamente dito, como o ambiente físico, a produtividade, o valor do salário, as exigências e a organização empresarial. A terceira e última dimensão refere-se às condições extralaborais, a exemplo da conjuntura econômica, social e política do país, os vínculos afetivos, a integração do trabalho com os projetos de vida social e familiar.[23]

Todos esses elementos contribuem para ou constituem a vulnerabilidade do empregado.

7. OS CRITÉRIOS DE DESIGUALAÇÃO ELEITOS PELO LEGISLADOR. A FALSA PREMISSA DE INVULNERABILIDADE

O parágrafo único do art. 444 da CLT atribui plena autonomia, ou seja, afasta da zona de vulnerabilidade o empregado que tem nível superior e que percebe como salário um valor maior do que duas vezes o teto do Regime Geral da Previdência.

Quando define esses critérios de diferenciação de um grupo de trabalhadores em face de todos os demais, fá-lo no pressuposto de que esses traços distintivos por si só são aptos a conferir ao empregado independência tal que lhe permite negociar com a mesma capacidade fática do seu empregador. Elege-os como aptos a excepcionar a regra geral do *caput* do art. 444 da CLT.

Ora, esse pressuposto não é materialmente razoável. A vulnerabilidade não tem relação com a situação financeira nem com a capacidade intelectual do empregado. Exatamente por isso, ao estabelecer direitos e autorizar a transação por negociação coletiva, o legislador constitucional considerou a dependência do trabalhador, a sua dificuldade em negociar, a vulnerabilidade capaz de levá-lo a aceitar a imposição. Para afastar a proteção da lei ou da norma coletiva, o legislador estabelece critérios que não ensejam essa autonomia plena que pretende. A premissa que estabelece é desconectada da realidade, é uma falsa premissa, seja o trabalhador técnico, braçal, intelectual, graduado, analfabeto, com salário mínimo ou com vários salários mínimos.

Não há, portanto, correlação lógica abstrata entre os fatores erigidos em critério de *discrímen* pela Lei n. 13.467/2017 e a disparidade estabelecida no tratamento jurídico dado aos empregados. Os critérios pautados na formação em nível superior e no montante da remuneração do empregado devem ser contrapostos à autonomia privada, uma vez que a disparidade de tratamento preconizada pelo parágrafo único do art. 444 da CLT está fundada na "suposta" maior liberdade do trabalhador hipersuficiente para negociar com o empregador as cláusulas contratuais, o que dispensaria a aplicação cogente de um conteúdo mínimo de proteção, consoante ocorre com os demais empregados.

Ocorre que a autonomia privada no âmbito da relação de emprego deve ser compreendida a partir da posição que os sujeitos ocupam no contrato, um dotado de poder de direção, controle e disciplinar e o outro em estado de sujeição pessoal. Esse aspecto não pode ser desprezado nessa análise em abstrato dos critérios discriminatórios. Não há como examinar-se a autonomia privada do empregado, seja este hipersuficiente ou não, contemplando-se a paridade entre os sujeitos do contrato de emprego, porque essa paridade não há, é característica dos contratos civis regidos pelo Código Civil. Sequer há nos contratos civis de consumo, por isso regulados por um microssistema próprio no qual o desequilíbrio entre os sujeitos contratantes é valorado pela norma para proteger o consumidor.

---

(23) BERRA, Martina Paula; CALDERONE, Cecilia Del Carmen; PIZZIO, María Liliana (2009). EL CONCEPTO DE VULNERABILIDAD EN EL ÁMBITO DEL TRABAJO. APORTACIONES DESDE EL CAMPO DE LA SALUD MENTAL. I Congreso Internacional de Investigación y Práctica Profesional en Psicología XVI Jornadas de Investigación Quinto Encuentro de Investigadores en Psicología del MERCOSUR. Facultad de Psicología Universidad de Buenos Aires, Buenos Aires. Disponível em: <https://www.aacademica.org/000-020/296.pdf>. Acesso em: 17 out. 2017.

Ninguém, conscientemente, afasta a possibilidade de se desenvolver, de se promover, de melhorar as suas condições de vida sem estar de alguma forma constrangido por qualquer circunstância. "É que há sempre algo de não espontaneamente querido". [24] Esse despojar das coisas, esse desapego ao que lhe pertence, ao que é seu direito, não é comum entre as pessoas humanas em suas relações profissionais. É preciso, portanto, avaliar o que foge da normalidade, do comum desse constrangimento e passa a configurar vício no consentimento.

Cuidando-se de direitos fundamentais sociais, qualquer circunstância que possa ter maculado a livre manifestação de vontade deve implicar a sua invalidade e, não sendo possível o retorno ao estado anterior, há que ser imposta a devida compensação. Está-se a cuidar de direito fundamental social, sendo o tratamento das questões envolvendo a vontade diferente do que é atribuído aos direitos individuais, em que as decisões via de regra afetam tão somente o próprio sujeito.

Trata-se das relações travadas entre os particulares e os designados centros de poder, abrangendo desde o chefe da família até o Estado, passando pelas empresas, pelo empregador ou outros que detenham poder político ou econômico. Aqui, na hipótese de haver renúncia a direito fundamental por força de ajuste com o centro de poder, a sua validade, que já seria examinada, mesmo de ofício, com carga argumentativa contrária a seu acolhimento, será mais rigorosamente questionada. Presume-se que não houve liberdade real da manifestação de vontade do titular do direito por se tratar, repita-se, de relação jurídica entre desiguais, ou seja, que envolve centro de poder, público ou privado. Presume-se a vontade sem liberdade, constrangida além do limite que pode ser considerado normal.

A maior ou menor remuneração diferencia um trabalhador do outro, colocando-os em camadas sociais distintas na estratificação social e segundo o seu poder econômico para consumir bens e serviços. Contudo, não os diferencia perante o empregador, seja quando da contratação, seja em face de modificações de condições de trabalho nos contratos em curso.

Sob o ponto de vista abstrato, premissa a ser considerada pelo legislador porque a lei é geral e abstrata em sua essência, a maior ou menor remuneração do trabalhador não afeta substancialmente a sua liberdade negocial. A condição de hipossuficiência do empregado, ou melhor dizendo, de vulnerabilidade, consagrada pelo legislador trabalhista como elemento a justificar a proteção, não é um critério fundado no quantitativo da remuneração do trabalhador. É uma condição jurídica determinada pelo estado de sujeição às ordens e comandos do empregador, uma vez que o trabalho é prestação oferecida em troca do salário e é indissociável da pessoa do trabalhador.

A vulnerabilidade é, também, conforme já analisado, uma condição econômica ditada pelo mercado de trabalho, compreendido a partir da dinâmica de oferta de postos de trabalho em contraposição à oferta de mão de obra. Quanto mais abundante a oferta de mão de obra, maior controle e comando terá o empregador na disposição normativa dos contratos celebrados. Com empregos escassos, os trabalhadores tornam-se mais vulneráveis, facilmente cedem diante das condições de trabalho e remuneração que lhe são oferecidas ou impostas, quando já em curso a relação de emprego. Portanto, não será a maior ou menor remuneração recebida pelo empregado que o colocará com maior ou menor poder de negociação das cláusulas contratuais.

A qualificação técnica mais especializada do trabalhador aparece, no mercado de trabalho com escassez dessa específica mão de obra, como um elemento diferencial muito mais relevante do que o quantitativo da remuneração. Os trabalhadores altamente especializados indubitavelmente podem ter uma maior autonomia privada, uma vez que, nessa hipótese, é possível que seja a empresa a deles depender. O polo da necessidade pode até sofrer uma inversão quando somente aquele trabalhador detém o conhecimento imprescindível ao cumprimento da finalidade do empreendimento a que se vincula.

Todavia, não foi esse o critério eleito pelo legislador. Esta circunstância é irrelevante, exatamente porque no Direito Do Trabalho há que se considerar a realidade, o que de fato ocorre no dia a dia da execução do contrato de emprego. É possível que ocorram situações concretas e pontuais em que o trabalhador ocupe uma situação de plena autonomia para a negociação das condições do contrato de trabalho a celebrar ou em curso, por ser altamente especializado ou uma celebridade, como apontado anteriormente.

Entretanto, dificilmente esse empregado aparentemente não vulnerável exerceria a sua plena autonomia privada para redução de direitos, ou seja, para estabelecer condições de trabalho em sentido diametralmente oposto ao da regulação mínima legal ou negociada coletivamente. Em situações tais o razoável é que se aproveitasse da vantagem para garantir-se no gozo de direitos mais extensos que o patamar mínimo intocável.

De outra ponta, num sistema jurídico em que não há proteção efetiva contra a despedida arbitrária, não há estabilidade no emprego e onde impera forte competitividade na obtenção de bons postos de trabalho, nem sempre respaldada no mérito do trabalhador, é pouco convincente a autonomia do empregado para reagir contra modificações no conteúdo do contrato vigente ou para negociar condições ideais de contratação para um novo emprego.

O reconhecimento do disposto no parágrafo único do art. 444 da CLT vai redundar na fixação pelo legislador de

---

(24) NOVAIS, Jorge Reis. Renúncia a direitos fundamentais. *In:* MIRANDA, Jorge (Org.). *Perspectivas constitucionais.* Nos 20 anos da Constituição de 1976. Coimbra: Coimbra, 1996. p. 305.

uma discriminação odiosa, porque ensejará, na verdade, uma hiperdependência do trabalhador ao capital. Hiperdependência que resultará na proliferação de contratos afastando o conteúdo mínimo de direitos previstos na legislação e por norma coletiva.

Importante destacar, ademais, que essa condição do trabalhador hipersuficiente, ou não vulnerável, assim considerado em função do patamar de remuneração superior a duas vezes o teto do Regime Geral da Previdência, não é equiparável à dos altos empregados, referidos na CLT em dispositivos esparsos, a exemplo dos arts. 468, § 1º, 469, § 1º, 224, § 2º, 62, II, parágrafo único da CLT. Em relação a estes, a discriminação no tratamento jurídico está fundada no exercício de função de confiança, situação na qual a fidúcia diferenciada exigível para a execução do trabalho dá destaque à condição do trabalho, ainda que discutível em algumas situações, por exemplo, quando correlatas à duração do trabalho.

Quanto ao critério de ser o trabalhador portador de diploma de nível superior também é importante questionar qual a correlação lógica com a autonomia da vontade, com a sua não vulnerabilidade. O legislador traça um critério discriminatório que não se sustenta. Não há correlação lógica entre essa condição e o pleno conhecimento pelo trabalhador da amplitude de direitos dos quais é titular e a sua autonomia na negociação das condições do contrato de trabalho. Segundo já acima enfatizado, a dinâmica do mercado de trabalho é que define o quanto o empregador está disposto a barganhar em troca de mão de obra, seja esta qualificada ou não, ou o quanto em direitos está disposto o trabalhador a ceder para não ficar desempregado.

Portanto, ainda que tenha o empregado amplo conhecimento dos direitos de que é titular, o que parece ser a premissa em que se funda o legislador, permanece premido por circunstâncias econômicas, por dependência econômica, por vulnerabilidade. Esta é a realidade na relação entre capital e trabalho. E é por isso que existe o Direito do Trabalho. E é para proteger o empregado que se deve fortalecer o sindicato. E é para assegurar a relação digna de trabalho que existe a Justiça do Trabalho, especializada pelo pressuposto da necessidade de juízes mais voltados para a compreensão do mundo do trabalho, envolvendo a livre iniciativa, a propriedade privada e a oferta de trabalho, numa relação que há de ser humana, porque equilibrada.

Ainda assim, elegeu o legislador um critério tosco, porque parte da presunção de que o cidadão graduado em nível superior tem amplo conhecimento jurídico, em especial, dos direitos trabalhistas, premissa que não se sustenta se considerarmos que nos currículos de cursos de ensino superior nas diversas áreas, não há disciplina tratando do conteúdo mínimo de direitos dos trabalhadores em geral ou dos específicos de determinado segmento profissional. Sequer há no ensino médio um currículo mínimo obrigatório que abranja os direitos e deveres do empregado. Até mesmo para os graduados em ciências jurídicas o amplo conhecimento do Direito do Trabalho está cada dia mais distante, tantos são aqueles que atuam em outros ramos do direito e desconhecem pelo distanciamento natural na prática profissional, o âmago desse ramo autônomo do Direito.

8. OS CRITÉRIOS DE DESIGUALAÇÃO ELEITOS PELO LEGISLADOR: O CRIVO CONSTITUCIONAL

Por fim, cabe examinar a consonância entre estes critérios de discriminação considerados pelo legislador e os interesses protegidos na Constituição.

Observa Bandeira de Melo que

a lei não pode atribuir efeitos valorativos, ou depreciativos, a critério especificador, em desconformidade ou contradição com os valores transfundidos no sistema constitucional ou nos padrões ético-sociais acolhidos neste ordenamento (...) Por isso se observa que não é qualquer distinção entre as situações que autoriza discriminar. Sobre existir alguma diferença importa que esta seja relevante para o discrímen que se quer introduzir legislativamente[25].

Como último crivo de avaliação dos critérios estabelecidos pelo legislador para destacar determinado grupo e atribuir-lhe um tratamento jurídico próprio, Bandeira de Melo aponta que a diferenciação de tratamento jurídico deve ser fundada em razão valiosa à luz do texto constitucional, considerando o bem público.

Desta forma, somente se justifica a desigualação quando ela tem como finalidade a proteção de um valor constitucional, quando é voltada para atender a um interesse constitucionalmente valioso. Assim se justificou o tratamento diferenciado atribuído ao deficiente, à criança e ao adolescente, ao idoso, ao consumidor, ao indígena, ao trabalhador economicamente dependente.

A distinção interna aqui assinalada, atribuindo autonomia plena a quem é vulnerável não tem como objetivo a proteção de um valor constitucional. Pelo contrário. Afeta o cerne da justificada preocupação do legislador constituinte, pois consciente da pouca autonomia do trabalhador empregado, conferiu o poder de negociar ao sindicato, exigindo que ele esteja presente em qualquer ajuste de direitos entre os atores do contrato de emprego. O afastamento do sindicato e do legislador afronta esse cuidado constitucional. Não passa pelo crivo definido por Celso Antônio Bandeira de Melo.

Esta avaliação não é criação do Direito pátrio, tendo inspiração no Direito português. Assim se manifestou a

---

(25) MELLO, Celso Antônio Bandeira de. *Op. cit.*, p. 42.

Procuradoria Geral da República portuguesa, quando instada a se posicionar em relação à situação de desigualdade sem fundamento constitucional.

> As diferenciações de tratamento legislativo podem ser, deste ponto de vista, legítimas quando tenham um fim legítimo segundo o ordenamento constitucional, se revelem necessárias e adequadas em relação ao objectivo que se pretende, se não fundamentem em qualquer motivo constitucionalmente impróprio (os motivos enunciados no art. 13, n. 2, da Constituição), ou se baseiem numa diferença objectiva de situações.[26]

Qual o fim legítimo buscado pelo legislador ao atribuir plena autonomia a empregado que mantém-se vulnerável, ainda que graduado e com salário superior à média nacional? A distinção feita é necessária e adequada ao alcance de que objetivo? Se o objetivo é esvaziamento de direitos, não se tem dúvida da adequação dos critérios distintivos ao fim pretendido. Na verdade, a prevalecer a figura do trabalhador não vulnerável acoberta-se conduta legislativa constitucionalmente imprópria, respaldada em motivo também inconstitucionalmente impróprio.

O Tribunal Constitucional português também vem firmando entendimento nesse sentido:

> Importa que as diferenciações de regime que se traduzam em diferenciações na atribuição de direitos ou na imposição de deveres sejam adequadamente justificadas com base em diferenças objectivas que sejam significativas e relevantes para efeito dessa diferença de regime jurídico".[27]

Conclui-se, portanto, que o tratamento diferenciado, por traduzir exceção ao princípio da igualdade, deve ser fundamentado em valores constitucionalmente relevantes. Não é a hipótese do regime introduzido pelo legislador comum no parágrafo único do art. 444 da CLT.

Por conseguinte, a efetiva autonomia do empregado deve ser avaliada no contexto da sua contratação ou no curso da relação de emprego, não cabendo a presunção legal de que todos os que têm escolaridade de nível superior e nível salarial acima de duas vezes o teto do Regime Geral da Previdência são aptos a negociar as condições de trabalho com independência, sem vulnerabilidade.

9. CONCLUSÃO

A Lei n. 13.467/2017 introduziu um parágrafo único no art. 444 da CLT, atribuindo plena autonomia aos trabalhadores empregados que tenham nível superior e salário superior a duas vezes o teto do Regime Geral da Previdência. Afasta esses empregados da regra geral de proteção definida no *caput* desse artigo, segundo a qual não têm validade as cláusulas contratuais individuais que restrinjam direitos assegurados em lei ou em norma coletiva.

Necessário que se verifique a adequação dos critérios de distinção eleitos pelo legislador em face do princípio da igualdade.

Com base no conteúdo jurídico desse princípio, a discriminação, ou seja, o destaque dado a esses trabalhadores, com regime de proteção diferenciado, é baseada em critérios que não se adequam à exigência de fundamento material lógico e de crivo constitucional, considerando os parâmetros estabelecidos em estudo de Celso Antonio Bandeira de Melo.

Assim sendo, a autonomia negocial do trabalhador e a validade de cláusulas contratuais restritivas de direitos assegurados em lei e em norma coletiva devem ser verificadas na situação concreta, considerando os fatores do contexto por ele vivenciado quando da contratação e no curso da execução do ajuste laboral.

10. REFERÊNCIAS BIBLIOGRÁFICAS

BERRA, Martina Paula; CALDERONE, Cecilia Del Carmen; PIZZIO, María Liliana (2009). EL CONCEPTO DE VULNERABILIDAD EN EL ÁMBITO DEL TRABAJO. APORTACIONES DESDE EL CAMPO DE LA SALUD MENTAL. I Congreso Internacional de Investigación y Práctica Profesional en Psicología. XVI Jornadas de Investigación. Quinto Encuentro de Investigadores en Psicología del MERCOSUR. Facultad de Psicología Universidad de Buenos Aires, Buenos Aires. Disponível em: <https://www.aacademica.org/000-020/296.pdf>. Acesso em: 17 out. 2017.

CANOTILHO, Gomes; MOREIRA, Vital. *Constituição da República Portuguesa anotada*. 3 ed. Coimbra: Coimbra, 1993.

DELGADO, Mauricio Godinho. *Curso de direito do trabalho*. 4. ed. São Paulo: LTr, 2005.

MARCA, Maurício Machado. A aplicação do princípio da igualdade às relações de trabalho como limitador à autonomia privada, à luz da jurisprudência do Tribunal Superior do Trabalho. In: MONTESSO, Cláudio José; FREITAS, Marco Antônio de; STERN, Maria de Fátima Coelho Borges. *Direitos sociais na Constituição de 1988*: uma análise crítica vinte anos depois. São Paulo: LTr, 2008.

MARTINEZ, Luciano. *Curso de direito do trabalho*. 3. ed. São Paulo: Saraiva, 2012.

MATEUS, Cibele Gralha. *Direitos fundamentais sociais e relações privadas*. O caso do direito à saúde na Constituição Brasileira de 1988. Porto Alegre: Livraria do Advogado, 2008.

MELLO, Celso Antônio Bandeira de. *Conteúdo jurídico do princípio da igualdade*. 3. ed. São Paulo: Malheiros, 1998.

---

(26) Parecer 97/98. Disponível em: <http://www.dgsi.pt/pgrp.nsf/0/16cb9636bfdf7fcb80256890005dbc7e?OpenDocument>. Acesso em: 15 out. 2017.

(27) Acórdão n. 68/1985, no D.R., II Série, n. 135, de 15.06.1985. Disponível em: <http://www.dgsi.pt/pgrp.nsf/0/16cb9636bfdf7fcb80256890005dbc7e?OpenDocument>. Acesso em: 15 out. 2017.

NOVAIS, Jorge Reis. Renúncia a direitos fundamentais. *In*: MIRANDA, Jorge (Org.). *Perspectivas constitucionais*. Nos 20 anos da Constituição de 1976. Coimbra: Coimbra, 1996.

RODRIGUEZ, Américo Pla. *Princípios de direito do trabalho*. Tradução de Wagner D. Giglio. São Paulo: LTr, Ed. da Universidade de São Paulo, 1978.

SILVA, Luiz de Pinho Pedreira da. *Principiologia do direito do trabalho*. 2. ed. São Paulo: LTr, 1999.

STEINMETZ, Wilson. *A vinculação dos particulares a direitos fundamentais*. São Paulo: Malheiros, 2004.

WYZYKOWSKI, Adriana Brasil Vieira. A autonomia privada e a relação de emprego sob a perspectiva do direito individual do trabalho. In *Revista do Tribunal Superior do Trabalho*, v. 82, n. 4, p. 19-46, out./dez. 2016. Disponível em: <http://biblioteca2.senado.gov.br:8991/F/KGNIA33RIQ3IPNIBC2XIBC4N3GR1E8F2GTTX7R9LYQBFB-78CPY-39498?func=full-set-set&set_number=008589&set_entry=000001&format=999>. Acesso em: 16 out. 2017.

Reflexões Acerca da Terceirização, do Grupo Econômico e da Responsabilidade do Sócio Retirante de Acordo com a Reforma Trabalhista

Raphael Miziara[1]
Iuri Pinheiro[2]

1. BREVE INTRODUÇÃO

No dia 11 de novembro de 2017 entrará em vigor a Lei n. 13.467 de 13 de julho de 2017, intitulada Reforma Trabalhista, que modificará mais de uma centena de dispositivos legais, especialmente os da Consolidação das Leis do Trabalho.

Após decorrido o período de cento e vinte dias da publicação oficial referentes à vacância legal (art. 6º, da Lei n. 13.467/2017), as relações de trabalho no Brasil sofrerão significativos impactos. O mesmo se diga em relação aos processos trabalhistas, pois a Reforma também altera pontos sensíveis em matéria processual.

Dentre as modificações operadas, pode-se destacar a regulamentação da terceirização, a nova configuração do grupo econômico para fins trabalhistas e a responsabilidade do sócio retirante.

O objetivo do presente estudo é apontar as primeiras impressões sobre as temáticas supramencionadas, fazendo o devido cotejo com a jurisprudência do C. Tribunal Superior do Trabalho a respeito dos institutos adiante tratados.

2. TERCEIRIZAÇÃO

2.1. Recente histórico

No dia 19 de março de 1998, o Poder Executivo apresentou na Câmara dos Deputados o PL n. 4.302 de 1998, com o objetivo de modificar a Lei n. 6.019/1974, bem como dispor sobre as relações de trabalho na empresa de prestação de serviços a terceiros.

Depois de certo período de tramitação, em 19 de agosto de 2008, foi apresentada pelo Poder Executivo a mensagem n. 389, cujo objeto era a retirada de pauta do Projeto de Lei em referência.

Não obstante essa particularidade, a tramitação do Projeto de Lei foi retomada em 26.11.2016 e, em 22.03.2017, culminou em sua aprovação no Plenário da Câmara dos Deputados com seu consequente envio à sanção.

Em 31.03.2017, após alguns vetos parciais, foi publicada do Diário Oficial da União a Lei n. 13.429/2017 que, segundo sua ementa *"altera dispositivos da Lei n. 6.019, de 3 de janeiro de 1974, que dispõe sobre o trabalho temporário nas empresas urbanas e dá outras providências; e dispõe sobre as relações de trabalho na empresa de prestação de serviços a terceiros"*.

Assim, depois de um longo período de anomia, a terceirização no Brasil ganha contornos legislativos mais específicos, pois, até então, o assunto era disciplinado basicamente pela Súmula n. 331 do C. Tribunal Superior do Trabalho.

Pouco tempo depois de alterada a Lei n. 6.019/1974, foi aprovada a Lei n. 13.467/2017 com o desiderato de implantar no Brasil a chamada Reforma Trabalhista, fulcrada, segundo seus artífices, no discurso da modernização econômica, a fim de adequar a legislação às novas relações de trabalho.

A Reforma Trabalhista alterou diversos dispositivos da Consolidação das Leis do Trabalho (CLT), bem como das Leis ns. 6.019/1974 (Trabalho Temporário), 8.036/1990 (FGTS), e 8.212/1991 (Lei de Custeio da Previdência).

Operou-se, portanto, a "Reforma da Reforma", pois a Lei n. 6.019/1974 acabara de ser alterada. Fato é que a redação dada pela Lei n. 13.429/2017 não deixou clara a possibilidade de terceirização das atividades principais da contratante, razão pela qual nova intervenção legislativa se mostrou necessária. Eis o principal motivo da segunda alteração legal, qual seja, permitir a terceirização generalizada, como se verá.

De logo, antes que se passe aos demais pontos, bom esclarecer que o objeto do presente estudo cinge-se tão somente ao estudo das modificações implantadas pela Reforma Trabalhista no tocante à regulamentação da

---

[1] Mestrando em Direito do Trabalho e das relações sociais pela UDF. Professor em cursos de graduação e pós-graduação em Direito. Advogado. Consultor jurídico. Membro da ANNEP – Associação Norte Nordeste de Professores de Processo e da ABDPro – Associação Brasileira de Direito Processual. Editor do site <http://www.ostrabalhistas.com.br> e autor de diversos livros e artigos na área juslaboral.

[2] Juiz do Trabalho no TRT da 3ª Região. Foi Juiz do Trabalho no TRT da 15ª Região. Foi Analista Judiciário no TST e nos TRTs da 2ª e 7ª Regiões, ocupando funções de confiança em gabinetes de juízes, desembargadores e Ministro do TST. Foi Técnico Judiciário no TRT da 9ª Região. Especialista em Direito e Processo do Trabalho e em Direito Público. Professor de cursos preparatórios para carreiras jurídicas, da Pós-Graduação da PUC Minas e da Escola da AMATRA9. Palestrante e escritor de livros e artigos na área juslaboral.

terceirização de serviços.[3] No entanto, algumas notas sobre a Lei n. 13.429/2017 mostram-se necessárias, como adiante se verá.

2.2. Diferenças entre terceirização de serviços e trabalho temporário e o seu tratamento conferido pela Lei n. 6.019/1974

A Lei n. 13.429/2017 teve por escopo (i) alterar dispositivos da Lei n. 6.019/1974, que dispõe sobre o trabalho temporário; bem como, (ii) dispor sobre as relações de trabalho na empresa de prestação de serviços a terceiros.

Como se nota, a Lei cuida de dois grandes assuntos, quais sejam: a) relações de trabalho temporário; e, b) relações de trabalho na empresa de prestação de serviços a terceiros.

Nesse momento, importa demonstrar se *o trabalho temporário (Lei n. 6.019/1974) pode ser considerado uma hipótese de terceirização*. Doutrinariamente, dois entendimentos principais despontam acerca do tema.[4]

Parcela da doutrina entende que o trabalho temporário não se confunde com o fenômeno da terceirização. Afirma que não se trata de hipótese de terceirização, com prestação de serviços, mas, de fornecimento temporário de trabalhadores para atuação para a empresa tomadora (intermediação de mão de obra). É a posição de Rodrigo de Lacerda Carelli, com arrimo na doutrina de Ciro Pereira da Silva.[5]

Esse entendimento reduz o sentido e alcance do termo "terceirização" de modo a tratá-la, unicamente, como a situação pela qual a empresa-cliente subcontrata serviços específicos e especializados de sua cadeia produtiva a empresas-fornecedoras especializadas.

Em outros termos, a empresa-cliente, no afã de se concentrar na sua atividade principal, transfere para outrem suas atividades secundárias e instrumentais. Por exemplo, cite-se o caso de um banco que terceiriza seu setor de fotocópias (atividade nitidamente secundária, de suporte à atividade principal). Esse serviço de fotocópia realizado por terceiros será de fornecimento permanente.

A situação é distinta daquela na qual uma determinada empregada do banco afasta-se para gozo de licença-maternidade e a instituição financeira se vale de uma empresa de trabalho temporário para angariar mão de obra. Aqui, trata-se de verdadeira intermediação. Como se vê, nesse caso, o banco não objetiva, com a contratação do terceiro, focalizar em sua atividade secundária.

Por outro lado, a linha que defende ser o trabalho temporário uma espécie de terceirização argumenta ser imprescindível atentar para o fato de que a terceirização, em seu modelo tradicional[6], comporta basicamente duas variáveis, quais sejam, a *terceirização de trabalhadores* ou *de mão de obra* e a *terceirização de serviços*.

Nessa diretriz, a *terceirização de trabalhadores* tem por escopo a contratação de trabalhadores e revela a possibilidade de uma empresa contratar com outra empresa para que esta lhe forneça a força laboral de qualquer trabalhador singularmente considerado. É o que a corrente anterior chama de "intermediação de mão de obra". Já a *terceirização de serviços* é aquela na qual uma empresa (ou até mesmo, uma pessoa física), visando concentrar esforços em sua atividade-fim, contrata outra empresa, entendida como periférica, para lhe dar suporte em serviços especializados. É o que a linha de pensamento anterior chama de terceirização, pura e simplesmente.

É na primeira hipótese de terceirização (*terceirização de trabalhadores*) que se amolda o regime de trabalho temporário (Lei n. 6.019/1974)[7], a partir do qual se tem um contrato entre uma empresa (fornecedora) e outra (tomadora), pelo qual a primeira se obriga a fornecer à segunda trabalho temporário (em atividade–meio ou fim). É dizer, uma empresa contrata de outra o fornecimento de força laboral, dissociando-se o vínculo econômico do vínculo jurídico. É

---

(3) Para uma análise aprofundada da Lei n. 6.019/74 como um todo, após as modificações trazidas pela Lei n. 13.429/2017 e pela Lei n. 13.467/2017, consultar: MIZIARA, Raphael; PINHEIRO, Iuri. *A regulamentação da terceirização e o novo regime do trabalho temporário*: comentários analíticos à Lei n. 6.019/1974. São Paulo: LTr, 2017.

(4) MIZIARA, Raphael; MARTINEZ, Luciano. A terceirização produzida pela Lei n. 6.019/1974. In: *Revista da Academia Brasileira de Direito do Trabalho*. Ano XX, n. 20, 2015. São Paulo: LTr, 2015. p. 94-108.

(5) CARELLI, Rodrigo de Lacerda. *Terceirização como intermediação de mão de obra*. São Paulo: Papyrus, 2014. p. 86-87. **Também afirmando ser o trabalho temporário hipótese de intermediação de mão de obra**: GARCIA, Gustavo Filipe Barbosa. Lei da terceirização não é clara quanto à permissão para atividade-fim. In: *Revista Consultor Jurídico*, 2 de abril de 2017. Disponível em: <http://www.conjur.com.br/2017-abr-02/gustavo-garcia-lei-nao-clara-quanto-permissao-atividade-fim>.

(6) Intitula-se tradicional o modelo contraposto a um novo formato sugerido pelo modelo sistemista. Será tradicional a concepção porque, ao falar em terceirização, imagina-se, imediatamente, dada a tradição do instituto e até mesmo o sentido vocabular, a ideia de uma **subcontratação de trabalhadores**, por conta de acréscimo extraordinário de serviços ou por força da necessidade de substituição do pessoal regular e permanente, ou de uma *subcontratação de serviços especializados*, não ligados à atividade-fim do tomador. (MARTINEZ, 2014, p. 263). Para mais sobre o modelo sistemista ou de fornecimento global consultar: MARTINEZ, Luciano. *Curso de direito do trabalho*. 5. ed. São Paulo: Saraiva, 2014.

(7) Também considerando o trabalho temporário como espécie de terceirização: CATHARINO, José Martins. *Trabalho temporário*. Rio de Janeiro: Edições Trabalhistas, 1984; DELGADO, Mauricio Godinho. *Capitalismo, trabalho e emprego*: entre o paradigma da destruição e os caminhos da reconstrução. São Paulo: LTr, 2007; CASSAR, Vólia Bomfim. *Direito do trabalho*. 12. ed. São Paulo: Método, 2016. p. 479-480; DELGADO, Gabriela Neves; AMORIM, Helder Santos. Terceirização – aspectos gerais: a última decisão do STF e a Súmula 331 do TST. Novos Enfoques. *Rev. TST*, Brasília, v. 77, n. 1, jan/mar 2011.

típica intermediação de mão de obra permitida em lei, na qual há nítida *pessoalidade* na contratação, o que não ocorre na terceirização de serviços.

Diante dessa diferenciação teórica, indaga-se: *qual o efeito prático na adoção de uma ou outra linha de entendimento?* Ao nosso sentir, nenhum. A questão é meramente terminológica e cosmética. Em verdade, as duas linhas falam a mesma coisa, mas com terminologias distintas. Entretanto, uma coisa é fato: terceirização de serviços é diferente de intermediação de mão de obra (ou terceirização *de trabalhadores*) e, é nesta última que se enquadram as hipóteses da Lei n. 6.019/1974.

Em escritos anteriores, chegamos a defender ser o trabalho temporário mera hipótese de terceirização de trabalhadores.[8] E, de fato, o é, pois a empresa cliente transfere para quem não é seu empregado (ou seja, um terceiro) a execução de tarefas. No entanto, para evitar confusão com a terceirização de serviços, passamos a nominar a terceirização produzida pela Lei n. 6.019/1974 como sendo hipótese de *intermediação ou terceirização de mão de obra*.

Assim, é preciso ter cuidado para, ao se referir ao trabalho temporário (hipótese da Lei n. 6.019/1974) não mencionar apenas *terceirização*. É preferível que se fale em *terceirização de mão de obra* ou *de trabalhadores* ou, então, *intermediação de mão de obra*.

Mauricio Godinho Delgado define terceirização trabalhista como a situação na qual o efetivo tomador de serviços deixa de ser, por meio de ladina fórmula jurídico-administrativa, real empregador do obreiro. Afirma que a ordem jurídica regula detalhadamente a situação-tipo de terceirização lícita efetuada por meio do chamado *trabalho temporário*.[9]

O conceito acima pode ser aplicado tanto à terceirização de serviços como à terceirização de trabalhadores.

Por sua vez, José Martins Catharino, ao definir terceirização, afirmou que esta também abarca a situação-tipo trabalho temporário. Para o mestre, terceirização é meio que tem a empresa em obter trabalho de quem não é seu empregado, mas do fornecedor com quem contrata. Ter quem trabalhe para si, sem ser empregado, é a razão básica da terceirização.[10]

Igualmente, Márcio Túlio Viana, Gabriela Neves Delgado e Helder Santos Amorim[11] também consideram o trabalho temporário espécie de terceirização. Afirmam os citados autores que a Súmula n. 331 estabelece, de forma sintética, a terceirização lícita composta por quatro grandes grupos, sendo o primeiro deles (Lei n. 6.019/1974) a única hipótese de terceirização temporária permitida por lei. Vê-se, pois, que o próprio Tribunal Superior do Trabalho prevê o trabalho temporário como uma das hipóteses de terceirização lícita (Súmula n. 331, item I).

Essa também é a abalizada opinião de Francisco Meton Marques de Lima ao afirmar que o trabalhador temporário se enquadra na *terceirização de mão de obra*.[12]

Em conclusão, pode-se afirmar que o trabalho temporário é sim hipótese de terceirização (*de trabalhadores*) ou simplesmente, uma situação de *intermediação de mão de obra*. O que não se pode afirmar é que o trabalho temporário é terceirização *de serviços*.

Com isso, a Lei pretendeu regular os dois tipos de terceirização: por um lado, a produzida pelo trabalho temporário (terceirização de *trabalhadores* ou *intermediação de mão de obra*), e, de outro lado, a geral, advinda da prestação de serviços a terceiros (terceirização *de serviços*).

2.3. Impactos da Reforma Trabalhista na Lei n. 6.019/1974

A Lei n. 13.467/2017 alterou e/ou acrescentou os seguintes dispositivos da Lei n. 6.019/1974: (i) art. 4º-A, *caput*; (ii) art. 4º-C; (iii) art. 5º-A, *caput*; (iv) art. 5º-C; e, por fim, (v) art. 5º-D, que doravante passam a ser objeto de análise.

2.3.1. Prestação de serviços a terceiros (art. 4º-A, caput)

O art. 4º-A da Lei n. 6.019/1974, com redação dada pela Lei n. 13.429/2017, estabelecia que "*Empresa prestadora de serviços a terceiros é a pessoa jurídica de direito privado destinada a prestar à contratante serviços determinados e específicos*".

Com a Reforma Trabalhista, o dispositivo passou a estabelecer que "*considera-se prestação de serviços a terceiros a transferência feita pela contratante da execução de quaisquer de suas atividades, inclusive sua atividade principal, à pessoa jurídica de direito privado prestadora de serviços que possua capacidade econômica compatível com a sua execução*".

Logo, a empresa de prestação de serviços – EPS é a pessoa jurídica de direito privado que objetiva prestar à contratante (pessoa natural ou jurídica), serviços determinados e específicos. Aqui a Lei introduziu significativa novidade, pois traz figura nova. A EPS só será utilizada quando se tratar de terceirização perene, ou seja, sem ser a produzida pelo trabalho temporário. Na hipótese de trabalho

---

(8) MIZIARA, Raphael; MARTINEZ, Luciano. A terceirização produzida pela Lei n. 6.019/1974. In: *Revista da Academia Brasileira de Direito do Trabalho*. Ano XX, n. 20, 2015. São Paulo: LTr, 2015. p. 94-108.

(9) DELGADO, Mauricio Godinho. *Curso de direito do trabalho*. 13. ed. São Paulo: LTr, 2014. p. 44 e 467.

(10) CATHARINO, José Martins. *Neoliberalismo e sequela*: privatização, desregulação, flexibilização, terceirização. São Paulo: LTr, 1997. p. 72.

(11) VIANA, Marcio Túlio; DELGADO, Gabriela Neves; AMORIM, Helder Santos. Terceirização – aspectos gerais: a última decisão do STF e a Súmula 331 do TST. Novos Enfoques. *Rev. TST*, Brasília, v. 77, n. 1, jan./mar. 2011. p. 67.

(12) LIMA, Francisco Meton Marques de. *Elementos de direito do trabalho e processo trabalhista*. 14. ed. São Paulo: LTr, 2013. p. 91.

temporário, a empresa prestadora de serviços é denominada de ETT – Empresa de Trabalho Temporário.

Com a Reforma Trabalhista, não mais se fala em serviços determinados e específicos, expressões de sibilino alcance. Passou-se a considerar prestação de serviços a terceiros a transferência feita pela contratante da execução de quaisquer de suas atividades, inclusive sua atividade principal, à pessoa jurídica de direito privado prestadora de serviços que possua capacidade econômica compatível com a sua execução.

Portanto, a partir da Lei n. 13.467/2017 pode-se conceituar a empresa de prestação de serviços – EPS como a pessoa jurídica de direito privado que objetiva prestar à contratante (pessoa natural ou jurídica), quaisquer serviços ligados às suas atividades, inclusive sua atividade principal, desde que tenha capacidade econômica compatível para a execução do objeto contratual.

Assim como na ETT, a EPS, necessariamente, deve ser pessoa jurídica. Com isso, não é dado à pessoa natural figurar como empresa prestadora de serviços. Ao mencionar a expressão "pessoa jurídica" a Lei ainda traz outra consequência, qual seja, a de evitar que sociedades não personificadas (tais como, sociedade em comum – art. 986 e seguintes, do Código Civil – e sociedade em conta de participação – art. 991 e seguintes, do Código Civil) atuem na qualidade de empresa prestadora de serviços.

Ademais, é preciso mencionar que o art. 4º-B, inciso II, da Lei n. 6.019/1974, incluído pela Lei n. 13.429/2017, impõe como requisito para o funcionamento da empresa de prestação de serviços a terceiros o registro na Junta Comercial.

Nesse prumo, o registro do ato constitutivo de uma pessoa jurídica deve ser realizado no Cartório de Registro das Pessoas Jurídicas (quando se tratar de fundação, associação ou sociedade simples) ou na Junta Comercial (quando se trate de sociedade empresarial ou microempresa).

Com isso, conclui-se que a empresa prestadora de serviços deve ser, necessariamente, sociedade empresarial, excluindo-se a possibilidade de uma fundação, associação ou sociedade simples se ativar como empresa prestadora de serviços.

Ainda, segundo a novel legislação, a pessoa jurídica de direito privado prestadora de serviços deve possuir capacidade econômica compatível com a execução do contrato. A capacidade econômica é requisito para funcionamento da empresa. Logo, é correto afirmar que a incapacidade econômica superveniente tornará a terceirização ilícita. Mas, o que se entende por possuir capacidade econômica compatível com a execução do contrato?

Para que se dê início a qualquer atividade econômica, necessita-se, evidentemente, de recursos, isto é, máquinas, tecnologia, serviços, trabalho e outros meios indispensáveis à organização da empresa abrangida no capital social. Cabe aos sócios prover tais recursos. Esses aportes são apropriados, na empresa, como *capital social*. Esse pode ser entendido, portanto, como uma medida da contribuição dos sócios para a sociedade e, acaba servindo, de certo modo, de referência à sua força econômica.[13]

Nesse prumo, observa-se que, na constituição da sociedade, o capital social deve ser estipulado e, como consequência, devem os sócios contribuir para integralização do mesmo. É o capital social subscrito e não integralizado que vai definir o limite da responsabilidade dos sócios.[14]

A propósito da capacidade econômica da empresa, o art. 4º-A, com a reforma trabalhista, passou a prever que a pessoa jurídica de direito privado prestadora de serviços deve possuir capacidade econômica compatível com a execução do contrato de prestação de serviços.

Como se percebe, essa capacidade econômica parece ser medida conforme as alíneas do inciso III, do art. 4º-B, ou seja, de acordo com o capital social que, por sua vez, deverá ser compatível com o número de empregados.

A Lei determina que o capital social da empresa prestadora de serviços a terceiros seja compatível com o número de empregados. Para tanto, traça cinco patamares, conforme tabela abaixo:

Número de empregados	Capital social
Até dez empregados	capital mínimo de R$ 10.000,00
Mais de dez e até vinte empregados	capital mínimo de R$ 25.000,00
Mais de vinte e até cinquenta empregados	capital mínimo de R$ 45.000,00
Mais de cinquenta e até cem empregados	capital mínimo de R$ 100.000,00
Mais de cem empregados	capital mínimo de R$ 250.000,00

Pelo dispositivo em comento, quanto maior o número de empregados, maior deverá ser o capital social mínimo. Assim, se houver aumento do número de empregados, obrigatoriamente, deverá ocorrer o aumento do capital social. Por outro lado, se ocorrer a redução do número de empregados, poderá – trata-se de uma faculdade dos sócios, nesse caso – haver a redução do capital social.

Capital social elevado sugere solidez e existência de recursos suficientes ao atendimento das necessidades de custeio

---

(13) COELHO, Fábio Ulhoa. *Curso de direito comercial*: direito de empresa. 19. ed. São Paulo: Saraiva, 2015. p. 182.

(14) Capital subscrito é o montante de recursos que os sócios se comprometem a entregar para formação da sociedade; integralizado é a parte do capital social que eles efetivamente entregam. Cf. COELHO, Fábio Ulhoa. *Manual de direito comercial*. 27. ed. São Paulo: Saraiva, 2015. p. 187.

do empreendimento. E, conforme pontua Fábio Ulhôa Coelho, por essa razão, por denotar a potência econômica da empresa, muitas vezes se atribui ao capital social a função de garantia dos credores, o que não é correto. Segundo o autor, a exemplo do que se verifica relativamente a qualquer sujeito de direito devedor, é o *patrimônio* da sociedade que constitui tal garantia. Se ela não paga uma obrigação, o credor pode executar os bens de sua propriedade, sendo, por tudo, irrelevante o maior ou menor capital social.[15]

Portanto, o que de fato interessa para garantia dos créditos trabalhistas não é o capital social, mas, sim, o patrimônio da empresa prestadora de serviços. Sobre esse aspecto, a Lei nada dispôs.

Para que a disposição legal *"possuir capacidade econômica compatível com a execução do contrato"* não seja letra morta, entendemos que a Lei quis falar em *capital social devidamente integralizado*. Só assim se poderá falar, efetiva e concretamente, em capacidade econômica e solidez aptas a lastrear o contrato, pelo menos em tese.

Ademais, o requisito legal foi estipulado pelo legislador justamente para evitar que o trabalhador tenha garantias de que receberá seu crédito trabalhista sempre tempestivamente.

Ainda, a contratante (pessoa física ou jurídica) deve escolher bem com quem contratar, sob pena de culpa *in eligendo*.

Logo, o inadimplemento das verbas trabalhistas por parte da empresa prestadora de serviços releva sua incapacidade econômica para a execução dos serviços (art. 4º-A da Lei n. 6.019/1974) e o consequente reconhecimento do vínculo diretamente com a contratante, eis que evidenciado o descumprimento do requisito legal.[16]

Aqui, é preciso falar de reforma trabalhista e a terceirização na atividade-fim. De acordo com o art. 2º do PL n. 6.787/2016 que, no Senado, ganhou o n. de PLC n. 38/2017, o *caput* do art. 4º-A da Lei n. 6.019, de 3 de janeiro de 1974, passou a vigorar com as seguintes alterações:

Art. 4º-A. Considera-se prestação de serviços a terceiros a transferência feita pela contratante da execução de quaisquer de suas atividades, inclusive sua atividade principal, à pessoa jurídica de direito privado prestadora de serviços que possua capacidade econômica compatível com a sua execução.

Assim, de forma comparativa, as mudanças podem ser assim esquematizadas:

Antiga redação	Redação pela Lei n. 13.429/2017	Redação pela Reforma Trabalhista
Sem correspondência na Lei anterior.	Art. 4º-A. Empresa prestadora de serviços a terceiros é a pessoa jurídica de direito privado destinada a prestar à contratante serviços determinados e específicos.	Art. 4º-A. Considera-se prestação de serviços a terceiros a transferência feita pela contratante *da execução de quaisquer de suas atividades, inclusive sua atividade principal*, à pessoa jurídica de direito privado prestadora de serviços *que possua capacidade econômica compatível com a sua execução*.

De forma expressa e com o objetivo de extirpar qualquer dúvida que ainda sobeja, a Reforma Trabalhista alterou o *caput* do art. 4º-A e permitiu, expressamente, a terceirização nas atividades-fim da empresa contratante de serviços.

Com efeito, o dispositivo citado é enfático ao considerar a prestação de serviços a terceiros como sendo a transferência feita pela contratante da execução de quaisquer de suas atividades, inclusive sua atividade principal, à pessoa jurídica de direito privado prestadora de serviços que possua capacidade econômica compatível com a sua execução.

Não se trata, aqui, da chamada terceirização estruturante, mas, sim, da terceirização dita predatória, da qual decorrem todas as consequências deletérias de direitos sociais inerentes a esse precarizante modo de produção.

A terceirização estruturante possibilita a diversificação das formas de produção e de processos de trabalho, ampliando o controle sobre o processo de produção. A focalização, decorrente da terceirização, permite ganhos de racionalização, eficiência e produtividade, mas, sempre, com respeito aos direitos dos trabalhadores.

Essa modalidade de terceirização leva em conta o propósito originário que a inspirou e justificou, retratado na chamada *teoria do foco*, que prega a concentração do organismo empresarial nas atividades que constituem sua vocação nuclear (atividades-fim), com vistas à maior especialização, racionalização de recursos e qualificação do produto, mediante a transferência para terceiros da execução das demais atividades, ditas

---

(15) COELHO, Fábio Ulhôa. *Curso de direito comercial*: direito de empresa. 19. ed. São Paulo: Saraiva, 2015. p. 183.

(16) Também nesse sentido foi aprovado o Enunciado n. 6 da 2ª Jornada de Direito Material e Processual do Trabalho da ANAMATRA: **TERCEIRIZAÇÃO. INADIMPLEMENTO DE VERBAS TRABALHISTAS. RECONHECIMENTO DIRETO DO VÍNCULO COM A CONTRATANTE.** O INADIMPLEMENTO DAS VERBAS TRABALHISTAS POR PARTE DA EMPRESA PRESTADORA DE SERVIÇOS REVELA SUA INCAPACIDADE ECONÔMICA PARA A EXECUÇÃO DOS SERVIÇOS (ART. 4º-A DA LEI N. 6.019/1974) E AUTORIZA O CONSEQUENTE RECONHECIMENTO DO VÍNCULO DIRETAMENTE COM A CONTRATANTE.

acessórias, instrumentais, marginais e auxiliares (atividades-meio).[17]

Logo, em seu sentido originário, a terceirização sempre foi centrada na lógica da focalização e concentração das atividades essencialmente ligadas ao negócio central da contratante dos serviços, de modo a permitir que as tarefas meramente acessórias ao objetivo central da empresa contratante fossem transferidas a terceiros.

Já a terceirização predatória tem como principal característica a tentativa de reduzir custos por meio da exploração de relações precárias de trabalho. É a que potencializa o caráter estratégico-defensivo do capital em detrimento do valor-trabalho.[18]

A terceirização que não se circunscreve às atividades-meio do tomador tende a ser uma terceirização predatória, de modo a se estender sobre as atividades essenciais da produção. Alguns chamam esse fenômeno de *superterceirização*.[19]

A propósito do tema, Rodrigo Carelli considera que é da essência do instituto a concentração da empresa em seu foco operacional, o que "*afasta completamente a possibilidade da existência de terceirização na atividade central da empresa, comumente conhecida por atividade-fim*". Para o autor, a transferência de atividade-fim "*não se trata de terceirização, mas de 'ato fictício', mera intermediação, desfigurando e desnaturando o instituto*".[20]

Em que pesem os efeitos deletérios advindos da terceirização não ser o objeto central do estudo, importa trazer à baila, sem que com isso se afaste do tema nevrálgico proposto, as considerações do professor de Economia da Universidade de Harvard, David Weil, em sua obra "*The Fissured Workplace*".[21]

Diz o autor que a terceirização dá origem ao que ele chama de "local de trabalho fissurado ou dividido" (*fissured workplace* ou *splitting-off*). Segundo referido autor, as grandes corporações têm se esquivado de seu papel como empregadores diretos por meio da terceirização de trabalho para as pequenas empresas que, por sua vez, competem ferozmente entre si. O resultado é inevitável: diminuição de salários, erosão de benefícios, péssimas condições de saúde e segurança inadequadas, e cada vez maior desigualdade de renda.

Prosseguindo, afirma que, apesar de abrir mão do controle direto dos subcontratados, fornecedores e franquias, as grandes empresas descobriram como manter os padrões de qualidade e proteger a reputação da marca. Elas produzem produtos e serviços de marca sem o custo de manutenção de uma força de trabalho cara. Mas do ponto de vista dos trabalhadores, esta estratégia lucrativa significou a estagnação dos salários e benefícios e um padrão de vida mais baixo.

Com uma visão precisa, David Weil afirma que hoje a empresa cujo logotipo está na camisa de trabalho do empregado ou crachá de identificação pode não ser a da empresa que recruta, contrata, administra, disciplina e às vezes até paga. Esta fratura da relação básica empregador-empregado está reformulando vidas e indústrias. Por fim, argumenta persuasivamente que o alargamento da desigualdade de renda tem menos a ver com as inovações tecnológicas e mais a ver com inovações organizacionais.

Paul Mason lembra que, mais de duzentos anos atrás, o jornalista John Thelwall alertou os homens que construíram as fábricas inglesas de que eles tinham criado uma nova e perigosa forma de democracia: "*cada grande oficina e manufatura é uma espécie de sociedade política, que nenhum ato do Parlamento pode silenciar e nenhum magistrado dispersa*".[22]

O fenômeno da terceirização, no entanto, depaupera a democracia nas fábricas, pois, como já dito, pulveriza qualquer espírito de solidariedade entre os trabalhadores. Hoje, a força de trabalho expandida massivamente no mundo ainda forma o "proletariado", mas, que não mais pensa, nem age como um.

A reestruturação produtiva, a reengenharia dos fluxos operacionais, a terceirização e, em suma, toda sistemática imposta, fragmenta, em cada empresa, os trabalhadores, opondo efetivos e terceirizados, estes se sentindo – não sem alguma razão – inferiores àqueles, e ameaçando veladamente seu lugar. Desse modo, na precisa expressão doutrinária, é possível *reunir sem unir*.[23]

Por tudo isso, pode-se afirmar que a proposta de modernização da legislação, em especial no que toca à prática da terceirização, terá como consequências a precarização das condições de trabalho; a fragilização da organização coletiva dos empregados em razão da pulverização/atomização dos mesmos; a dispersão da atuação sindical; a discriminação entre efetivos e terceirizados; a

---

(17) AMORIM, Helder Santos. *Terceirização no serviço público*: uma análise à luz da nova hermenêutica constitucional. São Paulo: LTr, 2009. p. 46.
(18) Idem.
(19) Pochmann, citado por Helder Santos Amorin. *Op. cit.*
(20) CARELLI, Rodrigo de Lacerda. *Terceirização e intermediação de mão de obra*. Rio de Janeiro: Renovar, 2003. p. 79-80.
(21) WEIL, David. *The fissured workplace*: why work became so bad for so many and what can be done to improve it. Boston: Harvard University Press, 2014.
(22) MASON, Paul. *Pós-capitalismo*: um guia para o nosso futuro. [trad.: José Geraldo Couto]. 1. ed. São Paulo: Companhia das Letras, 2017. p. 19.
(23) VIANA, Marco Túlio; DELGADO, Gabriela Neves; AMORIM, Helder Santos. Terceirização – aspectos gerais: a última decisão do STF e a Súmula n. 331 do TST. Novos Enfoques. *Rev. TST*, Brasília, v. 77, n. 1, jan./mar. 2011. p. 54.

fissura da relação de trabalho; dentre várias outras nefastas práticas laborais.

Sabe-se que a ordem econômica também deve ser valorizada. Mas, ao contrário do que a reforma propõe, esta deve ser fundada não só na livre iniciativa, mas, também, na valorização do trabalho humano (art. 170, CRFB/1988). Ademais, essa mesma ordem econômica tem por fim assegurar a todos existência digna, conforme os ditames da justiça social, observados, dentre outros, o princípio da função social da propriedade (inciso III), redução das desigualdades regionais e sociais (inciso VII), e, busca do pleno emprego (inciso VIII).

Em que pesem os nítidos comandos constitucionais, a reforma trabalhista, ao autorizar a terceirização irrestrita, não promove a adequada acomodação dos interesses capital vs trabalho. Pelo contrário, relega a valorização deste último ao segundo plano.

É preciso, portanto, que a classe trabalhadores se dê conta de que está sendo vendido a ela um sonho que jamais poderá realizar, qual seja, a de viver um futuro melhor, baseado no pleno emprego e com o respeito ao valor social do trabalho, preconizado na promessa constitucional de 1988.

Para extirpar esta segunda modalidade de terceirização ou, pelo menos, minorar suas consequências, afirma a doutrina que o caminho para a adequação e possível democratização das relações trilaterais terceirizantes deve ser iniciado por meio do chamado *"controle civilizatório da terceirização"*.[24]

Nessa diretriz, Livia Miraglia cita alguns mecanismos jurídico-retificadores criados para viabilizar a prática da terceirização lícita, tais como a isonomia salarial entre os trabalhadores terceirizados e trabalhadores da empresa contratante que desempenham a mesma função; a vinculação sindical dos trabalhadores terceirizados ao sindicato da categoria dos trabalhadores permanentes da empresa contratante; e, finalmente, a igualdade de condições laborais, quanto à saúde e segurança no ambiente de trabalho, entre todos os trabalhadores, terceirizados ou não, que trabalhem numa determinada empresa.[25]

Por fim, importante consignar que o novel dispositivo afirma que a pessoa jurídica de direito privado prestadora de serviços deve possuir capacidade econômica compatível com a execução do contrato de prestação de serviços.

A norma tem como objetivo conferir lastro econômico e garantir o adimplemento dos créditos trabalhistas. A nosso sentir, trata-se de *legislação-álibi*[26], pois a Lei sequer traça parâmetros objetivos ou critérios seguros que permitam identificar o que se entende por "capacidade econômica compatível com a execução do contrato".

De par com isso, cabe registrar que, especificamente em relação à Administração Pública Federal direta, autárquica e fundacional, o Decreto n. 2.271, de 7 de julho 1997, prevê que *somente poderão ser objeto de execução indireta as atividades materiais acessórias, instrumentais ou complementares aos assuntos que constituem área de competência legal do órgão ou da entidade.*

Nesse sentido, dispõe o art. 1º, *caput* e § 1º do mencionado Decreto, ao asseverar que as atividades de conservação, limpeza, vigilância, transportes, copeiragem, informática, recepção, reprografia, telecomunicações e manutenção de prédios, equipamentos e instalações serão, de preferência, objeto de execução indireta.

Isso significa que a aplicação da Lei n. 6.019/1974, com alteração dada pela Lei n. 13.429/2017, ao permitir a terceirização em quaisquer atividades não se aplica à Administração Pública Federal.

2.3.2. Condições de trabalho dos empregados da empresa prestadora de serviços (art. 4º-C)

O dispositivo cuida da igualdade de direitos entre os empregados da Empresa Prestadora de Serviços – EPS e os empregados da contratante no tocante a: a) alimentação, quando oferecida em refeitórios; b) serviços de transporte; c) atendimento médico ou ambulatorial; d) treinamento adequado; e) condições sanitárias, de medidas de proteção à saúde e de segurança no trabalho e de instalações adequadas à prestação do serviço.

Ocorre que essa igualdade de direitos só é assegurada pela Lei *quando e enquanto os serviços forem executados nas dependências da contratante*, conforme se nota pela leitura da parte final do *caput* do art. 4º-C da Lei n. 6.019/1974.

É preciso registrar que o art. 4º-C (igualdade de certos direitos e sob certas condições) não trata da mesma matéria prevista no art. 5º-A, § 3º (responsabilidade pela garantia e manutenção de um meio ambiente do trabalho saudável, com condições adequadas de segurança, higiene e salubridade, *quando o trabalho for realizado em suas dependências ou local previamente convencionado em contrato*).

---

(24) DELGADO, Gabriela Neves. *Terceirização*: paradoxo do direito do trabalho contemporâneo. São Paulo: LTr, 2003. p. 143.

(25) MIRAGLIA, Livia M. Moreira. *A viabilização da terceirização trabalhista no Brasil*. Disponível em: <www.publicadireito.com.br/conpedi/manaus/arquivos/anais/bh/livia_mendes_moreira_miraglia.pdf>.

(26) "*A legislação-álibi tenta produzir confiança nos sistemas político e jurídico. O legislador, muitas vezes sob pressão direta do público, elabora diplomas normativos para satisfazer as expectativas dos cidadãos, sem que com isso haja o mínimo de condições de efetivação das respectivas normas. A essa atitude referiu-se Kindermann com a expressão "legislação-álibi". Através dela o legislador procura descarregar-se de pressões políticas ou apresentar o Estado como sensível às exigências e expectativas dos cidadãos. [...] Embora, nesses casos, em regra, seja improvável que a regulamentação normativa possa contribuir para a solução dos respectivos problemas, a atitude legiferante serve como um álibi do legislador perante a população que exigia uma reação do Estado*". NEVES, Marcelo. *A constitucionalização simbólica*. 3. ed. São Paulo: WMF Martins Fontes, 2011. p. 36.

Em uma leitura apressada, o leitor pode se impressionar positivamente com a possível extensão do direito à igualdade à alimentação, transporte, atendimento médico ou ambulatorial, e treinamento adequado, mas a lei trouxe em si uma sutileza cruel, consistente na previsão de que esses direitos apenas são exigíveis caso o trabalhador terceirizado labore nas dependências da tomadora.

Não será espantoso verificar, na prática, a predileção para que os serviços terceirizados não sejam executados nas dependências da tomadora ou até mesmo que o sejam do outro lado da calçada ou, ainda, que sejam levantadas paredes ou divisórias.

Para além da restrição dos direitos acima previstos, se fomentará ainda mais a quebra da consciência de classe e poder de coalização, causando-se uma verdadeira fissura no chão de fábrica, mediante a identificação de duas categorias de trabalhadores.

A previsão relativa às instalações sanitárias, de medidas de proteção à saúde e de segurança no trabalho e de instalações adequadas à prestação do serviço também passaram a ficar condicionadas ao local em que o serviço seja executado, diversamente da redação anterior. A salvação, nesse particular, é que tais medidas já são influxos necessariamente decorrentes da Convenção n. 155 da OIT (art. 17), de modo que se pode entender que a nova disposição resta paralisada pelo Controle de Convencionalidade.

Com efeito, nos termos do art. 17 da Convenção n. 155 da OIT "*sempre que duas ou mais empresas desenvolverem simultaneamente atividades num mesmo local de trabalho, as mesmas terão o dever de colaborar na aplicação das medidas previstas na presente Convenção*".

Logo, mesmo que os serviços forem executados fora das dependências da Contratante, mas em conjunto com a prestadora de serviços, todos os direitos atinentes ao meio ambiente de trabalho deverão ser assegurados aos empregados da prestadora de serviços.

Por fim, absolutamente lastimável é a previsão do § 1º do dispositivo que, em simples leitura *a contrario sensu* permite que se legitime a remuneração distinta pelos mesmos serviços executados entre trabalhador terceirizado e empregado direto da tomadora, em odiosa discriminação injustamente desqualificante.

Ante o flagrante arrepio e vulneração ao Princípio da Isonomia (art. 5º, "*caput*", 7º, XXX e XXXII, da CF), entendemos inconstitucional tal permissibilidade. De igual preocupação a previsão do § 2º, que, na prática, provocará indesejada discriminação, com enfraquecimento da consciência coletiva.

2.3.3. Contratante (art. 5º-A, caput)

Contratante é a pessoa física ou jurídica que celebra contrato com empresa de prestação de serviços relacionados a quaisquer de suas atividades, inclusive sua atividade principal (art. 5º-A, *caput*, com redação dada pela Lei n. 13.467/2017).

Ao dispor sobre as relações de trabalho na empresa de prestação de serviços a terceiros a Lei n. 6.019/1974 utiliza-se das expressões "contratante", de um lado e, de outro, "empresa prestadora de serviços". Assim o faz com o nítido intuito de deixar claro que, ao se utilizar dessas expressões, não está a se referir ao contrato de prestação de trabalho temporário. Para esse, o legislador se vale das expressões "empresa de trabalho temporário" e "empresa tomadora de serviços".

Logo, é preciso atenção para a nova nomenclatura utilizada pela Lei. No trabalho temporário, a "empresa de trabalho temporário – ETT" se relaciona com "empresa tomadora de serviços". Por outro lado, na terceirização geral, a figura é a da "empresa de prestação de serviços", que se vincula com a chamada "contratante".

Impende observar também que, ao contrário do que ocorre no trabalho temporário, no qual a **pessoa física não pode contratar empresa de trabalho temporário**, pois é **vedada a contratação de trabalho temporário por pessoa física**, na prestação de serviços a terceiros a contratante pode ser pessoa física ou jurídica. É o que se extrai do *caput* do art. 5º-A, da Lei n. 6.019/1974.

A contratante firma com a empresa de prestação de serviços a terceiros um contrato de prestação de serviços. Trata-se de ajuste com nítida natureza civil e que tem como objeto, por óbvio, a prestação de serviços determinados e específicos.

A empresa a que se refere o *caput* do dispositivo é a empresa de prestação de serviços – EPS, definida no art. 4º-A, da Lei n. 6.019/1974, incluído pela Lei n. 13.429/2017, como a pessoa jurídica de direito privado destinada a prestar à contratante (pessoa natural ou jurídica), serviços determinados e específicos.

Vale salientar que, assim como na ETT, a EPS, necessariamente, deve ser pessoa jurídica. Com isso, não é dado à pessoa natural figurar como empresa prestadora de serviços. Ao mencionar a expressão "pessoa jurídica" a Lei ainda traz outra consequência, qual seja, a de evitar que sociedades não personificadas (tais como, sociedade em comum – art. 986 e seguintes, do Código Civil – e sociedade em conta de participação – art. 991 e seguintes, do Código Civil) atuem na qualidade de empresa prestadora de serviços.

Ademais, é preciso mencionar que o art. 4º-B, inciso II, da Lei n. 6.019/1974, incluído pela Lei n. 13.429/2017, impõe como requisito para o funcionamento da empresa de prestação de serviços a terceiros o registro na Junta Comercial.

Nesse prumo, o registro do ato constitutivo de uma pessoa jurídica deve ser realizado no Cartório do Registro das Pessoas Jurídicas (quando se tratar de fundação, associação ou sociedade simples) ou na Junta Comercial (quando se trate de sociedade empresarial ou microempresa).[27]

Com isso, conclui-se que a empresa prestadora de serviços deve ser, necessariamente, sociedade empresarial, excluindo-se a possibilidade de uma fundação, associação ou sociedade simples se ativar como empresa prestadora de serviços.

2.3.4. Quarentena (art. 5º-C)

Não pode figurar como contratada, nos termos do art. 4º-A desta Lei, a pessoa jurídica cujos titulares ou sócios tenham, nos últimos dezoito meses, prestado serviços à contratante na qualidade de empregado ou trabalhador sem vínculo empregatício, exceto se os referidos titulares ou sócios forem aposentados (art. 5º-C, incluído pela Lei n. 13.467/2017).

O dispositivo tem por finalidade assegurar um mínimo de proteção e evitar que trabalhadores efetivos sejam pressionados para se demitir e, em seguida, serem contratados como PJs (pejotização).

Para isso, a Lei passa a prever uma espécie de quarentena dos empregados que tenham prestado serviços à contratante na qualidade de empregado ou trabalhador sem vínculo empregatício.

Homero Batista fala em "cláusula de barreira para a pejotização" e afirma que empregados efetivos ou trabalhadores terceirizados somente poderão ser pejotizados depois de 18 meses de quarentena.[28]

Tal proibição não alcança os aposentados, como se nota da parte final do dispositivo. Para estes, pode figurar como contratada a pessoa jurídica cujos titulares ou sócios tenham, nos últimos dezoito meses, prestado serviços à contratante na qualidade de empregado ou trabalhador sem vínculo empregatício.

Mesmo após os dezoito meses, se verificada a continuidade dos serviços por pessoa jurídica, mas na mesma conformidade em que eram executados por trabalhadores, é possível se reconhecer a fraude, porque ainda em vigor o art. 9º da CLT, uma das vigas mestras do Direito do Trabalho, edificante que é do Princípio da Primazia da Realidade.

2.3.5. Quarentena em caso de dispensa (art. 5º-D)

O empregado que for demitido não poderá prestar serviços para esta mesma empresa na qualidade de empregado de empresa prestadora de serviços antes do decurso de prazo de dezoito meses, contados a partir da demissão do empregado (art. 5º-D, da Lei n. 6.019/1974, incluído pela Reforma Trabalhista)

O dispositivo tem por finalidade assegurar um mínimo de proteção e evitar a dispensa massiva de trabalhadores efetivos para contratação dos mesmos serviços por meio de empresa prestadora de serviços. Evita-se, com isso, que o empregado seja dispensado e, em seguida ou algum tempo depois, seja "recontratado" via empresa terceirizada.

Para isso, passa a prever uma espécie de quarentena dos empregados que tenham prestado serviços à contratante na qualidade de empregado ou trabalhador sem vínculo empregatício.

Tal proibição alcança, inclusive, os aposentados, diferentemente do que se dá na hipótese do art. 5º-C da Lei.

3. GRUPO ECONÔMICO

3.1. Fundamentos

A *mens legislatoris* contida no item 53 da Exposição de Motivos da CLT e, a própria *ratio legis*, é no sentido de que a previsão do grupo econômico tem o condão de proteger o crédito do trabalhador. Assim, tem por escopo ampliar as possibilidades de solvabilidade do crédito trabalhista, pois todas as empresas do grupo econômico são solidariamente responsáveis.

Por outro lado, também objetiva franquear a todas as pessoas componentes do grupo a faculdade de se valerem do mesmo trabalho contratado, sem que isso importe na formação de um novo contrato de emprego (Súmula n. 129 do Tribunal Superior do Trabalho).

3.2. Caracterização

Sobre a caracterização do grupo econômico é preciso deixar claro, em primeiro lugar, que no Direito do Trabalho a configuração de grupo econômico não exige o rigor da sua tipificação como no Direito Empresarial.

Com efeito, a ampliação das possibilidades de garantia do crédito trabalhista norteou a edificação da figura do grupo econômico trabalhista, cujo reconhecimento não demanda, necessariamente, a presença das modalidades jurídicas típicas do Direito Econômico ou Empresarial (p. ex.: consórcios, *holdings, pool* de empresas, etc.), bastando a comprovação de elementos que revelem integração interempresarial.

A Reforma deixa assente que a mera existência de sócios comuns não caracteriza a figura do grupo econômico[29],

---

(27) FARIAS, Cristiano Chaves de; ROSENVALD, Nelson. *Curso de direito civil*: parte geral e LINDB. 10. ed. Salvador: JusPodivm, 2012. v. 1, p. 416.

(28) SILVA, Homero Batista Mateus da. *Comentários à reforma trabalhista*: análise da Lei n. 13.467/2017 – artigo por artigo. São Paulo: Revista dos Tribunais, 2017. p. 190.

(29) Art. 2º, § 3º, da CLT – Não caracteriza grupo econômico a mera identidade de sócios, sendo necessárias, para a configuração do grupo, a demonstração do interesse integrado, a efetiva comunhão de interesses e a atuação conjunta das empresas dele integrantes.

pois a Lei impõe outros requisitos, tais como a demonstração do interesse integrado, a efetiva comunhão de interesses e a atuação conjunta das empresas dele integrantes. Nesse ponto, reafirma a jurisprudência do TST.[30]

No que tange à ocupação do mesmo espaço físico a CLT é omissa a respeito, mas, entende-se que a ocupação do mesmo espaço físico por empresas distintas é insuficiente para caracterizá-las como grupo econômico. A propósito, o Tribunal Superior do Trabalho possui entendimento no sentido de que *"não é suficiente à configuração de grupo econômico a mera ocupação do mesmo espaço físico ou que os empregados prestem serviço a mais de uma empresa de forma concomitante"* (Informativo TST n. 136 – E-ED-RR-996-63.2010.5.02.0261, Rel. Min. João Batista Brito Pereira, Data de Julgamento: 12.05.2016, SBDI-1, Data de Publicação: DEJT 20.05.2016).

A novidade trazida pela Reforma é que o art. 2º, § 2º, da CLT[31], acabou finalmente com os entendimentos equivocados que haviam quanto a existência de grupo econômico, uma vez que vários entendimentos davam o enquadramento absolutamente divorciado do que efetivamente se deve entender pelo instituto.

O grupo se caracteriza pela coordenação ou subordinação de empresas não havendo a necessidade de que uma ou algumas sejam dirigidas por outra. No que concerne à existência de sócios em comum, como já dito, a Reforma reafirma a jurisprudência do TST e a aplicação correta da lei empresarial negando a existência do grupo pelo só fato de uma mesma pessoa pertencer a duas sociedades distintas.

A formação do grupo poderá se dar de forma vertical ou horizontal, sendo necessário, para que se caracterize o grupo, o controle ou administração em comum, teoria esta também acolhida pela Reforma (art. 2º, § 2º, primeira parte).

As novas regras apresentam uma contrariedade ao que vem decidindo a SDI-1 do TST quanto à teoria horizontal ou por coordenação.[32] Segundo essa teoria configura-se o grupo econômico com a existência de nexo relacional entre as empresas envolvidas (art. 2º, § 2º, segunda parte).

Isso significa que não se poderá mais questionar o fato do grupo por coordenação, isto é, aquele em que não há controle nem administração de uma empresa por outra, mas sim quando as empresas, cada qual guardando sua autonomia, tenha interesse integrado, aliada à efetiva comunhão de interesses e atuação conjunta. Ao contrário do que se vinha entendendo, não mais se poderá exigir, para caracterização do grupo econômico, que as empresas estejam sob a direção, controle ou administração de outra.

Portanto, fica superado o entendimento majoritário no âmbito do TST[33] de modo que para se reconhecer a existência de grupo econômico é prescindível prova de que há uma relação de coordenação entre as empresas e o controle central exercido por uma delas.

Pode-se dizer que a Reforma ampliou as possibilidades de quitação do crédito trabalhista, pelo menos se cotejadas as novidades com o que vinha decidindo a SBDI-1 do C. Tribunal Superior do Trabalho.

Em síntese, para configuração do grupo econômico horizontal é preciso a demonstração, além da identidade de sócios, *a)* do interesse integrado; *b)* da efetiva comunhão de interesses; e *c)* da atuação conjunta das empresas dele integrantes, estejam elas ou não sob a direção, controle ou administração de outra, pois pode, cada uma delas, guardar sua autonomia própria.

A Reforma deverá provocar a alteração no entendimento da SDBI-1 do Tribunal Superior do Trabalho que, reiteradamente, vinha rechaçando a teoria do grupo por coordenação ou horizontal.

Por fim, é preciso registrar que a teoria vertical ou hierárquica não está superada. Ela continua sendo acolhida pela CLT na primeira parte do art. 2º, § 2º.

3.3. Consequências da formação do grupo econômico

A formação do grupo econômico tem como principais consequências:

a) a responsabilidade solidária entre as empresas que compõem o grupo (art. 274 do Código Civil), de modo que o credor tem direito a exigir e receber de uma ou de algumas das empresas, parcial ou totalmente, a dívida comum. Se for o caso de o pagamento ter sido parcial, todos as demais integrantes do grupo continuam obrigadas solidariamente pelo resto (art. 275 do Código Civil);

b) a solidariedade ativa do grupo econômico, com a formação de um único contrato de trabalho (tese do empregador único), de modo que a prestação de

---

(30) Existência de sócios comuns. Grupo Econômico. Não caracterização. Ausência de subordinação. O simples fato de duas empresas terem sócios em comum não autoriza o reconhecimento do grupo econômico [...] TST-E-ED-RR-214940-39.2006.5.02.0472, SBDI-I, rel. Min. Horácio Raymundo de Senna Pires 22.05.2014. (Informativo TST n. 83).

(31) Art. 2º, § 2º da CLT – Sempre que uma ou mais empresas, tendo, embora, cada uma delas, personalidade jurídica própria, estiverem sob a direção, controle ou administração de outra, ou ainda quando, mesmo guardando cada uma sua autonomia, integrem grupo econômico, serão responsáveis solidariamente pelas obrigações decorrentes da relação de emprego.

(32) A interpretação do art. 2º, § 2º, da CLT conduz à conclusão de que, para a configuração de grupo econômico, **não basta a mera situação de coordenação entre as empresas. É necessária a presença de relação hierárquica entre elas, de efetivo controle de uma empresa sobre as outras.** [...] (E-ED-RR-214940-39.2006.5.02.0472, Relator Ministro: Horácio Raymundo de Senna Pires, Data de Julgamento: 22.05.2014, Subseção I Especializada em Dissídios Individuais, Data de Publicação: DEJT 15.08.2014).

(33) MIZIARA, Raphael; NAHAS, Thereza C. *Impactos da reforma trabalhista na jurisprudência do TST*. São Paulo: RT, 2017. p. 43.

serviços a mais de uma empresa do mesmo grupo econômico, durante a mesma jornada de trabalho, não caracteriza a coexistência de mais de um contrato de trabalho, salvo ajuste em contrário (Súmula n. 129 do Tribunal Superior do Trabalho).

4. SÓCIO RETIRANTE

Até a edição da Reforma Trabalhista a CLT não possuía regra sobre a responsabilidade do sócio retirante. Desse modo, deveria o intérprete se socorrer da aplicação subsidiária do direito comum, observada a compatibilidade principiológica.

Sobre o tema, estabelece o Código Civil que até dois anos depois de averbada a modificação do contrato, responde o cedente solidariamente com o cessionário, perante a sociedade e terceiros, pelas obrigações que tinha como sócio (art. 1.003, parágrafo único, do CC).

Por sua vez, o art. 1.032 da Lei Adjetiva Civil vaticina que a retirada, exclusão ou morte do sócio, não o exime, ou a seus herdeiros, da responsabilidade pelas obrigações sociais anteriores, até dois anos após averbada a resolução da sociedade; nem nos dois primeiros casos, pelas posteriores e em igual prazo, enquanto não se requerer a averbação.

Doutrina e jurisprudência, até a edição da Reforma, divergiam acerca do tema da compatibilidade dos dispositivos do Código Civil que limitam a responsabilidade do sócio retirante a dois anos com os princípios que norteiam o direito material e processual do trabalho.

Alguns defendiam a tese de que a responsabilidade do sócio retirante persiste para fins trabalhistas, mesmo após dois anos, pois, se o sócio retirante estava na sociedade à época da prestação do serviço e usufruiu da mão de obra do trabalhador, é justo que seu patrimônio responda pelos débitos trabalhistas.

Ainda, para essa vertente, os dispositivos civilistas são incompatíveis com os princípios da proteção, da natureza alimentar e da irrenunciabilidade do crédito trabalhista. Nesse prumo, o limite temporal para a responsabilização do antigo sócio não estaria asdtrito às disposições previstas no Código Civil, em especial, ao prazo de 02 (dois) anos disposto no parágrafo único, do art. 1.003. Nesse sentido: TST-RR-122300-71.2006.5.15.0143, relator Ministro Alexandre de Souza Agra Belmonte, Data de Julgamento: 2.10.2013, 3ª Turma, Data de Publicação: 04.10.2013.[34]

Por outro lado, há entendimentos que defendem a aplicação integral do art. 1.003 do Código Civil ao Direito do Trabalho, em razão da omissão celetista e da compatibilidade normativa. Logo, para os defensores dessa corrente, o sócio retirante deverá ser responsabilizado caso se constatar que a dívida com o empregado existia à época em que este ex-sócio pertencia à sociedade. Nesse sentido: TST-RR-23700-23.2007.5.05.0025 Data de Julgamento: 22.02.2017, Relator Ministro: Cláudio Mascarenhas Brandão, 7ª Turma, Data de Publicação: DEJT 06.03.2017 e TST-AIRR-118700-41.2005.5.04.0383 Data de Julgamento: 10.12.2014, Relator Ministro: Mauricio Godinho Delgado, 3ª Turma, Data de Publicação: DEJT 12.12.2014.

Essa segunda corrente ainda entende que a responsabilidade é subsidiária, ou seja, o ex-sócio somente responde com seus bens caso constatada a impossibilidade de satisfação do débito pela sociedade e pelos atuais sócios. Não obstante, argumenta que em casos de fraude ou de notória insolvência da empresa ao tempo da retirada, a responsabilidade do sócio retirante deve persistir por prazo superior a dois anos.[35]

A Reforma Trabalhista coloca fim ao debate e passa a prever que o sócio retirante responde *subsidiariamente* pelas obrigações trabalhistas da sociedade, relativas ao período em que figurou como sócio, somente em ações ajuizadas *até dois anos depois de averbada a modificação do contrato*.

Como consta do próprio relatório do PL n. 6.787/2016 o período em que o retirante pode ser alcançado – 2 anos – teve prazo extraído da legislação civil, comercial e empresarial em vigor no País, além do fato de que o prazo prescricional de 2 anos, previsto na Constituição Federal, também é expresso para o protocolo de causas trabalhistas.

O fundamento também se assenta na questão da segurança jurídica, que não pode ser vilipendiada em face do princípio da proteção do trabalhador.

A responsabilidade trabalhista do sócio retirante é subsidiária, com previsão de benefício de ordem em relação à empresa devedora (inciso I) e aos sócios atuais (inciso II), ou seja, o ex-sócio somente responde com seus bens caso constatada a impossibilidade de satisfação do débito pela sociedade e pelos atuais sócios.

Afasta-se a regra geral da responsabilidade subsidiária caso reste comprovada fraude na alteração societária decorrente da modificação do contrato. Nesse caso, o sócio retirante responderá solidariamente com os demais.

A responsabilidade é restrita às obrigações relativas ao período no qual o sócio retirante figurou como sócio.

Mesmo em relação às obrigações relativas ao período no qual o sócio retirante figurou como sócio, para que ele responda, é preciso que a ação seja ajuizada em até dois anos depois de averbada a modificação do contrato que instrumentalizou sua saída da sociedade.

A Lei é omissa no tocante ao prazo de responsabilidade nos casos de fraude. Em relação à fraude apenas diz que a responsabilidade é solidária. Nesse caso, indaga-se: *o sócio retirante fraudador responde <u>solidariamente</u> pelas obrigações*

---

(34) SCHIAVI, Mauro. *Execução no processo do trabalho*. 8. ed. São Paulo: LTr, 2016. p. 193-196.
(35) SCHIAVI, Mauro. *Execução no processo do trabalho*. 8. ed. São Paulo: LTr, 2016. p. 193-196.

trabalhistas, relativas ao período em que figurou como sócio, somente em ações ajuizadas até dois anos depois de averbada a modificação do contrato? Ou, nos casos de fraude, não haveria limitação temporal para o ajuizamento da ação?

Entendemos que a Lei, ao mencionar "até dois anos depois de *averbada* a modificação do contrato" pressupõe a *regular* averbação. Com efeito, *nemo auditur propriam turpitudinem allegans* (ninguém pode se valer da própria torpeza). Se a averbação teve o intuito de fraudar entendemos que a responsabilidade do sócio retirante deve persistir por prazo superior a dois anos. Logo, a responsabilidade passa a compreender todo o tempo em que esteve a viger o contrato de trabalho, e não apenas aquele em que o sócio integrava a sociedade.

A Terceirização de Serviços e a Reforma Trabalhista

Guilherme Guimarães Ludwig[1]

1. INTRODUÇÃO

A terceirização de serviços no Brasil não contava com uma disciplina legal específica. No âmbito do Direito do Trabalho, o tratamento jurídico deste fenômeno foi construído e sedimentado especialmente pela jurisprudência ao longo de décadas, a partir de uma interpretação sistemática de normas jurídicas esparsas, no contexto de sua inserção no ordenamento jurídico brasileiro.

Este cenário mudou nos tempos atuais, em que três iniciativas legislativas específicas objetivaram tratar do tema, sendo a mais recente a Lei n. 13.467/2015, a denominada *"reforma trabalhista"*, que proporcionou a revogação, a alteração e o acréscimo de centenas de dispositivos da Consolidação das Leis do Trabalho e em outros diplomas legais, tanto no âmbito material, quanto no processual, muitos deles em aparente contradição principiológica em relação ao sistema justrabalhista ou em choque com a jurisprudência consolidada nas Cortes trabalhistas.

O presente estudo se propõe a apreciar brevemente o tratamento da terceirização de serviços na Reforma Trabalhista, a partir de sua análise e de sua crítica, inclusive nos aspectos pertinentes à economia do trabalho. Para tanto, fez-se necessário inicialmente entender o fenômeno da terceirização. A partir daí, caracterizar, em linhas gerais, o desenvolvimento da legislação e da jurisprudência brasileira até o presente. Foram ainda brevemente avaliadas as duas propostas de regulamentação anteriores à Reforma Trabalhista. Finalmente, foram destacados os principais pontos da Lei n. 13.467/2017 sobre o tema e realizada uma crítica à terceirização irrestrita.

2. TERCEIRIZAÇÃO E DESCENTRALIZAÇÃO

A terceirização é um fenômeno originário da tendência de descentralização empresarial de atividades. No final do século XX conjugaram-se vários fatores que conduziram à intensificação de um processo que levaria à adoção deste modelo. Entre eles, podem ser destacados: a crise do petróleo no início nos anos 70, com suas consequências em inflação, déficit fiscal e desemprego; a renovação tecnológica, com o processo de robotização e automatização, com a decorrente supressão de postos de trabalho; e o processo global de abertura econômica, que acirrou em elevados níveis a competição entre empresas.

De acordo com Anselmo Luis dos Santos e Magda Biavaschi,

> Em um contexto de profundas transformações e instabilidade, a busca por maior flexibilidade surgiu como elemento decisivo para a redução de custos e riscos. As empresas realizaram diversas formas de ajuste: desverticalização e externalização da produção e promoção de novas redes de fornecedores; criação de novos mercados; fragmentação e relocalização espacial da produção; maior utilização de métodos e técnicas com vistas à maior racionalização da produção e do emprego; mudanças nas suas relações com parceiros e clientes (fornecedores, compradores, consumidores finais); reorganização das formas de distribuição dos produtos e das relações com os mercados; mudanças no perfil de aplicações patrimoniais[2].

Em seu conjunto, este cenário propiciou a disseminação de um discurso em torno de fórmulas redutoras nas empresas, agora pautadas por uma produção enxuta, com mobilidade e sem estoques, o que implicou, sobretudo, na precariedade pela alta rotatividade da contratação de mão de obra. Neste sentido, os empregadores voltaram suas atenções a políticas administrativas e organizacionais de diminuição de custos, cujo foco mais claro, na seara trabalhista, foi o processo de terceirização de atividades.

Segundo Mauricio Godinho Delgado, "terceirização é o fenômeno pelo qual se dissocia a relação econômica de trabalho da relação justrabalhista que lhe seria correspondente"[3]. A relação econômica de trabalho se descola da jurídica, de modo que, embora o trabalhador continue efetivamente inserido no processo produtivo da empresa tomadora de serviços, ele não deixa de perder os laços jurídicos contratuais com o empregador intermediário, a empresa prestadora de serviços. É por isso que se diz se tratar de um modelo trilateral de relação socioeconômica e jurídica.

---

(1) Doutor em Direito pela Universidade Federal da Bahia – UFBA, Extensão universitária em Economia do Trabalho pelo CESIT/UNICAMP, Professor de Direito e Processo do Trabalho na Universidade do Estado da Bahia – UNEB, Juiz Titular da Vara do Trabalho de Bom Jesus da Lapa/BA, Membro do Conselho Consultivo da Escola Judicial do Tribunal Regional do Trabalho da Quinta Região (biênios 2005-2007, 2007-2009, 2009-2011 e 2013-2015 e 2015-2017), Coordenador Executivo da Escola da Associação dos Magistrados da Justiça do Trabalho da 5ª Região – EMATRA5 (biênio 2012-2014).

(2) SANTOS, Anselmo Luis dos; BIAVASCHI, Magda. A terceirização no contexto da reconfiguração do capitalismo contemporâneo: a dinâmica da construção da Súmula n. 331 do TST. *Revista do Tribunal Superior do Trabalho*, Brasília, v. 80, n. 3, jul./set. 2014. p. 22.

(3) DELGADO, Mauricio Godinho. *Curso de direito do trabalho*. 8. ed. São Paulo: LTr, 2016. p. 407.

Também neste mesmo sentido, Gabriela Neves Delgado afirma a terceirização de serviços como:

> a relação trilateral que possibilita à empresa tomadora de serviços ("empresa cliente") descentralizar e intermediar suas atividades acessórias (atividades-meio), para empresas terceirizantes ("empresa fornecedora"), pela utilização de mão de obra terceirizada ("empregado terceirizado"), o que, do ponto de vista administrativo, é tido como instrumento facilitador para a viabilização da produção global, vinculada ao paradigma da eficiência das empresas[4].

Este paradigma de eficiência, aqui entendida como redução de custos, porém, dentro da lógica de um Estado Democrático de Direito com alicerce essencial na dignidade humana, não deve perpassar pela precarização de direitos trabalhistas, mas sim pela efetiva otimização do processo produtivo em si. Consoante a lição de José Augusto Rodrigues Pinto,

> na medida do crescimento da empresa e da complexidade dos empreendimentos, é irresistivelmente racional que, em lugar de expandir sua atividade na direção de áreas estranhas ao seu *know-how*, em relação às quais não alimenta nenhum interesse direto, confie essas áreas a outras empresas com estrutura e experiência formadas precisamente para elas[5].

Logo, a vantagem que a terceirização pode licitamente proporcionar é justamente a redução de custos da tomadora do serviço quanto: a) à especialização em conhecimento ou habilitação técnica (*know-how*) em atividade-meio; e b) à manutenção de uma estrutura operacional própria direcionada a estas mesmas atividades. Tais elementos podem realmente conferir à empresa tomadora de serviços a perspectiva concreta de aumentar seus lucros – sem prejuízos de terceiros, em especial dos trabalhadores – ao tornar mais eficiente a atividade empresarial, que passa a focar o investimento naquilo a que se destina primordialmente (sua atividade-fim).

Quando, porém, o lucro pela terceirização de atividades é obtido exatamente pela espoliação de direitos da classe trabalhadora – em face da redução dos ganhos que teria caso a contratação entre empresas não existisse –, é afastada a característica da licitude, mostrando-se como um simples expediente para desvirtuar, impedir ou fraudar a aplicação das vantagens asseguradas ao trabalhador por força de lei, da negociação coletiva ou mesmo pelo contrato, o que é vedado pelo ordenamento jurídico.

Desta maneira, ao lado dos aspectos teoricamente positivos da terceirização, nos ganhos de eficiência na produção, pela concentração nas atividades essenciais e pela descentralização das atividades periféricas ou que demandam expertise, podem ser reconhecidos também alguns aspectos negativos em seu desvirtuamento:

a) Enfraquecimento do poder de negociação coletiva e da representação em geral, uma vez que o enquadramento do trabalhador terceirizado não se dá com o sindicato de trabalhadores correspondente à categoria econômica da empresa tomadora, o que acarreta precarização das condições de trabalho;

b) Alta rotatividade da mão de obra que retira as condições de planejamento e estabilidade na vida do trabalhador, cujo emprego não depende apenas de seu desempenho e compromisso no ambiente de trabalho, mas dos próprios resultados globais da empresa prestadora de serviços no âmbito na atividade que lhe foi terceirizada;

c) Descumprimento das obrigações trabalhistas em geral e especialmente das normas de saúde e segurança, diante da circunstância da capacidade econômica de a empresa prestadora de serviço ser geralmente inferior à da empresa tomadora de serviços.

Ademais, Luiz Philippe Vieira de Mello Filho e Renata Queiroz Dutra sustentam que, além de aspectos puramente materiais, é possível identificar também como danos ao empregado terceirizado:

> prejuízos de ordem extrapatrimonial, que vão desde a perda de investimentos em qualificação – que a empresa restringe aos seus próprios empregados – até o alijamento do trabalhador do corpo empresarial, o que atua sobre o sentimento de pertencimento do trabalhador à instituição para a qual presta serviços e sobre a sua própria identidade em relação ao grupo de trabalhadores cujas condições de vida e de trabalho às dele se assemelham, sem falar na automática exclusão do trabalhador do sindicato do qual originalmente fazia parte, com a perda de referências coletivas e isolamento social que isso acarreta. A palavra que delimita a condição do trabalhador que decresce da condição de empregado para a de terceirizado é, portanto, exclusão[6].

O trabalho é um dos principais fatores de agregação social, de modo que a rotatividade decorrente da terceirização impede que o trabalhador sedimente laços de amizade, união e solidariedade com aqueles com quem divide o ambiente de labor, fragilizando a noção de comunidade.

Os efeitos do desvirtuamento da terceirização, no entanto, não se limitam ao campo jurídico e social, podendo

---

(4) DELGADO, Gabriela Neves. *Terceirização*: paradoxo do direito do trabalho contemporâneo. São Paulo: LTr, 2003. p. 142.
(5) PINTO, José Augusto Rodrigues. *Tratado de direito material do trabalho*. São Paulo: LTr, 2007. p. 154.
(6) MELLO FILHO, Luiz Philippe Vieira de; DUTRA, Renata Queiroz. A terceirização de atividade-fim: caminhos e descaminhos para a cidadania no trabalho. *Revista do Tribunal Superior do Trabalho*, Brasília, v. 80, n. 3, jul./set. 2014. p. 198.

resvalar consequências negativas para a própria economia. É que, caso haja a utilização plena da terceirização como meio de precarização da relação de trabalho, reduzindo-se salários e direitos, fica enfraquecido consequentemente o consumo de bens e serviços no mercado interno nacional, especialmente considerando que o trabalhador de baixa e média renda tem baixa propensão ao entesouramento.

Assim, com menor consumo, a tendência natural é de queda dos lucros dos empresários, o que desaconselha novos investimentos na produção e sugere mais cortes de custos, inclusive com a redução do número de postos de trabalho. A partir daí, o desemprego consequente termina por afetar de forma negativa novamente o consumo, em um círculo vicioso que deteriora o desenvolvimento econômico. Não há sequer ganho em competitividade interna, pois o patamar inicial de redução de custos é o mesmo para todas as empresas, o que as nivela em uma mesma condição de partida. Segundo a economista Laura Carvalho,

> "se uma mudança reduz o custo com a mão de obra de todos os empresários ao mesmo tempo, não é possível ganhar competitividade em relação aos concorrentes nacionais. E os exportadores, por sua vez, só ganham competitividade junto a concorrentes estrangeiros que não tenham seguido a mesma estratégia. Sabemos que não é esse o caso de boa parte do mundo globalizado nas últimas décadas. E o que é pior. Se vale o chamado paradoxo dos custos de Kalecki, uma redução generalizada de salários em uma economia diminui também o mercado consumidor, reduzindo vendas e lucros. Em outras palavras, de nada adianta ter uma fatia maior de um bolo menor"[7].

Em suma, numa perspectiva macroeconômica, que não enxerga restritamente cada empresa individualmente considerada, mas percebe o conjunto de empresas inserido num sistema de interdependência, salário e demais direitos trabalhista não são simplesmente um custo a ser descartado pela terceirização, mas autêntica fonte de consumo de bens e serviços no mercado interno, cujo enfraquecimento ou redução pode acarretar danosas consequências na economia interna do país.

Em que pese toda esta complexidade do fenômeno, cujo desvirtuamento pode gerar efeitos em todas as ordens acima relacionadas, a terceirização não foi alvo de regulação específica no Brasil por muito tempo. Pelo contrário, algumas de suas balizas foram inicialmente extraídas pela jurisprudência a partir de uma interpretação sistemática de algumas normas do ordenamento jurídico, com mira em garantir a tutela do hipossuficiente econômico, como se verá a seguir.

3. EVOLUÇÃO DO TRATAMENTO LEGAL E JURISPRUDENCIAL DA TERCEIRIZAÇÃO NO BRASIL

De acordo com a Consolidação das Leis do Trabalho, desde sua redação originária da década de 1940, orientada pelo princípio da proteção ao hipossuficiente econômico (isonomia material), a contratação de empregado apenas foi prevista de forma direta em relação ao empregador. Não havia ali, portanto, nenhuma possibilidade de terceirização de serviços, sendo de destacar, porém, uma referência/ressalva no art. 455 aos contratos de subempreitada, nos quais "*responderá o subempreiteiro pelas obrigações derivadas do contrato de trabalho que celebrar, cabendo, todavia, aos empregados, o direito de reclamação contra o empreiteiro principal pelo inadimplemento daquelas obrigações por parte do primeiro*".

Dentro da perspectiva de que a legislação trabalhista se presta a impor limites sobre a autonomia da vontade das partes para garantir a tutela à parte mais fraca da relação contratual, a interpretação era a de que, havendo apenas previsão de contratação direta de empregado pelo empregador, o silêncio quanto à dissociação da relação econômica de trabalho da relação justrabalhista que lhe fosse correspondente – ou seja, a contratação indireta de empregado – significava a sua vedação pelo ordenamento jurídico.

Mais adiante, por intermédio do Decreto-Lei n. 200/1967, que dispunha sobre a organização da Administração Federal ao estabelecer diretrizes para uma reforma administrativa, era então prevista uma fórmula genérica de terceirização, conquanto restrita ao setor público federal. Em seu art. 10, a norma tratava especificamente do processo de descentralização que o governo militar almejava implantar no país. Em seus termos:

> § 2º. Em cada órgão da Administração Federal, os serviços que compõem a estrutura central de direção devem permanecer liberados das rotinas de execução e das tarefas de mera formalização de atos administrativos, para que possam concentrar-se nas atividades de planejamento, supervisão, coordenação e controle. (...)
>
> § 7º. Para melhor desincumbir-se das tarefas de planejamento, coordenação, supervisão e contrôle e com o objetivo de impedir o crescimento desmesurado da máquina administrativa, a Administração procurará desobrigar-se da realização material de tarefas executivas, recorrendo, sempre que possível, à execução indireta, mediante contrato, desde que exista, na área, iniciativa privada suficientemente desenvolvida e capacitada a desempenhar os encargos de execução (Art. 10 do Decreto-Lei n. 200/1967).

Já na década de 1970, por intermédio da Lei n. 5.645/1970, foram especificadas atividades-meio que

---

(7) CARVALHO, Laura. Na economia, o todo é diferente da soma das partes. *Folha de São Paulo*, 13 de julho de 2017. Disponível em: <http://www1.folha.uol.com.br>. Acesso em: 10 out. 2017.

poderiam ser objeto de terceirização no setor público. Assim, nos termos do seu art. 3º, parágrafo único, foi prescrito que "*as atividades relacionadas com transporte, conservação, custódia, operação de elevadores, limpeza e outras assemelhadas serão, de preferência, objeto de execução mediante contrato, de acordo com o art. 10, § 7º, do Decreto-Lei n. 200*".

Com a Lei n. 6.019/1974, houve a previsão de intermediação de mão de obra em qualquer atividade da empresa, com a regulação nos estritos limites do trabalho temporário, que seria "*aquele prestado por pessoa física a uma empresa, para atender à necessidade transitória de substituição de seu pessoal regular e permanente ou a acréscimo extraordinário de serviços* (art. 2º)". Neste caso, tratava-se sim de uma relação trilateral de prestação laborativa, porém sempre em caráter precário no tempo, além de limitado às restritas hipóteses da necessidade transitória de substituição de empregado ou do acréscimo extraordinário de serviço.

Nos anos 80, a Lei n. 7.102/1983 (adiante alterada pela Lei n. 9.017/1995) previu hipótese de terceirização das atividades-meio de vigilância e de transporte de valores na iniciativa privada, para estabelecimentos financeiros, consignando normas para constituição e funcionamento das empresas particulares que explorassem tais serviços[8].

Neste quadro, para dirimir reiteradas controvérsias judiciais sobre o tema e considerando a regra geral da contratação direta, o Tribunal Superior do Trabalho consolidou em 1986 o entendimento jurisprudencial sobre a legalidade da contratação indireta, segundo o qual "*salvo os casos de trabalho temporário e de serviço de vigilância, previstos nas Leis ns. 6.019, de 03.01.1974, e 7.102, de 20.06.1983, é ilegal a contratação de trabalhadores por empresa interposta, formando-se o vínculo empregatício diretamente com o tomador dos serviços* (Súmula n. 256 do TST)".

Em 1994, este entendimento foi expandido, para abarcar dois temas. Não mais apenas a questão pertinente à legalidade de tais contratações, mas também da responsabilidade do tomador de serviços quando elas fossem reconhecidas lícitas. Desta forma, foi editada a Súmula n. 331 do Tribunal Superior do Trabalho, que, em sua redação originária, dispunha que:

> I – A contratação de trabalhadores por empresa interposta é ilegal, formando-se o vínculo diretamente com o tomador dos serviços, salvo no caso de trabalho temporário (Lei n. 6.019, de 03.01.1974).
>
> II – A contratação irregular de trabalhador, através de empresa interposta, não gera vínculo de emprego com os órgãos da Administração Pública Direta, Indireta ou Fundacional (art. 37, II, da Constituição da República).
>
> III – Não forma vínculo de emprego com o tomador a contratação de serviços de vigilância (Lei n. 7.102, de 20.06.1983) e de conservação e limpeza, bem como a de serviços especializados ligados à atividade-meio do tomador, desde que inexistente a pessoalidade e a subordinação direta.
>
> IV – O inadimplemento das obrigações trabalhistas, por parte do empregador, implica na responsabilidade subsidiária do tomador dos serviços, quanto àquelas obrigações, desde que hajam participado da relação processual e constem também do título executivo judicial (Súmula n. 331 do TST).

A partir da mesma premissa da contratação direta dos empregados na atividade-fim como a regra da Consolidação das Leis do Trabalho, reconheceu a ilegalidade da pura e simples intermediação de mão de obra fora da exceção legal do contrato de trabalho temporário. Por outro lado, estendeu a possibilidade lícita de terceirização na atividade-meio para também qualquer serviço especializado ligado à atividade-meio da empresa, excluindo apenas a hipótese em que existente a pessoalidade e a subordinação direta.

Em termos concisos, a contratação indireta em atividade-fim continuou a ser tida por ilícita, ressalvado o trabalho temporário; enquanto, em atividade-meio, foi reconhecida lícita, ressalvada a existência de pessoalidade e subordinação jurídica direta. Se ilícita a contratação, a consequência seria o reconhecimento de vínculo direto entre empregado e a tomadora de serviços, exceto apenas se esta integrasse a Administração Pública diante do óbice intransponível da exclusividade de acesso mediante aprovação em concurso público.

Por outro lado, uma vez reconhecida lícita a terceirização em atividade-meio, a tomadora de serviço – inclusive se integrante da Administração Pública – deveria responder subsidiariamente em caso de inadimplemento das obrigações trabalhistas. A responsabilidade da empresa tomadora de serviços aqui não decorre simplesmente da lei em sentido estrito (CC, art. 186), mas da própria ordem constitucional no sentido de se valorizar o trabalho (CF, art. 170), já que é fundamento da Constituição a valorização do trabalho e da livre iniciativa (CF, art. 1º, IV). Não se lhe faculta beneficiar-se da força humana despendida sem assumir responsabilidade nas relações jurídicas de que participa.

Ao uniformizar a aplicação da legislação brasileira para resolver os litígios e tendo em vista a concretização dos princípios constitucionais referidos, o Tribunal Superior do

---

(8) Lei n. 7.102/1983, "*Art. 3º A vigilância ostensiva e o transporte de valores serão executados: I – por empresa especializada contratada; ou II – pelo próprio estabelecimento financeiro, desde que organizado e preparado para tal fim, com pessoal próprio, aprovado em curso de formação de vigilante autorizado pelo Ministério da Justiça e cujo sistema de segurança tenha parecer favorável à sua aprovação emitido pelo Ministério da Justiça. Parágrafo único. Nos estabelecimentos financeiros estaduais, o serviço de vigilância ostensiva poderá ser desempenhado pelas Polícias Militares, a critério do Governo da respectiva Unidade da Federação. Art. 4º O transporte de numerário em montante superior a vinte mil Ufir, para suprimento ou recolhimento do movimento diário dos estabelecimentos financeiros, será obrigatoriamente efetuado em veículo especial da própria instituição ou de empresa especializada*".

Trabalho interpretou plenamente aplicável à esfera trabalhista o princípio da responsabilidade civil decorrente de atos ilícitos previsto no Código Civil (art. 186), em face do permissivo da Consolidação das Leis do Trabalho, art. 8º, parágrafo único. Admite-se, ao lado da responsabilidade direta por fato próprio, aquela indireta por fato de terceiros, fundada na ideia de culpa presumida (*in eligendo* e *in vigilando*), inclusive em relação àquela terceirização havida no âmbito da Administração Pública.

No ano seguinte à edição da Súmula n. 331, entretanto, foi publicada a Lei n. 9.032/1995, que, entre outros efeitos, alterou a Lei de Licitações e Contratos (Lei n. 8.666/1993) para incluir o seguinte dispositivo, segundo o qual a inadimplência do contratado com referência aos encargos trabalhistas "*não transfere à Administração Pública a responsabilidade por seu pagamento, nem poderá onerar o objeto do contrato ou restringir a regularização e o uso das obras e edificações, inclusive perante o registro de imóveis* (art. 71, § 1º)".

Posteriormente, no ano 2000, já em consequência da necessidade de enfrentamento da questão levantada pela alteração legal acima referida, a redação do inciso IV da Súmula n. 331 foi transformada, para incluir de forma expressa, como responsáveis, os tomadores de serviço no setor público, com referência expressa ao art. 71 da Lei n. 8.666/1993. Segundo o entendimento pacífico no Tribunal Superior do Trabalho, o dispositivo legal em questão não afastaria a responsabilidade subsidiária da Administração Pública, mas apenas a responsabilidade direta.

Em 2010, a Corte Superior, considerando o disposto na CF, art. 37, II e § 2º, consolidou o entendimento segundo o qual, pelo princípio da isonomia e por aplicação analógica do art. 12, *a*, da Lei n. 6.019/1974, os empregados terceirizados fazem jus às mesmas verbas trabalhistas legais e normativas asseguradas àqueles contratados pelo tomador dos serviços no setor público, desde que presente a igualdade de funções (OJ n. 383 da SDI1 do TST).

Ainda naquele ano, no julgamento da Ação Direta de Constitucionalidade 16, o Supremo Tribunal Federal reconheceu a constitucionalidade do art. 71, § 1º da Lei n. 8.666/1993, para entender que, em caso de contrato com a Administração Pública em que haja inadimplência negocial do outro contraente, há impossibilidade jurídica da transferência consequente e automática dos seus encargos trabalhistas:

> RESPONSABILIDADE CONTRATUAL. Subsidiária. Contrato com a administração pública. Inadimplência negocial do outro contraente. Transferência consequente e automática dos seus encargos trabalhistas, fiscais e comerciais, resultantes da execução do contrato, à administração. Impossibilidade jurídica. Consequência proibida pelo art., 71, § 1º, da Lei federal n. 8.666/1993. Constitucionalidade reconhecida dessa norma. Ação direta de constitucionalidade julgada, nesse sentido, procedente. Voto vencido. É constitucional a norma inscrita no art. 71, § 1º, da Lei Federal n. 8.666, de 26 de junho de 1993, com a redação dada pela Lei n. 9.032, de 1995 (STF, ADC 16, Rel. Min. Cezar Peluzo, DJE 09.09.2011).

Em decorrência, a Súmula n. 331 foi novamente revisada, deslocando o tratamento da responsabilidade subsidiária específica da Administração Pública para um novo inciso V, para ressaltar que esta não decorre de mero inadimplemento das obrigações trabalhistas assumidas pela empresa regularmente contratada, mas da evidenciação de conduta culposa no cumprimento das obrigações da Lei n. 8.666/1993. Foi ainda acrescido outro inciso, para delimitar a extensão da obrigação do tomador de serviços, sob a consideração de que, tratando-se de responsabilidade por fato de terceiros, a responsabilidade subsidiária não excepciona nenhuma das obrigações patronais.

> IV – O inadimplemento das obrigações trabalhistas, por parte do empregador, implica a responsabilidade subsidiária do tomador dos serviços quanto àquelas obrigações, desde que haja participado da relação processual e conste também do título executivo judicial.
>
> V – Os entes integrantes da Administração Pública direta e indireta respondem subsidiariamente, nas mesmas condições do item IV, caso evidenciada a sua conduta culposa no cumprimento das obrigações da Lei n. 8.666, de 21.06.1993, especialmente na fiscalização do cumprimento das obrigações contratuais e legais da prestadora de serviço como empregadora. A aludida responsabilidade não decorre de mero inadimplemento das obrigações trabalhistas assumidas pela empresa regularmente contratada.
>
> VI – A responsabilidade subsidiária do tomador de serviços abrange todas as verbas decorrentes da condenação referentes ao período da prestação laboral (Súmula n. 331 do TST).

Nesse contexto, o Supremo Tribunal Federal concluiu em 30.03.2017 o julgamento do Recurso Extraordinário 760.931 em sede de repercussão geral. Por maioria, o recurso extraordinário foi parcialmente provido, confirmando-se o entendimento, adotado na Ação Direta de Constitucionalidade 16, que veda a responsabilização automática da administração pública, só cabendo sua condenação se houver prova inequívoca de sua conduta omissiva ou comissiva na fiscalização dos contratos. Foi fixada a seguinte tese pela qual "*o inadimplemento dos encargos trabalhistas dos empregados do contratado não transfere automaticamente ao Poder Público contratante a responsabilidade pelo seu pagamento, seja em caráter solidário ou subsidiário, nos termos do art. 71, § 1º, da Lei n. 8.666/1993* (Tema 246)".

Como se percebe, portanto, houve um longo percurso jurisprudencial de maturação da dinâmica da terceirização, a partir das normas então vigentes no ordenamento jurídico brasileiro. Não há falar em criação de norma pelo Poder Judiciário, mas mera interpretação acerca das condições de licitude ou não da terceirização, bem assim sobre a responsabilidade pelos créditos devidos ao empregado terceirizado.

A partir de meados de 2016, entretanto, o debate acerca da regulamentação específica da terceirização de serviços voltou a ganhar ênfase em sede própria do parlamento brasileiro.

4. PRINCIPAIS CARACTERÍSTICAS DAS TRÊS INICIATIVAS LEGISLATIVAS DE REGULAMENTAÇÃO DA TERCEIRIZAÇÃO

Anteriormente à Reforma Trabalhista (Lei n. 12.467/2017) na regulamentação da terceirização, houve duas outras iniciativas legislativas: o PL n. 4.330/2004 (atual PLC n. 30/2015) e o PL n. 4.302/1998 (posterior PLC n. 03/2001 e atual Lei n. 12.429/2017).

4.1. Projeto de Lei da Câmara n. 30/2015

A primeira das iniciativas legislativas referidas é o PL n. 4.330/2004, de autoria do Deputado Sandro Mabel (PL/GO), foi apresentado em 26.10.2004, com redação final na Câmara dos Deputados aprovada em 22.04.2015. Foi remetido ao Senado em 27.04.2015, no qual se tornou o PLC n. 30/2015. Encontra-se ainda em tramitação, desde 13.07.2017 na Comissão de Assuntos Econômicos.

Podem ser apontadas como características principais do PLC n. 30/2015:

a) Referência expressa à inaplicabilidade da norma à Administração Pública. Aquelas regras aplicar-se-iam às empresas privadas, mas não aos contratos de terceirização no âmbito da administração pública direta, autárquica e fundacional da União, dos Estados, do Distrito Federal e dos Municípios (art. 1º, § 1º).

b) Alcance limitado da terceirização lícita a serviços determinados e específicos, prestada por empresa com qualificação técnica para tanto e capacidade econômica compatível com a execução. Embora terceirização fosse conceituada como a transferência feita pela tomadora de serviços da execução de parcela de qualquer de suas atividades à contratada, a empresa contratante somente poderia ser aquela que celebra contrato de prestação de serviços determinados e específicos, relacionados a parcela de qualquer de suas atividades com empresa especializada na prestação dos serviços contratados. Por outro lado, empresas contratadas poderiam ser associações, sociedades, fundações e empresas individuais, desde que especializadas e que prestassem serviços determinados e específicos relacionados a parcela de qualquer atividade da contratante e que possuíssem ainda qualificação técnica para a prestação do serviço contratado e capacidade econômica compatível com a sua execução (art. 2º), sendo vedada a intermediação de mão de obra, salvo as exceções previstas em legislação específica (art. 4º, § 3º).

c) Fixação de um rol de direitos dos terceirizados nas mesmas condições dos empregados diretos da tomadora de serviços. Ali eram asseguradas aos empregados da contratada, quando e enquanto os serviços fossem executados nas dependências da contratante ou em local por ela designado, as mesmas condições relativas a: alimentação garantida aos empregados da contratante, quando oferecida em refeitórios; utilização dos serviços de transporte; atendimento médico ou ambulatorial existente nas dependências da contratante ou local por ela designado; treinamento adequado, fornecido pela contratada, quando a atividade o exigir; bem assim idênticas condições sanitárias, de medidas de proteção à saúde e de segurança no trabalho e de instalações adequadas à prestação do serviço. Por outro lado, quando os contratos implicassem na mobilização de empregados da contratada em número igual ou superior a vinte por cento dos empregados diretos da contratante, esta poderia disponibilizar aos empregados da contratada os serviços de alimentação e atendimento ambulatorial em outros locais apropriados e com igual padrão de atendimento, com vistas a manter o pleno funcionamento dos serviços existentes (art. 12).

d) Garantia, em favor dos terceirizados, das condições de segurança, higiene e salubridade, enquanto esses estivessem a serviço nas dependências da tomadora de serviços ou em local por ela designado (art. 13). Trata-se aqui de um aspecto positivo na medida em que uma das grandes críticas feitas à terceirização reside exatamente na maior incidência de acidentes de trabalho vitimando empregados terceirizados, em comparação com empregados diretos.

e) Garantia de manutenção do salário e dos demais direitos previstos no contrato anterior, na hipótese de contratação sucessiva para a prestação dos mesmos serviços terceirizados, com admissão de empregados da antiga contratada (art. 14).

f) Fixação de responsabilidade solidária da empresa contratante em relação ao inadimplemento da contratada quanto a salários, décimos terceiros salários, férias acrescidas do terço constitucional, FGTS, horas extraordinárias, repouso semanal remunerado, vale-transporte e recolhimento das contribuições previdenciárias (art. 15).

Ocorre que, ainda em regular tramitação o PLC n. 30/2015 no Senado Federal, a Câmara dos Deputados resolveu imprimir novo ritmo ao PLC n. 03/2001, que também tratava da terceirização de serviços.

4.2. Lei n. 12.429/2017

O PL n. 4.302/1998, de autoria do Poder Executivo, foi apresentado em 19.03.1998, com redação final na Câmara dos Deputados aprovada em 13.12.2000. Foi remetido ao Senado em 21.12.2000, no qual se tornou o PLC

n. 03/2001, sendo aprovado substitutivo em 16.12.2002, para ser remetido de volta à Câmara dos Deputados em 02.01.2003.

Por meio da mensagem 389, de 19.08.2003, o Presidente da República encaminhou requerimento de retirada do projeto de lei. O pleito foi imediatamente despachado pela Mesa Diretora da Câmara, que determinou sua deliberação pelo Plenário da Casa, o que, porém, nunca ocorreu. Este possível vício na tramitação do PL n. 4.302/1998 (inconstitucionalidade formal) é um dos objetos das ações diretas de inconstitucionalidade 5.685 e 5.687.

Em 22.03.2017, ou seja, quatorze anos depois do retorno à Câmara dos Deputados (com uma configuração de duas Casas parlamentares completamente distintas daquelas que apreciaram o projeto) e em paralelo à tramitação do recente PLC n. 30/2015, foi finalmente aprovada a redação final do substitutivo do senado.

Em 31.03.2017 foi publicada a Lei n. 13.429/2017, que alterou dispositivos da Lei n. 6.019/1974, que dispõe sobre o trabalho temporário nas empresas urbanas e dá outras providências; e dispôs sobre as relações de trabalho na empresa de prestação de serviços a terceiros. O legislador optou por acrescentar os dispositivos relativos à terceirização de serviços no texto original da Lei n. 6.019/1974, alternando com os dispositivos do contrato de trabalho temporário, tornando mais complexa a identificação da disciplina própria de cada um destes contratos.

De todo modo, quanto à terceirização de serviços, podem ser apontadas como suas características principais, em comparação ao projeto ainda em tramitação:

a) Ausência da referência expressa à inaplicabilidade da norma à Administração Pública, o que deixa entender que abarca os setores privado e público.

b) Alcance limitado da terceirização lícita a serviços determinados e específicos, repetindo no particular o PLC n. 30/2015. Não há ali, entretanto, a referência à necessidade da empresa terceirizada ter capacidade econômica compatível com a execução do serviço. Empresa prestadora de serviços a terceiros é a pessoa jurídica de direito privado destinada a prestar serviços determinados e específicos à contratante (art. 4º-A).

c) Inexistência de rol obrigatório de direitos dos empregados terceirizados a ser garantido pela contratante. Apenas há referência à faculdade da empresa contratante no sentido de estender alguns direitos. Nos seus termos, *"a contratante poderá estender ao trabalhador da empresa de prestação de serviços o mesmo atendimento médico, ambulatorial e de refeição destinado aos seus empregados, existente nas dependências da contratante, ou local por ela designado* (art. 5º-A, § 4º)". Trata-se de uma previsão no todo desnecessária, exatamente tendo em vista o seu caráter não obrigatório.

d) Responsabilidade da tomadora de serviços no que diz respeito à garantia das condições de segurança, higiene e salubridade dos trabalhadores, quando o trabalho for realizado em suas dependências ou local previamente convencionado em contrato (art. 5º-A, § 3º).

e) Ausência de garantia de permanência de patamar salarial em contratações sucessivas, tal como estabelecido no PLC n. 30/2015, o que deixa a entender ser possível a redução de salários na medida em que sejam contratadas novas empresas terceirizadas.

f) Responsabilidade apenas subsidiária da empresa contratante, quanto às obrigações trabalhistas referentes ao período em que ocorrer a prestação de serviços. Não consta ali a referência à parcial responsabilidade solidária tratada no PLC n. 30/2015.

Foram ajuizadas as ações diretas de inconstitucionalidade 5.685, 5.686 e 5.687, as duas últimas conexas à primeira, tendo como relator o Ministro Gilmar Mendes, ainda em tramitação.

4.3. A terceirização de serviços na Reforma Trabalhista

A Lei n. 13.467/2017, publicada em menos de quatro meses após a Lei n. 13.429/2017, entre outros pontos, alterou novamente a Lei n. 6.019/1974, inclusive em relação a dispositivos recém-modificados no que diz respeito à terceirização.

Em termos de técnica legislativa, a Reforma Trabalhista não andou bem, mantendo a mesma estrutura da Lei n. 12.429/2017 que alterna dispositivos do contrato de trabalho temporário e da terceirização, dificultando a compreensão da norma como um todo. Por outro lado, no conteúdo, representou manifesta precarização dos direitos do empregado terceirizado.

A disciplina da terceirização com as alterações decorrentes da Lei n. 13.467/2017 possui por características principais (em comparação com a Lei n. 13.429/2017):

a) Manutenção da ausência de exclusão expressa da aplicabilidade à Administração Pública;

b) Extensão do alcance da terceirização lícita a qualquer atividade da empresa contratante e fixação que a empresa prestadora deve possuir capacidade econômica compatível com a execução dos serviços. Nos termos da nova lei, prestação de serviços a terceiros seria a "transferência feita pela contratante da execução de quaisquer de suas atividades, inclusive sua atividade principal, à pessoa jurídica de direito privado prestadora de serviços que possua capacidade econômica compatível com a sua execução (art. 4º-A)". Em reforço, define que empresa contratante é "a pessoa física ou jurídica que celebra contrato com empresa de prestação de serviços relacionados a quaisquer de suas atividades, inclusive sua atividade principal (art. 5º-A)".

c) Resgate do rol de direitos dos empregados da contratada a ser garantido pela contratante, tal como previsto na redação do PLC n. 30/2015:

> Art. 4º-C São asseguradas aos empregados da empresa prestadora de serviços a que se refere o art. 4º-A desta Lei, quando e enquanto os serviços, que podem ser de qualquer uma das atividades da contratante, forem executados nas dependências da tomadora, as mesmas condições:
>
> I – relativas a:
>
> a) alimentação garantida aos empregados da contratante, quando oferecida em refeitórios;
>
> b) direito de utilizar os serviços de transporte;
>
> c) atendimento médico ou ambulatorial existente nas dependências da contratante ou local por ela designado;
>
> d) treinamento adequado, fornecido pela contratada, quando a atividade o exigir.
>
> II – sanitárias, de medidas de proteção à saúde e de segurança no trabalho e de instalações adequadas à prestação do serviço.

Observe-se, no entanto, que o art. 4º-C acrescentado pela Lei n. 13.467/2017, ao tornar obrigatória a garantia das mesmas condições de alimentação em refeitório e atendimento médico ou ambulatório, entra em choque com o § 4º do art. 5º-A da mesma norma (acrescentado pela Lei n. 13.429/2017), que disciplina como mera faculdade da empresa contratante, o que implica em sua revogação tácita.

d) Garantia em saúde e segurança dos empregados terceirizados, por parte da tomadora de serviços, sendo responsabilidade desta garantir as condições de segurança, higiene e salubridade daqueles trabalhadores, quando o trabalho venha a ser realizado em suas dependências ou local previamente convencionado em contrato (Art. 5º-A, § 3º);

e) Manutenção da ausência de garantia de permanência de patamar salarial em contratações sucessivas;

f) Manutenção da responsabilidade apenas subsidiária da empresa contratante em relação às obrigações trabalhistas inadimplidas pela empresa de prestação de serviços (art. 5º-A, § 5º);

g) Mera faculdade de garantia de salário e outros direitos equivalentes aos pagos aos empregados diretos (art. 4º-C). Trata-se aqui novamente de previsão desnecessária justamente pelo seu caráter não obrigatório;

h) Criação de uma quarentena, pela qual o terceirizado que for despedido não poderá prestar serviços para a mesma empresa na qualidade de empregado de empresa prestadora de serviços antes do decurso de prazo de dezoito meses, contados a partir da saída do empregado (art. 5º-D).

Numa perspectiva de franca insegurança jurídica: enquanto o PLC n. 30/2015 encontra-se em plena tramitação, podendo, a partir de sua aprovação, alterar substancialmente a disciplina da terceirização em vigor, a Lei n. 13.429/2017 pode ser declarada inconstitucional em pontos fundamentais. Em ambas as hipóteses, reflexos diretos podem ser gerados sobre o novo regramento na Reforma Trabalhista.

5. CONSIDERAÇÕES CRÍTICAS À TERCEIRIZAÇÃO IRRESTRITA NA REFORMA TRABALHISTA

Tal como estruturada, a Lei n. 13.467/2017, no que diz respeito à disciplina da terceirização de serviços, padece de vícios de inconstitucionalidade, ao violar o princípio da proibição de retrocesso e princípio da isonomia, além das regras que disciplinam o concurso público como via de acesso aos cargos públicos.

Com a reabertura democrática, a Constituição Federal de 1988 incorporou, no âmbito dos direitos e garantias fundamentais, um capítulo próprio destinado aos direitos sociais (art. 6º e seguintes), além de um título reservado à ordem social (art. 193 e seguintes). O fenômeno de *constitucionalização* de tais direitos é informado, por José Joaquim Gomes Canotilho, como o que promove a incorporação destes em normas formalmente básicas e subtrai, dessa forma, o seu reconhecimento e a sua garantia do âmbito de livre disponibilidade do legislador ordinário, protegendo-os mediante o controle de constitucionalidade de seus atos reguladores[9].

No âmbito desta tutela constitucional, entre os direitos sociais, foi trazido ao texto da Constituição, especialmente em seu art. 7º, um *patamar mínimo* de direitos dos trabalhadores urbanos e rurais. Foram apresentados direitos e garantias fundamentais do trabalhador, os quais apenas podem ser aditados em hipóteses ou ampliados em efeitos pela legislação infraconstitucional, embora sempre em sentido da melhoria da condição social dos beneficiários da norma[10]. Trata-se aqui de um desdobramento do princípio de proibição de retrocesso social, pelo qual é vedado ao

---

(9) CANOTILHO, José Joaquim Gomes. *Direito constitucional e teoria da Constituição*. 4. reimp. da 7. ed. Coimbra: Almedina, 2003. p. 378. Em sentido similar, BARROSO, Luís Roberto. *Curso de direito constitucional contemporâneo*: os conceitos fundamentais e a construção do novo modelo. São Paulo: Saraiva, 2009. p. 360-363; CUNHA JÚNIOR, Dirley da. *Curso de direito constitucional*. 3. ed. rev., ampl. e atual. Salvador: JusPodivm, 2009. p. 597-599.

(10) No julgamento da ADI 639-8/DF, o Supremo Tribunal Federal entendeu pela constitucionalidade do art. 118 da Lei 8.213/91, que prevê hipótese de estabilidade não abrangida pelo art. 7º, I do texto constitucional, considerando como um dos fundamentos justamente o de que "o rol de garantias do art. 7º da Constituição não exaure a proteção aos direitos sociais". BRASIL. Supremo Tribunal Federal. Tribunal Pleno. ADI 639-8/DF. Relator: Ministro Joaquim Barbosa. Brasília, 02.06.2005. DJ 21.05.2005. Disponível em: <http://www.stf.jus.br>. Acesso em: 10 out. 2011.

legislador infraconstitucional suprimir ou reduzir a concretização de um direito fundamental social.

O Supremo Tribunal Federal vem se pronunciando sobre o tema, em sentido de que *"o princípio da proibição do retrocesso impede, em tema de direitos fundamentais de caráter social, que sejam desconstituídas as conquistas já alcançadas pelo cidadão ou pela formação social em que ele vive* (STF, ARE 639.337-AgR/SP, Min. Rel. Celso de Mello, DJE 15.09.2011)".

Para José Joaquim Gomes Canotilho,

> os direitos sociais e econômicos (ex.: direito dos trabalhadores, direito à assistência, direito à educação), uma vez obtido um determinado grau de realização, passam a constituir, simultaneamente, uma garantia institucional e um direito subjectivo. A 'proibição de retrocesso social' nada pode fazer contra as recessões e crises econômicas (reversibilidade fáctica), mas o princípio em análise limita a reversibilidade dos direitos adquiridos (ex.: segurança social, subsídio de desemprego, prestações de saúde), em clara violação do princípio da protecção da confiança e da segurança dos cidadãos no âmbito econômico, social e cultural, e do núcleo essencial da existência mínima inerente ao respeito pela dignidade da pessoa humana. O reconhecimento desta proteção de direitos prestacionais de propriedade, subjetivamente adquiridos, constitui um limite jurídico do legislador e, ao mesmo tempo, uma obrigação de prossecução de uma política congruente com os direitos concretos e as expectativas subjectivamente alicerçadas. A violação no núcleo essencial efectivado justificará a sanção de inconstitucionalidade relativamente a normas manifestamente aniquiladoras da chamada justiça social. (...). A liberdade de conformação do legislador nas leis sociais, as eventuais modificações destas leis devem observar os princípios do Estado de direito vinculativos da actividade legislativa e o núcleo essencial dos direitos sociais. O princípio da proibição de retrocesso social pode formular-se assim: o núcleo essencial dos direitos sociais já realizado e efectivado através de medidas legislativas ('lei da segurança social', 'lei do subsídio de desemprego', 'lei do serviço de saúde') deve considerar-se constitucionalmente garantido, sendo inconstitucionais quaisquer medidas estaduais que, sem a criação de outros esquemas alternativos ou compensatórios, se traduzam, na prática, numa 'anulação', 'revogação' ou 'aniquilação' pura e simples desse núcleo essencial[11].

Ao estender a possibilidade de terceirização para qualquer atividade da empresa (art. 4º-A), a nova norma violou o princípio da proibição de retrocesso social.

É de observar que a expressão "quaisquer de suas atividades, inclusive sua atividade principal" prevista no art. 4º-A reformado não equivale ao mesmo que "serviços determinados e específicos", tal como disciplinado na Lei n. 13.429/2017 e no PLC n. 30/2015. É uma modificação substancial. A ideia com a determinação e especificação do serviço corresponderia, em tese, ao ganho legítimo de eficiência que a empresa conseguiria ao expandir sua atividade na direção de áreas estranhas ao seu *know-how*, reduzindo a necessidade de investimento, por exemplo, em pesquisa, rotinas e estruturas próprias com o que seja meramente acessório.

Pelo contrário, fora da hipótese *retro*, franqueando indiscriminadamente a terceirização para qualquer atividade, esta passa a se confundir com a mera intermediação de mão de obra. Assim sendo, parece lógico que a vantagem de tal contratação para o tomador de serviços somente poderá ocorrer, em termos práticos, com a inferioridade salarial (e de direitos) dos empregados terceirizados em relação aos empregados diretos. Afinal, caso tenha que pagar os mesmos encargos trabalhistas, além da própria contraprestação pelo serviço do intermediador, não faz sentido econômico para o contratante optar pela terceirização. Mostra-se então, por via oblíqua, como mero procedimento para evitar o pagamento de vantagens que seriam asseguradas em decorrência das normas coletivas mais robustas da categoria econômica a que pertence.

O texto reformado chega mesmo a explicitar a possibilidade da contratação de empregados diretos e terceirizados para realizar simultaneamente as mesmas atividades e com diferença de salário, reforçando a noção de que se trata efetivamente de intermediação de mão de obra para baratear o seu custo. Isso se depreende da dicção literal da regra segundo a qual *"contratante e contratada poderão estabelecer, se assim entenderem, que os empregados da contratada farão jus a salário equivalente ao pago aos empregados da contratante, além de outros direitos não previstos neste artigo* (Art. 4º-C, § 1º)". Ao invés de melhorar a condição social dos trabalhadores, portanto, as novas regras visam a promover manifesto retrocesso social.

Mais que isso, viola igualmente aqui o princípio da isonomia garantido no texto constitucional, que pressupõe no particular que o exercício de mesmas funções pressupõe a atribuição da mesma dimensão salarial (CF, art. 5º, *caput* e I; art. 7º, XXX, XXXI e XXXII)[12].

Vale observar que a própria Lei n. 6.019/1972 – que originariamente versava apenas sobre intermediação de mão de obra – já previa a obrigatória equivalência salarial,

---

(11) CANOTILHO, José Joaquim Gomes. *Direito constitucional e teoria da Constituição*. 4. reimp. da 7. ed. Coimbra: Almedina, 2003. p. 338-339.

(12) Constituição Federal, "Art. 5º. *Todos são iguais perante a lei, sem distinção de qualquer natureza, garantindo-se aos brasileiros e aos estrangeiros residentes no País a inviolabilidade do direito à vida, à liberdade, à igualdade, à segurança e à propriedade, nos termos seguintes: I – homens e mulheres são iguais em direitos e obrigações, nos termos desta Constituição; (...)*"; e "*Art. 7º São direitos dos trabalhadores urbanos e rurais, além de outros que visem à melhoria de sua condição social: (...) XXX – proibição de diferença de salários, de exercício de funções e de critério de admissão por motivo de sexo, idade, cor ou estado civil; XXXI – proibição de qualquer discriminação no tocante a salário e critérios de admissão do trabalhador portador de deficiência; XXXII – proibição de distinção entre trabalho manual, técnico e intelectual ou entre os profissionais respectivos; (...)*".

justamente para corrigir eventual violação da isonomia, assegurando aos trabalhadores temporários *"remuneração equivalente à percebida pelos empregados de mesma categoria da empresa tomadora ou cliente calculados à base horária, garantida, em qualquer hipótese, a percepção do salário mínimo regional* (Lei n. 6.019/1974, art. 12, a)". E, por seu turno, a jurisprudência do Tribunal Superior do Trabalho, diante da situação em que empregado direto da Administração Pública e terceirizado exercem as mesmas funções, reconhece o direito à equivalência salarial por força da aplicação analógica deste dispositivo da lei de trabalho temporário, para promover a isonomia, em razão do impeditivo de reconhecimento de vínculo direto com o tomador de serviços pela ausência de prévia aprovação em concurso público:

> TERCEIRIZAÇÃO. EMPREGADOS DA EMPRESA PRESTADORA DE SERVIÇOS E DA TOMADORA. ISONOMIA. ART. 12, "A", DA LEI N. 6.019, DE 03.01.1974. A contratação irregular de trabalhador, mediante empresa interposta, não gera vínculo de emprego com ente da Administração Pública, não afastando, contudo, pelo princípio da isonomia, o direito dos empregados terceirizados às mesmas verbas trabalhistas legais e normativas asseguradas àqueles contratados pelo tomador dos serviços, desde que presente a igualdade de funções. Aplicação analógica do art. 12, "a", da Lei n. 6.019, de 03.01.1974 (OJ n. 383 da SDI1 do TST).

Por outro lado, como a norma não contém a ressalva quanto à sua inaplicabilidade no setor público, da sua leitura é ainda possível concluir que terceirizados podem passar a exercer a função de servidores estatutários ou empregados públicos. Agrega-se, neste ponto, a violação das normas constitucionais que tratam da necessidade de aprovação em concurso público para ingresso nos quadros da Administração Pública (CF, art. 37, II e § 2º)[13].

Dos dispositivos constitucionais transcritos, para além de sua simples literalidade, é extraído o princípio geral de livre acesso democrático aos quadros da Administração Pública por qualquer indivíduo que preencha os requisitos necessários à sua ocupação, o que pressupõe a aprovação em prévio concurso público em que seja assegurada igualdade de tratamento a todos os concorrentes.

Esta é a base principiológica que orienta precisamente a interpretação sistemática de todas as demais normas constitucionais e *infra* que tratam do ingresso de servidores e empregados públicos, a qualquer título, inclusive no que tange às próprias exceções constitucionais, para que estas não possam se tornar autênticas brechas à franca descaracterização da regra geral. Dentro dos parâmetros constitucionais, deste modo, não se mostra possível interpretar o art. 4º-A em sentido da possibilidade da terceirização de funções próprias de cargos e empregos públicos.

Por fim, entre os diversos fins objetivados pela Constituição Federal quanto à tutela do trabalhador, um dos que apresentam maior relevo diz respeito à proteção ao próprio emprego em si, como uma compensação pelo término da estabilidade em regra geral. Tal proteção foi disciplinada em um sistema que compõe a indenização compensatória diante da despedida arbitrária ou sem justa causa (inciso I), o Fundo de Garantia do Tempo de Serviço (inciso III) e o aviso-prévio (inciso XXI)[14].

Segundo Arnaldo Süssekind, embora lamentavelmente a matéria não tenha sido tratada de forma sistemática em sequência, os três institutos se completam, protegendo o empregado mais antigo ao tornar mais onerosa sua despedida, tal como ocorre em diversos países[15]. Não se pode verificar como constitucional, portanto, uma norma que, sob o discurso de proporcionar flexibilidade na contratação em sentido da rotatividade da mão de obra, que pressupõe naturalmente contratos de curta duração. Trata-se de uma norma em direção oposta ao modelo que o texto constitucional visa a resguardar.

Desta forma, em síntese, tem-se que a disciplina da terceirização irrestrita padece de inconstitucionalidade por violar: o princípio da vedação ao retrocesso social, pois se traduz em mera intermediação de mão de obra para redução de encargos e direitos trabalhistas; o princípio da isonomia, por permitir a desigualdade salarial entre terceirizados e empregados diretos no exercício da mesma função; o princípio geral de livre acesso democrático aos quadros da Administração Pública, ao possibilitar que terceirizados possam passar a exercer a função de servidores estatutários ou empregados públicos, além de estimular a rotatividade da mão de obra, em contradição com o sistema constitucional de regras de proteção ao emprego.

6. CONCLUSÕES

Diante do quanto exposto, é possível concluir que:

6.1. Com a terceirização, a relação econômica de trabalho se descola da jurídica, de modo que, embora o

---

(13) Constituição Federal, *"Art. 37. A administração pública direta e indireta de qualquer dos Poderes da União, dos Estados, do Distrito Federal e dos Municípios obedecerá aos princípios de legalidade, impessoalidade, moralidade, publicidade e eficiência e, também, ao seguinte: (...) II – A investidura em cargo ou emprego público depende de aprovação prévia em concurso público de provas ou de provas e títulos, de acordo com a natureza e a complexidade do cargo ou emprego, na forma prevista em lei, ressalvadas as nomeações para cargo em comissão declarado em lei de livre nomeação e exoneração; (...) § 2º. O não atendimento ao quanto disposto no citado inciso implicará a nulidade do ato e a punição da autoridade responsável, nos termos da lei; (...)".*

(14) Constituição Federal, *"Art. 7º. São direitos dos trabalhadores urbanos e rurais, além de outros que visem à melhoria de sua condição social: (...) I – relação de emprego protegida contra despedida arbitrária ou sem justa causa, nos termos de lei complementar, que preverá indenização compensatória, dentre outros direitos; (...) III – fundo de garantia do tempo de serviço; (...) XXI – aviso-prévio proporcional ao tempo de serviço, sendo no mínimo de trinta dias, nos termos da lei; (...)".*

(15) SÜSSEKIND, Arnaldo. *Direito constitucional do trabalho*. Rio de Janeiro: Renovar, 1999, p. 132-133.

trabalhador continue efetivamente inserido no processo produtivo da empresa tomadora de serviços, ele não deixa de perder os laços jurídicos contratuais com o empregador intermediário, a empresa prestadora de serviços.

6.2. Quando o lucro pela terceirização de atividades é obtido exatamente pela espoliação de direitos e prejuízo direto à classe trabalhadora, em face da redução dos ganhos que existiriam caso a contratação entre empresas não existisse, esta última perde a característica da licitude, mostrando-se como um simples expediente para desvirtuar, impedir ou fraudar a aplicação das vantagens asseguradas ao trabalhador.

6.3. Numa perspectiva macroeconômica, que não enxerga restritamente cada empresa individualmente considerada, mas percebe coletivamente o conjunto de empresa inserido num sistema de interdependência, salário e demais direitos trabalhistas não são simplesmente um custo a ser descartado pela terceirização, mas autêntica fonte de consumo de bens e serviços no mercado interno, cujo enfraquecimento ou redução pode acarretar danosas consequências na economia interna do país.

6.4. Houve um longo percurso jurisprudencial de maturação da dinâmica da terceirização, a partir das normas então vigentes no ordenamento jurídico brasileiro, razão pela qual não há falar em criação de regulamentação pelo Poder Judiciário, mas mera interpretação acerca das condições de licitude ou não da terceirização, bem assim da questão acerca da responsabilidade pelos créditos devidos ao empregado terceirizado.

6.5. Numa perspectiva de franca insegurança jurídica, enquanto o PLC 30/2015 encontra-se em plena tramitação, podendo, a partir de sua aprovação, alterar substancialmente a disciplina da terceirização em vigor, a Lei n. 13.429/2017 pode ser declarada inconstitucional em pontos fundamentais. Em ambas as hipóteses, reflexos diretos podem ser gerados sobre o novo regramento na Reforma Trabalhista.

6.6. A disciplina da terceirização irrestrita padece de inconstitucionalidade por violar: o princípio da vedação ao retrocesso social, pois se traduz em mera intermediação de mão de obra para redução de encargos e direitos trabalhistas; o princípio da isonomia, por permitir a desigualdade salarial entre terceirizados e empregados diretos no exercício da mesma função; o princípio geral de livre acesso democrático aos quadros da Administração Pública, ao possibilitar que terceirizados possam passar a exercer a função de servidores estatutários ou empregados públicos, além de estimular a rotatividade da mão de obra, em contradição com o sistema constitucional de regras de proteção ao emprego.

7. REFERÊNCIAS BIBLIOGRÁFICAS

BARROSO, Luís Roberto. *Curso de direito constitucional contemporâneo*: os conceitos fundamentais e a construção do novo modelo. São Paulo: Saraiva, 2009.

CANOTILHO, José Joaquim Gomes. *Direito constitucional e teoria da Constituição*. 4. reimp. da 7. ed. Coimbra: Almedina, 2003.

CARVALHO, Laura. Na economia, o todo é diferente da soma das partes. *Folha de São Paulo*, 13 de julho de 2017. Disponível em: <http://www1.folha.uol.com.br>. Acesso em: 10 out. 2017.

CUNHA JÚNIOR, Dirley da. *Curso de direito constitucional*. 3. ed. rev., ampl. e atual. Salvador: JusPodivm, 2009.

DELGADO, Gabriela Neves. *Terceirização*: paradoxo do direito do trabalho contemporâneo. São Paulo: LTr, 2003.

DELGADO, Mauricio Godinho. *Curso de direito do trabalho*. 8. ed. São Paulo: LTr, 2016.

MELLO FILHO, Luiz Philippe Vieira de; DUTRA, Renata Queiroz. A terceirização de atividade-fim: caminhos e descaminhos para a cidadania no trabalho. *Revista do Tribunal Superior do Trabalho*, Brasília, v. 80, n. 3, jul./set. 2014. p.187-214.

PINTO, José Augusto Rodrigues. *Tratado de direito material do trabalho*. São Paulo: LTr, 2007.

SANTOS, Anselmo Luis dos; BIAVASCHI, Magda. A terceirização no contexto da reconfiguração do capitalismo contemporâneo: a dinâmica da construção da Súmula n. 331 do TST. *Revista do Tribunal Superior do Trabalho*, Brasília, v. 80, n. 3, jul./set. 2014. p.19-35.

SÜSSEKIND, Arnaldo. *Direito constitucional do trabalho*. Rio de Janeiro: Renovar, 1999.

A Cessação do Contrato de Emprego e a Jurisdição Voluntária para Homologação de Acordo Extrajudicial na Reforma Trabalhista Brasileira de 2017

Luciano Martinez[1]

1. INTRODUÇÃO: O PONTO FINAL

O "fim". Esse é o misterioso instante que vive a atormentar qualquer pessoa que simplesmente diz sim ao "começo". A cessação da caminhada é uma obviedade que, embora ignorada, acontece. E assim se dá com vidas, guerras, amores ou contratos. Nada impede o inexorável ponto final quando ele se impõe, seja antevisto/programado ou surpreendente/impulsionado por algum fato que o promova antecipadamente. Nesse momento os envolvidos, em certa medida golpeados pelo lado psicológico da cessação, avaliam as consequências do evento e calculam as perdas decorrentes do rompimento do vínculo.

Assim se dá igualmente nos contratos de emprego. Como num rito de passagem, na terminação do vínculo contratual as partes convenentes verificam as pendências e aferem os eventuais haveres impostos pela lei ou pelas cláusulas que elas próprias produziram. É um momento de extrema delicadeza, no qual o empregado teme deixar de receber alguma verba e o empregador teme ser demandado a pagar mais do que efetivamente devia. Todos, afinal, querem a segurança de que a ruptura, conquanto amargosa, lhes proporcionou a certeza de que se fez exatamente aquilo que se deveria fazer.

Para bem compreender a cessação do contrato e as consequências dele advindas, cabe iniciar pela didática lembrança de que ela pode ocorrer por duas vias diversas: a (i) **normal**, quando é **extinto** em decorrência do fato de ter atingido seu termo final ou de ter alcançado seus propósitos, e a (ii) **excepcional**, quando é **dissolvido** em virtude de fatores ou causas que o fazem esgotar prematuramente. Esses fatores que geram a dissolução são classificados como resilição, resolução e rescisão.

Cessação
- Extinção
- Dissolução
  - Resilição (por iniciativa dos contratantes)
  - Resolução (por inexecução)
  - Rescisão (por nulidade)

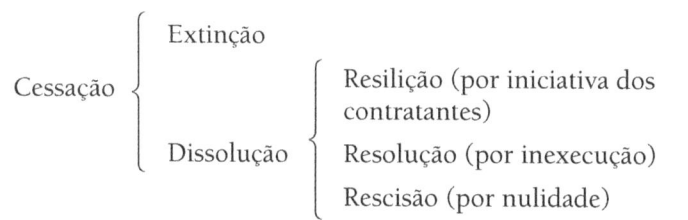

É bom lembrar que a CLT, na sua redação originária, valeu-se basicamente do vocábulo "**rescisão**" para tratar de todas as espécies que conduzem à terminação do vínculo como se pretendesse torná-la gênero aplicável em todos os casos, e isso aconteceu muito provavelmente pelo que a palavra representa sob o ponto de vista etimológico: *res-*, que significa "coisa", e *-cindere*, que indica "quebra", "cisão".

A Lei da Reforma Trabalhista de 2017, por sua vez, certamente inspirada pela redação de dispositivo constitucional visível no art. 7º, XXIX, preferiu a palavra "**extinção**", referindo-a expressamente nos arts. 11, 477, 484-A e 611-B da CLT.

Mas, afinal, há alguma diferença técnica entre essas palavras? Ou o uso delas deve ser realmente indiscriminado e incontrolado?

A primeira pergunta tem resposta positiva; a segunda, negativa.

Há, sim, diferenças técnicas, conforme se verá. A indiscriminação, entretanto, precisa ser evitada. O nome tem, de fato, a mera função de determinar situações, ações, sujeitos ou objetos em relação a tantos outros, sem, é verdade, ter o poder de modificar suas essências. Apesar dessa correta assertiva, não se pode descuidar dos processos de nominação, uma vez que cabe também ao nome a relevante missão de tornar exata a dimensão daquilo que por ele é veiculado, de modo a não se permitir a transmissão de uma noção demasiadamente estreita ou excessivamente ampla do seu conteúdo.

O nome, como um importante designador de conceitos, especialmente quando adequado às circunstâncias em que é apresentado, tem o condão de facilitar a compreensão dos significados. Exatamente por isso, propõe-se aqui, como antedito, o uso da palavra genérica "cessação" pela sua capacidade de envolver todos os eventos que conduzem ao fenecimento do vínculo de emprego, abarcando duas grandes espécies: a "extinção", compreendida como cessação por via normal, e a "dissolução", cessação por via excepcional.

Feitas essas considerações, diz-se que um contrato cessa por via normal quando ele chega a seu termo final

---

[1] Juiz Titular da 9ª Vara do Trabalho de Salvador – Bahia. Mestre e Doutor em Direito do Trabalho e da Seguridade Social pela USP e Professor Adjunto de Direito do Trabalho e da Seguridade Social da UFBA (Graduação, Mestrado e Doutorado). Titular da Cadeira 52 da Academia Brasileira de Direito do Trabalho e da Cadeira 26 da Academia de Letras Jurídicas da Bahia. Autor de diversas obras jurídicas, entre as quais o "Curso de Direito do Trabalho: relações individuais, sindicais e coletivas", publicado pela editora Saraiva. E-mail: martinezluciano@uol.com.br

(quando alcança a data prevista para seu término) ou, ainda, quando são alcançados seus propósitos. Há em casos tais, portanto, o esgotamento dos contratos no mundo jurídico. Essas *cessações normais, naturais,* ocorrem, *em regra,* diante de contratações por tempo determinado, recebendo o nome de *extinção.*

Diz-se, por outro lado, que um contrato cessa por via excepcional quando a ruptura não é natural, mas sim provocada. Note-se que a intenção originária das partes é a de que um ajuste termine pelo alcance do termo ou pelo cumprimento dos objetivos contratuais. Tudo que foge a essa previsibilidade é considerado evento extraordinário, excepcional. Os eventos excepcionais implicam a *dissolução* do vínculo *ante tempus,* podendo ser classificada como resilição, resolução ou rescisão.

A CLT originária (ao preferir o termo "rescisão") e a legislação reformadora de 2017 (ao adotar a palavra "extinção") valeram-se, assim, de vocábulos que não têm o condão de abarcar todas as espécies contratuais que levam ao fim do vínculo. A despeito disso, não se pode falar em incorreção, mas unicamente em opção terminológica, por mais que se veja nela um caráter extremamente restritivo.

2. A DISSOLUÇÃO CONTRATUAL POR RESILIÇÃO E AS NOVIDADES TRAZIDAS PELA REFORMA TRABALHISTA DE 2017

A Reforma Trabalhista de 2017 trouxe novidades no âmbito da dissolução contratual por resilição. Mas quando é que ocorre uma "resilição"?

Ocorre resilição quando um dos sujeitos integrantes da relação contratual, ou ambos, por consenso, decidem dissolver o ajuste. Na primeira situação ocorrerá *resilição unilateral,* fórmula comum dentro das relações de emprego; na segunda, *resilição bilateral,* procedimento que durante anos não era aceito pelas normas trabalhistas, embora materialmente existente. Afirma-se que não era aceito formalmente o mecanismo da resilição bilateral, porque as normas trabalhistas não informavam as consequências jurídicas para essa conduta, restringindo-as, apenas, e para desestimular a terminação dos vínculos mediante autocomposição, às hipóteses de resilição por iniciativa de apenas uma das partes.

A Lei n. 13.467/2017, porém, passou a admitir expressamente a *resilição bilateral,* uma das suas maiores novidades. Isso mesmo. O novo art. 484-A da CLT admite a resilição do contrato *por acordo* entre empregado e empregador. Veja-se:

> **CLT. Art. 484-A.** O contrato de trabalho poderá ser extinto por acordo entre empregado e empregador, caso em que serão devidas as seguintes verbas trabalhistas:
>
> I – por metade:
>
> a) o aviso-prévio, se indenizado; e
>
> b) a indenização sobre o saldo do Fundo de Garantia do Tempo de Serviço, prevista no § 1º do art. 18 da Lei n. 8.036, de 11 de maio de 1990;
>
> II – na integralidade, as demais verbas trabalhistas.
>
> § 1º A extinção do contrato prevista no *caput* deste artigo permite a movimentação da conta vinculada do trabalhador no Fundo de Garantia do Tempo de Serviço na forma do inciso I-A do art. 20 da Lei n. 8.036, de 11 de maio de 1990, limitada até 80% (oitenta por cento) do valor dos depósitos.
>
> § 2º A extinção do contrato por acordo prevista no *caput* deste artigo não autoriza o ingresso no Programa de Seguro-Desemprego.

Perceba-se que, na forma do § 1º do artigo aqui citado, a resilição bilateral permite a movimentação da conta vinculada do trabalhador no Fundo de Garantia do Tempo de Serviço na forma do inciso I-A do art. 20 da Lei n. 8.036, de 11 de maio de 1990, limitada, entretanto, a até 80% (oitenta por cento) do valor dos depósitos. Em outras palavras, o empregado que, por acordo com o empregador, puser fim ao seu contrato de emprego, estará autorizado a levantar 80% do montante total dos depósitos no FGTS; os 20% restantes ficarão retidos na conta vinculada, tal qual ocorre com a retenção que, por exemplo, atinge os depósitos daqueles que são despedidos por falta grave. Além desse montante, o empregador haverá de assumir o pagamento da metade da indenização compensatória sobre os depósitos do FGTS, pagar metade do valor do aviso-prévio indenizado e a integralidade dos demais débitos resilitórios (férias proporcionais, décimo terceiro proporcional, etc.).

Tal empregado que, em rigor, pediu para sair do trabalho, não poderá, contudo, valer-se do benefício do seguro-desemprego. Essa é, aliás, a posição evidenciada no § 2º do artigo ora em exame.

Há mais no campo resilitório. Sob o ponto de vista material, pode-se afirmar que a Reforma Trabalhista inovou ao tratar expressamente da temática da adesão ao Plano de Desligamento Voluntário — PDV, proposto pelo empregador e aceito pelo empregado, trazendo à luz mais um exemplo concreto de resilição bilateral e, finalisticamente, uma situação de ruptura por acordo.

Nesse tipo de cessação contratual há, na verdade, **um estímulo oferecido pelo patrão para que o empregado adira a uma proposta demissionária**, de autoafastamento. Normalmente essa conduta patronal visa evitar a ideia de que o empregador promoveu, sem responsabilidade social, um processo de despedimento coletivo.

Justamente para não descaracterizar a existência do mencionado estímulo financeiro é que a **Orientação Jurisprudencial 356 da SDI-1 do TST** deixa claro que "*os créditos tipicamente trabalhistas reconhecidos em juízo não são suscetíveis de compensação com a indenização paga em decorrência de adesão do trabalhador a Programa de Incentivo à Demissão Voluntária (PDV)*". A indenização paga em decorrência da adesão sempre será um *plus*, e como tal haverá de ser mantida e visualizada, haja vista a sua identidade como fator estimulante, insuscetível, portanto, de compensação com outros créditos.

Ainda sobre o PDV, é relevante dizer que o Plenário do Supremo Tribunal Federal (STF), por unanimidade, decidiu, na sessão de 30 de abril de 2015, que é válida a cláusula que dá quitação ampla e irrestrita de todas as parcelas decorrentes do contrato de emprego, desde que este item conste de Acordo Coletivo de Trabalho e dos demais instrumentos assinados pelo empregado. A decisão foi tomada no julgamento do Recurso Extraordinário (RE) 590415, que teve repercussão geral reconhecida pelo STF.

Ao dar provimento ao referido Recurso Extraordinário, fixou-se a tese de que *"a transação extrajudicial que importa rescisão do contrato de trabalho em razão de adesão voluntária do empregado a plano de dispensa incentivada enseja quitação ampla e irrestrita de todas as parcelas objeto do contrato de emprego, caso essa condição tenha constado expressamente do acordo coletivo que aprovou o plano, bem como dos demais instrumentos celebrados com o empregado".*

Esse assunto será aprofundado no tópico em que se tratará, em item posterior, de quitação e eficácia liberatória, mas é importante, desde logo, deixar anotado que a tese do STF foi acolhida pelo legislador e incorporada na lei. O art. 477-B da CLT seguiu exatamente a mesma linha de raciocínio:

> **CLT. Art. 477-B.** Plano de Demissão Voluntária ou Incentivada, para dispensa individual, plúrima ou coletiva, previsto em convenção coletiva ou acordo coletivo de trabalho, enseja quitação plena e irrevogável dos direitos decorrentes da relação empregatícia, salvo disposição em contrário estipulada entre as partes.

Voltando agora à temática da iniciativa na resilição, se ela for unilateral do empregado, o ato resilitório terá o nome de **demissão**. Se, por outro lado, a iniciativa for unilateral do empregador, o ato será intitulado de **despedida**. Atente-se para o fato de que a resilição, bilateral ou unilateral, pressupõe a **terminação de um contrato por tempo determinado antes do prazo previsto para tanto** ou, ainda, **a cessação do contrato por tempo indeterminado quando assim entenderem os contratantes.**

Resilição bilateral	Resilição por acordo (art. 484-A da CLT) ou
	Adesão ao Plano de Desligamento Voluntário — PDV
Resilição unilateral	Por iniciativa do patrão: despedida
	Por iniciativa do operário: demissão

3. AS DESPEDIDAS SINGULAR E COLETIVA E A SUA INDISTINÇÃO DE TRATAMENTO JURÍDICO NO EQUIVOCADO OLHAR DA REFORMA TRABALHISTA DE 2017

A **despedida singular** é aquela dirigida por um empregador específico contra um empregado singularmente considerado. A **despedida coletiva**, por sua vez, é aquela operada simultaneamente, por motivo único, contra um grupo de trabalhadores, sem pretensão de substituição dos dispensados. Nesse particular, Orlando Gomes, em estudo publicado em 1974, foi preciso no estabelecimento dos traços característicos do instituto ora analisado:

> *Na dispensa coletiva é única e exclusiva a causa determinante. O empregador, compelido a dispensar certo número de empregados, não se propõe a despedir determinados trabalhadores, senão aqueles que não podem continuar no emprego. Tomando a medida de dispensar uma pluralidade de empregados não visa o empregador a pessoas concretas, mas a um grupo de trabalhadores identificáveis apenas por traços não pessoais, como a lotação em certa seção ou departamento da empresa, a qualificação profissional, ou o tempo de serviço. A causa da dispensa é comum a todos, não se prendendo ao comportamento de nenhum deles, mas a uma necessidade da empresa.*
>
> *A finalidade do empregador ao cometer a dispensa coletiva não é abrir vagas ou diminuir, por certo tempo, o número dos empregados. Seu desígnio é, ao contrário, reduzir definitivamente o quadro de pessoal. Os empregados dispensados não são substituídos, ou porque se tornaram desnecessários ou porque não tem a empresa condição de conservá-los*[2]*.*

Além de definir com maestria o conteúdo jurídico da despedida coletiva, Orlando Gomes, na obra ora referida, ofereceu elementos de distinção entre o mencionado instituto e a **despedida plúrima**. Percebam-se:

> A exigência da reunião desses elementos de caracterização da dispensa coletiva facilita a sua distinção da dispensa ou despedida plúrima.
>
> Dispensa dessa espécie sucede quando numa empresa se verifica uma série de despedidas singulares ou individuais, ao mesmo tempo, por motivo relativo à conduta de cada empregado dispensado.
>
> Essa dispensa há de ser praticada, primeiramente, contra número considerável de empregados, por fato que a todos diga respeito, como, por exemplo, a insubordinação dos trabalhadores da seção de embalagem de uma empresa. Os dispensados têm de ser pessoas determinadas, constituindo um conjunto concreto de empregados. Afastados, hão de ser substituídos, eis que o serviço precisa ser prestado continuamente por igual número de trabalhadores. A dispensa plúrima não tem, por último, a finalidade de reduzir o quadro do pessoal.
>
> Os pontos de semelhança entre dispensa plúrima e coletiva desautorizam a aceitação do critério quantitativo para a caracterização da última, pois a primeira também supõe uma pluralidade de dispensados. Algumas

---

[2] GOMES, Orlando. Dispensa coletiva na reestruturação da empresa (aspectos jurídicos do desemprego tecnológico). *Revista LTr*, 38/577, 1974.

leis qualificam como coletiva, entretanto, a despedida, em certo período, de empregados em número superior aos que indica em função da quantidade de trabalhadores da empresa. Pode, no entanto, ser plúrima a dispensa que atinge proporção superior à estabelecida para que se considere coletiva. Nem deve perder esta conotação a despedida de empregados em pequeno número ou em número inferior às percentagens estabelecidas, se reveste os outros caracteres da dispensa coletiva.

É importante anotar que a dispensa coletiva, para ser efetivada, precisava passar pelo crivo do sindicato representativo da categoria profissional atingida, a quem, nos moldes do art. 8º, III, da Constituição da República, se atribui a *defesa dos direitos e interesses transindividuais, inclusive em questões judiciais ou administrativas*. Nesse particular é obrigatória a referência ao *leading case* da EMBRAER — Empresa Brasileira de Aeronáutica S.A. Dissídio Coletivo n. TST-RODC-309/2009-000-15-00.4.

Nos autos do referido processo, a Seção Especializada em Dissídios Coletivos do Tribunal Superior do Trabalho assentou a necessidade de prévia negociação coletiva com o sindicato obreiro para a dispensa em massa dos empregados. Se inviável a negociação coletiva, a Alta Corte Trabalhista afirmou cabível o processo judicial de Dissídio Coletivo com o objetivo de regular os efeitos pertinentes. Em sede de recurso extraordinário (RE 647.651/SP), a discussão foi levada à apreciação do STF, que acabou por reconhecer que a questão possuía repercussão geral, pois ultrapassava o interesse subjetivo das partes e se mostrava relevante do ponto de vista econômico, político, social e jurídico para outros tantos casos semelhantes.

Apesar de toda a lógica *conforme a Constituição* do posicionamento jurisprudencial ora apresentado, o legislador da Reforma Trabalhista de 2017 criou o art. 477-A na CLT dispondo que:

> CLT. Art. 477-A. As dispensas imotivadas individuais, plúrimas ou coletivas equiparam-se para todos os fins, não havendo necessidade de autorização prévia de entidade sindical ou de celebração de convenção coletiva ou acordo coletivo de trabalho para sua efetivação.

Houve, portanto, um retrocesso no modo de avaliar as dispensas, pois, em essência, nem mesmo o legislador conseguiria verdadeiramente equipará-las. Não há dúvidas de que as despedidas transindividuais (coletivas ou plúrimas) produzem efeitos sociais deletérios e não se questiona nem um segundo sobre o interesse que as entidades sindicais podem ter sobre elas. Há, portanto, largo espaço para discussões sobre a constitucionalidade do dispositivo ora em destaque.

4. A DISSOLUÇÃO CONTRATUAL POR RESOLUÇÃO E A CRIAÇÃO DE MAIS UMA FALTA GRAVE TÍPICA

A "resolução" é modalidade de dissolução dos contratos que se produz pelo advento de uma condição resolutiva **voluntária** (inexecução faltosa de uma das partes ou culpa recíproca delas) ou **involuntária** (morte, força maior ou fato do príncipe).

A única mudança no seara da resolução contratual deu-se no plano das resoluções por condições voluntárias mediante a criação de uma alínea a mais – *a de letra "m"* – que também caracteriza como justa causa para terminação do contrato de trabalho pelo empregador a *"perda da habilitação ou dos requisitos estabelecidos em lei para o exercício da profissão, em decorrência de conduta dolosa do empregado"* (destaques não constantes do original).

Por meio dessa norma a perda da habilitação ou de qualquer outro requisito estabelecido em lei para o exercício da profissão, **desde que em decorrência de conduta dolosa do empregado**, será motivo suficiente para a resolução contratual por inexecução faltosa. Note-se que a "perda" aqui mencionada é evidentemente temporária, pois não há pena perpétua na legislação brasileira.

Exemplos não faltam para a situação ora analisada, mas dois são muitas vezes referidos: o do motorista que, por ingestão intencional de bebida alcoólica, é apenado com a perda da habilitação para dirigir durante determinado período e o do advogado-empregado que, por grave violação dos deveres profissionais, é suspenso pela OAB.

5. O PAGAMENTO DAS PARCELAS DECORRENTES DA CESSAÇÃO DO CONTRATO DE EMPREGO

O pagamento das parcelas decorrentes da cessação do contrato de emprego é o mais importante momento nos instantes finais do contrato de emprego. Afinal, é nesse átimo que os parceiros laborais, cientes de que o vínculo não mais teria viabilidade, reúnem-se para calcular cada uma das parcelas objeto da situação que pôs fim ao negócio jurídico.

A Lei n. 13.467/2017 modificou substancialmente o art. 477 da CLT. O *caput* antes existente não guardava necessária correlação com os seus demais elementos. A despeito de a cabeça do artigo mencionar aplicabilidade restrita ao empregado **que não tivesse dado motivo para cessação das relações de trabalho**, os parágrafos, em clara situação de desconexão e independência, envolviam situações diversas de terminação de vínculo. Nesse ponto, portanto, a Reforma Trabalhista de 2017 foi colaborativa. Ela deu coerência ao texto do mencionado artigo, ficando bem claro que a sua aplicação abrange todas as fórmulas de cessação contratual, a despeito de ter sido utilizada a locução "extinção" que, segundo a perspectiva deste artigo, é, em verdade, uma espécie do gênero "cessação". Seja lá como for, tornou-se mais clara a intenção do legislador de abarcar todas as formas de terminação do vínculo. Observe-se o texto:

> CLT. Art. 477. Na extinção do contrato de trabalho, o empregador deverá proceder à anotação na Carteira de Trabalho e Previdência Social, comunicar a dispensa aos órgãos competentes e realizar o pagamento das verbas rescisórias no prazo e na forma estabelecidos neste artigo.

Merece registro também a visão dada pela nova legislação de que o instante de pagamento das parcelas decorrentes da ruptura do vínculo **não é apenas para cumprimento da obrigação de pagar, mas também de efetivação de todas as obrigações de fazer**, sejam relacionadas às anotações na CTPS, sejam de comunicação para órgãos competentes, sejam ainda de entrega de formulários ou outros documentos exigíveis para a habilitação a benefícios sociais.

Na linha da simplificação e da modernização, cabe anotar que a Carteira de Trabalho e Previdência Social passou a ser, na forma do § 10º do art. 477 da CLT, o documento hábil para requerer o seguro-desemprego e a movimentação da conta vinculada no Fundo de Garantia do Tempo de Serviço, nas hipóteses legais, desde que a comunicação prevista no *caput* do citado artigo tenha sido realizada. Os procedimentos informativos do desligamento do trabalhador serão, decerto, lançados pelos empregadores em plataformas eletrônicas dos órgãos responsáveis pelo saque do FGTS e pela habilitação ao seguro-desemprego, bastando ao empregado a simples apresentação de sua CTPS para tornar os benefícios desfrutáveis.

Nos próximos itens o "pagamento das parcelas decorrentes da cessação do vínculo" será analisado em fragmentos temáticos com o propósito de oferecer-se uma visão detalhada do objeto ora em discussão.

5.1. Base de cálculo

A base de cálculo das parcelas decorrentes da cessação dos contratos é aquilo que se chama de "maior remuneração", expressão desnecessariamente extirpada do texto do art. 477, *caput*, da CLT. A "maior remuneração", referencial que sempre existirá para a orientação dos mais justos cálculos, é apurada a partir da soma do salário-base pago na data da cessação acrescido da média duodecimal dos complementos e dos suplementos salariais[3].

5.2. Termo de rescisão do contrato de trabalho

Apurada a "maior remuneração" e procedidos os cálculos que identificam a dimensão das parcelas que devem ser pagas, os valores precisam ser lançados num instrumento intitulado *termo de rescisão do contrato de trabalho* (**TRCT**). *Note-se que o vocábulo "rescisão" é utilizado aqui em sentido genérico, para fazer referência a qualquer forma de cessação dos contratos de emprego*, e não à forma específica de dissolução ocorrente quando há alguma nulidade no contrato de emprego.

O pagamento das parcelas contidas no TRCT, desde a vigência da Lei n. 13.467/2017, não mais imporá *o ato da homologação da rescisão do contrato de trabalho. Empregado e empregador realizarão, então, sem a necessária intermediação de terceiros, o ato de quitação na forma do § 4º do art. 477 da CLT*, vale dizer:

> CLT, Art. 477. [...] § 4º O pagamento a que fizer jus o empregado será efetuado:
>
> I – em dinheiro, depósito bancário ou cheque visado, conforme acordem as partes; ou
>
> II – em dinheiro ou depósito bancário quando o empregado for analfabeto.

Se, por acaso, o trabalhador tiver, além de créditos, também débitos de natureza trabalhista[4], por exemplo, o valor correspondente ao aviso-prévio que preferiu não prestar em tempo de serviço apesar de ter pedido demissão, qualquer compensação no ato do pagamento das verbas rescisórias não poderá exceder o equivalente a um mês de **remuneração** do empregado. Essa compensação, na Justiça do Trabalho, estará restrita às dívidas de natureza trabalhista, entendimento contido na Súmula n. 18 do TST:

> **Súmula n. 18 do TST. COMPENSAÇÃO.** *A compensação, na Justiça do Trabalho, está restrita a dívidas de natureza trabalhista.*

Outro detalhe que diz respeito à compensação é o que envolve o meio processual adequado para sua postulação. Consoante a Súmula n. 48 do TST, a compensação somente poderá ser arguida com a contestação:

> **Súmula n. 48 do TST. COMPENSAÇÃO.** *A compensação só poderá ser arguida com a contestação.*

Adite-se, ainda, que, embora seja lícito ao menor (aquele que tem idade inferior a 18 anos, salvo se emancipado) firmar recibo pelo pagamento dos salários pagos mês a mês, é vedado a ele, sem assistência de seus responsáveis legais, dar quitação ao empregador pelo recebimento das parcelas decorrentes da cessação do contrato de emprego[5].

5.3. Homologação e assistência

A Reforma Trabalhista de 2017 pôs fim à homologação, assim entendido o procedimento de natureza administrativa que tinha por finalidade realizar o controle, mediante a assistência de específicos órgãos, de validade dos atos praticados em decorrência da cessação dos contratos de

---

(3) Súmula n. 459 do STF: "No cálculo da indenização por despedida injusta, incluem-se os adicionais, ou gratificações, que, pela habitualidade, se tenham incorporado ao salário". **Súmula n. 462 do STF**: "No cálculo da indenização por despedida injusta, inclui-se, quando devido, o repouso semanal remunerado". No tocante à Súmula n. 459 do STF há de considerar-se que, nos moldes da nova redação do § 1º do art. 457 da CLT, somente integram o salário as "gratificações legais".

(4) Anote-se que, nos termos da Súmula n. 187 do TST, "a correção monetária não incide sobre o débito do trabalhador reclamante".

(5) Art. 439 da CLT. É lícito ao menor firmar recibo pelo pagamento dos salários. Tratando-se, porém, de rescisão do contrato de trabalho, é vedado ao menor de dezoito anos dar, sem assistência dos seus responsáveis legais, quitação ao empregador pelo recebimento da indenização que lhe for devida.

emprego, notadamente a verificação da validade do consentimento e do pagamento. Não era, entretanto, exigível em todos os contratos, mas apenas naqueles que envolvessem empregados com mais de um ano de serviço[6].

Percebe-se, portanto, que nos limites do ora revogado § 1º do art. 477 da CLT (efeito produzido pela Lei n. 13.467/2017) somente os contratos firmados por empregado com até um ano de serviço não exigiam a formalidade da homologação administrativa. O sindicato representante da categoria profissional e a autoridade local do Ministério do Trabalho e Previdência Social tinham **competência funcional primária e concorrente** (um ou o outro, indistintamente) para assistir o empregado durante os atos praticados em decorrência da cessação dos contratos de emprego. Quando não existia na localidade qualquer dos citados órgãos, **e somente se eles não existissem**, a assistência era prestada, em caráter secundário e subsidiário, "pelo Representante do Ministério Público, **ou**, onde houvesse, pelo Defensor Público e, na falta ou impedimento destes, pelo Juiz de Paz" (*vide* o § 3º do art. 477 da CLT).

Atente-se para o fato de que existia (não existirá mais a partir da data de vigência da Lei n. 13.467/2017) **concorrência funcional derivada** entre o representante do Ministério Público e o defensor público da localidade, vale dizer, poderia ser invocada a assistência de um ou de outro, indistintamente. Somente na ausência destes e, logicamente, dos órgãos com competência funcional primária é que poderia ser invocada a participação do juiz de paz, o último na escala dos competentes para operar o ora extinto procedimento de homologação. Destaque-se, por fim, que o acima mencionado ato da assistência – sobre o qual não mais se falará como ato obrigatório, impositivo e indispensável ao aperfeiçoamento da cessação de contrato que tivesse mais de um ano de existência – era processado **sem qualquer ônus** para o trabalhador e para o empregador.

A Reforma Trabalhista de 2017, sob o pálio da modernização das relações laborais, **eliminou o procedimento administrativo de homologação** e, em decorrência disso, a partir da vigência da Lei n. 13.467/2017, colocou face a face, sem a intermediação necessária de terceiros, os sujeitos da relação de emprego, sem nenhuma assistência, sem nenhuma aferição da existência de vício de consentimento ou de equívoco nos cálculos. Isso, entretanto, não impedirá que os sindicatos operários ofereçam atenção facultativa, voluntária ao trabalhador para que ele não seja enganado no momento de assinatura dos documentos correspondentes ao fim do vínculo. Esse auxílio, porém, será dado unicamente por uma decisão estratégica da entidade sindical, caso ela – com fundamento na sua liberdade organizacional – assim entenda útil ou oportuno.

Observe-se, por derradeiro, a existência de resquício de procedimento administrativo de homologação sindical no art. 500 da CLT, aparentemente não atingido obliquamente pela revogação do § 1º do art. 477 da CLT. Veja-se:

> **CLT. Art. 500.** *O pedido de demissão do empregado estável só será válido quando feito com a assistência do respectivo Sindicato e, se não o houver, perante autoridade local competente do Ministério do Trabalho ou da Justiça do Trabalho.*

Atente-se para o fato de que o sistema de estabilidade é organizado em atenção ao empregado, e não ao empregador. Enfim, a estabilidade impede o exercício da resilição patronal, mas não a dissolução do vínculo por iniciativa do operário. O trabalhador pode, sem qualquer limitação, terminar o liame contratual que a ele próprio beneficiava. Seja por força de demissão, seja por conta de ajuizamento de ação para apurar despedida indireta, o trabalhador tem ampla liberdade para materializar o seu desejo de afastar-se. A única exigência que o sistema jurídico opõe é um controle da legitimação da vontade de o trabalhador estável dar por encerrado o vínculo de emprego. Por essa razão, o art. 500 da CLT dispõe no sentido de que o "pedido de demissão do empregado estável só será válido quando feito com a assistência do respectivo Sindicato e, se não o houver, perante autoridade local competente do Ministério do Trabalho ou da Justiça do Trabalho".

Perceba-se que a resilição operária promovida sem *a assistência do sindicato da respectiva categoria profissional* é entendida como ato jurídico atingido no plano da validade, e assim parece que irá continuar a ser interpretado mesmo depois da vigência da Lei n. 13.467/2017. Outro detalhe a observar diz respeito à sequência de órgãos autorizados a promover tal assistência. Note-se que o sindicato obreiro é, em rigor, o órgão homologador. Apenas *se não existir* entidade sindical da categoria profissional do trabalhador é que, supletivamente, há de se demandar a *autoridade local competente do Ministério do Trabalho e Previdência Social ou da Justiça do Trabalho*. Note-se que somente nesse caso a Justiça do Trabalho é incluída como órgão de homologação, e especialmente o será se a pretensão de afastamento do estável tiver fundamento na chamada "demissão forçada" (ou despedida indireta).

5.4. Quitação e eficácia liberatória

No *termo de rescisão* (TRCT) deve estar especificada a natureza de cada parcela paga ao empregado e discriminado seu valor, sendo válida, por conta do princípio da não complessividade, a quitação, apenas, relativamente às mesmas parcelas. Observe-se, nesse sentido, o texto da Súmula n. 330 do TST, especificamente nos seus itens I e II:

---

(6) Veja-se, nesse sentido, a redação do ora revogado § 1º do art. 477 da CLT:

§ 1º O pedido de demissão ou recibo de quitação de rescisão do contrato de trabalho, firmado por empregado com mais de um ano de serviço, só será válido quando feito com a assistência do respectivo Sindicato ou perante a autoridade do Ministério do Trabalho e Previdência Social.

Súmula n. 330 do TST. A quitação passada pelo empregado, com assistência de entidade sindical de sua categoria, ao empregador, com observância dos requisitos exigidos nos parágrafos do art. 477 da CLT, tem eficácia liberatória *em relação às parcelas expressamente consignadas no recibo, salvo se oposta ressalva expressa e especificada ao valor dado à parcela ou parcelas impugnadas.*

I — A quitação não abrange parcelas não consignadas no recibo de quitação e, consequentemente, seus reflexos em outras parcelas, ainda que estas constem desse recibo;

II — Quanto a direitos que deveriam ter sido satisfeitos durante a vigência do contrato de trabalho, a quitação é válida em relação ao período expressamente consignado no recibo de quitação.

A *Orientação Jurisprudencial 270 da SDI-1 do TST* identifica outro aspecto importante. É que "a **transação extrajudicial** que importa rescisão do contrato de trabalho ante a adesão do empregado a plano de demissão voluntária implica apenas quitação exclusivamente das parcelas e valores constantes do recibo", **salvo se quitação ampla e irrestrita de todas as parcelas decorrentes do contrato de emprego tiver sido dada em item constante de instrumento coletivo negociado e de demais instrumentos assinados pelo empregado.** Essa, como se antedisse, foi a conclusão a que chegaram, por unanimidade, os ministros do STF, no julgamento do Recurso Extraordinário (RE) 590.415, que teve repercussão geral reconhecida.

Reitere-se: ao dar provimento ao mencionado Recurso Extraordinário, o STF fixou a tese de que "a transação extrajudicial que importa rescisão do contrato de trabalho em razão de adesão voluntária do empregado a plano de dispensa incentivada enseja quitação ampla e irrestrita de todas as parcelas objeto do contrato de emprego, caso essa condição tenha constado expressamente do acordo coletivo que aprovou o plano, bem como dos demais instrumentos celebrados com o empregado".

Em seu voto, o relator do caso, ministro Luís Roberto Barroso, defendeu o seu ponto de vista ao afirmar que apenas no âmbito das relações individuais do trabalho o trabalhador fica à mercê de proteção estatal até contra sua própria necessidade ou ganância, haja vista a sua vulnerabilidade em face do empregador. Sustentou, porém, que essa assimetria não se coloca com a mesma intensidade nas negociações coletivas de trabalho, porque ali pesos e forças tendem a se igualar[7].

Agora sob o ponto de vista crítico, a decisão do STF, conquanto mereça respeito, traz em si o risco de estimular, mediante aplicações analógicas, a construção de cláusulas contratuais coletivas de quitação geral, capazes de afetar o patrimônio pessoal dos empregados. Cabe refletir sobre os limites ao exercício da autonomia coletiva sindical em tais situações. Afinal, um instrumento coletivo negociado poderia realmente dar quitação ampla e irrestrita de **todas** as parcelas decorrentes do contrato de emprego, em ofensa ao direito de propriedade dos trabalhadores?

O legislador da Reforma Trabalhista de 2017 entendeu que sim. Exatamente por conta disso tornou lei o precitado entendimento relacionado ao "Plano de Demissão Voluntária ou Incentivada". A Lei n. 13.467/2017 criou o art. 477-B na CLT para tratar do assunto, e assim o fez:

> **CLT. Art. 477-B.** Plano de Demissão Voluntária ou Incentivada, para dispensa individual, plúrima ou coletiva, previsto em convenção coletiva ou acordo coletivo de trabalho, **enseja quitação plena e irrevogável dos direitos decorrentes da relação empregatícia**, salvo disposição em contrário estipulada entre as partes (destaques não constantes do original).

A extensão e o alcance da norma são os mais amplos possíveis, pois aplicável, indistintamente, no âmbito das dispensas individuais, plúrimas ou coletivas. Bastará, portanto, que o empregador ajuste, mediante negociação coletiva, um plano de desligamento incentivado para fruir da máxima proteção dada por uma **quitação plena e irrevogável dos direitos decorrentes da relação empregatícia**, salvo, evidentemente, se os próprios sujeitos coletivos ajustarem inexistente tal quitação em tal dimensão.

5.5. Prazos de pagamento e penas pelo atraso

Nos seguintes tópicos serão analisados os prazos para pagamento das parcelas decorrentes da terminação do contrato de emprego e também as sanções aplicáveis às situações de atraso. Vejam-se.

5.5.1. Prazos para pagamento das parcelas decorrentes da cessação do vínculo

A Lei n. 13.469/2017 unificou o prazo para o pagamento das parcelas decorrentes da cessação do contrato. Antes dessa norma, porém, existiam duas hipóteses a considerar, que, aliás, **continuarão a ser referenciadas e aplicadas em**

---

(7) O voto condutor do acórdão, da lavra do Ministro Roberto Barroso (RE 590.415 (Rel. Min. ROBERTO BARROSO, DJe de 29.05.2015), foi proferido com base nas seguintes razões: (a) "a Constituição reconheceu as convenções e os acordos coletivos como instrumentos legítimos de prevenção e de autocomposição de conflitos trabalhistas; tornou explícita a possibilidade de utilização desses instrumentos, inclusive para a redução de direitos trabalhistas; atribuiu ao sindicato a representação da categoria; impôs a participação dos sindicatos nas negociações coletivas; e assegurou, em alguma medida, a liberdade sindical (...)"; (b) "a Constituição de 1988 (...) prestigiou a autonomia coletiva da vontade como mecanismo pelo qual o trabalhador contribuirá para a formulação das normas que regerão a sua própria vida, inclusive no trabalho (art. 7º, XXVI, CF)"; (c) "no âmbito do direito coletivo, não se verifica (...) a mesma assimetria de poder presente nas relações individuais de trabalho. Por consequência, a autonomia coletiva da vontade não se encontra sujeita aos mesmos limites que a autonomia individual"; (d) "(...) não deve ser vista com bons olhos a sistemática invalidação dos acordos coletivos de trabalho com base em uma lógica delimitação da autonomia da vontade exclusivamente aplicável às relações individuais de trabalho".

relação aos vínculos findos antes da modificação produzida pela mencionada Reforma Trabalhista. Assim, cabe um "antes" e um "depois", nos seguintes termos:

a) Até a data de vigência da Lei n. 13.469/2017, o prazo previsto no § 6º do art. 477 da CLT considerava duas variáveis:

1º) até o **primeiro dia útil** imediato ao término do contrato; ou

2º) até o **décimo dia**[8], contado da data da notificação da demissão, quando da ausência do aviso-prévio, indenização do mesmo ou dispensa de seu cumprimento.

Observe-se, quanto à contagem do prazo, o disposto na OJ 162 da SDI-1 do TST:

Orientação Jurisprudencial 162 da SDI-1 do TST. Multa. Art. 477 da CLT. Contagem do Prazo. Aplicável o Art. 132 do Código Civil de 2002. Inserida em 26.03.99 (atualizada a legislação e inserido dispositivo). A contagem do prazo para quitação das verbas decorrentes da rescisão contratual prevista no art. 477 da CLT exclui necessariamente o dia da notificação da demissão e inclui o dia do vencimento, em obediência ao disposto no art. 132 do Código Civil de 2002 (art. 125 do Código Civil de 1916).

É bom anotar, mesmo porque essa questão tem ocorrido muitas vezes na prática forense, que não há regra que determine a exclusão do dia de início de contagem do prazo se ele for um dia destinado ao descanso (domingo ou feriado). Essa regra aplica-se unicamente às situações em que o dia final for um dia destinado ao descanso. Veja-se, a propósito, o § 1º do art. 132 do Código Civil, segundo o qual "*se o dia do vencimento cair em feriado considerar-se-á prorrogado o prazo até o seguinte dia útil*".

Assim, apenas a título exemplificativo, imagine-se a situação de um empregado que recebeu o aviso-prévio indenizado de resilição por iniciativa patronal no dia 07.06.2014 (sábado). O prazo de dez dias terá o seu início em 08.06.2014 (domingo) e se estenderá, contado dia a dia, até o dia 17.06.2014 (terça-feira), e não até o dia 18.06.2014 (quarta-feira).

b) **A partir da vigência da Lei n. 13.469/2017, o prazo previsto no § 6º do art. 477 da CLT foi unificado:**

CLT. Art. 477. [...]

§ 6º A entrega ao empregado de documentos que comprovem a comunicação da extinção contratual aos órgãos competentes bem como o pagamento dos valores constantes do instrumento de rescisão ou recibo de quitação deverão ser efetuados **até dez dias** contados a partir do término do contrato (destaques não constantes do original).

Note-se que a partir da vigência da nova legislação o prazo estará unificado em 10 (dez) dias, independentemente do motivo ensejador da terminação do vínculo, e independentemente de o aviso-prévio ter sido indenizado ou em tempo de serviço.

Não nos parece razoável conduzir a interpretação do dispositivo naquilo que possa fazê-la absurda. Por isso, não se revela aceitável a tese segundo a qual o prazo de dez dias, nas situações em que o aviso-prévio tenha sido *indenizado*, se inicie a partir do último dia da projeção ficta do referido aviso em modalidade indenizatória. Isso beneficiaria extraordinariamente o empregador que somente se veria obrigado a pagar os valores constantes do recibo de quitação até dez dias depois de transcorrida toda a projeção ficta do aviso-prévio indenizado que, por conta da proporcionalidade, poderia ser maximizada nas situações de empregados que tivessem muitos anos de serviço na mesma empresa. Anote-se, em caráter proléptico, que o § 1º do art. 487 da CLT apenas determina efeitos econômicos favoráveis ao empregado decorrentes da projeção ficta, e não efeito elidente de sanção.

Cabe, portanto, entender a expressão "*contados a partir do término do contrato*" como indicativa da contagem a partir do *término da prestação do trabalho*, ou seja, do último dia de prestação efetiva dos serviços.

5.5.2. Penas pelos atrasos

O pagamento fora dos prazos assinalados sujeita o infrator a duas espécies de multa:

5.5.2.1. Multa administrativa

É multa cobrada pela Superintendência Regional do Trabalho e Emprego (SRTE) por trabalhador prejudicado. Atente-se, a propósito, com base no Precedente Administrativo n. 28 da Secretaria de Inspeção do Trabalho (Aprovado pelo Ato Declaratório DEFIT n. 3, de 29.05.2001, DOU, 30.05.2001, e consolidado pelo Ato Declaratório DEFIT n. 4, de 21.02.2002, DOU, 22.02.2002), que "o pagamento da multa em favor do empregado não exime o autuado da multa administrativa, uma vez que são penalidades distintas: a primeira beneficia o empregado, enquanto a segunda destina-se ao Poder Público".

5.5.2.2. Multa moratória

É penalidade cobrada em favor do empregado prejudicado, em valor correspondente ao seu **salário-base**, devidamente corrigido, salvo quando, comprovadamente, ele tenha sido o responsável pelo atraso.

Uma questão importante, entretanto, normalmente envolve o conceito de "atraso": afinal, o legislador refere-se

---

[8] Em conformidade com a Orientação Jurisprudencial 14 da SDI-1 do TST, "em caso de aviso-prévio cumprido em casa, o prazo para pagamento das verbas rescisórias é até o décimo dia da notificação de despedida".

apenas ao atraso no pagamento das verbas decorrentes da terminação do contrato de emprego ou ao atraso no conjunto de prestações relacionadas ao procedimento de desligamento?

A reforma produzida pela Lei n. 13.467/2017 deixa claro que o cumprimento da obrigação relacionada à cessação do contrato de emprego não se exaure no pagamento dos valores constantes do instrumento de rescisão ou recibo de quitação, mas, em realidade, se completa com a simultânea entrega da documentação que comprova a comunicação de ruptura contratual aos órgãos competentes. Dessa forma, caberá a multa do art. 477 da CLT, no valor correspondente a um salário-base (*vide* § 8º do art. 477 consolidado), quando o empregador fizer o pagamento das verbas decorrentes da cessação do vínculo, mas não as anotações na CTPS e a entrega ao empregado dos precitados documentos comprobatórios do seu desligamento para fins de levantamento do FGTS e habilitação ao seguro-desemprego.

Perceba-se, portanto, que a pontualidade no pagamento das verbas decorrentes da terminação do contrato de emprego não isenta o empregador do pagamento da multa prevista no art. 477 da CLT se ele tiver atrasado o cumprimento de qualquer uma das obrigações de fazer. Isso se justifica na medida em que o analisado procedimento de quitação tem natureza complexa, envolvendo uma série de atos interdependentes entre si.

Ainda sobre o conceito de atraso, deve-se observar que a lei não autoriza depósito antecipado do valor devido, tampouco que o pagamento aconteça parcialmente ou em instante diferido. Quem age contra essas prescrições está tecnicamente incorrendo em mora. Note-se que não está em mora apenas quem não paga, mas também quem paga fora do tempo e lugar previstos. Nesse sentido é de observar o disposto no art. 394 do Código Civil:

> **Código Civil. Art. 394.** Considera-se em mora o devedor que não efetuar o pagamento e o credor que não quiser recebê-lo no tempo, lugar e forma que a lei ou a convenção estabelecer.

Outro aspecto importante a analisar diz respeito ao **sujeito passivo da penalidade**. Nesse sentido, pode-se afirmar que a multa por mora é **devida indistintamente por empregadores privados ou públicos**, não sendo garantido a estes últimos qualquer privilégio da isenção. Anote-se que sobre esse suposto privilégio manifestou-se o TST, mediante a Orientação Jurisprudencial 238 da SDI-1, nos seguintes moldes:

> *Orientação Jurisprudencial 238 da SDI-1 do TST.* Multa. Art. 477 da CLT. Pessoa Jurídica de Direito Público. Aplicável. Inserida em 20.06.2001 (inserido dispositivo). Submete-se à multa do art. 477 da CLT a pessoa jurídica de direito público que não observa o prazo para pagamento das verbas rescisórias, pois nivela-se a qualquer particular, em direitos e obrigações, despojando-se do *"ius imperii"* ao celebrar um contrato de emprego.

A jurisprudência dominante, entretanto, entendeu que a multa de mora, por força das circunstâncias que envolvem um estado de falência, **não se aplica à massa falida**. Enfim, diante desse estado jurídico, os bens da empresa quebrada concentram-se no juízo universal, e dele somente podem sair com autorização judicial. Por conta disso, o TST produziu a Súmula n. 388. Note-se:

> **Súmula n. 388 do TST.** A Massa Falida não se sujeita à penalidade do art. 467 e nem à multa do § 8º do art. 477, ambos da CLT.

Ainda no âmbito dos sujeitos sobre os quais pode recair a multa prevista no art. 477 da CLT, veiculou-se no cotidiano forense a ideia de que, tendo sido o efetivo empregador o responsável por sua ocorrência, a empresa tomadora dos serviços, numa situação de terceirização, não seria apenada. Esta tese baseia-se no argumento de que a empresa tomadora apenas teria responsabilidade subsidiária sobre as *obrigações trabalhistas* produzidas durante a relação jurídica de direito material (durante o contrato de emprego). Como a multa do art. 477 da CLT seria resultante do inadimplemento das mencionadas obrigações trabalhistas, o comportamento da empresa prestadora seria pós-contratual, fora do campo de responsabilidade da tomadora dos serviços. Essa tese, entretanto, não se revela razoável, pois as verbas decorrentes do inadimplemento das obrigações trabalhistas são mero acessório, que, como se sabe, segue o destino e a sorte do principal. O TST confirmou esse entendimento ao incluir o item VI no texto da sua Súmula n. 331. Veja-se:

> **Súmula n. 331 do TST.** [...]
>
> VI — A responsabilidade subsidiária do tomador de serviços abrange todas as verbas decorrentes da condenação referentes ao período da prestação laboral.

Perceba-se que, segundo a perspectiva do TST, a responsabilidade subsidiária do tomador abrangerá "todas as verbas decorrentes da condenação", e não apenas as verbas decorrentes da contratação.

Outro detalhe relevante a observar diz respeito ao cabimento da multa prevista no art. 477, § 8º, da CLT, quando houver **fundada controvérsia quanto à existência da obrigação geradora do inadimplemento** (situação de sustentação de inexistência do vínculo de emprego). Sobre o tema parece acertada a tese segundo a qual, uma vez certificada a existência do vínculo de emprego, os efeitos declaratórios autorizam a exigibilidade da multa ora analisada. Perceba-se que o Judiciário apenas declarará aquilo que efetivamente existiu. Se efetivamente existiu, deveriam ter sido pagas as parcelas decorrentes da extinção daquilo que, de fato, aconteceu.

Motivado por esse raciocínio, o TST, em novembro de 2009, cancelou a Orientação Jurisprudencial 351 da Seção I de Dissídios Individuais (SDI-1), que estabelecia ser "incabível a multa prevista no art. 477, § 8º, da CLT, quando houver fundada controvérsia quanto à existência da obrigação cujo inadimplemento gerou a multa".

Aspecto adicional que justificou o cancelamento da citada Orientação Jurisprudencial foi a dificultosa determinação do conceito de "**fundada controvérsia**". Afirma-se isso porque, tratando-se de conceito jurídico indeterminado, múltiplas acepções à expressão eram atribuídas. A Orientação Jurisprudencial 351, tal qual fora confeccionada, era estimulante da negativa da existência de vínculo empregatício, notadamente quando não realizada anotação do contrato na CTPS. Enfim, diante desse quadro, bastava ao demandado sustentar sua defesa na suposta "fundada controvérsia" para ter fundamentos para a postulação da isenção da multa.

Exatamente por isso o TST publicou a **Súmula n. 462** (*DEJT* divulgado em 30.06.2016), segundo a qual "a circunstância de a relação de emprego ter sido reconhecida apenas em juízo não tem o condão de afastar a incidência da multa prevista no art. 477, § 8º, da CLT". Dessa forma e nesses termos, "a referida multa não será devida **apenas quando**, comprovadamente, o empregado der causa à mora no pagamento das verbas rescisórias" (destaque não constante do original).

E se houver afastamento de justa causa em juízo? Nesse caso, a multa prevista no § 8º do art. 477 da CLT será ou não devida?

A resposta parece depender do nível de controvérsia que envolveu a discussão quanto à existência ou não da justa causa operária e, consequentemente, da interpretação judicial acerca dos fatos. Assim, não caberia a condenação na multa do § 8º do art. 477 da CLT, se, à época da pena, não pairavam razoáveis dúvidas sobre a existência da falta grave e se, cumulativamente, o empregador pagou, na ocasião, as parcelas incontroversas que independiam do motivo ensejador da terminação do contrato. Por outro lado, caberia a condenação da multa aqui analisada no caso de inexistência de dúvidas razoáveis sobre a ocorrência da falta grave. Esta seria, aliás, uma forma de coibir despedidas sumárias fundadas em falso motivo, apenando o infrator pela mora na quitação a que não deu causa o empregado. Exemplo em que não há dúvida razoável para a caracterização da falta grave diz respeito às situações em que o operário é duplamente punido pelo mesmo fato (suspenso e, em seguida, despedido com justa causa). Nesse caso, o empregador, por ter ferido um princípio básico do exercício do poder disciplinar, produziu uma justa causa sem o mínimo suporte na razoabilidade.

Mais uma temática relacionada à multa prevista no § 8º do art. 477 da CLT diz respeito a sua aplicabilidade nas **situações em que se pretende a declaração de despedida indireta**. Nessas hipóteses, diante da controvérsia acerca da iniciativa da dispensa, não se pode falar na incidência da citada multa, uma vez que somente depois da certificação do débito e do trânsito em julgado da decisão pode-se falar em mora.

6. O TERMO DE QUITAÇÃO ANUAL DE OBRIGAÇÕES TRABALHISTAS

A Reforma Trabalhista de 2017 trouxe uma novidade polêmica. Inspirada na Lei n. 12.007, de 29 de julho de 2009, que dispõe sobre a emissão de declaração de quitação anual de débitos pelas pessoas jurídicas prestadoras de serviços públicos ou privados, o legislador trabalhista da Lei n. 13.467/2017 instituiu o "termo de quitação anual de obrigações trabalhistas", que poderá ser facultativamente firmado entre empregados e empregadores, na vigência ou não do contrato de emprego, perante o sindicato dos empregados da categoria. Veja-se:

> CLT. Art. 507-B. É facultado a empregados e empregadores, na vigência ou não do contrato de emprego, firmar o termo de quitação anual de obrigações trabalhistas, perante o sindicato dos empregados da categoria.
>
> Parágrafo único. O termo discriminará as obrigações de dar e fazer cumpridas mensalmente e dele constará a quitação anual dada pelo empregado, com eficácia liberatória das parcelas nele especificadas.

Pelo que consta do dispositivo, que menciona a realização do ato *"perante o sindicato dos empregados da categoria"*, não haverá espaço para a entidade sindical obreira negar-se a estar diante do ato de prestação de contas, mas, sem dúvidas – até porque se espera isso dela – poderá orientar o empregado na constatação de eventuais diferenças em seu favor. A assinatura do termo de quitação somente se dará, obviamente, se ambas as partes concordarem que realmente estão quites, sendo importante lembrar que o termo não é caracterizado pela reciprocidade: o parágrafo único refere apenas sobre *"quitação anual dada pelo empregado"*, e não sobre "quitação anual recíproca dada entre empregado e empregador".

A responsabilidade da entidade sindical obreira será elevada na medida em que o termo de quitação discriminará as obrigações de dar e fazer cumpridas mensalmente e dele constará a quitação anual **com eficácia liberatória das parcelas nele especificadas.** A jurisprudência detalhará os efeitos da expressão "eficácia liberatória", principalmente por ela não estar acompanhada do qualificativo "geral". Em princípio, porém, parece que a eficácia liberatória referida no texto em análise – até por conta dos posicionamentos do STF em situações que envolvem a intermediação da entidade sindical – tem mesmo a intenção de oferecer quitação plena para todas as parcelas nele especificadas, não sendo possível discussão sobre eventuais diferenças ainda que no Judiciário.

7. O PROCESSO DE JURISDIÇÃO VOLUNTÁRIA PARA HOMOLOGAÇÃO DE ACORDO EXTRAJUDICIAL

Os juízes do trabalho, de um modo geral, sempre foram avessos às homologações de acordos entabulados no âmbito extrajudicial e que apenas eram trazidos para a Justiça do Trabalho a fim de garantir aos empregadores a segurança da coisa julgada, mais especificamente a certeza de que o ex-empregado não mais o demandaria futuramente em torno de eventuais diferenças. A esse expediente somavam-se muitas vezes a evidência de fuga do empresariado da homologação sindical, causando aos magistrados a sensação de que eles estariam a atuar como verdadeiros assistentes da parte mais vunerável. Associava-se a tudo isso a certeza dos próprios juízes de que não poderiam admitir que qualquer das partes se servisse do processo para praticar ato simulado (lide simulada) ou para conseguir fim vedado por lei.

A repressão às lides simuladas estava na ordem do dia do Ministério Público do Trabalho, que, por conta de eventos dessa natureza, instaurava inquéritos para apurar os fatos, redigia termos de ajustamento de conduta e, em muitos casos, aforava ações civis públicas para combater o uso indevido do Judiciário como substituinte dos órgãos de homologação sindical.

A Reforma Trabalhista de 2017 mudou essa realidade e, em certa medida, institucionalizou o uso do Judiciário como órgão homologador. Duas importantes alterações normativas constantes da Lei n. 13.467/2017 foram feitas para que isso se tornasse possível. A **primeira**, acabou com a homologação sindical (salvo a hipotese do art. 500 da CLT), mediante a revogação dos dispositivos pertinentes no art. 477 da CLT; a **segunda**, atribuiu competência às Varas do Trabalho para decidir quanto à homologação de acordo extrajudicial em matéria de competência da Justiça do Trabalho.

A partir da vigência da Reforma Trabalhista de 2017, portanto, as Varas do Trabalho, nos moldes dos arts. 855-B e seguintes da CLT, recepcionarão processos de jurisdição voluntária para homologação de acordo extrajudicial. Empregado e empregador, **que não poderão estar representados por advogado comum** (*vide* § 2º do art. 855-B da CLT), distribuirão petição de acordo, que deverá ser analisada no prazo de 15 (quinze) dias com designação de audiência, se o magistrado a entender necessária.

O § 2º do art. 855-B da CLT foi grafado para lembrar que o empregado não estará sozinho no processo para homologação do acordo extrajudicial. Faculta-se a ele ser assistido pelo advogado do sindicato de sua categoria profissional, que poderá, inclusive, invocar o pagamento da multa prevista no art. 477 da CLT se tiver ocorrido extrapolação do prazo. Há dispositivo expresso, no particular:

> CLT, Art. 855-C. O disposto neste Capítulo não prejudica o prazo estabelecido no § 6º do art. 477 desta Consolidação, e não afasta a aplicação da multa prevista no § 8º art. 477 desta Consolidação.

Conclusos os autos, o juiz proferirá decisão para **acolher ou rejeitar o pedido de homologação do acordo**, sendo importante destacar que a negativa do pedido imporá decisão fundamentada, sob pena de violação do conjunto normativo encontrado no art. 93, IX, da Constituição da República, do art. 489 do CPC/2015 e do art. 832 da CLT.

No limite do respeito à independência do magistrado, é sempre bom destacar que, nos moldes da Súmula n. 418 do TST, **a homologação de acordo constitui faculdade do juiz, inexistindo direito líquido e certo tutelável pela via do mandado de segurança.** Diante da eventual não homologação, caberá apenas recurso ordinário para o TRT.

É importante anotar que, com base no disposto no art. 855-E da CLT e seu parágrafo único, **a petição de homologação de acordo extrajudicial suspende o prazo prescricional da ação quanto aos direitos nela especificados.** O prazo prescricional, então, voltará a fluir no dia útil seguinte ao do trânsito em julgado da decisão que eventualmente negar a homologação do acordo.

8. CONCLUSÃO

Diante de tudo o que se expôs, chega-se à conclusão de que a Lei n. 13.467, de 2017, criou um novo paradigma no Direito do Trabalho brasileiro nos procedimentos relacionados à cessação dos vínculos. A pretensão do legislador foi, sem dúvidas, a de dar maior segurança ao empregador, haja vista os seus muitos relatos de que era levado a pagar, diante das entidades sindicais, aquilo que se dizia inicialmente devido, e, posteriormente, em repique, a cobrir novos montantes perante o Judiciário trabalhista.

A reforma da legislação, em particular, visou, em essência, ao sepultamento das discussões em torno do efetivo montante devido e à instituição de uma confiável forma de quitação ampla e irrestrita com clara eficácia liberatória, sem pendências futuras.

Cabe alertar, porém, para o fato de que nenhuma norma oferecerá salvaguarda suficiente ao cidadão (empregado ou empregador) a ponto de tornar indiscutível a eficácia de uma determinada quitação. Mesmo diante das blindagens especiais que a lei trouxe, sempre haverá espaço para a invocação de eventual vício na formação e no desenvolvimento do ato jurídico. Nesse ponto é relevante lembrar que, justamente nos instantes finais do contrato, se costuma valorizar a mítica figura da segurança jurídica em relação à qual é mais adequando falar-se em elevados, médios ou baixos níveis, cabendo evitar, em decorrência da ubiquidade do Judiciário, a sustentação da tese do absoluto controle e da intransponibilidade do acerto final de contas.

Seja lá como for, cabe seguir a máxima segundo a qual *não se deve cortar o que se pode desatar*. Um bom "fim" pode realmente proporcionar novo "começo" entre os sujeitos contratantes na medida em que as terminações contratuais sejam orientadas por razoabilidade, proporcionalidade e respeito recíprocos, valores controlados e geridos pelos próprios sujeitos da terminada relação de emprego.

A Configuração e a Transmissibilidade dos Danos Extrapatrimoniais no Contexto da Reforma Trabalhista

André Araújo Molina[1]

1. INTRODUÇÃO

O sistema jurídico brasileiro evoluiu rapidamente nas últimas décadas a respeito do tema dos danos extrapatrimoniais, aqui entre nós ainda confundidos com a espécie dos danos morais[2], iniciando desde a sua negativa no início do século XX, posteriormente com a sua configuração autônoma dos danos materiais, mas ainda centrada em uma visão subjetivista do seu conceito, relacionada ao sentimentalismo da vítima, para chegar ao momento contemporâneo, com a Constituição Federal de 1988, a qual colocou a dignidade da pessoa humana e o solidarismo na centralidade do sistema, introduzindo um novo conceito objetivo-constitucionalizado dos danos extrapatrimoniais, relacionado à violação objetiva dos atributos que conformam a dignidade humana, no Direito Civil conhecidos como os direitos da personalidade.

Como consequência da evolução do conceito, em cada uma das fases, a doutrina e a jurisprudência brasileiras debateram a respeito da transmissibilidade dos danos extrapatrimoniais, em caso de morte da vítima direta, também passando por várias etapas, desde a primeira em que se negava a transmissão, depois admitindo a transmissibilidade condicionada ao ajuizamento da ação pela vítima, até chegar ao momento de consolidação no Superior Tribunal de Justiça e no Tribunal Superior do Trabalho, quando então adotou-se a tese da transmissibilidade incondicionada dos créditos originados dos danos extrapatrimoniais, passando esses para os herdeiros da vítima falecida, independentemente da configuração dos danos morais próprios dos últimos, como danos indiretos, reflexos ou em ricochete[3], cumuláveis e cobrados judicialmente de forma autônoma.

Ocorre que, com a Reforma Trabalhista (Lei n. 13.467/2017), um novo título foi introduzido na CLT, tendo entre os diversos dispositivos o art. 223-B, que diz ser a vítima da lesão que gerou os danos extrapatrimoniais a titular exclusiva do direito à reparação, reacendendo o debate sobre a questão da transmissibilidade e também a possibilidade de configuração dos danos reflexos ou em ricochete.

Dentro desse contexto, são objetivos do capítulo abordar a evolução do conceito dos danos extrapatrimoniais, a paulatina construção jurisprudencial que se seguiu quanto à transmissibilidade e, ao final, reexaminar a questão à luz do novo art. 223-B da CLT, para responder se a Reforma Trabalhista retrocedeu, manteve o panorama evolutivo já consolidado ou se avançou no tema dos danos pessoais.

2. EVOLUÇÃO DO CONCEITO DOS DANOS EXTRAPATRIMONIAIS

Inspirados pela visão patrimonialista do Código Civil francês de 1804, os juristas do século XIX não admitiam os danos extrapatrimoniais como uma categoria autônoma de dano, sendo apenas com os estudiosos das décadas seguintes que se reconheceu a sua existência e ressarcibilidade, além dos prejuízos financeiros que eram gerados pelos atos ilícitos. Aos novos prejuízos extrapatrimoniais autônomos foi dado o nome de dano moral, em uma perspectiva negativista, como tudo aquilo que estava fora do patrimônio, como bem se observa da doutrina de René Savatier: "(...) dano moral é todo sofrimento humano que não é causado por uma perda pecuniária"[4]. Para a doutrina clássica, o conceito do dano levava em consideração o ente atingido: se fosse violado um objeto intitulava-se de dano patrimonial, mas se a violação alcançava ente que não poderia ser apreciado monetariamente, como aspectos íntimos do ser humano, então estava-se diante dos danos morais, razão pela qual embutiu-se no conceito dos últimos as exteriorizações psíquicas da vítima da lesão, como traço decisivo para a sua configuração.

---

(1) Professor Titular da Escola Superior da Magistratura Trabalhista de Mato Grosso (ESMATRA/MT), Doutor em Filosofia do Direito (PUC/SP), Mestre em Direito do Trabalho (PUC/SP), Especialista em Direito Processual Civil (UCB/RJ) e em Direito do Trabalho (UCB/RJ), Bacharel em Direito (UFMT) e Juiz do Trabalho Titular no TRT da 23ª Região (Mato Grosso).

(2) Eugenio Facchini Neto e Tula Wesendonck também compreendem que o dano moral e o dano existencial são espécies de danos extrapatrimoniais, mas que, no Brasil, esse grande gênero é confundido com os danos morais em sentido amplo. A partir da distinção ensinam que "os danos existenciais podem ser entendidos como uma espécie do gênero mais amplo dos danos imateriais ou extrapatrimoniais, que entre nós costumam ser chamados de danos morais." (Danos existenciais, p. 230).

(3) Em publicação doutrinária quanto ao tema dos danos morais reflexos no contrato de trabalho, Rubia Zanotelli de Alvarenga ensina que "o dano reflexo se apresenta configurado quando o prejuízo atinge, por via oblíqua, pessoa próxima da vítima direta do ato ilícito. Compreende, assim, a situação de pessoa que sofre reflexos de um dano causado a outra pessoa. Tal entendimento se justifica porque o dano causado a uma determinada pessoa pode ter reflexos patrimoniais e morais para a própria vítima ou para terceira pessoa que dela dependa afetiva e economicamente." (ALVARENGA, Responsabilidade do empregador por dano moral reflexo, p. 45).

(4) SAVATIER, *Traité de la responsabilité civile*, n. 525.

Nessa perspectiva excludente e negativista dos danos morais, todo dano que não configurasse dano emergente ou lucro cessante poderia candidatar-se a ser identificado como dano moral, desde que estivesse acompanhado de dor, vexame, sofrimento etc.[5], cuja posição também recolheu elementos subjetivos relacionados às repercussões sentimentais do ato ilícito sobre a vítima (*pretium doloris*).

Expoente da posição subjetivista entre nós, Yussef Said Cahali conceitua dano moral como tudo aquilo que molesta gravemente a alma humana, ferindo os valores fundamentais inerentes à personalidade ou reconhecidos pela sociedade em que a vítima esteja integrada, sendo evidenciado na dor, na angústia, no sofrimento, na tristeza pela ausência de um ente querido, no desprestígio, na desconsideração social, no descrédito à reputação, na humilhação, no devassamento da privacidade, no desequilíbrio da normalidade psíquica, nos traumatismos e nas demais situações de desgaste psicológico.[6]

A posição subjetivista ou sentimentalista dos danos morais propiciou um didático debate jurisprudencial em torno da configuração ou não dessa espécie de dano, no caso de um passageiro de companhia aérea que teve a sua bagagem extraviada durante o transporte para uma viagem de férias ao exterior.

No julgamento de segunda instância pelo Tribunal de Justiça do Rio de Janeiro, foi mantida a sentença originária no sentido de rejeitar a indenização por danos morais, sob o fundamento de que "a simples sensação de desconforto ou aborrecimento, ocasionado pela perda ou extravio de bagagens, não constitui dano moral, suscetível de ser objeto de reparação civil".

A decisão de rejeição foi mantida pelo Superior Tribunal de Justiça, mas pelo argumento técnico de que a Convenção de Varsóvia veda o ressarcimento por danos morais no transporte aéreo, embora tenha o Ministro Relator, a partir de suas percepções subjetivas, discordado das conclusões do tribunal fluminense. Para o Ministro Eduardo Ribeiro: "Considero, ao contrário do acórdão, que o aborrecimento, extremamente significativo, seria, em tese, suscetível de ser indenizado.". O mesmo Ministro, conforme ainda as suas percepções pessoais, não considerou o extravio de bagagem, desta feita em viagem de retorno das férias, suscetível de danos morais, na medida em que na viagem de volta restou apenas o incômodo à passageira de diligenciar a reposição do que fora perdido, fazendo as compras necessárias.[7]

Até que a questão originária foi levada ao Supremo Tribunal Federal, ocasião em que a Corte admitiu o recurso extraordinário e reformou o acórdão, sob os seguintes fundamentos:

> Ninguém coloca em dúvida as repercussões nefastas do extravio de bagagem em excursão, especialmente quando realizada fora do País. Os transtornos são imensos, ocasionando os mais diversos sentimentos para o viajante. No que concerne ao dano moral, há que se perquirir a humilhação e, consequentemente, o sentimento de desconforto provocado pelo ato, o que é irrefutável na espécie.[8]

O que se percebe claramente nas idas e vindas da jurisprudência quanto ao caso concreto em revisão, é que o conceito subjetivo de dano moral, centrado no sentimentalismo e nas reações psíquicas da vítima, gera uma apreciação irracional, casuística e conforme as percepções subjetivas do julgador, afetando gravemente a igualdade, a segurança jurídica e a pacificação social.

Outro inconveniente do conceito subjetivo é a consequente exigência de prova material quanto ao dano moral, na medida em que se este é toda lesão que gera dor, vexame, sofrimento ou humilhação, deverá, por revelar-se fato constitutivo do seu direito, a vítima provar nos autos essas suas manifestações subjetivistas, o que levou ao extremo de se rejeitar indenização por danos morais em acidente de trabalho, no qual o operário perdeu dois dedos da mão, pois o autor não trouxe aos autos "um único elemento de convicção no sentido de que o acidente na mão direita tenha repercutido a ponto de abalar o psiquismo do recorrente em sua estrutura afetiva ou emocional".[9]

Nos limites do Direito do Trabalho destaca-se uma censurável decisão de Tribunal Regional do Trabalho, na qual rejeitou-se a indenização por danos morais no caso de um trabalhador que era transportado constantemente pelo empregador na carroceria de um veículo destinado ao transporte de animais, sem segurança e proteção à sua integridade física, além de ocorrer em meio a fezes de suínos e bovinos. Para o relator do acórdão:

> Se o veículo é seguro para o transporte de gado também o é para o transporte do ser humano, não constando do relato bíblico que Noé tenha rebaixado a sua dignidade como pessoa humana e como emissário de Deus para salvar as espécies animais, com elas coabitando a sua Arca em meio semelhante ou pior do que o descrito na petição inicial (em meio a fezes de suínos e bovinos).[10]

---

(5) FACCHINI NETO e WESENDONCK, *Danos existenciais*, p. 232.
(6) CAHALI, *Dano moral*, p. 22-23.
(7) STJ – 3ª Turma – REsp 158.535 – Rel. Min. Eduardo Ribeiro – DJ 09.10.2000.
(8) STF – 2ª Turma – RE 172.720 – Rel. Min. Marco Aurélio – DJ 21.02.1997.
(9) Acórdão do 2º TACívSP – Processo 00873031/1998. A decisão foi reformada pelo Superior Tribunal de Justiça ao argumento que a perda de dois dedos da mão gera sofrimento passível de caracterizar dano moral, independente de prova, na medida em que decorrente do senso comum, sendo, por isso, presumível. (STJ – 3ª – REsp 260.792 – Rel. Min. Ari Pargendler – DJ 23.10.2000).
(10) TRT 3ª Região – 7ª Turma – RO 01023.2002.081.03.00-0 – Rel. Juiz Milton V. Thibau de Almeida – DJ 25.03.2003.

A imprecisão conceitual, a exigência de prova material e os censuráveis resultados jurisprudenciais que a posição negativista proporcionam, de acordo com os aspectos subjetivos de cada magistrado, incentivaram a doutrina jurídica a migrar para uma posição objetiva dos danos morais, procurando definir o seu conceito a partir da posição central da dignidade da pessoa humana em nosso ordenamento jurídico, mormente após a promulgação da Constituição Federal de 1988.

Maria Celina Bodin de Moraes, uma das principais defensoras da posição objetivista-constitucional dos danos morais, aponta que o erro mais comum na nossa jurisprudência é identificado na própria conceituação do dano moral (considerando-o do ponto de vista da subjetividade, das sensações pessoais), erro sobre o qual todos os demais aspectos da reparação do dano moral foram sendo construídos – também eles distorcidos, tal e qual o seu fundamento. Para a autora, o equívoco conceitual originário, com frequência impressionante, gera arbitrariedades, imprevisibilidades e incertezas; em uma palavra: injustiça.[11]

A construção do conceito objetivo-constitucional dos danos morais teve como antecedente a observação de que ao final da Segunda Guerra, barbarizados pelas atrocidades cometidas pelo nazismo, a comunidade internacional engajou-se em um pacto pela prevalência dos direitos humanos, cujo traço mais evidente foi a migração da dignidade humana do discurso filosófico para o jurídico, com a sua incorporação na Carta das Nações Unidas de 1945, na Constituição italiana de 1947, na Declaração Universal dos Direitos Humanos de 1948, na Lei Fundamental alemã de 1949, na Constituição portuguesa de 1976 e na Constituição brasileira de 1988, ocupando a centralidade dos sistemas jurídicos dos países democráticos.[12]

Funcionando como fundamento jurídico dos Estados Democráticos, deriva da dignidade da pessoa humana que os direitos fundamentais positivados pelas Constituições representam suas especificações nos diversos ramos do Direito. Cada direito fundamental enunciado representa a incidência da dignidade humana, um reflexo em determinada situação específica, ou seja, o resultado da intermediação legislativa constitucional ao mediar as suas eficácias prestacionais e protetivas aos casos especiais. Peter Häberle nos ensina que no sistema constitucional alemão, os direitos fundamentais subsequentes ao art. 1º da Lei Fundamental, que garante a proteção da dignidade humana, assim como os objetivos estatais, têm a dignidade como premissa e encontram-se a seu serviço.[13]

O próximo passo foi reconhecer a força normativa da dignidade humana e a sua aplicação direta nas relações jurídicas, sem a necessidade de intermediação legislativa ordinária, seja na relação entre os cidadãos e o Estado (eficácia vertical), como também nas relações entre os particulares (eficácia horizontal). A admissão das eficácias da dignidade humana nas relações privadas, incluindo as relações de trabalho, proporcionou constatar-se a possibilidade fático-jurídica da sua violação direta, cuja principal repercussão são os danos morais indenizáveis.

A admissão de que a dignidade humana irradia seus efeitos para todas as relações jurídicas, tanto em face do Estado quanto entre os particulares, instigou os autores de cada um dos ramos do Direito a conceituar as aplicações parcelares da dignidade. Fabio De Mattia, ainda no final da década de 1970, considerava que os direitos humanos são os mesmos direitos que os da personalidade, porém deve-se entender que quando se fala dos direitos humanos ou fundamentais, referimo-nos aos direitos essenciais do indivíduo em relação ao direito público, para protegê-lo contra as investidas do Estado. Já quando analisamos os direitos da personalidade, sem dúvida nos encontramos diante dos mesmos direitos, porém sob o ângulo do Direito Privado, isto é, nas relações entre particulares, devendo-se, pois, defendê-los frente aos atentados cometidos por outras pessoas.[14]

Gustavo Tepedino também defende que a dignidade humana ocupa o centro do ordenamento jurídico, irradiando suas eficácias tanto para o direito público quanto para o privado, razão pela qual diz que atualmente precisamos superar a dicotomia entre os dois ramos em busca de posicionar a pessoa humana como valor unitário e carente de proteção integral. Para o autor, os direitos da personalidade do Direito Privado nada mais são que os direitos fundamentais do Direito Público, vistos por diferentes perspectivas descritivas. "Tem-se a personalidade como o conjunto de características e atributos da pessoa humana, considerada como objeto de proteção por parte do ordenamento jurídico".[15]

Perfilhando a mesma posição, Anderson Schreiber igualmente anota que os direitos da personalidade consistem em atributos essenciais da pessoa humana, cujo reconhecimento jurídico resulta de uma evolução de conquistas históricas, de sorte que o mesmo tema foi tratado sob diferentes enfoques e nomenclaturas. No plano do direito internacional, os atributos da personalidade humana merecedores de tutela são denominados de direitos humanos, no

---

(11) BODIN DE MORAES, Danos à pessoa humana, p. 55.
(12) "A dignidade da pessoa humana é o princípio central do sistema jurídico, sendo significativo vetor interpretativo, verdadeiro valor-fonte que conforma e inspira todo o ordenamento constitucional vigente em nosso País e que traduz, de modo expressivo, um dos fundamentos em que se assenta, entre nós, a ordem republicana e democrática consagrada pelo sistema de direito constitucional positivo." (STF – HC 85988-PA (MC) – Rel. Min. Celso de Mello – decisão monocrática – DJU 10.06.2005).
(13) HÄBERLE, A dignidade humana como fundamento da comunidade estatal, p. 81.
(14) DE MATTIA, Direitos da personalidade II, p. 150.
(15) TEPEDINO, Temas de direito civil, p. 27.

plano constitucional de direitos fundamentais e no plano do Direito Privado de direitos da personalidade, entretanto "trata-se, como se vê, do mesmíssimo fenômeno encarado por facetas variadas. O valor tutelado é idêntico e unitário: a dignidade humana".[16]

A partir da premissa da existência da tutela jurídica da dignidade humana, avança o autor para conceituar o dano moral como "a lesão a qualquer dos direitos de personalidade, sejam expressamente reconhecidos ou não pelo Código Civil."[17]

A violação direta da dignidade humana, seja na perspectiva dos direitos humanos e fundamentais dos tratados e da Constituição, ou na vertente civil dos direitos da personalidade, é, também para nossa compreensão, o atual critério para verificação objetiva da ocorrência dos danos morais nas situações concretas.

Judith Martins-Costa combate a posição subjetivista clássica, apontando os equívocos desde a sua importação descontextualizada do Direito Comparado, bem como as consequências judiciais equivocadas, para posicionar o seu conceito dentro da vertente objetivista. Para ela, dano moral é o dano produzido em virtude de ato antijurídico na esfera jurídica extrapatrimonial de outrem, seja principalmente como agravo a direito da personalidade, seja como reflexo extrapatrimonial de lesão à esfera patrimonial[18], normalmente afetando os seguintes direitos da personalidade: direito à vida e à saúde, integridade moral, intimidade, vida privada, identidade e a expressão singular pessoal, a imagem, a autonomia pessoal, a boa reputação, a etnia, a opção sexual, a religião, a educação etc.[19]

Já Maria Celina Bodin de Moraes aprofunda o conceito objetivo dos danos morais, para condensar a sua lição na seguinte passagem:

> Uma vez que está constitucionalmente determinado que a proteção da dignidade humana é objetivo primordial do ordenamento, pode-se concluir que, na realidade, toda e qualquer circunstância que atinja o ser humano em sua condição humana, que (mesmo longinquamente) pretenda tê-lo como objeto, e que negue sua qualidade de pessoa, de fim em si mesmo, será automaticamente considerada violadora de sua personalidade e, se concretizada, causadora de dano moral a ser indenizado. Dano moral será, em consequência, a lesão a algum dos substratos que compõem, ou conformam, a dignidade humana, isto é, a violação a um desses princípios: I. liberdade; II. igualdade; III. solidariedade; e IV. integridade psicofísica de uma pessoa. (...) A reparação do dano moral corresponde, no ambiente de constitucionalização em que vivemos, à contrapartida do princípio da dignidade humana: é o reverso da medalha. Quando a dignidade é lesada, há que se reparar o dano injustamente sofrido.[20]

Anderson Schreiber contribui com a observação de que a conceituação de dano moral como lesão à personalidade humana opõe-se ao antigo entendimento segundo o qual o dano moral configurar-se-ia nas demonstrações de dor, vexame, sofrimento ou humilhação. Tal entendimento subjetivo, ainda frequente nos nossos tribunais, tem a flagrante desvantagem de deixar a configuração do dano moral ao sabor das emoções subjetivas da vítima e, pior ainda, do próprio juiz. Diz ele:

> A toda evidência, a definição do dano moral não pode depender do sofrimento, dor ou qualquer outra repercussão sentimental do fato sobre a vítima, cuja efetiva aferição, além de moralmente questionável, é faticamente impossível. A definição do dano moral como lesão a atributo da personalidade tem a extrema vantagem de se concentrar sobre o objeto atingido (o interesse lesado), e não sobre as consequências emocionais, subjetivas e eventuais da lesão. A reportagem que ataca, por exemplo, a reputação de paciente em coma não causa, pelo particular estado da vítima, qualquer dor, sofrimento, humilhação. Apesar disso, a violação à sua honra configura dano moral e exige reparação.[21]

Também entre os defensores da posição objetivista dos danos morais, Sérgio Cavalieri Filho alicerça o seu raciocínio a partir da observação de que a Constituição de 1988 colocou o homem no vértice do ordenamento jurídico, fazendo dele a primeira e decisiva realidade, transformando os seus direitos em fio condutor de todos os ramos jurídicos. Segue que à luz da Constituição, conceitua-se o dano moral como a violação do direito à dignidade humana. E é justamente por considerar a inviolabilidade da intimidade, da vida privada, da honra e da imagem corolário do *direito à dignidade* que a Constituição inseriu em seu art. 5º, V e X, a reparação do dano moral.

Nessa perspectiva objetiva – prossegue Sérgio Cavalieri Filho – o dano moral não está necessariamente ligado a alguma reação psíquica da vítima. Pode haver ofensa à dignidade da pessoa humana, configurando-se dano moral, sem dor, vexame, sofrimento, assim como pode haver dor, vexame, sofrimento, sem violação da dignidade. As reações orgânicas e psíquicas podem ser até consequências e não causas de dano moral.

---

(16) SCHREIBER, *Direitos da personalidade*, p. 13.
(17) *Ibidem*, p. 16.
(18) MARTINS-COSTA, *Dano moral à brasileira*, p. 7091.
(19) *Ibidem*, p. 7085/7087.
(20) BODIN DE MORAES, *Dano moral: conceito, função, valoração*, p. 361/378.
(21) *Ibidem*, p. 17.

E finaliza o autor com a tese de que com essa ideia abre-se espaço para o reconhecimento do dano moral em relação a várias situações nas quais a vítima não é passível de detrimento anímico, como ocorre com doentes mentais, pessoas em estado vegetativo, crianças de tenra idade. Por mais pobre que seja a pessoa, ainda que totalmente destituída de formação cultural, emprego ou bens materiais, ainda que destituída de consciência, mas pela simples condição de ser humano, será detentora de um conjunto de bens integrantes de sua personalidade, que é a sua dignidade humana, cuja agressão convencionou-se chamar de dano moral.[22]

Transportando o conceito objetivo-constitucional do dano moral para as relações de trabalho, estaria ele configurado quando a dignidade humana de um dos sujeitos da relação jurídica especial fosse violada de forma antijurídica pela conduta do outro, afrontando diretamente os substratos constitucionais e internacionais que compõem a dignidade da pessoa humana, como a liberdade, igualdade, solidariedade e a integridade psicofísica[23], além dos mesmos direitos decorrentes da dignidade e vistos pela perspectiva do direito civil, como os direitos da personalidade garantidos pelo sistema[24], como a honra, a intimidade, a identidade pessoal[25], o nome etc., independentemente de prova material das repercussões internas da violação sobre a vítima, que podem até ser consequências, mas não causas.

Anderson Schreiber, estudando a violação dos direitos da personalidade nas relações de trabalho, diz que a violação à honra no ambiente laboral é apenas uma das variadíssimas maneiras de se atingir a dignidade humana. O uso indevido de imagem, a discriminação genética, a invasão de privacidade, o furto de dados pessoais, a agressão física ou psicológica são exemplos de outros perigos que cercam a condição humana e são suscetíveis de violação, gerando danos morais no bojo dos contratos de trabalho.[26]

Um interessante precedente do Tribunal Superior do Trabalho enfrentou a situação fática de uma empresa que implantou um "programa gestacional" para as suas empregadas, consistente na elaboração de uma planilha pela gerência, na qual estabeleceu-se uma fila de preferência para a atividade reprodutiva das empregadas de determinado setor, de modo a conciliar as gravidezes das trabalhadoras com o atendimento das demandas do trabalho. A autora da ação trabalhista, cujo recurso estava em julgamento, a despeito de ciente da lista de preferência, não submeteu-se a ela e engravidou fora do período planejado pela gerência.

O acordão aplicou diretamente o princípio da dignidade humana, inclusive referindo-se ao seu conceito filosófico originário de que as pessoas têm dignidade e os objetos têm valor, de sorte que viola a dignidade tratar o ser humano como mero instrumento de outrem, coisificando-o. Referiu-se, também, ao tema da eficácia dos direitos fundamentais nas relações de trabalho, razão pela qual a dignidade humana teria incidência direta e imediata. E a decisão concluiu com a adoção do conceito objetivo-constitucional de dano moral, enquanto violação da dignidade humana e dos direitos da personalidade. E por adotar a posição objetiva, andou muito bem o Tribunal Superior do Trabalho ao reformar a decisão de segundo grau, a partir dos seguintes argumentos jurídicos:

> A comprovação, por si só, da existência de um plano gestacional no âmbito da empresa, acarreta a conclusão de que todas as mulheres em idade reprodutiva envolvidas naquela planta empresarial foram ofendidas em sua dignidade (destacadamente na possibilidade de decidirem com autonomia a respeito de seus projetos de vida, de felicidade e do seu corpo) e em suas intimidades, resultando discriminadas em razão de sua condição feminina.

> Saliente-se que a pretensão abstrata de estender seu poder empregatício para além das prescrições sobre a organização do trabalho, alcançando a vida, a autonomia e o corpo das trabalhadoras, revela desrespeito grave à dignidade da pessoa humana, que não se despe de sua condição de sujeito, nem da titularidade das decisões fundamentais a respeito da sua própria vida, ao contratar sua força de trabalho em favor de outrem. Está caracterizada, satisfatoriamente, a conduta ilícita e antijurídica do empregador, capaz de ofender a dignidade obreira, de forma culposa. Ao se preocupar exclusivamente com o atendimento de suas necessidades

---

(22) CAVALIERI FILHO, *Programa de responsabilidade civil*, p. 101.

(23) Nessa mesma perspectiva, o Código Civil mexicano de 1928 é expresso: "(...) *Se presumirá que hubo daño moral cuando se vulnere o menoscabe ilegítimamente la libertad o la integridad física o psíquica de las personas.*" (art. 1.916).

(24) Adriano de Cupis, um dos autores clássicos quanto ao tema dos direitos da personalidade, indica que integram esse rol o direito à vida e à integridade física, o direito sobre as partes destacadas do corpo e o direito sobre o cadáver, o direito à liberdade, o direito ao resguardo (honra e segredo), o direito à identidade pessoal (nome, título e sinal pessoal) e o direito moral do autor. (DE CUPIS, *Os direitos da personalidade*, passim). Contudo, para falar com Gustavo Tepedino, não podemos esquecer que o rol catalográfico dos direitos da personalidade, indicado pelos autores ou dispostos em determinado direito positivo – como nos arts. 11 a 21 do Código Civil brasileiro – não encerram rol taxativo. Para Tepedino: "Os preceitos ganham contudo algum significado se interpretados como especificação analítica da cláusula geral de tutela da personalidade prevista no Texto Constitucional no art. 1º, III (a dignidade humana como valor fundamental da República). A partir daí, deve o intérprete afastar-se da ótica tipificadora seguida pelo Código Civil, ampliando a tutela da pessoa humana não apenas no sentido de contemplar novas hipóteses de ressarcimento mas, em perspectiva inteiramente diversa, no intuito de promover a tutela da personalidade mesmo fora do rol de direitos subjetivos previstos pelo legislador codificado." (TEPEDINO, *Temas de direito civil*, p. 37).

(25) MOLINA, André Araújo. Dano à identidade pessoal do trabalhador. *Revista Jurídica Luso-Brasileira*, Lisboa, ano 3 (2017), n. 4, p. 89-138.

(26) SCHREIBER, *op. cit.*, p. 9.

produtivas, constrangendo as decisões reprodutivas das trabalhadoras, a reclamada instrumentaliza a vida das suas empregadas, concebendo-as como meio para a obtenção do lucro, e não como fim em si mesmas. Constatada violação dos arts. 5º, V e X, da Constituição Federal; 373-A e 391, parágrafo único, da CLT; e 186 do Código Civil. Indenização por danos morais que se arbitra no valor de R$ 50.000,00.[27]

O acórdão do Tribunal Regional, embora tivesse reconhecido o fato da implantação do programa gestacional, rejeitou o pedido da trabalhadora porque ela não teria demonstrado prejuízo pessoal quanto ao fato, na medida em que, inclusive, teria engravidado e não teria sofrido nenhuma punição ou represália empresarial.

Ao adotar a posição objetiva-constitucional dos danos morais, o Tribunal Superior do Trabalho reformou a decisão justamente porque é dispensável a prova da repercussão sentimental da conduta ilícita que viola direitos fundamentais sobre a vítima, antes configurando-se a ofensa objetivamente com o desrespeito à dignidade humana de todas as trabalhadoras em idade reprodutiva da empresa.

A objetivação do dano moral, enquanto violação da dignidade humana e dos direitos da personalidade, dispensando-se prova da repercussão sentimental do ato lesivo sobre a vítima, proporcionou que a doutrina jurídica revisasse diversas das suas inconsistências anteriores, desde os requisitos de configuração, as funções e os critérios utilizados para o arbitramento da indenização.

O primeiro deles é o reconhecimento do dano moral às crianças de tenra idade, aos enfermos, às pessoas com percepção sensorial reduzida e à pessoa jurídica[28], todos, a despeito de não suscetíveis de sentimentos e manifestações psíquicas, são destinatários da dignidade humana e dos direitos da personalidade, inclusive as pessoas jurídicas em relação a alguns dos direitos fundamentais que lhes são aplicados por empréstimo (art. 52 do Código Civil).

Em relação a toda evolução conceitual dos danos extrapatrimoniais, aqui entre nós ainda relacionados aos danos morais, que na verdade é apenas uma das suas espécies, verificamos que a Reforma Trabalhista (Lei n. 13.467/2017), avançou em alguns pontos e retrocedeu em tantos outros, demonstrando despreparo técnico e ignorância do legislador reformador, que revelou não ter conhecimento de toda a evolução porque o tema passou ao longo das décadas, conforme resumido nas linhas acima.

A título de avanço, em relação ao paradigma legislativo anterior, vemos que o art. 223-B da CLT reconheceu a autonomia dos danos morais e existenciais, enquanto espécies dos danos extrapatrimoniais, inclusive com a possibilidade de titularidade pelas pessoas jurídicas; o art. 223-C da CLT reconheceu a configuração objetiva dos danos extrapatrimoniais, com a violação dos direitos da personalidade, exemplificativamente listados; já o art. 223-F da CLT, para além da autonomia dos danos extrapatrimoniais, deixou clara a sua cumulatividade com os danos materiais.

Contudo, o art. 223-G da CLT, em miscelânea metodológica, fez uma grave confusão entre os conceitos subjetivo e objetivo dos danos morais, ao mesmo tempo em que determina deva o juiz considerar a intensidade do sofrimento ou da humilhação da vítima, no mesmo dispositivo manda que se considere a natureza do bem jurídico tutelado, objetivamente, cuja confusão das teorias, baralha novamente uma questão que parecia superada, tanto na doutrina quanto na jurisprudência dos tribunais superiores, desde a Constituição Federal de 1988, sem falar na tentativa de tarifação da indenização por danos extrapatrimoniais, já rechaçada pelo Supremo Tribunal Federal, como materialmente inconstitucional, há anos[29].

Mas, em nosso ponto de vista, o dispositivo mais emblemático, que por isso desafia um maior esforço interpretativo, é o art. 223-B da CLT: "Causa dano de natureza extrapatrimonial a ação ou omissão que ofenda a esfera moral ou existencial da pessoa física ou jurídica, as quais são as titulares exclusivas do direito à reparação.", cuja apontada exclusividade da titularidade, convoca novamente para uma abordagem da configuração dos danos morais próprios, em caso de morte instantânea da vítima (dano-morte), a configuração dos danos reflexos, indiretos ou em ricochete, bem como a transmissibilidade, nos campos do direito material e do direito processual (sucessão processual), com a morte do titular do direito, antes ou durante o trâmite da ação.

3. O DANO-MORTE, O DANO INDIRETO E A SUA TRANSMISSIBILIDADE

A objetivação do conceito de dano moral propiciou a admissão do dano extrapatrimonial sofrido pela própria vítima nos casos de morte fulminante, como na hipótese de óbito do trabalhador em acidente do trabalho, derivando daí para o reconhecimento de que os danos morais próprios da vítima transmitem-se aos seus herdeiros, independentemente do dano moral sofrido, indiretamente e propriamente, pelos herdeiros individualmente considerados.

Durante anos, raciocinando a partir do conceito subjetivo, a jurisprudência entendia que aqueles que morreram em eventos trágicos instantâneos, não tiveram tempo de sofrer, de sentir dor, de sorte que não havia danos morais da

---

(27) TST – 7ª Turma – RR 755-28.2010.5.03.0143 – Rel. Min. Vieira de Mello Filho – DEJT 19.09.2014.
(28) "Súmula n. 227 do STJ. A pessoa jurídica pode sofrer dano moral".
(29) STF – 2ª Turma – RE 348.827 – Rel. Min. Carlos Velloso – DJ 06.08.2004.

vítima, cuja solução judicial foi defender a sua não configuração e, ainda que se entendessem configurados, haveria a intransmissibilidade dos danos morais da vítima[30].

A posição antiga, caudatária da doutrina da época[31] e tendo em vista o Código Civil de 1916, era no sentido de que o dano moral configurava-se a partir das manifestações psíquicas do lesado, de modo que não se efetivava nas hipóteses de morte instantânea. E defendia a corrente clássica que, mesmo nos casos em que o ato lesivo não gerasse a morte instantânea, ocasionando o sofrimento da vítima, em caso de morte posterior desta, não estavam os herdeiros autorizados a sucederem no direito de ajuizar a ação para cobrança da indenização moral, na medida em que intransmissível o dano moral anteriormente configurado com o sofrimento da vítima.

Na década de 1990, Wilson Melo da Silva defendia que os danos morais diziam respeito ao foro íntimo, eis que o patrimônio ideal da vítima é marcadamente individual e seu campo de incidência o mundo interior de cada um de nós. Assim, os bens morais são inerentes à pessoa, incapazes, por isso, de subsistir sozinhos, desaparecendo com o próprio indivíduo. Podem os terceiros compartilhar da minha dor, sentindo, eles próprios, por eles mesmos, as mesmas angústias que eu. O que não se concebe, porém, é que as minhas dores, as minhas angústias, possam ser transferidas para terceiros[32].

Apenas em um segundo momento é que evoluiu a jurisprudência para admitir a transmissibilidade dos danos morais, condicionada ao prévio ajuizamento da ação. Isto é, continuava entendendo pela inocorrência nas mortes instantâneas, mas nos casos em que a vítima sobreviveu ao infortúnio, porém morreu depois, raciocinava-se que ela sofreu o dano, ajuizou a ação (a demonstrar que sentiu dor, humilhação, sofrimento), vindo a falecer durante o curso do processo, ocasião em que admitia-se a transmissibilidade do direito aos herdeiros e somente nesses casos da condicionante, por sucessão processual[33], passando a ocupar o polo ativo da ação o espólio do *de cujus*, cujo resultado da ação seria arrecadado pelo inventário.

Essa posição adotada pelos nossos tribunais domésticos, inspiravam-se em alguns ordenamentos jurídicos alienígenas, que expressamente diziam que os danos extrapatrimoniais somente eram objeto de sucessão, caso a respectiva ação judicial já tivesse sido ajuizada e a vítima viesse a morrer durante o seu trâmite, a exemplo dos sistemas argentino[34] e mexicano[35], nada obstante o vigente Código Civil de 1916 não tivesse nenhuma condicionante no mesmo sentido.

A questão ganhou um novo capítulo com a vigência do Código Civil de 2002, principalmente considerando o art. 943, que garante a transmissão do direito de crédito originário da responsabilidade civil com a herança, ocasião em que tanto a doutrina quanto a jurisprudência evoluíram, embora ainda abordando o dano moral na vertente subjetiva, para retirar a condicionante do ajuizamento prévio da ação, passando a entender que mesmo nos casos em que a vítima sobreviveu ao ato lesivo, mas não ajuizou a ação imediatamente, a sua morte posterior não impedia que os créditos (danos morais já configurados) fossem transmitidos com a herança, autorizando que o espólio perseguisse a condenação em juízo, cuja nova posição foi consagrada na doutrina[36][37][38] e na

---

(30) "A presente ação não foi proposta *iure proprio*, tendo em vista que a indenização que se pretende não se refere aos danos morais indiretos sofridos pelas autoras, ora recorrentes, em razão da morte de seu genitor, mas diz respeito aos danos sofridos por este último em decorrência de prática de calúnia pelo ora recorrido, tendo sido a presente ação proposta *iure hereditatis*. Não se justifica que aquele que não sofreu qualquer dano, seja direto ou indireto, venha pleitear indenização, pois não se atingiu qualquer bem jurídico, patrimonial ou moral a ele pertencente. Reconhece-se, assim, que carecem as recorrentes de legitimidade ativa *ad causam* para pleitear a indenização dos danos morais sofridos por seu genitor." (STJ – 3ª Turma – REsp n. 302.029/RJ – Relª. Minª. Nancy Andrighi – DJ 01.10.2001).

(31) Nesse sentido, exemplificativamente: SILVA, Luís Renato Ferreira da. Da legitimidade para postular indenização por danos morais. *Revista AJURIS*, Porto Alegre, ano XXIV, v. 70, p. 185-205, jul. 1997 e BITTAR, Carlos Alberto. *Reparação civil por danos morais*. 3. ed. São Paulo: RT, 1997.

(32) SILVA, *O dano moral e sua reparação*, p. 648/649.

(33) "Dano moral. Ressarcimento. Se a indenização se faz mediante pagamento em dinheiro, aquele que suportou os danos tinha direito de recebê-la e isso constituiu crédito que integrava seu patrimônio, transmitindo-se a seus sucessores. Possibilidade de os herdeiros prosseguirem com a ação já intentada por aquele que sofreu os danos." (STJ – 3ª Turma – REsp n. 219.619/RJ – Rel. Min. Eduardo Ribeiro – DJ 03.04.2000).

(34) Art. 1.099 do Código Civil argentino: "*Si se tratare de delitos que no hubiesen causado sino agravio moral, como las injurias o la difamación, la acción civil no pasa a los herederos y sucesores universales, sino cuando hubiese sido entablada por el difunto.*" (grifamos).

(35) Art. 1.916 do Código Civil mexicano: "*(...) La acción de reparación no es transmisible a terceros por acto entre vivos y sólo pasa a los herederos de la victima cuando ésta haya intentado la acción en vida.*" (grifamos).

(36) Enunciado n. 454 da V Jornada de Direito Civil de 2012, do Conselho da Justiça Federal: "O direito de exigir reparação a que se refere o art. 943 do Código Civil abrange inclusive os danos morais, ainda que a ação não tenha sido iniciada pela vítima."

(37) Simone Gomes Rodrigues Casoretti anota que "mesmo o dano moral sofrido pelo *de cujus* é passível de ser pleiteado pelos herdeiros face ao ofensor. (...) Em qualquer caso, o direito de ação, que seria intentada pelo indivíduo é passível de transmissão após o óbito deste." (*Comentários ao Código Civil*, p. 741).

(38) De sua parte, Fabrício Zamprogna Matiello leciona que: "Quanto aos danos morais experimentados pelo extinto, caberá aos herdeiros ou ao espólio a titularidade para pleitear reparação, mesmo que dissessem respeito a atributos psíquicos de natureza pessoal e a competente ação não houvesse sido ajuizada em vida. Afinal, tudo o que tiver conteúdo econômico, de caráter ativo ou passivo, é transmitido com a herança aos sucessores. Cabe destacar, também, que poderão estes ou o espólio dar prosseguimento às lides já ajuizadas ao tempo do óbito, pois a postulação visando à reparação de danos à moralidade integra o conjunto de bens e direitos partilháveis, embora sendo ainda uma expectativa de resultado econômico futuro." (*Código Civil comentado*, p. 591).

jurisprudência do Superior Tribunal de Justiça[39][40] e do Tribunal Superior do Trabalho[41].

Nada obstante o art. 11 do Código Civil tenha apontado como uma das características dos direitos da personalidade a sua intransmissibilidade, a leitura do art. 943 do mesmo diploma, prevendo que o direito de exigir a reparação derivada de responsabilidade civil, inclusive o dano moral (art. 186 do CC), transmite-se com a herança, condicionou a interpretação conjugada dos três dispositivos, no sentido de que os direitos em si eram intransmissíveis, irrenunciáveis, imprescritíveis, mas não os créditos que decorriam da sua violação, já que materialmente independentes.

Fábio de Oliveira Azevedo anotou, com notável precisão, que os direitos da personalidade não se confundem com o direito à compensação por danos morais decorrentes da sua violação, pois os primeiros são situações jurídicas existenciais e intransmissíveis, mas o direito à compensação é situação jurídica patrimonial e transmissível. A violação da dignidade humana da pessoa cria um direito subjetivo autônomo em relação ao próprio direito da personalidade violado. A morte, assim, extingue os direitos da personalidade (existenciais), mas não extingue o autônomo direito subjetivo à compensação (patrimonial), de modo que se alguém é violado em sua dignidade, durante o curso da vida, nesse mesmo instante nasce, pelo ato ilícito (art. 186 do CC), uma relação jurídica obrigacional (art. 389 ou 927 do CC, seja contratual ou extracontratual a responsabilidade), de natureza jurídica patrimonial, a justificar a sua ampla transmissibilidade (art. 943 do CC).

E arremata o nosso autor que seria possível argumentar até mesmo, caso ocorresse a morte simultânea de ofensor e ofendido, com a hipótese de o espólio da vítima ajuizar ação de danos morais contra o espólio do ofensor. Afinal, transmitiram-se as situações jurídicas patrimoniais respectivas de credor e devedor, sem prejuízo de considerar o término do direito da personalidade que foi violado, este sim extinto pela morte de ambos[42].

A propósito do mesmo tema, a doutrina clássica dos irmãos Mazeaud já ensinava que: "É irrecusável que o herdeiro sucede no direito de ação que o morto, quando vivo, tinha contra o autor do dano. Se o sofrimento é algo pessoal, a ação de indenização é de natureza patrimonial e, como tal, transmite-se aos herdeiros."[43]

Mais recentemente, uma nova evolução, já abordando o tema a partir do conceito objetivo-constitucional do dano moral, foi migrar a interpretação da doutrina e dos tribunais para admitir que a morte fulminante agride a dignidade humana da vítima, em seus aspectos mais relevantes, que são a própria vida e a integridade física, independentemente de dor, vexame ou manifestações psíquicas, de sorte que há dano moral próprio, doutrinariamente conceituado como "dano morte"[44], cobrado em juízo pelos herdeiros necessários ou o espólio[45], sem prejuízo do dano moral destes, que tiveram as suas próprias dignidades ofendidas diretamente, com o falecimento do ente próximo (dano por ricochete), posição construída a partir da interpretação dos arts. 12 e 943 do Código Civil, a qual já foi inclusive sufragada pelo Tribunal Superior do Trabalho em julgado

---

(39) Por todos, STJ – 3ª Turma – REsp n. 343.654/SP – Rel. Min. Carlos Alberto Menezes Direito – DJ 01.07.2002, STJ – 1ª Turma – REsp n. 978.651/SP – Relª. Minª. Denise Arruda – DJE 26.03.2009 e STJ – Corte Especial – EREsp n. 978.651/SP – Rel. Min. Felix Fischer – DJE 10.02.2011. Do acordão desse último julgado da Corte Especial, que pacificou a questão, extrai-se o seguinte trecho elucidativo da sua ementa: "A posição atual e dominante que vigora nesta c. Corte é no sentido de embora a violação moral atinja apenas o plexo de direitos subjetivos da vítima, o direito à respectiva indenização transmite-se com o falecimento do titular do direito, possuindo o espólio ou os herdeiros legitimidade ativa ad causam para ajuizar ação indenizatória por danos morais, em virtude da ofensa moral suportada pelo de cujus.".

(40) Ainda mais didático o seguinte julgado: "Interpretando-se sistematicamente os arts. 12, *caput* e parágrafo único, e 943 do Código Civil (antigo art. 1.526 do Código Civil de 1916), infere-se que o direito à indenização, ou seja, o direito de se exigir a reparação de dano, tanto de ordem material como moral, foi assegurado pelo Código Civil aos sucessores do lesado, transmitindo-se com a herança. Isso, porque o direito que se sucede é o de ação, que possui natureza patrimonial, e não o direito moral em si, que é personalíssimo e, portanto, intransmissível." (STJ – Resp n. 978.651-SP – Relª. Minª. Denise Arruda – DJe 26.03.2009).

(41) "Diante dos termos do art. 943 do Código Civil, o direito de exigir a reparação e a obrigação de prestá-la transmite-se com a herança. Conquanto a afronta à moral atinja tão somente os direitos subjetivos da vítima, o direito de ingresso de ação de indenização por danos morais decorrente das condições degradantes de trabalho transmite-se com o falecimento do titular do direito (teoria da transmissibilidade incondicionada), possuindo o espólio ou os herdeiros legitimidade para propor a ação indenizatória por dano moral, por se tratar de direito patrimonial." (TST – 6ª Turma – ARR-000202-29.2015.5.03.0038 – Rel. Min. Aloysio Corrêa da Veiga – DEJT 19.05.2017).

(42) AZEVEDO, Dano moral, passim.

(43) MAZEAUD et MAZEAUD, *Traité théorique et pratique de la responsabilité civile*, n. 2.525. Tradução livre do original em francês.

(44) PINTO JUNIOR, Amaury Rodrigues. O dano morte. A existência jurídica do *pretium mortis*. *Revista Síntese Trabalhista e Previdenciária*, v. 27, n. 318, p. 72/88, dez. 2015 e WESENDONCK, Tula; ETTORI, Daniella Guimarães. *Pretium mortis*: questões controvertidas acerca da responsabilidade civil em decorrência do dano morte – um estudo comparado entre o direito brasileiro e o português. *Revista Jurídica Luso-Brasileira*, ano 3 (2017), n. 1, p. 729/761.

(45) Especificamente em relação aos créditos derivados do contrato de trabalho, inclusive os decorrentes de acidente do trabalho, a Lei n. 6.858/1980, regulamentada pelo Decreto n. 85.845/1980, dispensa a abertura de inventário ou arrolamento para o ajuizamento da ação, na qual se buscam créditos do *de cujus*, bastando que os autores/sucessores, em nome próprio, e não qualificados como representantes do espólio, comprovem a condição de dependentes habilitados perante a Previdência Social. Nada obstante a lei específica trabalhista dispense a ação de inventário, o TST tem entendido pela legitimidade concorrente do espólio, quando a parte já tenha aberto ação de inventário ou arrolamento, notadamente nos casos em que a vítima-trabalhador tenha deixado bens de natureza civil a inventariar.

recente da SBDI-1⁽⁴⁶⁾ e também pela Corte Especial do Superior Tribunal de Justiça[47].

A questão é ontologicamente singela, se observarmos que não há morte instantânea à agressão, mas que a violação à integridade física é cronologicamente antecedente (porque causa) da lesão-morte (efeito), de sorte que ocorrendo a lesão à integridade e à dignidade da vítima, configurar-se-ão os danos extrapatrimoniais, estabelecendo uma relação jurídica obrigacional, de sorte que os créditos já serão automaticamente transmitidos para os herdeiros, em caso de morte nos minutos seguintes à ofensa física, oportunidade em que desaparecerão a vida e os direitos da personalidade, não sendo esses transmissíveis (art. 11 do CC). Ou seja, não faz nenhum sentido a diferenciação defendida por parcela da doutrina e boa parte da jurisprudência entre morte instantânea e morte posterior, salvo se ainda quiserem defender um conceito subjetivo, sentimentalista do danos morais, a justificar que no primeiro a vítima não sofreu, mas no segundo sim. Já ao se abordar os mesmos fatos pelo conceito objetivo, em ambos há violação objetiva da dignidade humana.

Flávio da Costa Higa observou que conquanto a vida represente o mais valioso bem dos indivíduos, constituindo pressuposto para o início da sua existência jurídica e, com isso, para o usufruto dos seus direitos da personalidade, a morte, como evento que retira de seu titular esse precioso bem e todos os demais atributos que dele decorrem, paradoxalmente, aqui entre nós, ainda não é reparado com a devida amplitude, debaixo de argumento relacionado aos aspectos sentimentais da posição clássica dos danos morais, visto que a morte instantânea, ao obstar a vítima de "experimentar" o martírio do seu infortúnio, não comportaria reparação moral.

Para esse equívoco epistemológico, o autor relembra que é necessário desvincular o evento do qual resulta a morte, objetivamente considerada como uma violação do bem jurídico que é o direito à "vida", com a correlata caracterização objetiva do dano, dos eventuais sentimentos humanos desagradáveis oriundos da consciência da violação, das dores e da angustiante percepção da morte iminente[48].

Nesse particular, uma boa referência de Direito estrangeiro é o Código Civil português, que prescreve expressamente a independência das indenizações da própria vítima e as indiretas sofridas pelos herdeiros[49], autorizando que, inclusive na mesma ação, se possa perseguir ambas, o "dano morte" da vítima e as indenizações autônomas, por danos não patrimoniais sofridos pelos herdeiros, como se observa das inúmeras decisões do Supremo Tribunal de Justiça lusitano[50][51].

Ramón Dominguéz Aguila, lecionando a respeito do Direito chileno atual, diz que não há razão jurídica para diferenciar, em relação à constituição do direito e, por corolário, da sua transmissibilidade, as situações de morte instantânea, as de morte posterior ao evento, mas anteriores ao ajuizamento da ação judicial, e as de morte apenas durante o curso do processo. Para ele, *"no cabe hacer excepción con el caso de la víctima que fallece en forma instantánea, porque no se existiría tal muerte y, en todo caso, la pérdida de la vida en sí misma es un daño reparable."*[52]

Decisões recentes do Superior Tribunal de Justiça merecem referência, graças aos seus conteúdos extremamente didáticos em relação ao reconhecimento do conceito objetivo-constitucional dos danos extrapatrimoniais. Na primeira delas[53], um doente grave, já judicialmente interditado,

---

(46) "O espólio tem legitimidade ativa para pleitear pagamento de indenização por danos morais quando o prejuízo a ser reparado foi experimentado pelo próprio empregado, em razão de acidente de trabalho. Hipótese que não se confunde com aquela em que o pleito de indenização é oriundo do dano sofrido pelos herdeiros." (TST – SBDI1 – E-RR-1187-80.2010.5.03.0035 – Rel. Min. Brito Pereira, Red. p/ acórdão Min. Márcio Eurico Vitral Amaro – DEJT 04.11.2016).

(47) "Anoto, inicialmente, que o dano moral sofrido pelos familiares da vítima falecida tem natureza individual. Relembre-se que, no Direito Comparado, identificam-se duas modalidades distintas de danos morais relacionados ao evento morte. O primeiro deles é a morte em si (*pretium mortis*), como dano extrapatrimonial autônomo sofrido pela própria vítima direta falecida. O segundo é o dano moral (prejuízo de afeição) sofrido pelos familiares (vítimas por ricochete), apresentando cada situação peculiaridades próprias." (STJ – Corte Especial – EREsp 1.127.913 – Rel. Min. Napoleão Maia Filho – DJE 05.08.2014).

(48) HIGA, *Danos à integridade psicofísica do trabalhador*, p. 140-141.

(49) "Código Civil de 1966, art. 496 (Danos não patrimoniais): 1. Na fixação da indemnização deve atender-se aos danos não patrimoniais que, pela sua gravidade, mereçam a tutela do direito. 2. Por morte da vítima, o direito à indemnização por danos não patrimoniais cabe, em conjunto, ao cônjuge não separado judicialmente de pessoas e bens e aos filhos ou outros descendentes; na falta destes, aos pais ou outros ascendentes; e, por último aos irmãos ou sobrinhos que os representem. 3. O montante da indemnização será fixado equitativamente pelo tribunal, tendo em atenção, em qualquer caso, as circunstâncias referidas no art. 494; no caso de morte, podem ser atendidos não só os danos não patrimoniais sofridos pela vítima, como os sofridos pelas pessoas com direito a indemnização nos termos número anterior."

(50) "Acidente de viação – Dano morte – Danos não patrimoniais. I – É adequada a atribuição efectuada pelas instâncias a título de danos não patrimoniais, de 50.000 Euros pela perda do direito à vida, 7.500 Euros pelo dano não patrimonial sofrido pela própria vítima antes de falecer, 15.000 Euros pelo dano não patrimonial da viúva e 10.000 Euros pelo dano não patrimonial próprio de cada um dos cinco filhos." (PORTUGAL. Supremo Tribunal de Justiça, 1ª Secção, Revista n. 728/2005, Relator Faria Antunes, julgado em 27 abril de 2005).

(51) "Tem-se entendido doutrinária e jurisprudencialmente, maxime após o acórdão do STJ de uniformização de jurisprudência de 17.03.1971 (BMJ 205.º/150), que, em caso de morte, do art. 496, ns. 2 e 3, do CC resultam três danos não patrimoniais indemnizáveis: – o dano pela perda do direito à vida; – o dano sofrido pelos familiares da vítima com a sua morte; – o dano sofrido pela vítima antes de morrer," (PORTUGAL. Supremo Tribunal de Justiça, Recurso Penal n. JSTJ00, Relator Raúl Borges, julgado em 15 de abril de 2009).

(52) AGUILA, *Sobre la transmisibilidad de la acción por daño moral*, p. 498.

(53) STJ – 4ª Turma – REsp n. 1.245.550/MG – Rel. Min. Luis Felipe Salomão – DJE 16.04.2015.

sujeito absolutamente incapaz, teve um saque indevido em sua conta-corrente, por falha do serviço bancário, tendo-lhe causado ofensa aos direitos da personalidade, de sorte que pleiteou dano moral, em ação civil ajuizada com auxílio da curadora. A decisão local havia rejeitado a indenização por dano moral, diante do argumento de que a vítima não sofreu psicologicamente, já que graças à sua condição de saúde, efetivamente não passou por qualquer constrangimento, aborrecimento ou teve a sua honra ou privacidade afetadas. Por sua vez, o Superior Tribunal de Justiça reformou a decisão, para condenar em dano moral o réu, adotando expressamente o conceito objetivo em sua ementa:

> A atual Constituição Federal deu ao homem lugar de destaque entre suas previsões. Realçou seus direitos e fez deles o fio condutor de todos os ramos jurídicos. A dignidade humana pode ser considerada, assim, um direito constitucional subjetivo, essência de todos os direitos personalíssimos e o ataque àquele direito é o que se convencionou chamar dano moral. Portanto, dano moral é todo prejuízo que o sujeito de direito vem a sofrer por meio de violação a bem jurídico específico. É toda ofensa aos valores da pessoa humana, capaz de atingir os componentes da personalidade e do prestígio social. O dano moral não se revela na dor, no padecimento, que são, na verdade, sua consequência, seu resultado. O dano é fato que antecede os sentimentos de aflição e angústia experimentados pela vítima, não estando necessariamente vinculado a alguma reação psíquica da vítima. Em situações nas quais a vítima não é passível de detrimento anímico, como ocorre com doentes mentais, a configuração do dano moral é absoluta e perfeitamente possível, tendo em vista que, como ser humano, aquelas pessoas são igualmente detentoras de um conjunto de bens integrantes da personalidade.

O segundo caso[54] cuidava da inclusão de dívida inexistente, em fatura de cartão de crédito enviada para a residência do autor da ação, mas sem prova de que sequer tenha realizado o pagamento, muito menos que ocorrera cobrança abusiva, inscrição em cadastro de inadimplentes etc., a configurar violação direta dos direitos da personalidade. O acórdão do STJ iniciou diferenciando os conceitos subjetivo e objetivo dos danos morais, para adotar o último e, como corolário, afastar o direito à indenização por danos morais, independentemente do aborrecimento do consumidor.

Já no terceiro caso[55], a hipótese era a ação ajuizada pela consumidora em face de loja de materiais de construção, em razão de manchas apresentadas em pisos cerâmicos comercializadas por ela. As decisões de primeiro e segundo graus condenaram a ré nas indenizações por danos materiais e morais. De sua parte, o acórdão do STJ iniciou definindo o conceito de dano moral, a partir de dispositivos da Constituição – principalmente a dignidade da pessoa humana –, para adotar a linha objetiva, como corolário tendo afirmado que "não é toda e qualquer situação geradora de incômodo ou dissabor que é capaz de afetar o âmago da dignidade da pessoa humana", de modo que "o simples inadimplemento contratual não configura dano moral, pois incapaz de agredir a dignidade humana."

O último acórdão coloca em evidência uma conclusão atual deveras importante para a resolução dos casos concretos, que é a compreensão de que a violação a bens ou interesses exclusivamente patrimoniais não gera danos morais automaticamente, ainda que a violação esteja acompanhada de algum incômodo, angustia ou dissabor por parte da vítima, conforme amiúde ocorre nas demandas que envolvem direito de consumidor e as reclamações trabalhistas, com pedidos de indenização por razões as mais esdrúxulas – que nem remotamente ofendem a dignidade humana ou os direitos da personalidade –, como a consumidora que recorreu até o Supremo Tribunal Federal, insistindo na indenização motivada pela compra de um pacote de pão de queijo de R$ 5,69, que embora estivesse no prazo de validade, continha alguns pães mofados, ainda que ressarcida prontamente pelo supermercado pelo valor pago[56]; ou como nos diversos casos em que trabalhadores demandam indenizações na jurisdição trabalhista pela mora do empregador no cumprimento de algumas obrigações acessórias dos contratos[57].

É nesse contexto histórico, doutrinário e jurisprudencial que deverá ser lido o novo art. 223-B da CLT, que previu ser a vítima da lesão a "titular exclusiva do direito à reparação", isto é, os direitos fundamentais das vítimas são irrenunciáveis, imprescritíveis, intransmissíveis – daí exclusivos dela –, não sendo então suscetíveis de transmissão contratual ou *inter vivos*, muito menos de cessão de eventual crédito confirmado em ação judicial, na mesma linha do art. 11 do Código Civil[58], mas as suas projeções econômicas, enquanto direito autônomo patrimonial, serão em caso de morte do seu titular. Esses créditos seriam, a teor do art. 943 do mesmo diploma civil, transmissíveis com a herança, na linha do que reconhece atualmente o Tribunal

---

(54) STJ – 4ª Turma – REsp n. 1.550.509/RJ – Relª. Minª. Maria Isabel Gallotti – DJE 14.03.2016.

(55) STJ – 3ª Turma – REsp n. 1.426.710/RS – Relª. Minª. Nancy Andrighi – DJE 09.11.2016.

(56) STF – ARE n. 729.870/RJ – Rel. Min. Teori Zavascki – DJE 14.10.2013.

(57) O TRT de Mato Grosso, repelindo essas demandas frívolas, tem súmula atual dizendo que "A retenção da CTPS, entendida como a manutenção desse documento pelo empregador por prazo superior a 48 horas não enseja, por si só, direito à reparação por dano moral." (TRT da 23ª Região. Súmula n. 14. DEJT 17.12.2014).

(58) Nesse mesmo sentido é a legislação chilena sobre acidentes do trabalho (Ley n. 16.744/1968), que em seu art. 88 diz que: "*Los derechos concedidos por la presente ley son personalisimos e irrenunciables.*", mas tal previsão, naquele sistema, é visto apenas como a exclusividade dos direitos fundamentais em si, vedando, por exemplo, a sua transmissibilidade contratual *inter vivos*, mas não se confunde com a transmissibilidade *causa mortis* do respectivo crédito, já constituído quando da sua violação, de acordo com o art. 2.314 do Código Civil chileno, similar ao nosso art. 943 do Código Civil brasileiro.

Superior do Trabalho pela SBDI1: "embora o direito à honra se insira na categoria dos 'direitos personalíssimos' – e, como tal, seja intransmissível –, sua violação gera o direito à reparação, sendo que tal direito, de cunho eminentemente patrimonial, é transmissível por herança."[59]

No mesmo sentido é a atualíssima lição doutrinária de Cristiano Chaves de Farias e Nelson Rosenvald:

> É de se destacar, portanto, que os direitos da personalidade são, de fato, intransmissíveis. Todavia, malgrado essa intransmissibilidade (CC, art. 11), é possível que os seus reflexos patrimoniais sejam transmitidos para o espólio (sucessores) do falecido. Assim sendo, é reconhecida a transmissão do direito (patrimonial) de exigir uma reparação pecuniária pela violação de direitos (patrimoniais e existenciais) de uma pessoa morta, conforme previsto no art. 943 do Código Civil. Aqui, o que se transmite é o *direito indenizatório, de natureza marcadamente patrimonial*. Ou seja, é o direito de exigir a reparação de uma dano sofrido, através do recebimento de uma indenização a que o morto faria jus se tivesse proposto a ação, ou a obrigação de prestá-la, quando o falecido causou um dano e morreu sem repará-lo. Não há, efetivamente, transmissão de algum direito personalíssimo violado, até porque, como visto, o direito da personalidade é intransmissível. Nessa linha de intelecção, perpetrado um dano contra a personalidade de alguém, surge uma pretensão reparatória por dano moral, que se transmite aos herdeiros, juntamente com a herança. E é por isso que, mesmo falecendo o ofendido sem promover a ação reparatória, os seus herdeiros podem fazê-lo, dentro do prazo prescricional previsto em lei.[60]

Entender, como uma leitura mais apressada poderia transparecer que o legislador reformador trabalhista tenha bloqueado a transmissibilidade, inclusive dos créditos *post mortem*, decorrentes das violações dos direitos da personalidade do trabalhador, importaria em evidente inconstitucionalidade material, visto que os danos extrapatrimoniais, neles incluídos o dano moral próprio ("dano-morte"), os danos morais em ricochete e os danos existenciais, são projeções da dignidade da humana nas relações privadas, incluindo as de trabalho, cuja tentativa legislativa de bloqueio, antes mesmo de ser ingênua, seria materialmente inconstitucional.

Uma outra leitura, mas igualmente inconstitucional, seria aquela que diz que a "exclusividade da titularidade do direito", regularia os aspectos processuais que tocam a legitimidade, de modo que o legislador reformador não tenha impedido a configuração dos danos extrapatrimoniais, em toda sua amplitude (direito material propriamente dito), porém dificultou a cobrança judicial, restringindo a legitimidade ativa apenas para o lesado direto, ocasião em que a tentativa legislativa seria, uma vez mais, materialmente inconstitucional, desta feita por violência à inafastabilidade da jurisdição (art. 5º, XXXV, da Constituição): a tentativa de impedir que a reparação de um dos aspectos da dignidade humana, nas relações de trabalho, ficasse sem mecanismo efetivo de tutela jurisdicional para a sua recomposição integral e ampla.

Essa tentativa de bloqueio legislativo ordinário, esbarraria na própria ideia de isonomia, uma vez que trataria, de forma restritiva e discriminatória, apenas os trabalhadores e não os demais cidadãos, que se sujeitam, na linha do que alhures já inventariamos, à posição decantada de que os direitos extrapatrimoniais resultantes de violação das suas dignidades e dos direitos da personalidade, ainda em caso de morte da vítima direta, são amplamente transmissíveis aos sucessores (art. 943 do CC). Para tanto, bastaria imaginar um acidente ambiental de grandes proporções dentro do estabelecimento empresarial, com a morte simultânea de empregados, trabalhadores autônomos e clientes, ocasião em que as violações da dignidade humana de todos eles, menos dos empregados, seriam amplamente ressarcíveis, com o dano-morte configurado e transmitido aos herdeiros, sem prejuízo dos danos morais indiretos, reflexos ou em ricochete dos últimos.

Inclusive nas experiências jurídicas europeias de vanguarda[61], já se fala na ampliação da proteção dos animais, garantindo-lhes alguns direitos subjetivos, enquanto aqui entre nós, a princípio, o legislador ordinário reformador do art. 223-B da CLT tenha tentado – ao menos na leitura literal do dispositivo e na contramão do ordenamento jurídico – retirar a pessoa humana dos trabalhadores da amplitude protetiva internacional e constitucional dos seus direitos humanos, fundamentais e da personalidade, no caso limítrofe e mais grave de ofensa aos citados valores, que ocorre com a sua morte, deixando-a completamente irressarcível.

Logo, a única leitura possível, afinada com a evolução histórica, a teoria do Direito, o Direito Comparado (art. 8º, *caput*, da CLT) e a posição firme da nossa jurisprudência dos tribunais superiores é no sentido de que o art. 223-B da CLT deve ser lido no contexto dos arts. 11 e 943 do Código Civil, reconhecendo-se que a "exclusividade" dos direitos fundamentais dos trabalhadores (que desaparecem com a morte, embora suscetíveis de defesa pelos seus herdeiros, na linha do art. 12 do Código Civil), não se confunde com a autônoma relação jurídica de responsabilidade civil nascida, imediatamente e objetivamente, com a lesão daqueles

---

(59) TST – SBDI1 – E-RR-1187-80.2010.5.03.0035 – Rel. Min. Brito Pereira, Red. p/ acórdão Min. Márcio Eurico Vitral Amaro – DEJT 04.11.2016.
(60) FARIAS e ROSENVALD, *Curso de direito civil*, p. 191.
(61) Lei portuguesa de proteção dos animais (Lei n. 69/2014). Na doutrina destaca-se: ARAÚJO, Fernando. *A hora dos direitos dos animais*. Coimbra: Coimbra Editora, 2013. LACERDA, Bruno Amaro. Animais como pessoas e "dignidade animal". *Revista SCIENTIA IURIS*, Londrina, v. 17, n. 1, p. 49/64, jul. 2013. GOMES, Carla Amado. Direito dos animais: um ramo emergente? *Revista Jurídica Luso-Brasileira*, Lisboa, ano 1 (2015), n. 2, p. 359/380. SIMÃO, José Fernando. Direito dos animais: natureza jurídica. A visão do direito civil. *Revista Jurídica Luso-Brasileira*, Lisboa, ano 3 (2017), n. 4, p. 897/911.

direitos, cujos créditos de natureza jurídica patrimonial transmitem-se com a herança, habilitando os herdeiros – na forma do art. 1º da Lei n. 6.858/1980 – a ajuizarem as ações de competência da Justiça do Trabalho[62] para cobrança dos danos extrapatrimoniais de titularidade do *de cujus*, mas que foram objeto de sucessão com o seu falecimento, simultâneo ("dano-morte") ou posterior, sem prejuízo das respectivas ações por danos morais próprios dos herdeiros, conceituados como danos reflexos, indiretos ou em ricochete, na forma do art. 5º, V e X, da Constituição, cuidando-se de direitos "exclusivos" dos herdeiros, que tiveram as suas dignidades, na perspectiva das suas integridades psicofísicas, violentadas diretamente[63] pela morte do ente familiar.

4. REFERÊNCIAS BIBLIOGRÁFICAS

AGUILA, Ramón Dominguez. Sobre la transmisibilidad de la acción por daño moral. *Revista Chilena de Derecho*, Santiago, v. 31, n. 3, p. 493/514, 2004.

ALVARENGA, Rúbia Zanotelli de. Responsabilidade do empregador por dano moral reflexo. *Revista Eletrônica do Tribunal Regional do Trabalho da 4ª Região*, Rio Grande do Sul, ano XII, n. 190, p. 45/53, março 2016.

AZEVEDO, Fábio de Oliveira. Dano moral, transmissibilidade do direito à compensação e proteção *post mortem* – algumas reflexões sobre o REsp n. 1.143.968/MG. *Civilística.com*, ano 2, n. 4, 2013.

BODIN DE MORAES, Maria Celina. *Danos à pessoa humana*. Uma leitura civil-constitucional dos danos morais. Rio de Janeiro: Renovar, 2003.

_____. Dano moral: conceito, função, valoração. *Revista Forense*, v. 413, p. 361-378, jan./jun. 2011.

CAHALI, Yussef Said. *Dano moral*. 3. ed. São Paulo: RT, 2005.

CASORETTI, Simone Gomes Rodrigues. Responsabilidade civil. *In*: CAMILLO, Carlos Eduardo Nicoletti; TALAVERA, Glauber Moreno; FUJITA, Jorge Shiguemitsu *et al*. (Coords.). *Comentários ao Código Civil*. Artigo por artigo. São Paulo: RT, 2006.

CAVALIERI FILHO, Sérgio. *Programa de Responsabilidade Civil*. 6. ed. São Paulo: Malheiros, 2005.

DE CUPIS, Adriano. *Os direitos da personalidade*. 2. ed. Trad. Afonso Celso Furtado Rezende. São Paulo: Quorum, 2008.

DE MATTIA, Fabio. Direitos da personalidade. In: *Enciclopédia Saraiva de Direito*, v. 28. São Paulo: Saraiva, 1979.

FACCHINI NETO, Eugenio; WESENDONCK, Tula. Danos existenciais: "precificando" lágrimas? *Revista de Direitos e Garantias Fundamentais*, Vitória, n. 12, p. 229-267, jul./dez. 2012.

FARIAS, Cristiano Chaves de; ROSENVALD, Nelson. *Curso de direito civil*. Parte geral e LINDB. 15. ed. Salvador: JusPodivm, 2017.

FARIAS, Cristiano Chaves de; ROSENVALD, Nelson; BRAGA NETTO, Felipe Peixoto. *Curso de direito civil*. Responsabilidade civil. 4. ed. Salvador: JusPodivm, 2017.

HÄBERLE, Peter. A dignidade humana como fundamento da comunidade estatal. *In*: SARLET, Ingo Wolfgang (Org.). *Dimensões da dignidade*. Ensaios de filosofia do direito e direito constitucional. 2. ed. Porto Alegre: Livraria do Advogado, 2009.

HIGA, Flávio da Costa. Danos à integridade psicofísica do trabalhador – construção conceitual, epistemologia e especificação de prejuízos. *In*: SOARES, Flaviana Rampazzo (Coord.). *Danos extrapatrimoniais no direito do trabalho*. São Paulo: LTr, 2017. p. 131/144.

MARTINS-COSTA, Judith. Dano moral à brasileira. *Revista do Instituto de Direito Brasileiro*, Lisboa, ano 3 (2014), n. 9, p. 7073/7122.

MATIELLO, Fabrício Zamprogna. *Código Civil comentado*. 2. ed. São Paulo: LTr, 2005.

MAZEAUD, Henri et León; MAZEAUD, Jean; CHABAS, François. *Traité théorique et pratique de la responsabilité civile délictuelle et contractuelle*. Paris: Librairie Générale de Droit et de Jurisprudence, 2013, t. III.

MOLINA, André Araújo. *Os direitos fundamentais na pós-modernidade*: o futuro do direito e do processo do trabalho. Rio de Janeiro: Lumen Juris, 2017.

_____. *Teoria dos princípios trabalhistas*: a aplicação do modelo metodológico pós-positivista ao direito do trabalho. São Paulo: Atlas, 2013.

_____. Dano existencial por jornada de trabalho excessiva: critérios objetivos (horizontais e verticais) de configuração. *Revista Jurídica Luso-Brasileira*, Lisboa, ano 1 (2015), n. 5, p. 129/166.

_____. Dano existencial por violação dos direitos fundamentais ao lazer e à desconexão do trabalhador. *Revista de direito do trabalho*, São Paulo, ano 43, v. 175, p. 63/91, março 2017.

_____. Dano à identidade pessoal do trabalhador. *Revista Jurídica Luso-Brasileira*, Lisboa, ano 3 (2017), n. 4, p. 89/138.

SAVATIER, René. *Traité de la responsabilité civile en droit français civil, administratif, professionel, procedural*: conséquences et aspects divers. Paris: Libraire Générale de Droit et de Jurisprudence, 1939, t. II.

SCHREIBER, Anderson. *Direitos da personalidade*. 3. ed. São Paulo: Atlas, 2014.

SILVA, Wilson Melo da. *O dano moral e sua reparação*. 3. ed. Rio de Janeiro: Forense, 1999.

TEPEDINO, Gustavo. *Temas de direito civil*. 3. ed. Rio de Janeiro: Renovar, 2004.

---

(62) Súmula n. 392 do TST e STF – Pleno – RE 600.091 – Repercussão Geral – Rel. Min. Dias Toffoli – DJE 12.08.2011

(63) Cristiano Chaves de Farias, Nelson Rosenvald e Felipe Peixoto Braga Netto apreenderam que a nomenclatura dos danos morais causados aos parentes serem intitulados de indiretos, reflexos ou em ricochete, não significa que a violação dos direitos fundamentais destes seja meramente indireta, mas sim ela é direta, agredindo as suas próprias integridades psicológicas e fazendo nascer direito próprio. Eis trecho elucidativo da lição dos autores: "Em qualquer caso, ao ajuizar a demanda de danos patrimoniais ou morais, o lesado indireto não atuará como substituto processual ou legitimado extraordinário, pois objetiva a tutela de um interesse próprio. (...) Isso se torna evidente quando cogitamos de danos existenciais reflexos decorrentes de morte do ente querido. Quando um dos pais, filhos ou cônjuge ingressa com a demanda de compensação pela dano extrapatrimonial, o seu objetivo não é o de prestar contas aos direitos da personalidade do falecido, pois ele já não mais ostenta em face da vitaliciedade das situações existenciais. Ao contrário, o dano reflexo se revela pelo fato de a ofensa atingir a dignidade de cada um dos titulares do direito à reparação, eis que a memória do morto compõe os seus atributos da personalidade. O dano sofrido pelo lesado indireto é reflexo, mas o direito tutelado é próprio." (*Curso de direito civil*, p. 333).

O Negociado (Individual e Coletivo) sobre o Legislado[1]

Renato Mário Borges Simões [2]

Minhas senhoras e meus senhores

Quero primeiramente agradecer ao honroso convite que me foi formulado pelo Dr. Jorge Lima, nosso grande presidente da ABAT, para me integrar a essa Conferência Nacional de Advogados, ladeado por pessoas tão lúcidas e competentes, como o ex-presidente da ABRAT e da ALAL, Dr. Luis Carlos Moro e da Professora-Doutora da Universidade Federal de Minas Gerais, Daniela Muradas.

Confesso que tive alguma apreensão de vir até aqui dizer algumas palavras, porque não sou conferencista, nem professor, nem acadêmico. Sou apenas um humilde julgador, onde ainda ferve nas veias o sangue do advogado. A minha contribuição, acredito, deva ser focada muito mais como aplicador da lei, na subsunção dos fatos a ela, e ela, por sua vez, subsumida aos mandamentos constitucionais que norteiam o ordenamento jurídico do país.

Dito assim, a equação pareceria simples de ser resolvida, porque estaríamos tratando apenas de graduar que valores coletivos constitucionais seriam capazes de ser flexibilizados, a ponto de se dispor, de forma contrária e contratual, ao que diz a legislação infraconstitucional.

Esse seria o nó de toda a questão. Esse será o nó de toda a questão.

Nada no mundo é solto a ponto de não necessitar um regramento, uma concatenação de valores, uma intermediação de culturas, uma apreciação ampla da sua razão de ser. Principalmente quando atinge um patamar constitucional. Para chegarmos à concepção teórica do que é cada coisa, longo caminho foi traçado, discutido, maturado. Nada se fez de forma aligeirada e simples, submetida apenas a uma vontade ou a um interesse, ainda que emitidos de forma coletiva. O que foi maturado anteriormente obedeceu a um comando coletivo, discutido amplamente e também emitido coletivamente.

Daí emana a primeira dificuldade. A que diz respeito à legitimidade das coisas. São legítimas as emanações legislativas infraconstitucionais, proferidas em desacordo com aquilo que foi traçado como regramento pétreo constitucional? E com aquilo que não era pétreo, a possibilidade se abre?

Cada preceito constitucional carrega o peso da concatenação e da conformidade a todo o sistema de valores nele estabelecidos. Quando a República Federativa do Brasil se constituiu em Estado Democrático de Direito e erigiu a dignidade da pessoa humana, os valores sociais do trabalho e da livre iniciativa, como fundamento da própria República, estabeleceu que os mesmos, aliados à soberania, à cidadania e ao pluralismo político, são os valores maiores, impossíveis de serem violados, porquanto fundamentais à sua existência. Sem eles, ou com atitudes contrárias a eles, a República não existe. Desfaz-se na origem.

Dentre os objetivos fundamentais à existência da República está a construção de uma sociedade livre, justa e solidária. Portanto, liberdade, justiça e solidariedade são conceitos constitucionais a serem sempre obedecidos e ponderados na hermenêutica jurídica.

As alterações legislativas tidas como reformatórias da lei trabalhista, inseridas a toque de caixa e sem maiores preocupações hermenêuticas, terminaram por colocar em confronto, no mesmo corpo, órgãos antagônicos, que ao invés de se harmonizarem, se repelem, não resistindo, por vezes, à mais frágil das formas interpretativas que diz respeito à literalidade do texto legal. A *mens legis* trava encarniçado embate com a *mens legislatoris*, deixando o intérprete perplexo em inúmeras situações, já apontadas inconstitucionais por uma legião de comentaristas, independentemente do matiz ideológico que se lhes queira emprestar.

Não estamos falando de política, mas de estrita matéria jurídica, posta ao raciocínio do julgador, que não é apenas *"a boca da lei"*, o escravo literal do texto, mas o seu intérprete, aquele que lhe dará vida, aquele que está obrigado a inúmeros exercícios de conformação principiológica, de compatibilização dos diversos ramos do Direito tidos como subsidiários, de distanciamento e adaptação de preceitos, de obediência e repulsão na estrutura do trabalho, de elementos com ela incompatíveis.

Estamos à beira da entrada em vigor de uma nova diretriz legislativa que, creio, prima mais pela insegurança, que pela segurança jurídica. Enorme discussão deverá ocorrer na fixação, pelos tribunais, de novos conceitos, que decorram dos preceitos impostos sem o cuidado anterior da discussão amadurecida dessa compatibilização, confrontando princípios basilares e vitais de proteção do Direito do Trabalho.

Nada menos que 17 ministros do TST, autoridades com décadas de experiência diária, especialistas na matéria a ser tratada no parlamento, manifestaram sua preocupação aos legisladores da ocasião, a respeito da necessidade de

---

(1) Conferência no XXXIX Congresso Nacional da Advocacia Trabalhista – CONAT, em 13 de outubro de 2017, em Salvador.
(2) Desembargador do Tribunal Regional do Trabalho da 5ª Região.

tal compatibilização da norma trabalhista à Constituição Federal, ou mesmo à própria legislação infraconstitucional, evitando o choque lógico-interpretativo, enviando ao presidente do Senado Federal, em 18.05.2017, documento de considerações jurídicas a respeito das inconsistências do projeto em trâmite[3].

Destacaram, com o cuidado que o tema merece, três grandes eixos da discussão. O primeiro deles referente à ampla terceirização de serviços produzindo significativa redução do patamar civilizatório mínimo, fixado pela ordem jurídica trabalhista vigorante no Brasil, inclusive eliminando a isonomia obrigatória entre o trabalhador terceirizado e o empregado da empresa tomadora de serviços, tornando a isonomia mera faculdade empresarial. O segundo, onde destacaram a eliminação de direitos que recaíam sobre cerca de 25 (vinte e cinco) direitos trabalhistas, alguns de caráter múltiplo, explicitando-os. O terceiro eixo, onde alinharam a possibilidade de eliminação de importantes garantias trabalhistas dos empregados brasileiros, além da criação de institutos e situações de periclitação de regras e garantias de segurança desses trabalhadores, enumerando nada menos que 23 dessas regras de desproteção ou periclitação de diferentes dimensões e facetas. Não as detalharei para não tornar-me cansativo.

Nenhum ouvido, nenhuma consideração, nenhuma importância foi dada às ponderações daqueles que serão os intérpretes maiores desse texto legislativo, aprovado na íntegra, tal como criticado fora.

Resta ao Poder Judiciário Trabalhista, é certo, aplicar a lei que entrará em vigor em 11 de novembro. Lei que mesmo antes de entrar em vigor, já se encontra com pelo menos 12 inconstitucionalidades apontadas pelo Ministério Público do Trabalho, inclusive com ADIN requerida perante o STF pela Procuradoria Geral da República, questionando a violação do acesso à Justiça por ela perpetrada. Lei que desconsiderou Convenções Internacionais firmadas com a OIT – 135, 98, 151, 154.

Como disse a Ministra do TST Delaíde Arantes, "Fizemos um juramento de julgar e vamos aplicar a lei ordinária que aprovou a reforma trabalhista, mas não vamos aplicá-la isoladamente. É uma lei trabalhista que se insere à luz da proteção constitucional e à luz da legislação internacional"[4].

Nessa linha, convém entender que aquilo que viole princípios constitucionais ou regras internacionais a que o Brasil se obrigou a cumprir e que têm caráter supralegal, está fadado a passar por um exame de constitucionalidade, ou de convencionalidade.

Além do que, princípio é *celula mater*, é origem de tudo. Nada que dele derive, por razão de incoercível lógica, pode contrariá-lo. Todo o Direito do Trabalho tem origem em um princípio fundamental, que é a proteção de quem trabalha. Nada que ofenda a essa proteção pode subsistir. O equilíbrio de forças entre o capital e o trabalho, buscado na sua formulação, tem como eixo primeiro a proteção. Aquilo que não proteja o trabalho e, consequentemente, o trabalhador, não pode ser considerado como matéria de conteúdo trabalhista. A nossa CLT encerra em seu art. 9º uma potente vacina imunizatória contra qualquer ameaça à violação desse princípio. Cuida para que nada que o contrarie tenha valor, impondo-lhe a nulidade.

Assim, se existentes nas novas disposições, desproteções aos direitos anteriormente garantidos, elas deverão ser consideradas na exegese que se fará, tendo em conta o pressuposto maior da sua própria validade.

Está claro na Lei n. 13.467/2017, a negação *prima facie* a essa proteção, o que, por si só, a meu ver, já compromete largamente a sua aplicabilidade. Expressa um desejo de proteção maior ao capital que ao trabalhador – a força motriz da produção, que deverá ser considerado pelo aplicador que lida diariamente com essa relação social, que envolve assédio, doença e descumprimento de direitos elementares.

Não foi à toa que essa proteção ao trabalho ganhou amparo constitucional no art. 7º e seus incisos da CF, nem menos significativa a sua real imbricação no princípio, também constitucional, da dignidade da pessoa humana.

Vale aqui a observação de Valdete Souto Severo, quando ressalta:

> Nesse aspecto, a força atuante da noção de dignidade humana repousa substancialmente na noção de proibição de retrocesso social, já admitida também como um direito, e na mudança que ajuda a promover, na própria função do Estado, que passa a assumir a função de garantidor dos direitos sociais.
>
> Essa garantia da preservação da dignidade por meio de direitos sociais mínimos é o que legitima o reconhecimento de sua fundamentabilidade. Os direitos sociais estão no fundamento do Estado, porque se reconhece que sem efetiva possibilidade de fruir condições adequadas de moradia, saúde, educação ou trabalho, não há como sustentar um patamar mínimo civilizatório.
>
> No âmbito do Direito Brasileiro, o reconhecimento da fundamentabilidade dos direitos sociais, apesar da discussão doutrinária, aparece claramente, seja em face da literalidade do texto constitucional – Título II – Dos Direitos e Garantias Fundamentais –, seja em razão da opção por manter um estado capitalista de produção que, entretanto, promova uma sociedade fraterna e solidária.

---

(3) SENADO FEDERAL. *Senado recebe manifesto de ministros do TST contra reforma trabalhista.* Notícia disponibilizada em 24 de maio de 2017. Disponível em: <https://www12.senado.leg.br>. Acesso em: 13 out. 2017

(4) SENADO FEDERAL. *Reforma trabalhista será aplicada à luz de direitos constitucionais, diz ministra do TST.* Notícia disponibilizada em 11 de setembro de 2017. Disponível em: <https://www12.senado.leg.br>. Acesso em: 13 out. 2017.

É evidente que a retórica do discurso constitucional não pode ser subestimada. Basta percebermos que no mesmo texto constitucional, tratamos da função social da propriedade privada e da necessidade de realizar um percurso interno de legitimação para que normas internacionais sobre direitos humanos sejam observadas; garantimos – ao menos no âmbito do discurso – a constante melhoria da condição social dos trabalhadores, mas também, permitimos que a negociação coletiva seja utilizada para mitigar ou retirar direitos trabalhistas irrenunciáveis.

A Constituição de 1988 é o resultado de uma correlação política de forças que encontrava o Brasil num estágio ainda incipiente de redemocratização e que reproduz um discurso de perpetuidade do sistema capitalista de produção, que é incompatível com qualquer movimento real no sentido da instauração da solidariedade como parâmetro de conduta social.

Ainda assim, é importante reforçar o discurso constitucional que submete, inclusive, o exercício da livre iniciativa a valores sociais, já no art. 1º da Constituição, no qual também está expressa, como fundamento da República, a dignidade humana. A opção política está, portanto, comprometida, ao menos em parte ou em suas linhas mestras, com uma racionalidade tendente a superar o individualismo moderno.

A solidariedade, que está pressuposta no reconhecimento da dignidade humana e estabelecida como valor fundamental do Brasil, quando examinada para além da perspectiva individual, pode se tornar caminho para a construção de elementos que permitam superar a forma capital. A preservação da dignidade abarca a possibilidade de inserção social, a capacidade de falar e de ser ouvido, de intervir nas decisões políticas, de viver em um ambiente saudável, de morar em um local decente, de comer adequadamente, de conviver. Essas possibilidades, se efetivadas, necessariamente determinam a superação da forma de convívio social atualmente existente, que como já se evidenciou aqui, pressupõe exclusão e miséria"[5].

A solidariedade, portanto, atrelada *pari passu* à liberdade individual constitui a nova racionalidade do sistema, amparando a prevalência dos valores sociais sobre os individuais, atuando como norte interpretativo.

Carlos Maximiliano, mestre insuperável, nos ensina que "a Hermenêutica é a teoria científica da arte de interpretar: descobre e fixa os princípios que regem a interpretação"[6] e prossegue:

A Aplicação do Direito consiste no enquadrar um caso concreto na norma jurídica adequada. Submete às prescrições da lei uma relação da vida real, procura e indica o dispositivo adaptável a um fato determinado. Por outras palavras: tem por objeto descobrir o modo e os meios de amparar juridicamente um interesse humano[7].

O eminente José Martins Catharino nos lembra que interpretar

consiste na árdua busca do sentido e alcance das normas jurídicas. (...) A lei não é um edifício com portas cerradas, e sim um amplo e permanente convite à investigação profunda. A descoberta da *mens legis* exige percorramos uma longa estrada de volta, infestada de perigos subjetivos e ideológicos. (...) Mais ainda a *mens legislatoris*[8].

É ele ainda quem nos adverte sobre duas regras básicas de interpretação da norma trabalhista:

1ª – Restrinja-se o desfavorável e amplie-se o favorável. Ou, segundo os brocardos conhecidos: *odiosa restringenda, favorabilia amplianda; benigna amplianda, odiosa restringenda*. É regra de interpretação semelhante à penal, em contrário senso: as disposições cominadoras de pena interpretam-se estritamente. 2ª – Na dúvida, em favor do trabalhador (*in dubio pro laboratore*). É regra de aplicação, assim formulada e comportando graus..."[9].

No que diz respeito à preponderância das normas coletivas sobre a legislação estatal, mais comumente conhecida como a prevalência do negociado sobre o legislado, o tema submete-se a tudo quanto dito anteriormente.

Três artigos da nova reforma terão basicamente a minha atenção: os arts. 444 parágrafo único, 622-A e 622-B da CLT.

Antes de me debruçar sobre cada um, não posso deixar de registrar que inúmeras legislações contemplam o instituto, possibilitando a sua aplicação. A Escola Judicial do Tribunal Regional do Trabalho da 15ª Região-Campinas, produziu excelente estudo coordenado pelo Desembargador Manoel Carlos Toledo Filho. Ali se examina como isto se dá em cinco países – Espanha, Argentina, Uruguai, Holanda e Estados Unidos. Registra-se que o debate "não é novo e surge ou ressurge, periodicamente, em tempos de crise ou instabilidade econômica"[10]. Adiante, defende ainda que a legislação estatal seria pouco maleável, não atendendo às

---

(5) SEVERO, Valdete Souto. *Elementos para o uso transgressor do direito do trabalho*. São Paulo: LTr, 2016. p.101-102
(6) MAXIMILIANO, Carlos. *Hermenêutica e aplicação do direito*. 20. ed. Rio de Janeiro: Forense, 2011. p. 1.
(7) *Ibidem*, p. 5.
(8) CATHARINO, José Martins. *Compêndio universitário de direito do trabalho*. Salvador: Editora Jurídica Universitária, 1972. v. 1, p. 111.
(9) *Ibidem*, p. 113.
(10) TOLEDO FILHO, Manoel Carlos. Apresentação. In: _____ (Coord.). *Negociado sobre o legislado no direito comparado do trabalho*. Campinas: Tribunal Regional da 15ª Região, 2017. Disponível em: <http://portal.trt15.jus.br>. Acesso em: 13 out. 2017. p. 4.

carências, realidades ou necessidades pontuais do sistema econômico e do regime de produção, abrindo-se espaço para a negociação direta entre empregados e empregadores. A dificuldade está no fato de que o Direito do Trabalho estruturou-se, historicamente, na premissa de que as normas contratuais sempre tendem a espelhar a vontade da parte mais forte na relação, mesmo quando isso ocorre pela via sindical. Por isso a necessidade de se estabelecer limites ou salvaguardas, cuja extensão nem sempre é simples de ser identificada. Examinadas as realidades comparadas, concluiu-se:

Na Argentina, adota-se a regra mais favorável, onde a via autônoma serve para aumentar direitos, não para restringi-los. As hipóteses de restrições são excepcionais e têm, como no Brasil, respaldo constitucional.

Na Espanha, existem duas modalidades distintas de convenções coletivas: estatutárias e extraestatutárias, de todo modo sempre atuando no sentido de melhorar as condições de trabalho, prevalecendo no Direito Trabalhista espanhol as normas legais de "direito necessário relativo", justamente aquelas que só podem ser modificadas em favor do trabalhador.

No direito norte-americano, existe um regramento geral onde se destacam a Fair Labor Standards Act de 1938 e a Family and Medical Leave Act de 1993, que não se sujeitam à relativização ou flexibilização pela via coletiva, principalmente no que se refere a níveis salariais e limites da jornada de trabalho. Nem mesmo as Leis Estaduais poderiam fazê-lo, apesar do histórico (e algo radical) federalismo inerente à República Estadunidense.

Na Holanda, mesmo havendo consenso pelos atores sociais no tocante à negociação coletiva, servindo de inspiração ao próprio legislador ordinário, a legislação heterônoma contém um "núcleo duro" virtualmente infenso a uma eventual negociação *in pejus*.

No Uruguai, a regra da norma mais favorável detém indiscutível prestígio, conquanto a partir dos anos 90, mesmo sob forte pressão contrária, doutrinária e jurisprudencial, se tenham celebrado convenções coletivas menos favoráveis que as legais[11].

Registra, por fim, o coordenador da obra que:

> Do conjunto ora estudado, uma conclusão preliminar se pode extrair: nenhum sistema admite uma flexibilidade completa. Sempre existem patamares mínimos a respeitar, inderrogáveis pela vontade das partes, ainda quando se venha esta expressar através da via coletiva, ou seja, por ajustes sindicais, cuja legitimidade não se nega ou desconhece, mas cuja extensão não se admite seja absoluta[12].

O art. 444 da CLT estabelece que "As relações contratuais de trabalho podem ser objeto de livre estipulação das partes interessadas em tudo quanto não contravenha as disposições de proteção ao trabalho, aos contratos coletivos que lhe sejam aplicáveis e às decisões das autoridades competentes". A nova lei acrescenta-lhe um parágrafo único, para dizer que o empregado portador de diploma superior que ganhe salário mensal igual ou superior a duas vezes o limite máximo dos benefícios da Previdência, hoje equivalente a R$ 11.062,62, pode negociar individualmente, e com preponderância sobre os instrumentos coletivos, toda a matéria flexibilizada no art. 611-A, por ela criada e que está assim descrita em *numerus clausus*:

> Art. 611-A – A convenção coletiva e o acordo coletivo de trabalho têm prevalência sobre a lei quando, entre outros, dispuserem sobre:
>
> I – pacto quanto à jornada de trabalho, observados os limites constitucionais;
>
> II – banco de horas anual;
>
> III – intervalo intrajornada, respeitado o limite mínimo de trinta minutos para jornadas superiores a seis horas;
>
> IV – adesão ao Programa Seguro-Emprego (PSE), de que trata a Lei n. 13.189, de 19 de novembro de 2015;
>
> V – plano de cargos, salários e funções compatíveis com a condição pessoal do empregado, bem como identificação dos cargos que se enquadram como funções de confiança;
>
> VI – regulamento empresarial;
>
> VII – representante dos trabalhadores no local de trabalho;
>
> VIII – teletrabalho, regime de sobreaviso, e trabalho intermitente;
>
> IX – remuneração por produtividade, incluídas as gorjetas percebidas pelo empregado, e remuneração por desempenho individual;
>
> X – modalidade de registro de jornada de trabalho;
>
> XI – troca do dia de feriado;
>
> XII – enquadramento do grau de insalubridade;
>
> XIII – prorrogação de jornada em ambientes insalubres, sem licença prévia das autoridades competentes do Ministério do Trabalho;
>
> XIV – prêmios de incentivo em bens ou serviços, eventualmente concedidos em programa de incentivo;
>
> XV – participação nos lucros ou resultados da empresa (CLT).

Sem adentrar na discussão meritória da hipersuficiência desse empregado a que se refere o art. 444 parágrafo único, mas também sem entender que autossuficiência teria alguém que tenha um diploma e receba um valor equivalente

---

(11) *Ibidem*, p. 4-6.
(12) *Ibidem*, p. 6.

a pouco mais de dez salários mínimos, num país de tantas desigualdades sociais, que colocam na mesma bacia das almas o miserável e o remediado, não podemos esquecer que a negociação contratual lesiva ao empregado, mesmo com a sua concordância, é vedada no art. 468 da CLT. Disto resulta que embora se tenha pretendido colocar a vontade individual desse empregado de nível superior acima da lei e das convenções coletivas, barreiras constitucionais se erguem ao caráter absoluto disso.

O art. 8º VI da CF exige a participação obrigatória do sindicato profissional na elaboração dos contratos que importem na prevalência do negociado sobre o legislado.

As negociações coletivas são firmadas sempre tomando por base a proteção da relação trabalhista, visando à obtenção de alguma vantagem, de alguma troca compensatória conveniente às partes naquele momento, de modo a que haja um equilíbrio negocial. Dos 15 itens referidos no art. 611-A, aqueles que encerram matéria contida no art. 7º, VI, XII e XIV (respectivamente redução temporária de salário e jornada, jornada de trabalho e turno ininterrupto de revezamento), nem mesmo o legislador ordinário pode dispor. Que se dirá do contrato individual do profissional de nível superior que tenha tal matéria por objeto. Será nulo de pleno direito por desobediência ao comando constitucional se firmado reduzindo direitos. Todos os demais ítens, acaso negociados individualmente, se submetem à verificação da existência ou não de vícios de consentimento, devendo sempre ocorrer a anulação em caso de dúvida, em favor do empregado.

Em excelente trabalho de síntese, o Desembargador Francisco Meton Marques de Lima, do TRT da 22ª Região, Mestre e Doutor em Direito Constitucional pela UFMG e o Especialista em Direito do Trabalho e Auditor Fiscal do Trabalho Francisco Péricles Rodrigues Marques de Lima, na obra *Reforma Trabalhista* – Entenda Ponto por Ponto, examinam e alertam sobre todos os itens relativos ao tema[13].

Quanto ao art. 611-A, especificamente no inciso II, a inovação se situa na possibilidade da compensação da jornada extra do banco de horas, através de acordo individual, levando em conta a impossibilidade do acúmulo ultrapassar o período de seis meses, tolerado o ajuste por qualquer forma de compensação, sem que ultrapasse as dez horas diárias e a mesma ocorra no mesmo mês.

O inciso III retira a necessidade de autorização do Ministro do Trabalho para redução do intervalo de uma hora para refeição, quando atendidos os requisitos traçados no § 3º do art. 71 da CLT, permitindo que seja fixado, por negociação coletiva, em 30 minutos para uma jornada superior a seis horas.

O inciso IV cuida da negociação coletiva para redução de jornada e de salários quando se tratar de preservar empregos mediante ameaça de demissão coletiva em razão de dificuldades econômicas do empregador, consequentes da retração do mercado. Sua motivação é o estabelecido na Lei n. 13.189/2015 que instituiu o Programa de Proteção ao Emprego. Permite-se pelo acordo a redução das jornadas e salários em até 30% para todos os empregados, com subsídio de até 50% da perda com recursos do FAT, desde que não exceda 65% do valor máximo da parcela do seguro-desemprego, respeitado sempre o mínimo legal e a temporariedade da situação.

No inciso V afirma-se que a negociação coletiva terá prevalência sobre a lei quando tratar de planos de cargos, salários e funções e regulamento empresarial. Como bem apontado pelo desembargador Francisco Meton, caminha-se aí na frustração de regra cristalizada na Súmula n. 51 do TST, pois a empresa, utilizando-se do seu direito potestativo de mexer no seu PCS e no regulamento, só pactuará sobre os mesmos se tiver possibilidade de frustrar o quanto ali contido e que impede que os direitos obtidos anteriormente pelos trabalhadores sejam atingidos pela revogação ou nova alteração, ou que havendo coexistência de dois regulamentos, a opção por um deles implica na renúncia às regras do outro. Portanto, essa possibilidade de alteração, se houver, será em prejuízo do empregado. Caso ocorra, só apanhará os contratos a partir dali, a menos que outra compensação mais vantajosa seja oferecida em relação à situação anterior.

Com relação ao inciso VI, a matéria quase que se esgota nos arts. 510-A, 510-B, 510-C e 510-D, valendo registrar que as novas regras aumentam o número de representantes dos trabalhadores a integrarem a Comissão de empregados destinada a promover o entendimento direto com os trabalhadores, estabelecendo um número de três membros para cada empresa com 200 até 3.000 empregados, cinco de três a 5.000 e sete de 5.000 em diante. Observa-se aqui a compatibilização com o disposto na Convenção n. 138 da OIT. As atribuições de tais comissões, eleição, duração de mandato e garantia contra a despedida arbitrária desde o registro da candidatura e até um ano após o final do mandato estão previstas, assim como a possibilidade de que a mesma possa funcionar com número inferior ao previsto, se não houver candidatos suficientes ou de nova eleição no prazo de um ano, após lavratura de ata nesse sentido, se não houver registro de candidatura. Não se confundem também tais representantes com os dirigentes eleitos para os cargos sindicais, a quem incumbem a discussão e formalização dos instrumentos coletivos. Mesmo assim, a possibilidade de enfraquecimento dos sindicatos é real, com tais comissões assumindo papéis que só a eles competiam. O embate, penso, será inevitável.

O inciso VII trata de teletrabalho, regime de sobreaviso e trabalho intermitente. As matérias se contêm nos arts. 75-A a 75-E e 452-A da CLT, só que aqui sob a perspectiva da possibilidade da sua negociação coletiva.

---

(13) LIMA, Francisco Meton Marques de; LIMA, Francisco Perícles Rodrigues Marques de. *Reforma trabalhista* – entenda ponto por ponto. São Paulo: LTr, 2017.

Não discutirei tais ítens nas suas especificidades, porque o paradigma seria a negociação coletiva possível de prevalecer sobre o que se encontra ali traçado, porém, no que diz respeito ao contrato intermitente, a verdade é que além de se ter criado um monstro de sete cabeças destinado a precarizar em definitivo a relação de emprego, se criou, também, a possibilidade de interferência coletiva sindical nessa forma de contratação.

Dos incisos VIII ao XV merece destaque mais significativo o contido nos incisos XI e XII quando tratam da possibilidade de negociação para enquadramento de grau de insalubridade e prorrogação de jornada em ambiente insalubre pelas partes, matérias absolutamente inegociáveis por encerrarem questões de saúde, tratadas em patamar constitucional. Não pode haver transigência com a saúde pública. Os níveis de insalubridade do ambiente de trabalho escapam à vontade negocial das partes. As Normas Regulamentadoras de Saúde, Segurança e Higiene do Trabalho obedecem a imperativos constitucionais e comandos internacionais a que o país se obrigou.

Já as questões hermenêuticas relativas ao exame do negociado sobre o legislado, estão contidas nos §§ 1º a 5º do referido art. 611-A.

Fixa-se ali que:

> § 1º- No exame da convenção coletiva ou do acordo coletivo de trabalho, a Justiça do Trabalho observará o disposto no §º 3º do art. 8º desta Consolidação.
>
> § 2º – A inexistência de expressa indicação de contrapartidas recíprocas em convenção coletiva ou acordo coletivo de trabalho não ensejará a sua nulidade por não caracterizar um vício do negócio jurídico.
>
> § 3º – Se for pactuada cláusula que reduza o salário ou a jornada, a convenção coletiva ou o acordo coletivo de trabalho deverão prever a proteção dos empregados contra a dispensa imotivada durante o prazo de vigência do instrumento coletivo.
>
> § 4º – Na hipótese de procedência de ação anulatória de cláusula de convenção coletiva ou de acordo coletivo de trabalho, quando houver a cláusula compensatória, esta deverá ser igualmente anulada, sem repetição do indébito.
>
> § 5º – Os sindicatos subscritores de convenção coletiva ou de acordo coletivo de trabalho deverão participar, como litisconsortes necessários, em ação individual ou coletiva, que tenha como objeto a anulação de cláusulas desses instrumentos (CLT, art. 611-A).

Está claro na redação do § 1º do art. 8º da CLT, que o Direito comum foi mantido como fonte subsidiária do Direito do Trabalho, embora sem os limites contidos na redação anterior. Ocorre que não existe texto de lei que não comporte interpretação conforme ao sistema em que ele se insere. Toda fonte é usada subsidiariamente quando não há, no regramento principal, solução para o conflito a ser resolvido. A supressão da expressão "naquilo que não for incompatível com os princípios fundamentais deste", a meu ver, sequer alteraria o conteúdo dogmático da norma. Explicitava-se o que estava visceralmente implícito.

Todavia, a verdadeira intenção que se pode depreender da decisão de retirá-la, observa-se tanto no § 2º quanto no § 3º do referido artigo, ao proclamarem a limitação de atuação dos Tribunais na elaboração de súmulas e outros enunciados de jurisprudência, restringindo-lhes a atuação normativa e no exame das convenções e acordos coletivos de trabalho, adstringindo o julgador ao princípio da intervenção mínima na autonomia da vontade coletiva, impondo-lhe observar, apenas, as formalidades essenciais do negócio jurídico, à luz do art. 104 do CC. Como bem destacou em recente pronunciamento Guilherme Guimarães Feliciano, presidente da ANAMATRA,

> Na mesma linha, é inadmissível supor que o 'princípio da intervenção mínima', inserido no art. 8º, § 3º, da CLT, possa significar uma obsequiosa blindagem para os acordos e convenções coletivas de trabalho, quanto a qualquer questão de 'fundo'. Fere a Constituição da República qualquer interpretação daquele texto que termine por extrair, de seus termos, uma norma de absoluta imunidade jurisdicional dos ACT/CCT quanto a seus conteúdos, precisamente porque a ordem constitucional brasileira não transige com negócios jurídicos imunes à jurisdição. Nos termos do art. 5º, XXXV, CF, 'a lei não excluirá da apreciação do Poder Judiciário lesão ou ameaça a direito' (inclusive quando ela dimanar de negócio jurídico). Eis, então, as razões pelas quais se há de interpretar o art. 8º, § 3º, da CLT no sentido de que todas as questões de constitucionalidade, convencionalidade e legalidade podem ser suscitadas, no âmbito da licitude e da possibilidade jurídica do objeto do negócio jurídico, como dispõe o art. 104, II, do CC, referido pelo novo preceito celetário[14].

O art. 611-B enumera, em 30 incisos, aquilo que entende impossível de negociação coletiva, que na realidade corresponde aos direitos mínimos estabelecidos no art. 7º da CF. Penso que também aqui se cria uma cláusula de barreira, porquanto se proíbe que se conceda ao trabalhador qualquer coisa a mais do que o mínimo legal que já lhe está garantido.

É certo que cada cabeça traz seu mundo e que o mundo dos julgadores não pensa de modo uniforme. Muitos verão tudo o que por mim foi dito, por ângulos completamente diferentes. E farão enorme esforço intelectivo, creio eu, para dizê-lo de outra forma. Mas uma coisa é certa: sem liberdade para fazê-lo, não o farão. E o grande capital

---

(14) FELICIANO, Guilherme Guimarães. O novo enigma da esfinge: como os juízes do trabalho tratarão a reforma trabalhista? *Jota*, 06 de outubro de 2017. Disponível em: <https://jota.info>. Acesso em: 13 out. 2017.

interessado na reforma já começa a dar sinais de que não o deixarão, ameaçando a todos com o fechamento da Justiça do Trabalho.

Tal represália significa o maior de todos os desrespeitos que possam ser cometidos num Estado Democrático de Direito: proibir os seus juízes de pensar e agir. A mordaça imposta a um magistrado, é a mordaça imposta a todo o povo de uma nação. É calar a sua voz à força. É tolher a expressão do pensamento vivo. É subjugá-lo ao pelourinho, acorrentando seus valores, tradições e sua própria cultura.

A Justiça do Trabalho Brasileira é, reconhecidamente, a mais ágil das Justiças. Hoje, quiçá, a única no mundo completamente informatizada, de norte a sul do país. Aquela que dá à sociedade a resposta mais rápida, sem mazelas ou sequelas ao jurisdicionado. Por isso, a que mais incomoda ao capital desonesto; aquele capital que não cumpre as suas obrigações, e que não quer se submeter ao avanço das relações sociais. Aquele que não admite a redução do lucro, nem uma mais justa distribuição da renda nacional. Aquele que concentra na mão de poucos a vida de milhões de brasileiros. É esse capital que, pela boca dos parlamentares que o representam, quer, em represália, numa grande articulação nacional, fechar a Justiça do Trabalho.

Uma ignomínia!

Por isso, finalizando, quero dizer que, na verdade, não gostaria de ter falado de nada disso do que me coube falar.

Num congresso como este, onde a chama maior da defesa das liberdades democráticas está concentrada, e que se personifica na atividade do advogado, queria mesmo era dizer da enorme tristeza que passou a habitar o coração do povo brasileiro; falar da noite que se fez em pleno dia; da dor de ver ruir sonhos libertários do preconceito e da maldade; do estancar de projetos belíssimos que nos faziam unidos, sem ódios ou ressentimentos dos nossos semelhantes; da troca da cidadania pela escravidão; da entrega da alma brasileira à falsa moralidade, e do corpo, à punição; queria falar do desespero provocado pelas indignidades cometidas que começam a ceifar vidas; do irmão que não consegue mais falar com o próprio irmão; da insegurança e do medo que volta a atormentar a nação; do desperdício do esforço civilizatório acumulado e do retrocesso científico; da transformação do real em virtual, da educação, em meta sem porvir; da destruição da política como única forma de diálogo dos povos; da criminalização indiscriminada, voraz, perversa, implantando o sadismo na psiquê do comportamento social; falar da desesperança e do cansaço que já começa a dar sinais com tanta seletividade; da despreocupação com a dor alheia; da ausência de compaixão pelo próprio semelhante; falar das violações às garantias, da volta à barbárie, do descaso, do achincalhe, da banalização ao mais sagrado direito humano à confissão privada do seu pecado apenas e tão somente ao seu advogado; das escutas ilegais, das delações forçadas; falar do sucumbir a essa interferência, como coisa menor, até por quem não tinha o direito de fazê-lo; dizer da enorme cratera aberta no seio da sociedade com o desrespeito à presunção de inocência, com a prisão ao sabor da autoridade, com a tortura como meio lícito de obtenção de prova; dizer da deterioração dos valores sociais, morais, intelectuais; do preconceito espúrio, da homofobia, da intolerância religiosa, da censura à arte; da mistura no mesmo saco, de farinhas que não se misturam; da indignação diuturna com a falsa informação, com a verdade deturpada e criada com intenção dirigida; dizer do silêncio, temeroso, ou covarde, compactuando com tudo isso. Tudo difícil. Tudo muito difícil.

Mas reafirmo que pode ser muito difícil, mas não impossível. A razão e o nosso coração genuinamente brasileiros não sucumbirão. Aqui estamos todos. Reunidos. Resistindo. Lutando até o fim. O momento presente jamais será passado, pois como disse meu amigo e poeta José Carlos Capinan, "o passado não passa, enquanto não chegar a vitória".

Carlos Drummond de Andrade, do alto da sua autoridade cultural, nos diz que "a cada dia que vivo, mais me convenço de que o desperdício da vida está no amor que não damos, nas forças que não usamos, na prudência egoísta que nada arrisca, e que, esquivando-se do sofrimento, perdemos também a felicidade. A dor é inevitável. O sofrimento é opcional".

A nossa diversidade é o que mais nos irmana e é também ele quem nos ensina "que não importa a distância que nos separa, se há um céu que nos une".

Minha pátria é minha língua. Meu Deus, a verdadeira Justiça na minha Pátria. Levantemo-nos. Unamos nossas vozes. É chegada a hora de todos nós, trabalhadores brasileiros, celebrarmos um grande acordo nacional. Uma grande Convenção Coletiva, com força suficiente de fazer prevalecer, por ser mais benéfico para todos, "o negociado, sobre o que foi legislado".

Muito obrigado.

Salvador, 13 de outubro de 2017

Parte III

Direito Processual do Trabalho

A Reforma Trabalhista e o Direito Intertemporal: Questões de Direito Processual

José Antônio Ribeiro de Oliveira Silva[1]

1. NOTA INTRODUTÓRIA

Promulgada e publicada a *Lei n. 13.467/2017*, questão tormentosa que se coloca é a relacionada à data correta da *vigência* desta lei, que envolve aspectos de Direito Material e Processual nas inúmeras regras advindas da denominada *Reforma Trabalhista*. Não basta perquirir sobre contagem do prazo de *vacatio legis*, para se ter em conta a data em que termina o prazo de vacância de 120 dias estabelecido no art. 6º da lei em comento e a data em que se inicia a efetiva vigência da novel lei de regência que altera (e/ou acrescenta) 104 dispositivos da Consolidação. Há inúmeras situações jurídicas que reclamam interpretação particular; a título meramente exemplificativo, o regramento sobre Justiça gratuita, honorários de perito, honorários de sucumbência – no *campo processual* –, bem como a normativa a respeito de horas de itinerário, de banco de horas, sobre o criticado contrato intermitente – no campo do *direito material do trabalho*.

De partida, convém recordar a noção básica do instituto objeto de análise, em seguida definir a data "geral" de vigência da nova lei, para, em seguida, sem qualquer pretensão de esgotamento da extensa temática, proceder-se à abordagem dos aspectos mais cruciais do Direito transitório quanto a alguns institutos atingidos, no campo do Direito Processual.

2. VIGÊNCIA DA LEI N. 13.467/2017

Como pontuei alhures, na Teoria Geral do Direito há que se distinguir entre os planos de validade, vigência e eficácia da lei.

> A *validade* diz respeito ao aspecto formal da lei, ou, ainda, ao seu aspecto material. Como já se disse, na perspectiva da formalidade, há de se observar rigorosamente o processo legislativo, sob pena de *inconstitucionalidade formal*, caso em que a lei não será considerada válida. Também é possível analisar a validade na perspectiva material. Toda vez que a lei ignora uma norma ou um princípio constitucional, fala-se em *inconstitucionalidade material*. *O plano de validade*, portanto, diz respeito a essa esfera, ao processo legislativo e à constitucionalidade material da lei.
>
> (...) Quanto à *vigência*, ela exige que se verifique um outro critério: *a publicação da norma*.
>
> Destarte, *o plano de vigência* diz respeito à obrigatoriedade da lei, após sua publicação. Para que a lei obrigue é necessário que ela esteja em vigor e, assim, possa produzir efeitos. Normalmente, há uma coincidência entre a obrigatoriedade (vigência) e a eficácia, já na data de publicação ou vencido o prazo de *vacatio legis* para que a lei entre em vigor. Assim, *em regra*, a lei vigente produz seus efeitos. Entretanto, há exceções, como ocorre com as leis orçamentárias, que são publicadas e entram em vigor, mas produzem seus efeitos apenas no ano vindouro (...).
>
> Assim sendo, *nem sempre há coincidência entre a vigência e a eficácia*. Essa sutil distinção se torna bastante clara quando se estudam as *classificações das normas constitucionais, quanto à sua eficácia*, sobretudo no direito constitucional, falando-se em normas de *eficácia plena, limitada e contida ou restringível*. (...) Em suma, *eficácia formal diz respeito à aplicabilidade da lei*. (SILVA, 2011, p. 45-46)

A respeito da contagem do prazo de vacância e entrada em vigor da nova lei – vigência da lei –, assim explanei na obra citada:

> De acordo com o *art. 1º da Lei de Introdução às Normas do Direito Brasileiro*, Decreto n. 4.657/1942, "Salvo disposição contrária, a lei começa a vigorar em todo o país quarenta e cinco dias depois de oficialmente publicada". No entanto, sabe-se que "Nos Estados estrangeiros, a obrigatoriedade da lei brasileira, quando admitida, se inicia três meses depois de oficialmente publicada" (§ 1º).
>
> Ocorre que a *Lei Complementar n. 95/1998*, ao estabelecer normas para a elaboração, redação, alteração e consolidação das leis no país, modificou essa diretriz. Com efeito, o art. 8º desta fonte normativa disciplina que a vigência da lei promulgada deve ser indicada "de forma expressa", sendo que o prazo de *vacatio legis* assinado deve ser razoável, para que, da lei, seus destinatários tenham "amplo conhecimento". Entrementes,

---

[1] Juiz Titular da 6ª Vara do Trabalho de Ribeirão Preto (SP); Doutor em Direito do Trabalho e da Seguridade Social pela Universidade de Castilla-La Mancha (UCLM), na Espanha – Título revalidado pela Universidade de São Paulo (USP); Mestre em Direito Obrigacional Público e Privado pela UNESP; Membro do Conselho Técnico da Revista do TRT da 15ª Região (Subcomissão de Doutrina Internacional); Professor da Escola Judicial do TRT-15 e Professor Contratado do Departamento de Direito Privado da USP de Ribeirão Preto.

permitiu-se que as leis de pequena repercussão possam entrar em vigor "na data de sua publicação". Neste particular, muito interessante o § 1º do referido dispositivo, incluído pela Lei Complementar n. 107/2001, o qual estabelece forma de contagem do prazo de *vacatio legis*, merecendo ser transcrito: "A contagem do prazo para entrada em vigor das leis que estabeleçam período de vacância far-se-á com a inclusão da data da publicação e do último dia do prazo, entrando em vigor no dia subsequente à sua consumação integral". (SILVA, 2011, p. 49)

Sendo assim, a data correta da vigência da Lei n. 13.467 é o dia *11 de novembro de 2017*, considerando-se que a lei foi publicada no Diário Oficial em 14 de julho, com prazo de *vacatio legis* de 120 dias. Incluindo-se o dia da publicação e o do vencimento do prazo, os 120 dias se esgotaram em 10 de novembro, entrando a lei em vigor no dia seguinte, 11 de novembro, um sábado. Não importa se não há expediente forense nesse dia, porquanto não se trata de prazo processual, mas de vacância para a melhor compreensão do sentido e do alcance da novel legislação. De igual modo, *não há falar em prorrogação* da vigência para o primeiro dia útil seguinte, que seria 13 de novembro. Enfim, para a contagem de prazo de vacância *não se leva em conta distinção* entre normas de Direito Material e Processual, de maneira que toda a extensa normativa (104 artigos alterados e/ou acrescidos à CLT) terá início de vigência (formal) na mesma data, insista-se, 11 de novembro.

Contudo, diante das *peculiaridades* do Direito Processual do Trabalho, há de se perquirir inúmeras situações jurídicas, para não se cometer o desatino de violar o *princípio da irretroatividade das leis*, uma garantia constitucional albergada no art. 5º, inciso XXXVI, da Constituição da República Federativa do Brasil.

Bem se vê, portanto, que a questão da *aplicabilidade no tempo* da chamada Reforma Trabalhista não é tão simples quanto pareça.

3. DIREITO INTERTEMPORAL E O DIREITO PROCESSUAL DO TRABALHO

No campo do *processo do trabalho*, de se apontar as seguintes questões que merecem uma atenção especial, no que toca ao direito intertemporal, dentre outras: a) contagem de prazos em dias úteis; b) concessão de justiça gratuita; c) honorários periciais; d) honorários de sucumbência; e) exceção de incompetência territorial; f) atribuição do ônus da prova; g) novos requisitos da petição inicial; h) incidente de desconsideração da personalidade jurídica; i) homologação de acordo extrajudicial; j) mitigação do princípio inquisitivo. Proceder-se-á, em seguida, apenas à análise dos aspectos mais importantes desses institutos, no que importa ao Direito Intertemporal.

Antes, porém, a nota introdutória no sentido de que, em regra, quanto à aplicabilidade da lei processual no tempo, o sistema jurídico brasileiro adota a *teoria do isolamento dos atos processuais*, de modo que se respeitam os atos jurídicos processuais já praticados segundo a lei antiga – os atos jurídicos perfeitos –, aplicando-se a lei nova, a partir de sua vigência, aos atos processuais ainda não praticados. Todavia, a solução dos problemas de Direito Intertemporal ou transitório não é tão simples assim. Pode haver direito adquirido da parte a que o ato siga um ritual já previamente estabelecido, não se podendo olvidar, principalmente, das *situações jurídicas consolidadas*, tal como preconiza o art. 14 do novo Código de Processo Civil. Daí porque a *fase recursal* normalmente é regida pela lei vigente ao tempo da publicação (entrega) da decisão objeto de recurso.

Nery observa que há *duas situações* a serem observadas: 1ª) quanto ao *cabimento* e à *admissibilidade* do recurso se aplica a lei vigente à época da prolação da decisão, explicando que a data da decisão de primeiro grau é a da entrega em cartório (e não a da publicação no Diário Oficial), enquanto o marco temporal em segundo grau é a data da sessão de julgamento; 2ª) quanto ao *procedimento* aplicável, o recurso é regido pela lei vigente na data da efetiva interposição do recurso. (NERY, 2015, p. 228-229)

Na sequência, a análise dos temas propostos.

3.1. Contagem de prazos em dias úteis

De todos sabido que o art. 219 do novo Código de Processo Civil trouxe ao sistema jurídico processual brasileiro uma nova dinâmica em relação à contagem de prazos processuais, que passaram a ser contados em dias úteis e não mais em dias corridos. Trata-se de antiga reivindicação dos advogados, atendida pelo legislador que reformou o processo civil.

Contudo, no âmbito do processo do trabalho não houve muita receptividade à novel sistemática, batendo-se os juslaboralistas pela antiga regra do art. 775 da Consolidação das Leis do Trabalho, segundo a qual, no processo do trabalho, os prazos seriam contados com a exclusão do dia do início e a inclusão do dia do vencimento, sendo, entretanto, "contínuos e irreleváveis". Essa continuidade foi interpretada de forma majoritária no sentido de aproveitamento de todos os dias da semana na contagem dos prazos, sem exclusão dos dias em que normalmente não há expediente forense (sábados, domingos e feriados). Com efeito, o próprio TST, quando da edição da *Instrução Normativa n. 39/2016*, houve por bem apontar que a regra do art. 219 do CPC/2015 era incompatível com o processo do trabalho, escudando-se, certamente, na regra posta do art. 775 da CLT (art. 2º, III, da IN 39).

Vem agora a Reforma Trabalhista e muda completamente o destino dessa prática jurisdicional, determinando que também no processo do trabalho os prazos sejam contados *em dias úteis*, na nova redação conferida ao art. 775 da CLT. Não vejo nenhum problema quanto à mudança, que apenas implementa *uniformidade ao sistema processual*, facilitando a vida dos advogados que militam na esfera comum e na Justiça do Trabalho, porque não mais terão de adotar dois raciocínios distintos quanto ao instituto, correndo o risco de cometer equívocos que poderiam conduzir a sérios prejuízos aos jurisdicionados. E, em verdade, não há comprometimento da celeridade simplesmente porque os prazos são contados em dias úteis. As partes, bem ou mal, cumprem os prazos que lhe são designados – especialmente os peremptórios –, o que normalmente não ocorre com os servidores e juízes. Não por vontade destes, mas por uma sobrecarga desumana de trabalho diante da pletora de processos às suas mãos.

Pois bem, como será a *aplicação do direito transitório* quanto a essa contagem? Penso que, em regra, o que vai determinar se a contagem se dará em dias úteis ou corridos, a partir de novembro de 2017, será a *data da notificação*, que tem o propósito de dar ciência à parte da oportunidade ou dever processual de praticar um determinado ato processual. Assim, importa a data da notificação para que se resolva a questão. Pergunta-se: a data da expedição ou do recebimento da notificação? O correto é considerar-se a data em que a parte efetivamente toma ciência do despacho ou decisão, o que se dá, por óbvio, na data em que ela *recebe a correspondência* que lhe foi dirigida pela Vara do Trabalho, recordando-se que, em conformidade com a Súmula n. 16 do TST, presume-se recebida a notificação postal, na Justiça do Trabalho, 48 horas depois de postada nos Correios pela secretaria. Destarte, se a notificação for postada até a quarta-feira (dia 08.11), a contagem dos prazos ainda será em dias corridos, pois se presume o recebimento no dia 10, sexta-feira. De outra mirada, se a postagem ocorrer *na quinta-feira* (dia 09.11), o término das 48 horas já se dará no dia 11.11 (sábado), quando já estará em vigor a Lei n. 13.467, caso em que a *contagem do prazo* já terá que observar a diretriz dos *dias úteis*.

Havendo publicação do despacho ou decisão no Diário Oficial, aplica-se a regra do art. 224, § 2º, do novo Código de Processo Civil, considerando-se como "data de publicação o primeiro dia útil seguinte ao da disponibilização da informação no Diário da Justiça eletrônico". De modo que as publicações efetuadas no diário oficial eletrônico até o dia 09.11 ainda não desafiam contagem em dias úteis, considerando-se que o dia 10.11 é uma sexta-feira, dia útil. Do contrário, se a publicação ocorrer *no dia 10*, o primeiro dia útil na sequência será o dia 13.11, segunda-feira, aplicando-se, nessa hipótese, a *contagem de prazos em dias úteis*. Vale lembrar que não importa para essa questão de direito intertemporal contagem do prazo e data de início dessa contagem, mas tão somente a *data da ciência do prazo*, que se dá no recebimento da notificação ou da informação do juízo.

3.2. Concessão de Justiça gratuita

De se ter em mente que o legislador reformista fez diversas modificações no regime de custas e despesas processuais do processo do trabalho, algumas flagrantemente *inconstitucionais*, como se apontará na sequência. Nesse tópico, analisarei apenas três situações: 1ª) a imposição de um limite máximo para as custas processuais (art. 789, *caput*, da CLT); 2ª) a exigência de comprovação de insuficiência de recursos para a concessão do benefício da Justiça gratuita (art. 789, § 4º); e 3ª) a exigência do recolhimento das custas do processo anterior em que ocorreu o arquivamento, para a propositura de nova demanda (art. 844, §§ 2º e 3º).

No tocante à fixação de limite máximo para as custas processuais, no importe correspondente a "quatro vezes o limite máximo dos benefícios do Regime Geral de Previdência Social", o que daria, atualmente, o valor de R$ 22.125,24 (R$ 5.531,31 x 4), trata-se de regra extremamente benéfica aos empregadores – os que normalmente são condenados nas decisões judiciais proferidas pela Justiça do Trabalho –, porque doravante terão um *teto de custas* a serem recolhidas, ainda que o valor arbitrado à sua condenação seja superior a R$ 1.106,262,00, em valores de 2017. Não é raro encontrar sentenças com valor condenatório superior a esse, como sói acontecer em sede de ação civil pública, em ações coletivas (substituição processual) ou em ações plúrimas. De se perquirir, inclusive, se tal sistemática não fere o princípio da igualdade, tendo em vista que o pequeno empreendedor, que normalmente recebe condenações em valores mais baixos, terá que recolher o *valor integral* de suas custas, ao passo que as grandes empresas – as que em regra são alvo de demandas coletivas –, ainda que condenadas em valores vultosos, saberão que o valor de suas custas estará limitado por força de lei.

Dito isso, a se entender como válida a norma, inclusive por se tratar de regra benéfica – não importa a quem –, *aplica-se imediatamente aos processos em curso*, tendo como marco temporal a *data da decisão judicial*. Se esta for proferida a partir de 11.11.2017, aplica-se o limite imposto pelo art. 789 da Consolidação das Leis do Trabalho, em sua nova redação.

Quanto à segunda questão, penso que nada deve mudar no dia a dia forense da Justiça do Trabalho, ainda que o legislador reformista tenha exigido a comprovação de insuficiência de recursos para a obtenção do benefício da Justiça gratuita, a fim de que a parte não tenha de recolher as custas do processo e demais despesas processuais. Isso porque a redação do § 4º do art. 789 é praticamente cópia literal do quanto disposto no *inciso LXXIV do art. 5º* da Constituição da República Federativa do Brasil, segundo o qual o Estado *deverá* prestar "assistência jurídica integral e gratuita aos que comprovarem insuficiência de recursos". Cediço que, apesar da literalidade do texto constitucional, a jurisprudência se cristalizou no sentido de contentar-se com a *mera declaração* de situação de pobreza pela parte, até porque desde antes da nova ordem constitucional a própria legislação já dispensava a comprovação documental a esse respeito. Élisson Miessa recorda que a Lei n. 1.050/1960 exigia atestado da autoridade policial ou do Prefeito para essa comprovação, a Lei n. 5.584/1970 também exigia atestado do Ministério do Trabalho (ou da autoridade policial) na Justiça especializada, mas já a Lei n. 7.510, de 1986, havia dispensado qualquer documento comprobatório, contentando-se com a *simples afirmação da parte*, presumindo-se sua boa-fé. (MIESSA, 2016, p. 1007-1008)

Ademais, o novo Código de Processo Civil caminhou na mesma direção, possibilitando a concessão do benefício da Justiça gratuita à *pessoa natural* com a simples declaração desta, a teor do § 3º de seu art. 99, que merece ser transcrito: "Presume-se verdadeira a alegação de insuficiência deduzida exclusivamente por pessoa natural". Permanece hígida, portanto, a jurisprudência que tanto nos domínios do processo civil quanto na seara trabalhista, interpretando a expressão "comprovação" da norma constitucional, *presume a situação de insuficiência de recursos em relação à pessoa natural* que a declara, exigindo a comprovação por documento ou outro meio de prova idôneo apenas em relação à pessoa jurídica. Nesse sentido, a Súmula n. 481 do STJ e a OJ 304 da SDI-I do TST. Agora, a se exigir comprovação da situação de pobreza ao trabalhador, tal novidade somente pode ser cobrada nas ações ajuizadas *a partir de 11.11.2017*, porque até a véspera a regra do § 4º do art. 790 da CLT não é obrigatória.

Enfim, no que se relaciona à absurdamente *inconstitucional* exigência de recolhimento das custas de processo anterior, extinto sem resolução do mérito com correspondente arquivamento dos autos, para a propositura de nova demanda (art. 844, §§ 2º e 3º), tenho que agride frontalmente a garantia constitucional de acesso à Justiça consubstanciada no art. 5º, inciso XXXV, da CF/88, como já apontado pelo nobre Procurador-Geral da República no bojo da ADI n. 5766 (STF, 2017, *on line*) – na qual ataca também a inconstitucionalidade dos §§ 4º dos arts. 790-B e 791-A –, porque o benefício da Justiça gratuita significa prestação jurisdicional "integral e gratuita" a todos que tenham direito a essa isenção. Não se trata de favor legal, mas de direito fundamental (art. 5º, LXXIV). Não obstante, a se entender válida a norma, ela somente se aplicará aos arquivamentos (decisões extintivas) ocorridos *a partir de 11.11.2017*, para se evitar a inadmissível retroatividade da lei *in pejus*.

3.3. Honorários periciais

A situação é um tanto pior quando se examina a esdrúxula possibilidade de "compensação" de créditos obtidos pelo trabalhador, ainda que em outro processo, para o pagamento dos honorários periciais, quando ele for sucumbente na pretensão objeto da perícia, relacionada a adicionais de insalubridade, periculosidade, indenizações de acidente do trabalho etc., pasmem, *ainda que beneficiário da Justiça gratuita*. Não bastasse a flagrante violação dos direitos fundamentais garantidos pelo art. 5º, incisos XXXV e LXXIV, da CF/88 – acesso à Justiça e gratuidade judiciária –, o § 4º do art. 790-B da "nova" CLT agride o direito humano às *condições materiais mínimas de existência*, pois consagrada mundialmente a *garantia ao mínimo existencial*, na teoria geral dos direitos humanos, como bem pondera a PGR na ADI 5766, ainda que no tocante ao § 4º do art. 791-A, tratando da "compensação" para satisfação dos honorários de sucumbência.

Nesse passo, o legislador reformista cometeu uma despropositada subversão do instituto da gratuidade judiciária, lembrando-se que a Lei Maior assegura a todos que não tenham condições de custear as despesas do processo um direito fundamental à assistência jurídica que seja, ao mesmo tempo, *gratuita* e *integral*. Conquanto a norma do inciso LXXIV do art. 5º da CF/88 seja clara como a luz do dia, convém explicitar que a *assistência judiciária gratuita* – mais ampla que a simples Justiça gratuita, atinente a custas e despesas processuais em sentido estrito, tal como ainda prevê o § 3º do art. 790 da CLT – abrange todas as despesas de natureza processual, inclusive honorários de perito e de sucumbência – exatamente como prevê o inciso VI do § 1º do art. 99 do CPC/2015 –, por isso, *integral*, e de forma absolutamente *gratuita*. Desculpem-me a redundância: sem qualquer custo. De não se olvidar de que o art. 99, § 1º, do novo Código de Processo Civil trouxe ao sistema jurídico um extenso rol de despesas que devem estar "cobertas" pela *assistência jurídica integral*, inclusive de depósito recursal (inciso VIII) e de emolumentos devidos a notários ou registradores (inciso IX). Daí porque não se compreende a sanha do legislador reformista da CLT em atribuir essa despesa ao sucumbente na pretensão objeto da perícia, quando beneficiário da Justiça gratuita, porque nesse caso é a União (ou outro ente público) que deve suportar tais despesas, como já ocorre no processo do trabalho (Resolução n. 66/2010 do TST) e também no processo comum (art. 95, § 3º, do CPC).

A justificativa pode ser a de que há muita aventura jurídica ou até mesmo litigância de má-fé por parte dos trabalhadores, postulando adicionais de insalubridade e de periculosidade, ou mesmo indenizações decorrentes de doença ocupacional, sem o mínimo de seriedade ou responsabilidade. Ora, para essas situações o sistema jurídico já prevê severa consequência processual: a *condenação por litigância de má-fé* (arts. 79 a 81 do CPC). Ademais, a "nova" CLT traz essa diretriz como regramento expresso, sendo que a partir de 11.11.2017 os juízes e tribunais do trabalho poderão aplicar todas as *quatro penalidades* previstas no novel art. 793-C da CLT (multa, indenização de prejuízos, honorários advocatícios e despesas processuais).

Contudo, a se entender válida a "compensação" imposta pela lei, retirando-se crédito do trabalhador para o pagamento dos honorários periciais, penso que isso somente poderá ser possível nas ações ajuizadas *a partir de 11.11.2017*. Explicarei essa preferência doutrinária no próximo item, dada a identidade de argumentos em relação à "compensação" para pagamento de honorários de sucumbência.

3.4. Honorários de sucumbência

Nessa temática a Reforma Trabalhista promove uma *revolução* na Justiça do Trabalho, com uma mudança de 180 graus. De todos sabido que o Tribunal Superior do Trabalho sempre manteve jurisprudência arredia à possibilidade de haver condenação em honorários de sucumbência na Justiça especializada, como bem demonstram as Súmulas ns. 219 e 329 daquele Tribunal. De se recordar que a Súmula n. 219, em sua primeira versão, é anterior à Constituição da República Federativa do Brasil de 1988, mas o entendimento ali manifestado foi mantido sob a égide do novo regime constitucional, como se observa da análise da Súmula n. 329. Assim, ainda que o art. 133 da CF/88 tenha estatuído a *imprescindibilidade* da participação do advogado para se assegurar a plenitude dos direitos formais e materiais, com fulcro no velho *ius postulandi* que sempre foi uma das marcas registradas da Justiça do Trabalho, consubstanciado no art. 791 da CLT, a Corte Superior Trabalhista *nunca admitiu* a possibilidade de avanço nessa matéria, mantendo firme orientação de não cabimento de honorários de sucumbência no segmento especializado da Justiça, ainda que levado a admitir sua incidência em hipóteses excepcionais, com bem retrata a atual redação da Súmula n. 219.

Pode-se afirmar, portanto, que a água tanto bateu, que *furou a pétrea jurisprudência restritiva* do TST quanto aos honorários de sucumbência. O art. 791-A e parágrafos da "nova" CLT será um *divisor de águas* no processo do trabalho. Doravante, os trabalhadores e seus advogados terão de sopesar com muito cuidado os riscos da demanda, tendo em vista que, ainda que alguns direitos se tornem quase evidentes – por exemplo, diante do não pagamento de salários e verbas rescisórias quando incontroversa a relação de emprego –, outros dependem de prova convincente sobre sua existência. E quanto mais controvertida for a situação fática que pode ou não dar ensejo ao reconhecimento do direito material alegado, *maior o risco de sucumbência* na demanda, lembrando-se que haverá *sucumbência recíproca* quando o trabalhador não obtiver sucesso quanto a alguns dos direitos reivindicados (§ 3º deste artigo).

Por certo que se trata de *antiga reivindicação* dos advogados trabalhistas, a qual encontrava eco na doutrina, ainda que minoritária.

De se render aqui homenagem a Jorge Luiz Souto Maior, o jurista que sempre defendeu a possibilidade de condenação em honorários de sucumbência na Justiça do Trabalho, desde 1998. Ainda no século passado este grande jurista afirmava que a ausência de sucumbência no processo do trabalho "acaba por constituir, em verdade, uma verdadeira barreira ao acesso à ordem jurídica justa". E sustentava que os dispositivos processuais aplicáveis no âmbito trabalhista (especialmente do CPC e da Lei n. 1.060/1950) já forneciam plena possibilidade "de se adotar a sucumbência no processo do trabalho, como forma de concretização do movimento do acesso à justiça nesta especializada". (MAIOR, 1998, p. 134-142)

Bem-vinda, pois, a novidade, não fosse a malsinada regra inserida no § 4º deste dispositivo, a permitir a "compensação" dos honorários de sucumbência do advogado do empregador com o crédito recebido pelo trabalhador, "ainda que em outro processo" e *mesmo que consiga o benefício da Justiça gratuita*. Um despropósito! O legislador reformista copiou literalmente a regra do § 3º do art. 85 do novo Código de Processo Civil, a qual disciplina sobre a suspensão da exigibilidade do crédito resultante dos honorários de sucumbência até que o advogado credor possa demonstrar que o beneficiário da Justiça gratuita adquiriu condições materiais de suportar tal despesa, pelo prazo de dois anos após o trânsito em julgado da decisão condenatória – no processo civil, no prazo de cinco anos –, *prazo geral da prescrição trabalhista*. Decorridos esses dois anos sem essa demonstração, dá-se o fenômeno da *prescrição intercorrente*, extinguindo-se as obrigações do beneficiário.

Até aí nenhuma novidade, porquanto essa já era a diretriz desde a edição da Lei n. 1.060/1950 (art. 12). O problema fica por conta da matreira intromissão de uma regra de "compensação" logo no início do citado § 4º, permitindo-se que os créditos obtidos pelo trabalhador no julgamento da demanda, "ainda que em outro processo", possam ser "compensados" para o pagamento do advogado da parte contrária. E se os créditos obtidos forem de natureza nitidamente salarial, como saldo de salário e verbas rescisórias? E se essas verbas nem sequer tiverem sido objeto de controvérsia? Imaginem a situação do trabalhador que se viu forçado a contratar advogado para demandar seu ex-empregador a fim de receber aquelas sagradas verbas, diante de seu latente estado de necessidade, e resolve postular indenização por dano moral por conta dessa situação de penúria, mas o juiz entende que não há dano moral no caso. Exemplo: a) trabalhador ganha a demanda de R$ 5.000,00 de saldo de salário e verbas rescisórias; b) mas sucumbe em relação à indenização de dano moral, sendo condenado a pagar 15% de R$ 50.000,00 = R$ 7.500,00; c) ele não receberá os incontroversos R$ 5.000,00, e ainda ficará devendo R$ 2.500,00 de honorários de sucumbência. Situação tão esdrúxula que não pode ser aceita pela jurisprudência trabalhista.

No entanto, se vingar a tese da plena possibilidade de "compensação" do crédito do trabalhador com os honorários de sucumbência do advogado do empregador, há de se ter em conta que até a vigência da nova lei os trabalhadores não tinham qualquer preocupação quanto a eventual sucumbência – e menos ainda com a possibilidade de "compensação" –, porque a insistente jurisprudência trabalhista era no sentido de não haver condenação em honorários de sucumbência na Justiça do Trabalho, em casos gerais de demandas típicas das relações de emprego (Súmula n. 219, I e IV, do TST). Como poderia agora ser surpreendido com uma nova lei que lhe imponha esse pesado fardo?! Seria uma *surpresa inaceitável*. Daí que a doutrina e a jurisprudência hão de encontrar um caminho de *equidade* para essa drástica situação. De modo que a condenação em honorários de sucumbência no processo do trabalho não pode ser imposta nos processos em curso, ou, pelo menos, nos processos que já se encontram em grau avançado de percurso.

A partir de *qual momento* se poderia cogitar dessa aplicação? Essa intrincada questão de *direito intertemporal* ou de direito transitório encontra *duas teorias* de maior aceitação:

1ª) *teoria da sucumbência* de Chiovenda – com efeito, o *marco temporal* para a aplicação do regramento relativo aos honorários de sucumbência é a *data da prolação da sentença* – segundo essa teoria –, tendo em vista tratar-se a imposição de tais honorários de uma punição ao demandante que litiga sem razão, sem ter o direito material postulado (*princípio da sucumbência*), sendo a sentença de *natureza constitutiva* do direito aos honorários de sucumbência; tendo a parte sucumbido em sua pretensão, deve arcar com os honorários do advogado da parte contrária; de outra mirada, se a sentença já tinha sido prolatada ao tempo da lei anterior, é a disciplina desta que deve ser aplicada até o final do processo, ainda que a lei posterior venha reduzir ou aumentar o campo de atuação em torno da questão; foi o que ocorreu com o novo Código de Processo Civil, que ampliou as situações em que devidos honorários de sucumbência no processo civil (art. 85, §§ 1º e 11), e impôs uma tabela (faixas) de percentuais de honorários de sucumbência em relação à Fazenda Pública (§ 3º do citado art. 85);

Nesse sentido decidiu o STJ em relação ao novo Código de Processo Civil, no julgamento do REsp n. 1.465.535/SP, em 21 de junho de 2016, por sua 4ª Turma. Após identificar que se tratava de um instituto de direito processual-material, a 4ª Turma, no citado recurso, "elegeu a sentença como marco processual a separar a incidência do Código antigo da do Código novo". (NÓBREGA, 2016, *on line*).

2ª) *teoria da causalidade* – o *marco temporal* para a aplicação do novo regramento a respeito de honorários de sucumbência é a *data do ajuizamento da ação*, não importando se já houve decisão de fundo no processo. Ora, se a condenação em honorários de sucumbência decorre da ideia de punição ao demandante que não sopesou adequadamente os riscos do processo, devendo, por isso, ao sucumbir em sua pretensão, arcar com todas as despesas do processo, inclusive honorários de sucumbência, deve ser aplicada *a lei do tempo da demanda*, porque é nesse momento que o demandante *sopesa os riscos do processo*, tomando em conta todas as despesas que terá de suportar caso não saia vencedor, como custas, emolumentos, honorários de perito e, *principalmente*, honorários de sucumbência. De tal modo que ele não pode ser surpreendido posteriormente, recebendo "castigo" superior ao que divisara quando da propositura da demanda.

Por isso, a doutrina tem sustentado que, a despeito de o STJ ter definido que o marco temporal para a questão é a data da prolação da sentença – porque é nesta que o crédito aos honorários de sucumbência é constituído, motivo pelo qual seria possível utilizar o novo regramento do CPC/2015 para as condenações em sentenças *ainda não proferidas* em 18 de março de 2016, data do início da vigência do novo Código de Processo Civil –, em nome do *princípio da causalidade*, o marco temporal deve ser a *data do ajuizamento da demanda*. Com efeito, se o demandante é punido ao pagamento de honorários de sucumbência porque deu causa ao processo – como autor, réu ou terceiro interveniente, em ação ou reconvenção –, ele não pode ser surpreendido com regramento que piora sua situação jurídica, não imaginada quando do sopesamento dos riscos de se demandar em juízo.

Guilherme Pupe da Nóbrega cita lição de Yussef Said Cahali, que em 1978 procurou demonstrar a *insuficiência da teoria da sucumbência*, em seu livro *Honorários advocatícios* (Revista dos Tribunais), afirmando que "a raiz da responsabilidade está na relação causal entre o dano e a atividade de uma pessoa. Esta relação causal é denunciada segundo alguns indícios, o primeiro dos quais é a sucumbência; não há, aqui, nenhuma antítese entre o princípio da causalidade e a regra da sucumbência como fundamento da responsabilidade pelas despesas do processo: se o sucumbente as deve suportar, isto acontece porque a sucumbência demonstra que o processo teve nele a sua causa". (NÓBREGA, 2016, *on line*).

No *processo do trabalho* essa teoria é ainda mais necessária, porque neste nem sequer havia condenação em honorários de sucumbência nas lides derivadas das relações de emprego. Seria um *atentado* surpreender o trabalhador com a possibilidade de "compensação" de seus créditos para o pagamento dos honorários de sucumbência do advogado do empregador, em caso de sucumbência recíproca, que é a regra generalíssima na Justiça do Trabalho. Ainda que ele tenha um enorme sucesso e consiga sair vencedor em todas as suas pretensões, o que é raríssimo, em verdade ele não tinha a menor expectativa de que seu advogado pudesse receber honorários de sucumbência porque o instituto, repita-se, era *inaplicável* no processo do trabalho (Súmula n. 219 do TST).

Nesse sentido, Fabrício Lima Silva, com amparo, inclusive, na *Teoria dos Jogos*: "Neste ponto, importante a invocação da Teoria dos Jogos em âmbito processual. Segundo esta teoria, ao se compreender o processo como um jogo, em que também são esperados comportamentos de cooperação, disputa e conflito, em que o resultado não depende somente do fator sorte, mas da performance dos jogadores em face do Estado Juiz". Ou seja, é preciso conhecer as regras do jogo antes do início da partida. Continua o referido autor:

As condutas dos atores processuais, assim como nos jogos, são tomadas conforme as regras pré-estabelecidas para o jogo.

Portanto, é imprescindível que (a) parte tenha ciência das consequências jurídicas do ajuizamento do processo ou da defesa apresentada, com a possibilidade de previsibilidade para avaliação das condutas processuais a serem adotadas.

Não seria razoável que o trabalhador ou a empresa, que tivessem ajuizado o processo ou apresentado defesa, enquanto vigente a legislação que não estabelecia a obrigatoriedade de pagamento de honorários advocatícios de sucumbência no âmbito da Justiça do Trabalho, fossem surpreendidos com a condenação ao pagamento da referida parcela em benefício da parte contrária, com a aplicação do novo art. 791-A, da CLT. Tal conduta implicaria em afronta ao disposto no art. 10, CPC/15, com a configuração de decisão surpresa e violação aos princípios da segurança jurídica e do devido processo legal. (SILVA, 2017, *on line*).

Enfim, por todos esses fundamentos, ao que se soma a necessária proteção ao chamado *mínimo existencial*, penso que a condenação em honorários de sucumbência no processo do trabalho somente será possível nas *ações aforadas a partir de 11.11.2017*. Do contrário, insistindo-se pura e simplesmente no princípio da sucumbência, o juiz do trabalho estará atentando contra o *princípio da causalidade*, o princípio da vedação da decisão surpresa (art. 10 do CPC/2015), a garantia inerente ao mínimo existencial e, em último grau, contra o *princípio da dignidade humana*.

Nos termos da ADI 5766, créditos trabalhistas auferidos em demandas propostas por trabalhadores pobres assumem caráter de mínimo existencial, compatível com o princípio constitucional da dignidade humana (art. 1º, inciso III, da CF/88). "Essas verbas trabalhistas, marcadas pelo caráter alimentar, não diferem das prestações estatais de direitos sociais voltadas à garantia de condições materiais mínimas de vida à população pobre, a que o STF confere natureza de mínimo existencial", destaca o ex-Procurador-geral da República Rodrigo Janot. (STF, 2017, *on line*)

3.5. Exceção de incompetência territorial

A nova diretriz do art. 800 e parágrafos da CLT será a de permitir a *oposição* de exceção de incompetência territorial *antes da audiência inicial* ou *una*, em moldes parecidos com a sistemática do processo civil. A partir da vigência da Lei n. 13.467, uma vez citado, o reclamado poderá, no *prazo de cinco dias*, apresentar exceção de incompetência em razão do território no juízo que indicar como competente (*caput* e § 3º do art. 800). Também no processo civil o réu pode apresentar seu questionamento à competência do juízo onde demandado, mas terá de *necessariamente* já ofertar sua defesa, pois lá, de uma vez por todas, não há mais exceção, em peça apartada. Nos moldes do art. 340 e parágrafos do novo Código de Processo Civil, c/c o art. 337, II, daquele Código, o réu terá de arguir a incompetência territorial em *preliminar da contestação*, que será apresentada no foro do seu domicílio.

Perdeu, pois, o processo do trabalho a oportunidade de acabar com o fetiche do recebimento de defesa somente após a primeira tentativa conciliatória (arts. 846 e 847 da CLT), porque nesse caso o mal menor seria *já receber toda a matéria defensiva* do reclamado – contestação e alegação de incompetência, com os documentos que por vezes se mostram imprescindíveis à boa conciliação, para se evitar renúncia a direito ou se possibilitar a verificação de pagamentos já efetuados –, não havendo nenhum impeditivo sério à conciliação pelo simples fato de haver a juntada da defesa antes dessa tentativa. E o reclamado não se sentiria estimulado a opor exceção procrastinatória, pois já teria de, *concomitantemente*, apresentar toda sua insurgência às pretensões do reclamante. Ainda mais porque o legislador nem definiu qual será o juízo que o reclamado (excipiente) poderá indicar como competente, o que também pode levar a atitudes de má-fé. Penso que, no mínimo, o reclamado deverá apontar *um dos juízos referidos no art. 651 e parágrafos da CLT*, sobretudo o do lugar da prestação de serviços ou o do foro da celebração do contrato.

Questão interessante é a de se saber se esse prazo de cinco dias a contar da notificação citatória é *peremptório* ou não. A se entender que sim, preclusa a oportunidade (preclusão temporal) ou já manejada a exceção (preclusão consumativa), *não cabe renovar a medida* como preliminar da contestação. Por certo que até mesmo os empregadores poderão ser surpreendidos com a novidade que veio para lhes beneficiar. Imagine-se o reclamado recebendo uma notificação para comparecer em audiência designada para um ano após a entrega da correspondência pelos Correios. Sem conhecimento jurídico, a maior parte dos empregadores deixará para constituir advogado em data próxima à da audiência. Por isso, não hesito em afirmar que esse novo regramento, inclusive permitindo a realização de audiência de instrução da exceção por carta precatória a ser expedida para o juízo declinado pelo excipiente, aplica-se somente para as *notificações entregues a partir de 11.11.2017*, recordando-se aqui o quanto já ponderei sobre contagem de prazos na véspera desse dia (48 horas da Súmula n. 16 do TST).

3.6. Atribuição do ônus da prova

Uma boa novidade aportada pela tal Reforma Trabalhista é a de, finalmente, disciplinar melhor sobre o instituto do *ônus da prova* no processo do trabalho, alterando radicalmente a diretriz do art. 818 da CLT, adotando-se o regramento objetivo de Chiovenda, que leva em conta os sujeitos da demanda, os fatos controvertidos e, principalmente, o *interesse* daqueles *no convencimento do juiz* quanto à pertinência de suas afirmações.

Contudo, mais importante do que a simples *distribuição (estática)* do ônus da prova – art. 333 do CPC/73; art. 373 do NCPC –, a partir do interesse jurídico do reclamante ou do reclamado (atuais incisos I e II do art. 818), é a possibilidade de o juiz do trabalho, por força de lei – pois já o fazia com base em princípios, sobretudo o da aptidão da prova –, poder "atribuir o ônus da prova de modo diverso" – *teoria da distribuição ou atribuição dinâmica do ônus da prova*, tão difundida no sistema jurídico argentino, sistema precursor (SILVA, 2014, p. 399-403) –, em *duas hipóteses*: 1ª) quando houver *previsão legal* – recordando-se do art. 6º, VIII, da Lei n. 8.078/1990 –; 2ª) quando se constatar uma *complexidade fática* – regra que atua em *duas direções*: a) nas situações em que a parte que detém o ônus subjetivo tem uma excessiva dificuldade em cumprir seu encargo probatório (*ônus da prova excessivo*); b) em situações aparentemente invertidas, nas quais a parte contrária tem maior facilidade de produzir a prova do fato por ela afirmado (*maior aptidão para a prova*).

Ocorre que essa ótima novidade do § 1º do art. 818 pode ser ofuscada pela *regra de procedimento* criada no § 2º do mesmo dispositivo, regra tão ousada que não encontra paralelo nem mesmo no novo Código de Processo Civil, que conta apenas com as regras da atribuição dinâmica e da vedação da desincumbência (§§ 1º e 2º do art. 373, correspondentes às dos §§ 1º e 3º deste art. 818). Ora, até mesmo no processo civil ainda predomina a teoria de que o ônus da prova, em seu aspecto objetivo, trata-se de *regra de julgamento*, inclusive porque se o juiz encontrar o fato provado (princípio da aquisição da prova) não terá de se preocupar quanto ao ônus (da prova) *subjetivo*, para saber quem detinha tal encargo e dele não se desincumbiu (o ônus da prova *objetivo* atua somente em casos de prova "dividida" e de ausência ou insuficiência de provas). A propósito, de se consultar: SILVA, 2014, p. 386-389.

Ademais, os advogados poderão ficar de tal modo preocupados com a definição do ônus da prova – ou por malícia – que poderão causar graves tumultos em audiência, requerendo que o juiz defina o ônus da prova em relação a todos os fatos controvertidos do processo. Pior ainda se a parte insistir no adiamento da audiência para poder se desincumbir de seu ônus da prova, argumentando que foi surpreendida com a definição do juiz, nos termos do § 2º do art. 818. Daí porque minha convicção é a de que esse novo regramento quanto ao ônus da prova somente se aplica nas *audiências unas ou de instrução realizadas a partir de 11.11.2017*, não havendo espaço para questionamento em sede de recurso com relação às audiências realizadas até 10.11.2017.

3.7. Novos requisitos da petição inicial

Outra mudança levada a efeito pela Reforma é a pertinente aos requisitos da petição inicial. Pelo menos nos processos de rito ordinário havia uma maior simplicidade no processo do trabalho, contentando-se o legislador de outrora com uma petição inicial enxuta, basicamente com o endereçamento ao juízo competente, a qualificação das partes, uma breve exposição da causa de pedir e a formulação do pedido. Doravante, esse pedido deverá ser *qualificado*, tendo de se apresentar *certo* quanto à sua existência, *determinado* quanto à sua extensão e ainda *indicar o valor correspondente*, o que seria sinônimo de pedido líquido. Como é sabido, não dá para se exigir pedido líquido no processo do trabalho, até porque muitas verbas dependem de averiguação em conformidade com a documentação a ser exibida pelo empregador ou de apuração em perícia. Contudo, tal como já fizera em relação aos processos de rito sumaríssimo – art. 852-B, I, da CLT, acrescido pela Lei n. 9.957/2000 –, o legislador vem a exigir que os pedidos da petição inicial trabalhista sejam formulados com um pouco mais de seriedade, com a indicação do *quantum* que o trabalhador pretende receber.

Não vamos discutir aqui se esse valor indicado limita o pedido – princípio da congruência ou a vedação do julgamento *ultra petita* –, mas o certo é que a nova regra do § 1º do art. 840 da CLT, especialmente pela ameaça do § 3º deste dispositivo – extinção do processo sem resolução do mérito em relação aos pedidos que não tenham atendido às exigências do § 1º –, torna o processo do trabalho *mais formal* e exige mais cuidado do advogado do reclamante.

A questão é: *a partir de quando* se exigem esses requisitos mais formais? Certamente nas demandas ajuizadas *a partir de 11.11.2017*, porque até a véspera a regra em vigor não exige esse rigor. De modo que não poderá o juiz do trabalho, em novembro de 2017, extinguir processo – ou determinar emenda da petição inicial, a se entender cabível – por falta de determinação e liquidez dos pedidos, se o processo foi inaugurado antes de 11.11.2017.

3.8. Incidente de desconsideração da personalidade jurídica

Uma das novidades que causarão maior impacto no processo do trabalho é a da intromissão em seu campo de atuação do *formalístico* instituto do incidente de desconsideração da personalidade jurídica. Como é sabido, o novo Código de Processo Civil criou esse incidente, disciplinando-o de forma bem rigorosa nos arts. 133 a 137.

Veja-se o *procedimento* deste incidente, conforme os arts. 133 a 137 do novo Código de Processo Civil:

> 1º) exigência de um *pedido expresso* da parte ou do Ministério Público (art. 133, *caput*), que dá ensejo, em verdade, a uma ação incidental, tanto que deverá haver comunicação imediata de sua instauração ao distribuidor, "para as anotações devidas" (§ 1º do art. 134);
>
> 2º) o incidente provoca a *suspensão do processo*, salvo se a desconsideração da personalidade jurídica for requerida na petição inicial (§§ 2º e 3º do art. 134);
>
> 3º) na sequência, dá-se a *citação* do sócio ou da pessoa jurídica – desta na desconsideração inversa –, os quais poderão apresentar *defesa*, tanto que o prazo fixado em seu favor é de 15 dias, o mesmo prazo de contestação (arts. 135 e 335);
>
> 4º) se houver requerimento de provas, será designada *audiência de instrução* (arts. 135 e 136);
>
> 5º) apenas após todo esse longo expediente é que o juiz ou o relator poderá proferir a *decisão interlocutória* sobre o incidente (art. 136 e parágrafo único);
>
> 6º) desta decisão cabe *agravo de instrumento* (art. 1.015,

IV) ou *agravo interno* (parágrafo único do art. 136).

7º) embora o art. 137 não o exija, na prática, o juiz será levado a determinar o arresto ou a penhora de bens do sócio ou da pessoa jurídica somente *após o trânsito em julgado* daquela decisão. (SILVA et al., 2016, p. 193)

Conquanto desde o início eu tenha sustentado as incompatibilidades de tal incidente com os princípios e a sistemática do processo do trabalho (SILVA *et al.*, 2016, p. 192-194), o Tribunal Superior do Trabalho admitiu sua incidência, com anteparos, num regramento normativo bem extenso (art. 6º da Instrução Normativa n. 39/2016). Ali ficara assentado que o incidente de desconsideração da personalidade jurídica se aplicaria ao processo do trabalho, mas com disciplina distinta quanto à *matéria recursal* – não cabimento de recurso na fase de cognição, agravo de petição na fase de execução e agravo interno no âmbito dos tribunais – e a possibilidade de concessão de *medida de urgência de natureza cautelar* durante o período de suspensão do processo para o processamento e decisão do incidente. De forma sagaz, o legislador reformista aproveitou a concessão do TST e copiou aquele regramento para a CLT (art. 855-A e parágrafos).

A partir de quando se aplica a exigência de instauração do incidente de desconsideração da personalidade jurídica no processo do trabalho, com seu formalismo que certamente comprometerá a efetividade da prestação jurisdicional? Não hesito em afirmar que apenas nas hipóteses de desconsideração *cuja decisão* vá ser tomada *a partir de 11.11.2017*, porque até o dia 10 não se exige esse procedimento. Destarte, os tribunais *não poderão* rever decisões tomadas antes da vigência da lei, simplesmente porque até então o juiz não tinha de observar o rito do incidente de desconsideração da personalidade jurídica instituído na CLT, a menos que se dê caráter normativo à Instrução n. 39/2016.

3.9. Homologação de acordo extrajudicial

A *mesma diretriz* se aplica ao processo de homologação de acordo extrajudicial, outra novidade questionável inserida na Consolidação das Leis do Trabalho pela Lei n. 13.467, nos arts. 855-B a 855-E. Ora, não há falar em tal processo antes de 11.11.2017. A Justiça do Trabalho *não tinha, até a referida data*, competência para homologar acordo extrajudicial, tanto que o legislador precisou alterar o art. 652, para ali acrescentar a alínea *f* – olvidando-se de que este artigo não continha mais a alínea "e" desde 1944, porque o Decreto-lei n. 6.353, de 20.03.1944, já havia suprimido esta alínea ao dar nova redação à alínea *d* do art. 652 –, atribuindo às Varas do Trabalho competência para *decidir* sobre a homologação de acordo extrajudicial, em matéria de competência da Justiça do Trabalho.

Assim, se referido processo foi apresentado antes do dia 11.11, deverá ser extinto de plano, porque *apenas a partir desta data* é que as partes podem levar acordos celebrados "sem processo" à apreciação do juiz do trabalho.

3.10. Mitigação do princípio inquisitivo

Enfim, uma mudança que se tornará perversa para a celeridade e efetividade do processo do trabalho, pois irá comprometer seriamente a atuação de ofício do juiz. Ao reformar o art. 878 da CLT para permitir a atuação de ofício apenas nos processos em que houver uso do *ius postulandi*, o legislador ceifou um dos *princípios ontológicos* do processo do trabalho, o *princípio inquisitivo*.

A respeito da importância deste princípio no processo do trabalho, veja-se o quanto afirmei alhures:

> Quanto à iniciativa da parte para a propositura da demanda não há dúvida alguma, aplicando-se, nessa matéria, o princípio *dispositivo*. Também no que concerne ao exercício dos direitos, faculdades e ônus processuais relacionados à defesa, recursos, impugnações variadas, não pode haver dúvida. Agora, no que se refere à iniciativa na *produção das provas*, o processo do trabalho possui regras essenciais que bem revelam a *predominância do princípio inquisitivo* no seu âmbito, tanto que podemos afirmar ser este um princípio *específico* do processo laboral, dada sua concepção e modo de aplicação nos processos que correm na Justiça do Trabalho.
>
> Vale dizer: o princípio inquisitivo se aplica mesmo é no processo do trabalho, no qual os arts. 765 e 852-D da CLT dão ao juiz *ampla liberdade* na direção do processo, bem como para velar pelo andamento rápido das causas, razão pela qual pode determinar "*qualquer diligência necessária ao esclarecimento delas*" (art. 765). No procedimento sumaríssimo – ainda aplicável no processo do trabalho, de acordo com o art. 852-A e seguintes da CLT –, pode o juiz do trabalho inclusive *limitar ou excluir* as provas que considerar excessivas, impertinentes ou protelatórias (art. 852-D). Veja-se, a propósito, a regra elucidativa do art. 4º da Lei n. 5.584/1970: "*Nos dissídios de alçada exclusiva das Varas e naqueles em que os empregados ou empregadores reclamarem pessoalmente, o processo poderá ser impulsionado de ofício pelo Juiz*".
>
> Como reforço de argumento, podemos recordar que a grande maioria dos direitos materiais trabalhistas é de caráter *indisponível*, daí porque o princípio da indisponibilidade, conquanto relacionado ao direito material do trabalho, ecoa no campo do processo, armando o juiz do trabalho de instrumentos pelos quais pode praticar inúmeros atos de ofício, em busca da verdade "real". Para tanto, não deve esperar pela iniciativa da parte trabalhadora no tocante às diligências probatórias, podendo determinar, de ofício, *quaisquer providências* que se façam necessárias. A título meramente exemplificativo, a determinação de realização de perícias, a despeito da falta de requerimento da parte, para a apuração de insalubridade, periculosidade, incapacidade derivada de acidente ou doença do trabalho; a ordem para juntada de documentos, como recibos de pagamento, cartões de

ponto, contratos de prestação de serviços e um largo etcétera. E se a verdade se encontrar do lado do trabalhador, poderá, na execução ou cumprimento da sentença, agir de ofício para a plena satisfação dos direitos materiais reconhecidos, nos moldes do art. 878 da CLT e outros dispositivos correlatos. (SILVA et al., 2016, p. 19)

De qualquer sorte, seria possível inovar aqui e trazer entendimento diverso do que tem sido preconizado pela doutrina, que entende pela aplicação imediata dessa nova regra a partir de 11.11.2017. Com efeito, o art. 14 do novo Código de Processo Civil, aplicável ao processo do trabalho por força do art. 769 da CLT e do art. 15 do próprio CPC, disciplina o respeito aos atos jurídicos perfeitos processuais e também às *situações jurídicas processuais consolidadas*. Embora não haja espaço para maiores digressões sobre esse rico tema aqui, convém pontuar que a teoria do isolamento dos atos processuais, regra para a aplicação da norma processual nova aos processos em curso, não atua de forma absoluta. Pelo contrário, há muito a doutrina, com ressonância na jurisprudência, tem se preocupado com situações jurídicas nas quais a aplicação da lei nova pode surpreender de tal modo as partes – ou uma delas – que há de se criar solução distinta para se manter a *equidade* dentro do processo. Daí a teoria de que, na *fase recursal*, aplica-se o *regramento do tempo da publicação (entrega) da decisão* objeto de recurso ou *da data da interposição do recurso* (em relação ao rito a ser seguido), o qual irá disciplinar todo o procedimento daquele recurso cabível e/ou interposto. (NERY, 2015, p. 228-229)

Em igual medida, a *fase de execução* – ou de cumprimento de sentença – se trata de uma fase com tantas especificidades que seria melhor a aplicação das diretrizes – sobretudo dos princípios – em vigor quando da *instauração da fase*. Por óbvio que, se as novas regras da execução são mais benéficas ao credor, em prol da efetividade da satisfação de seu crédito, devem ser aplicadas de imediato. De outra mirada, se elas pioram a situação do credor, seria possível advogar a tese de que não se aplicariam à execução já iniciada.

Nery é ainda mais radical quanto a essa questão, sustentando aplicar-se, na execução, "a lei vigente à época da prolação da sentença", ainda que a forma, os meios e as vias de execução possam ser regulados pela lei vigente na época da própria execução. E explica: "As regras legais que ampliam ou restringem o conjunto de objetos sobre os quais a execução recai (*v. g.*, a penhorabilidade ou impenhorabilidade de determinado bem) são as vigentes à época da sentença porque se tratam de normas que têm natureza de direito material e são processuais somente na aparência". Assim defende com base em lições de Gabba, Carlos Maximiliano e Luigi Matirollo. E arremata: "Neste último caso, a lei nova não pode retroagir, isto é, não pode atingir situações processuais já consolidadas (*direito adquirido processual e ato jurídico processual perfeito*: CF 5º XXXVI)". (NERY, 2015, p. 230)

Pois bem, ao suprimir o poder inquisitivo do juiz do trabalho na execução cujo credor conta com assistência de advogado, a nova diretriz do art. 878 *atinge uma situação jurídica consolidada do credor trabalhista*, que podia contar com a atuação enérgica e de ofício do juiz, para o mais pronto recebimento de seu crédito. Portanto, penso que o juiz do trabalho *poderá continuar a agir de ofício nas execuções instauradas até 10.11.2017* – ou nos processos cuja sentença for prolatada até esta data, seguindo-se a lição de Nelson Nery.

Enfim, a se pensar que o art. 765 da CLT – não alterado pela Reforma Trabalhista – confere ao juiz os mesmos poderes, seria possível sustentar que o juiz do trabalho poderá continuar atuando de ofício mesmo depois da vigência da Lei n. 13.467, cujo início se dará em 11.11.2017. A se esperar a reação da jurisprudência trabalhista a esse respeito, na torcida de que a *interpretação mais favorável* ao trabalhador prevaleça.

4. CONSIDERAÇÕES FINAIS

De tudo quanto exposto até esta parte, de se concluir que, em regra, a normativa da Reforma Trabalhista se aplica aos processos em curso, *a partir de 11.11.2017*, sobretudo na fase de conhecimento, em primeiro grau de jurisdição.

Contudo, há de se preservar os direitos adquiridos e as situações jurídicas consolidadas quando da entrada em vigor da Lei n. 13.467. Por isso, proponho que a doutrina e a jurisprudência criem *barreiras de contenção* em busca da preservação dos princípios ontológicos do processo do trabalho, da seguinte forma:

1) a contagem de prazo *em dias úteis* somente se dará no caso de postagem da notificação *a partir do dia 09.11*, pois o término das 48 horas (Súmula n. 16 do TST) ocorrerá no dia 11.11, data do início da vigência da Lei n. 13.467/2017;

2) *não se deve exigir* comprovação documental da insuficiência de recursos para a aquisição do direito fundamental ao benefício da Justiça gratuita, por parte da pessoa natural, pois é assim que a jurisprudência vem interpretando a mesma locução do inciso LXXIV do art. 5º da CF/88; e, a se considerar constitucional a exigência de recolhimento de custas para a nova demanda, que isso se dê apenas em relação aos *arquivamentos ocorridos a partir de 11.11.2017*;

3) conquanto absolutamente inconstitucional a possibilidade de "compensação" do crédito do trabalhador para o pagamento dos honorários do perito, quando aquele sucumbir na pretensão objeto da perícia, a se entender de modo contrário, essa malsinada "compensação" somente poderia ser admissível nas *ações ajuizadas a partir de 11.11.2017*;

4) a mesma sorte de inconstitucionalidade tem a regra que possibilita a "compensação" do crédito do trabalhador para o pagamento de honorários de

sucumbência; por isso, a se admitir essa possibilidade, que a regra seja aplicada somente nas *ações propostas a partir de 11.11.2017*, prestigiando-se o *princípio da causalidade*, o princípio da vedação da decisão surpresa (art. 10 do CPC/2015), a garantia inerente ao mínimo existencial e, em última medida, o *princípio da dignidade humana*;

5) também o novo regramento da exceção de incompetência territorial, inclusive por implicar em suspensão do processo por tempo considerável, principalmente quando necessária a expedição de carta precatória para instrução da exceção, somente será aplicável nos casos de *notificação citatória entregue a partir de 11.11.2017*;

6) em igual medida, o novo procedimento da atribuição (dinâmica) do ônus da prova, com a possibilidade de adiamento da audiência para não gerar situação de desincumbência, será exigível apenas *nas audiências unas ou de instrução realizadas a partir de 11.11.2017*;

7) não é distinta a solução quanto à exigibilidade dos novos requisitos da petição inicial trabalhista, porque nas demandas propostas até 10.10.2017 *não se pode extinguir* nenhum processo por falta dessa formalidade, tampouco será possível a determinação de emenda da petição inicial posteriormente a essa data, nos processos já iniciados antes da vigência da nova lei;

8) o procedimento burocrático e procrastinatório do incidente de desconsideração da personalidade jurídica também *não poderá ser exigido nas decisões tomadas antes do dia 11.11.2017*, de modo que não poderão os tribunais rever as decisões tomadas antes dessa data, por inobservância de um procedimento que não era obrigatório;

9) embora pareça óbvio, convém afirmar que *até 10.10.2017 não cabe* propositura de processo de homologação de acordo extrajudicial na Justiça do Trabalho, devendo ele ser extinto se o advogado não aguardar o dia 11.11;

10) nas *execuções iniciadas até o dia 10.10.2017*, o juiz do trabalho poderá continuar *a atuar de ofício*, ainda que o reclamante se encontre assistido por advogado, não se aplicando a lamentável retirada do princípio inquisitivo do art. 878 da CLT nessas execuções.

Enfim, é esperar para ver como a jurisprudência trabalhista vai se comportar quanto a essas delicadas questões, na expectativa de que a interpretação mais consentânea com a *natureza jurídica dos institutos* e os *princípios* da celeridade e da efetividade prevaleçam, recordando-se que a única razão de ser do Direito é a de propiciar o devido respeito à *dignidade da pessoa humana*, ainda que com uma dose de segurança jurídica.

5. REFERÊNCIAS BIBLIOGRÁFICAS

MAIOR, Jorge Luiz Souto. *Direito processual do trabalho*: efetividade, acesso à justiça e procedimento oral. São Paulo: LTr, 1998.

MIESSA, Élisson. *Súmulas e Orientações Jurisprudenciais do TST*: Comentadas e organizadas por assunto. 7. ed. rev. e atual. Salvador: JusPodivm, 2016.

NERY JUNIOR, Nelson; NERY, Rosa Maria de Andrade. *Comentários ao Código de Processo Civil*. São Paulo: Revista dos Tribunais, 2015.

NÓBREGA, Guilherme Pupe da. *O STJ decidiu*: a sentença é o marco-temporal processual para identificação das normas a regular os honorários. E aí? Disponível em: <http://www.migalhas.com.br/ProcessoeProcedimento/106,MI241493,31047-O+STJ+decidiu+a+sentenca+e+o+marco+temporalprocessual+para>. Acesso em: 23 set. 2017.

SILVA, Fabrício Lima. *Aspectos processuais da Reforma Trabalhista*. Disponível em: <https://jota.info/artigos/aspectos-processuais-da-reforma-trabalhista-20072017>. Acesso em: 23 set. 2017.

SILVA, José Antônio Ribeiro de Oliveira. *Magistratura e temas fundamentais do direito*. São Paulo: LTr, 2011.

_____. O ônus da prova e sua inversão no processo do trabalho – análise crítica das teorias estática e dinâmica. In: MIESSA, Élisson; CORREIA, Henrique (Org.). *Estudos Aprofundados da Magistratura do Trabalho*. v. II. Salvador: JusPodivm, 2014.

SILVA, José Antônio Ribeiro de Oliveira *et al*. *Comentários ao Novo CPC e sua aplicação ao processo do trabalho, v. 1: parte geral: arts. 1º ao 317: atualizado conforme a Lei n. 13.256/2016*. São Paulo: LTr, 2016.

STF. *PGR questiona dispositivos da reforma trabalhista que afetam gratuidade da justiça*. Disponível em: <http://www.stf.jus.br/portal/cms/verNoticiaDetalhe.asp?idConteudo=353910>. Acesso em: 23 set. 2017.

(In)Aplicabilidade Imediata das Novas Regras Processuais e dos Honorários de Sucumbência Recíproca no Processo Trabalhista

José Affonso Dallegrave Neto[1]

1. A REFORMA TRABALHISTA VIROU LEI

Para o desencanto da maioria dos operadores jurídicos, o Projeto de Lei da Reforma Trabalhista foi aprovado em tempo recorde e virou norma legal. Trata-se da Lei n. 13.467, publicada no Diário Oficial da União em 14 de julho de 2017, com *vacatio legis* de 120 dias.

Nela há muitas novidades na seara do Direito Material e algumas no Direito Processual. A maioria delas constitui verdadeiro retrocesso no campo dos direitos fundamentais, máxime o direito de acesso à jurisdição (art. 5º, XXXV). Mencionem-se aqui duas regras processuais que se sobressaem: a contagem do prazo não mais em dias corridos, mas em dias úteis, *ex vi do* art. 775 da CLT; e os honorários de sucumbência recíproca, previstos no novo art. 791-A, § 3º, da CLT.

Diante dessas inovações, cabe indagar se a lei processual passa a vigorar de forma imediata ou retroativa. Com outras palavras: a nova lei alcança os processos em curso ou somente aqueles cujas ações tenham sido ajuizadas após a sua vigência, em novembro de 2017?

Ora, é cediço que a norma processual tem efeito prospectivo e imediato, valendo lembrar do brocardo *lex prospicit, non respicit*[2]. Contudo, impende sublinhar que as regras de Direito Intertemporal contêm exceções importantes. São chamadas de regras de sobredireito (ou superdireito) aquelas que não criam situações jurídicas imediatas, mas regulam sua aplicação no tempo, no espaço e na interlocução das fontes do Direito.

A aplicação da regra geral e suas exceções visa equacionar dois cânones fundamentais da ordem jurídica, "a lei do progresso e o conceito de estabilidade das relações humanas"[3]. De um lado o efeito prospectivo da nova lei processual, de outro a segurança jurídica das relações.

Para Tércio Ferraz a doutrina da irretroatividade serve ao valor *segurança jurídica*, "o que sucedeu já sucedeu e não deve, a todo momento, ser juridicamente questionado, sob pena de se instaurarem intermináveis conflitos". Essa doutrina, prossegue Ferraz, "cumpre a função de possibilitar a solução de conflitos com o mínimo de perturbação social"[4].

Para Gomes Canotilho, a segurança jurídica se desenvolve em torno dos conceitos de estabilidade e previsibilidade. O primeiro alude às decisões dos poderes públicos: "uma vez realizadas não devem poder ser arbitrariamente modificadas, sendo apenas razoável a alteração das mesmas quando ocorram pressupostos materiais particularmente relevantes". Quanto à previsibilidade, Canotilho alude à "exigência de certeza e calculabilidade, por parte dos cidadãos, em relação aos efeitos jurídicos dos actos normativos"[5].

A primeira exceção ao princípio da aplicação imediata da norma processual encontra-se no próprio texto constitucional, qual seja o seu art. 5º, XXXVI, ao dispor que a lei nova "não prejudicará o direito adquirido, o ato jurídico perfeito e a coisa julgada". Em igual sentido é o art. 6º, § 1º, da Lei de Introdução às Normas do Direito Brasileiro:

> Art. 6º A Lei em vigor terá efeito imediato e geral, respeitados o ato jurídico perfeito, o direito adquirido e a coisa julgada. § 1º Reputa-se ato jurídico perfeito o já consumado segundo a lei vigente ao tempo em que se efetuou.

Trata-se, pois, de garantir a segurança jurídica a fim de evitar surpresas prejudiciais às partes, ou mesmo proteger as situações jurídicas já encetadas sob o pálio da lei velha. Não se ignore que dentro do conceito de segurança jurídica temos a segurança legal e judicial. A propósito, Luiz Fux bem observa:

> Em essência, o problema da eficácia da lei no tempo é de solução uniforme, porquanto toda e qualquer lei, respeitado o seu prazo de *vacatio legis*, tem aplicação imediata e geral, respeitados os direitos adquiridos, o ato jurídico perfeito e a coisa julgada. Muito embora a

---

[1] Advogado, Mestre e Doutor em Direito pela UFPR; Pós-doutorando pela Universidade de Lisboa (FDUNL); Membro da JUTRA e da Academia Brasileira de Direito do Trabalho.
[2] A lei é prospectiva, não é retrospectiva.
[3] PEREIRA, Caio Mário da Silva. *Instituições de direito civil*. 5. ed. Rio de Janeiro: Forense, 1980. v. I, p. 132-133.
[4] FERRAZ JUNIOR, Tércio Sampaio. *Introdução ao estudo do direito*: técnica, decisão, dominação. São Paulo: Atlas, 1991. p. 229.
[5] CANOTILHO, José Joaquim Gomes. *Direito constitucional e teoria da Constituição*. 7. ed. Coimbra: Almedina, 2000. p. 264.

última categoria pareça ser a única de direito processual, a realidade é que todo e qualquer novel diploma de processo e de procedimento deve respeitar o *ato jurídico-processual perfeito* e os *direitos processuais adquiridos* e integrados no patrimônio dos sujeitos do processo. Assim, v. g., se uma lei nova estabelece forma inovadora de contestação, deve respeitar a peça apresentada sob a forma prevista na lei pretérita"[6].

2. *TEMPUS REGIT ACTUM*

Na mesma toada exsurge a segunda exceção que dispõe sobre o sistema de isolamento dos atos processuais. Com efeito, a lei nova não retroage em relação aos atos já consumados, aplicando-se apenas aos atos futuros do processo. Nesse sentido é a regra do art. 1.046 do CPC/15:

> Art. 1.046. Ao entrar em vigor este Código, suas disposições se aplicarão desde logo aos processos pendentes, ficando revogada a Lei n. 7.869, de 11 de janeiro de 1973.
>
> § 1º As disposições da Lei n. 5.869, de 11 de janeiro de 1973, relativas ao procedimento sumário e aos procedimentos especiais que forem revogadas aplicar-se-ão às ações propostas e não sentenciadas até o início da vigência deste Código.

Observe-se que o CPC/15 fez questão de declarar que as disposições revogadas do CPC/73, atinentes ao rito sumário e especiais, continuam em vigor para as ações não sentenciadas até a data do novo CPC/15. Em igual sentido são as regras da CLT:

> Art. 912. Os dispositivos de caráter imperativo terão aplicação imediata às relações iniciadas, mas não consumadas, antes da vigência desta Consolidação.
>
> Art. 915. Não serão prejudicados os recursos interpostos com apoio em dispositivos alterados ou cujo prazo para interposição esteja em curso à data da vigência desta Consolidação.

Aqui cabe invocar a máxima latina: *tempus regit actum*. Esse brocardo apareceu no Direito pátrio por força do Direito lusitano, nomeadamente o Livro IV das Ordenações Filipinas, que se estendia ao Brasil Colônia, vigendo até o advento do CC/1916. Como sugere o próprio nome, *o tempo rege o ato*. Vale dizer, aplica-se a lei em vigor ao tempo em que o ato processual foi realizado.

Observa-se que as normas antes transcritas reforçam a regra geral de aplicação imediata da lei nova, salvaguardando a segurança jurídica em relação às situações iniciadas, mas ainda não consumadas.

A celeuma recai sobre a ultratividade da lei antiga quando incidente sobre ato processual tido como mero consectário de outro ato anterior. Os efeitos da lei velha se postergam nessa hipótese, sobretudo quando ausente disposição transitória (caso da Lei n. 13.467/2017).

Não se ignore que a relação jurídica processual é dinâmica, implicando uma marcha progressiva que colima a prestação jurisdicional do Estado. Assim, ainda que a realização do ato isolado seja de fácil identificação, os efeitos por ele visados muitas vezes estendem-se no tempo, consolidando-se apenas com a consecução de outros atos ou faculdades processuais imbricadas. Aqui se encontra o desafio para o aplicador da lei nova.

3. A LEI PROCESSUAL NOVA NÃO PODE SURPREENDER DE FORMA PREJUDICIAL

Para solver essa controvérsia, importa invocar uma terceira exceção à regra geral da aplicação imediata. Trata-se do princípio do não prejuízo aos litigantes pela lei processual nova. Com efeito, a novel legislação somente se aplica às situações em curso, quando para beneficiar as partes, a exemplo da nova contagem em dias úteis prevista no mencionado art. 775 da CLT.

Ao contrário, quando a lei nova sobrevier para acoimar, punir ou restringir direitos processuais a sua aplicação não poderá afetar situações jurídicas em aberto. Nesse sentido é a dicção da própria CLT ao ressaltar que o encurtamento do prazo prescricional só poderá se iniciar a partir de sua vigência; ou seja, com efeitos *ex-nunc*:

> Art. 916. Os prazos de prescrição fixados pela presente Consolidação começarão a correr da data da vigência desta, quando menores do que os previstos pela legislação anterior.

Em igual direção já sinalizou o Supremo Tribunal Federal em vetusto aresto:

> "No caso em que a lei nova reduz o prazo exigido para a prescrição, a lei nova não se pode aplicar ao prazo em curso sem se tornar retroativa. Daí, resulta que *o prazo novo, que ele estabelece, correrá somente a contar de sua entrada em vigor.*" (STF, 1ª Turma, RE 51.706, Rel. Min. Luis Gallotti, julgado em 04.04.1963)

Observa-se que a preocupação do STF não se restringe a elidir o prejuízo advindo do encurtamento da prescrição, mas de qualquer prejuízo que venha surpreender o jurisdicionado, conforme se depreende do ajustamento pontual realizado quando do julgamento[7] do Conflito de Competência n. 7.204:

---

(6) FUX, Luiz. *O novo Código de Processo Civil e a segurança jurídica normativa*. Conjur. Opinião publicada em 22.03.2016. Disponível em: <http://www.conjur.com.br/2016-mar-22/ministro-luiz-fux-cpc-seguranca-juridica-normativa>.

6 Art. 840, § 1º Sendo escrita, a reclamação deverá conter a designação do juízo, a qualificação das partes, a breve exposição dos fatos de que resulte o dissídio, o pedido, que deverá ser certo, determinado *e com indicação de seu valor*, a data e a assinatura do reclamante ou de seu representante.

(7) O julgamento ocorreu em 29 de junho de 2005.

"O Supremo Tribunal Federal, guardião-mor da Constituição Republicana, pode e deve, *em prol da segurança jurídica*, atribuir eficácia prospectiva às suas decisões, com a delimitação precisa dos respectivos efeitos, toda vez que proceder a revisões de jurisprudência definidora de competência *ex ratione materiae*. O escopo é preservar os jurisdicionados de alterações jurisprudenciais que ocorram sem mudança formal do Magno Texto.

E aqui vale a lembrança das chamadas normas processuais heterotópicas. São aquelas inseridas geralmente em diplomas processuais penais, mas que apresentam conteúdo híbrido, fixando normas incidentes na relação processual, porém com conteúdo material, cujos efeitos se espraiam para além do processo. Não se ignore, a propósito, a atenta observação de Eduardo Couture, de que a natureza processual de uma lei "não depende do corpo de disposições em que esteja inserida, mas sim de seu conteúdo próprio"[8].

A identificação dessas novas regras processuais híbridas ou heterotópicas é decisiva para determinar seus efeitos, *ex-tunc* ou *ex-nunc*, em relação aos processos em curso. Na esfera penal essa matéria é serena pela aplicação do art. 2º do Código de Processo Penal[9]. Em igual sentido o STF decidiu que, tratando-se "de normas de natureza processual, a exceção estabelecida por lei à regra geral contida no art. 2º do CPP não padece de vício de inconstitucionalidade. Contudo, *as normas de Direito Penal (leia-se: material) que tenham conteúdo mais benéfico aos réus devem retroagir para beneficiá-los, à luz do que determina o art. 5º, XL da Constituição federal*"[10]. Vale dizer: as *regras do jogo* deverão ser conhecidas desde o início do processo, podendo ser alteradas apenas para beneficiar as partes, jamais para restringir garantias ou criar novos ônus processuais, máxime aqueles que repercutem para além do mundo dos autos. Carlos Maximiliano, acerca do caráter misto destas novas regras, alerta para a correta aplicação do direito intertemporal:

O preceito sobre observância imediata refere-se a normas processuais no sentido próprio; não abrange casos de diplomas que, embora tenham feição formal, apresentam, entretanto, prevalentes os caracteres do Direito Penal Substantivo; nesta hipótese, predominam os postulados do Direito Transitório Material[11].

A introdução dos honorários advocatícios de sucumbência recíproca no processo do trabalho se enquadra nessa ordem de regras híbridas e, portanto, devem ser aplicadas apenas aos processos que tiveram início sob a vigência da nova Lei n. 13.467/2017. Observa-se que o STJ analisou idêntica matéria, quando da introdução desse instituto pelo CPC/15:

"HONORÁRIOS ADVOCATÍCIOS. NATUREZA JURÍDICA. LEI NOVA. MARCO TEMPORAL PARA A APLICAÇÃO DO CPC/2015. PROLAÇÃO DA SENTENÇA. (...) 7. Os honorários advocatícios repercutem na esfera substantiva dos advogados, constituindo direito de natureza alimentar. 8. O Superior Tribunal de Justiça propugna que, em homenagem à natureza processual material e com o escopo de preservar-se o direito adquirido, AS NORMAS SOBRE HONORÁRIOS ADVOCATÍCIOS NÃO SÃO ALCANÇADAS PELA LEI NOVA. 9. A sentença, como ato processual que qualifica o nascedouro do direito à percepção dos honorários advocatícios, deve ser considerada o marco temporal para a aplicação das regras fixadas pelo CPC/2015. 10. Quando o capítulo acessório da sentença, referente aos honorários sucumbenciais, for publicado em consonância com o CPC/1973, serão aplicadas as regras do antigo diploma processual até a ocorrência do trânsito em julgado. Por outro lado, nos casos de sentença proferida a a partir do dia 18.03.2016, as normas do novo CPC regularão a situação concreta. 11. No caso concreto, a sentença fixou os honorários em consonância com o CPC/1973. Dessa forma, não obstante o fato de esta Corte Superior reformar o acórdão recorrido após a vigência do novo CPC, incidem, quanto aos honorários, as regras do diploma processual anterior." (STJ, 4ª Turma, Recurso Especial Nº 1.465.535 – SP (2011/0293641-3, Rel. Ministro Luis Felipe Salomão, Publicação DJ Eletrônico: 07.10.2016)

Em suma, a surpresa e o prejuízo são valores vedados na aplicação da lei nova em relação aos feitos pendentes, conforme assinalou Luiz Fux[12]. Esse norte hermenêutico vale também para a questão dos *honorários de sucumbência recíproca*, previstos no art. 791-A, § 3º, da CLT, da recém-chegada Lei n. 13.467/2017.

4. O CARÁTER ESPECÍFICO E COMPLEXO DA SUCUMBÊNCIA RECÍPROCA

Até o surgimento da indigitada Reforma Trabalhista, ao reclamante não recaía qualquer condenação de verba honorária de sucumbência recíproca. Nos casos de insucesso em seus pleitos, ainda que de todos os pedidos formulados na ação trabalhista, o reclamante não respondia por honorários advocatícios da parte *ex-adversa*. Com outras palavras: a Lei n. 13.467/2017 introduziu novo paradigma para este

---

(8) COUTURE, Eduardo J. *Interpretação das leis processuais*. Tradução de Gilda Maciel Corrêa Meyer Russomano. Rio de Janeiro: Forense, 2001. 4. ed., p. 36. Mais sobre o tema ver: AVENA, Norberto. *Processo penal esquematizado*. Método, 2011. 3. ed., p. 65.

(9) "Art. 2º Ninguém pode ser punido por fato que lei posterior deixa de considerar crime, cessando em virtude dela a execução e os efeitos penais da sentença condenatória. Parágrafo único – A lei posterior, que de qualquer modo favorecer o agente, aplica-se aos fatos anteriores, ainda que decididos por sentença condenatória transitada em julgado."

(10) STF – ADI 1.719-9 – rel. Joaquim Barbosa – DJU 28.08.2007, p. 01.

(11) MAXIMILIANO, Carlos. *Direito intertemporal*. Rio de Janeiro: Freitas Bastos, 1955. p. 314.

(12) FUX, Luiz. *O novo Código de Processo Civil e a segurança jurídica normativa*. Conjur. Opinião publicada em 22.03.2016. Disponível em: <http://www.conjur.com.br/2016-mar-22/ministro-luiz-fux-cpc-seguranca-juridica-normativa>.

tema. E assim o fez dentro de um sistema complexo e coordenado, que se inicia com a exigência de indicar o valor dos pedidos na petição inicial, conforme a nova regra do art. 840, § 1º, da CLT[13].

Logo, importa que se compreenda que a condenação dos honorários de sucumbência constitui consectário ou reflexo da rejeição dos pedidos valorados na petição inicial. Há três novidades relacionadas entre si: pedidos líquidos; valor da causa; e honorários de sucumbência recíproca. Assim, pelo novo sistema a Reclamatória deverá conter pedidos com valores mensurados, que somados revelam o valor da causa, os quais servirão de base de cálculo dos honorários de sucumbência a serem fixados em sentença.

Com efeito, se no momento do ajuizamento da ação aplicava-se a regra antiga, a qual prescindia de quantificação dos pedidos e exigia valor da causa apenas para fixar o rito, não poderá a sentença, ainda que publicada ao tempo da lei nova, surpreender as partes com a novidade dos honorários de sucumbência recíproca. Qualquer tentativa de forçar essa aplicação retroativa às ações ajuizadas sob a égide da lei velha será ilícita, por flagrante ofensa ao regramento de Direito Intertemporal e aos valores por ela tutelados (segurança jurídica, vedação da aplicação retroativa da lei nova *in pejus*). Nesse sentido colhem-se as atentas observações de Medina, Wambier e Alvim:

> Muito embora acentuem os processualistas enfaticamente que a lei processual se aplica imediatamente, assim mesmo devemos entender o princípio com determinadas limitações, a saber: aos atos processuais, praticados na vigência de lei anterior, desde que devam produzir efeitos no futuro e ocorra mudança de lei, é a lei anterior que deverá ser aplicada, porque ela continua legitimamente a reger aqueles efeitos ulteriores[14].

Em igual direção Maia Nunes e Pupe Nóbrega enunciam que a postergação dos efeitos da lei velha (ultratividade) funciona como proteção ao ato jurídico perfeito, ao direito adquirido e à norma processual punitiva, não alcançando os atos realizados antes da entrada em vigor da nova lei. O mesmo silogismo vale para o ato processual praticado como consectário de ato processual anterior, sob a vigência da lei velha[15].

Nesta esteira, pode-se asseverar que o julgador só poderá aplicar os honorários advocatícios de sucumbência recíproca para as ações ajuizadas após a vigência da Lei n. 13.467/2017. Do contrário, haverá flagrante ofensa à segurança jurídica e ao princípio que veda surpreender de forma prejudicial os litigantes que iniciaram a relação processual sob a égide da lei velha. Ressalte-se que a ordem jurídica não permite a retroatividade lesiva da lei nova, *ex vi do* art. 5º, XXVI, da Constituição Federal.

Novas leis atingem processos em curso. Mas, dentro do processo, também há um passado, um presente, um futuro. O passado há de ser preservado, sob pena de inaceitável irretroatividade. O presente é que será disciplinado. Assim, vê-se que incide, também, no processo o princípio do *tempus regit actum*: a lei que incide é a que está (ou estava) em vigor à época em que o ato processual é (ou foi) praticado. Esta é a lei que rege o ato em si e seus efeitos, ainda que estes se prolonguem no tempo[16].

5. CONCLUSÃO

Em tom de arremate, pode-se afirmar que, via de regra, a lei processual nova se aplica de imediato às ações em andamento. Contudo, os novos dispositivos jamais poderão surpreender e prejudicar as partes, sob pena de ofensa ao princípio da segurança jurídica.

Com efeito, haverá regras processuais novas que se aplicarão desde logo aos processos em curso, a exemplo da contagem em dias úteis, introduzida pelo art. 775 da CLT, a partir da Lei n. 13.467/2017. Outras regras heterotópicas, como os honorários de sucumbência recíproca, previstos no art. 791-A, § 3º, da CLT, somente incidirão sobre as ações ajuizadas a partir da vigência da nova lei (em 11.11.2017), vez que se reportam aos atos processuais complexos, com efeitos diferidos e além da órbita processual.

Não se pode aplicar honorários de sucumbência em ações trabalhistas iniciadas sob o pálio da lei velha, a qual regulava de forma diversa os requisitos da petição inicial e do valor da causa, sobretudo quando (a lei velha) nada determinava acerca dos encargos de sucumbência às partes.

O cabimento de honorários advocatícios na Justiça do Trabalho é novidade que afeta atos processuais complexos e desdobrados, iniciando-se pela quantificação dos pedidos

---

(13) Art. 840, § 1º Sendo escrita, a reclamação deverá conter a designação do juízo, a qualificação das partes, a breve exposição dos fatos de que resulte o dissídio, o pedido, que deverá ser certo, determinado *e com indicação de seu valor*, a data e a assinatura do reclamante ou de seu representante.

(14) MEDINA, José Miguel Garcia; WAMBIER, Luiz Rodrigues; WAMBIER, Teresa Arruda Alvim. Segurança jurídica e irretroatividade da norma processual. *Revista Jurídica da Seção Judiciária de Pernambuco*, p. 328. Disponível em: <https://revista.jfpe.jus.br/index.php/RJSJPE/article/view/80>.

(15) NUNES, Jorge Amaury Maia; NÓBREGA, Guilherme Pube. *Direito intertemporal e lei processual no tempo*: anotações sobre o (ainda) novo Código que desponta no alvorecer de sua aguardada vigência. Revista Migalhas, publicado em 27 de julho de 2017. Disponível em: <www.migalhas.com.br/ProcessoeProcedimento/106,MI235786,81042-Direito+intertemporal+e+lei+processual+no+tempo+anotacoes+sobre+o>.

(16) MEDINA, José Miguel Garcia; WAMBIER, Luiz Rodrigues; WAMBIER, Teresa Arruda Alvim. Segurança jurídica e irretroatividade da norma processual. *Revista Jurídica da Seção Judiciária de Pernambuco*, p. 336. Disponível em: <https://revista.jfpe.jus.br/index.php/RJSJPE/article/view/80>.

da inicial, fixação de rito, contestação e sentença. Logo, os honorários de sucumbência somente se aplicam aos processos cujas ações iniciaram sob a égide do regramento novo.

Em igual sentido Garcia Medina, Wambier e Teresa Arruda Alvim advertem, com acerto, que é insuportável a ideia de que as partes possam ser legitimamente "surpreendidas" com lei nova incidente em processo pendente:

> Se ao abrigo de uma lei – que vem a ser revogada – ocorreram todos os fatos normativamente previstos para a incidência dessa lei, é ela que deve incidir até que ocorra no mundo empírico o último refexo ou efeito do ato inicial. Revogada essa lei, tem-se que regerão, no futuro, os fatos acontecidos no passado, e para os quais essa lei revogada previa uma consequência[17].

Com isso, os aludidos doutrinadores pretendem esclarecer que a lei que disciplina o ato "é aquela que estava em vigor à época em que este tenha sido praticado, e, mesmo que seja revogada em seguida, será esta lei e não a posterior que disciplinará os efeitos do ato anteriormente praticado". Isso porque, quando se concebe um ato processual, "deve-se ter presente não o ato em sentido estrito, mas as condições para que ele seja praticado e os efeitos que dele derivam"[18]. Pensamos de forma igual.

Por fim, registre-se significativo subsídio doutrinário que servirá de inspiração e luz para os julgadores, máxime neste instante de alvoroço e hesitação. Refiro-me aos Enunciados aprovados na 2ª *Jornada de Direito Material e Processual do Trabalho*, promovida pela Anamatra, nos dias 9 e 10 de outubro, em Brasília. Sobre o tema que estamos a explanar, cabe transcrever o que segue:

> Comissão 7: Acesso à Justiça e Justiça Gratuita. Honorários Advocatícios. Honorários Periciais. Litigância de má-fé e Dano processual.
> ENUNCIADO 1. HONORÁRIOS DE SUCUMBÊNCIA. INAPLICABILIDADE AOS PROCESSOS EM CURSO
> EMENTA: "Em razão da natureza híbrida das normas que regem honorários advocatícios (material e processual), a condenação à verba sucumbencial só poderá ser imposta nos processos iniciados após a entrada em vigor da Lei n. 13.467/2017, haja vista a garantia de não surpresa, bem como em razão do princípio da causalidade, uma vez que a expectativa de custos e riscos é aferida no momento da propositura da ação".

Como se vê, os operadores jurídicos reunidos neste certame, composto de 600 juízes, procuradores e auditores fiscais do Trabalho, além de advogados e outros operadores do Direito, concluíram de forma similar ao que sustentamos neste artigo. Estou certo de que assim será julgado pelos magistrados, consoante as razões jurídicas sublinhadas.

6. REFERÊNCIAS BIBLIOGRÁFICAS

AVENA, Norberto. *Processo penal esquematizado*. 3. ed. São Paulo: Método, 2011.

CANOTILHO, José Joaquim Gomes. *Direito constitucional e teoria da Constituição*. 7. ed. Coimbra: Almedina, 2000.

COUTURE, Eduardo J. *Interpretação das leis processuais*. 4. ed. Tradução de Gilda Maciel Corrêa Meyer Russomano. Rio de Janeiro: Forense, 2001.

FERRAZ JUNIOR, Tércio Sampaio. *Introdução ao estudo do direito*: técnica, decisão, dominação. São Paulo: Atlas, 1991.

FUX, Luiz. *O novo Código de Processo Civil e a segurança jurídica normativa*. Conjur. Opinião publicada em 22.03.2016. Disponível em: <http://www.conjur.com.br/2016-mar-22/ministro-luiz-fux-cpc-seguranca-juridica-normativa>.

MAXIMILIANO, Carlos. *Direito intertemporal*. Rio de Janeiro: Freitas Bastos, 1955.

MEDINA, José Miguel Garcia; WAMBIER, Luiz Rodrigues; WAMBIER, Teresa Arruda Alvim. Segurança jurídica e irretroatividade da norma processual. *Revista Jurídica da Seção Judiciária de Pernambuco*, p. 336. Disponível em: <https://revista.jfpe.jus.br/index.php/RJSJPE/article/view/80>.

NUNES, Jorge Amaury Maia; NÓBREGA, Guilherme Pube. *Direito intertemporal e lei processual no tempo*: anotações sobre o (ainda) novo Código que desponta no alvorecer de sua aguardada vigência. *Revista Migalhas*, publicado em 27 de julho de 2017. Disponível em: <www.migalhas.com.br/ProcessoeProcedimento/106,MI235786,81042-Direito+intertemporal+e+lei+processual+no+tempo+anotacoes+sobre+o>.

PEREIRA, Caio Mário da Silva. *Instituições de direito civil*. 5. ed. Rio de Janeiro: Forense, 1980. v. I.

---

(17) MEDINA, José Miguel Garcia; WAMBIER, Luiz Rodrigues; WAMBIER, Teresa Arruda Alvim. Segurança jurídica e irretroatividade da norma processual. *Revista Jurídica da Seção Judiciária de Pernambuco*, p. 335. Disponível em: <https://revista.jfpe.jus.br/index.php/RJSJPE/article/view/80>.

(18) Associação Nacional dos Magistrados da Justiça do Trabalho.

Honorários de Sucumbência

Andréa Presas Rocha[1]

1. INTRODUÇÃO

Uma das mudanças mais radicais trazidas pela Lei n. 13.467/2017 (Lei da Reforma Trabalhista – LRT) diz respeito aos honorários de sucumbência.

Até a sua edição, os honorários de sucumbência somente eram devidos, a um, nas causas em que a parte fosse beneficiária da Justiça gratuita e estivesse assistida pelo sindicato profissional, e, a dois, nas ações e recursos em que a jurisprudência do TST exigia a presença do advogado.

Na primeira hipótese, a condenação em honorários decorria da previsão da Lei n. 5.584/1970. Assim, em se tratando de ação envolvendo relação de emprego, para que fossem devidos os honorários, deveriam estar presentes dois requisitos: a parte estar assistida pelo sindicato da categoria profissional e ser beneficiária da assistência judiciária gratuita, conforme consolidado no verbete I da Súmula n. 219 do TST:

> I – Na Justiça do Trabalho, a condenação ao pagamento de honorários advocatícios não decorre pura e simplesmente da sucumbência, devendo a parte, concomitantemente: a) estar assistida por sindicato da categoria profissional; b) comprovar a percepção de salário inferior ao dobro do salário mínimo ou encontrar-se em situação econômica que não lhe permita demandar sem prejuízo do próprio sustento ou da respectiva família. (art. 14, § 1º, da Lei n. 5.584/1970).

No segundo caso, o raciocínio construído era no sentido de que, onde a parte pudesse postular sem a presença do advogado, exercendo, assim, o seu *jus postulandi*, não seriam devidos honorários de sucumbência.

Portanto, em se tratando de ação envolvendo relação de emprego, considerando que a parte poderia atuar sem a presença de advogado, na forma do art. 791 da CLT[2], os honorários não seriam devidos.

Por outro lado, quando a ação envolvesse relação não empregatícia, bem como recursos da competência do TST, em que a presença do advogado era imprescindível, porquanto fora do alcance da regra do art. 791 da CLT, aí então haveria condenação na verba honorária.

A esse propósito, o TST, interpretando o art. 791 da CLT, entendia que o *jus postulandi* das partes ali estabelecido limitava-se às Varas do Trabalho e aos Tribunais Regionais do Trabalho, não alcançando as causas em que o ente sindical figurasse como substituto processual, as lides que não derivassem da relação de emprego, a ação rescisória, a ação cautelar, o mandado de segurança e os recursos de competência do Tribunal Superior do Trabalho (Súmula n. 219, II, III e IV, e Súmula n. 425).

A partir da Lei da Reforma (LRT), a sistemática dos honorários de sucumbência sofre mudança drástica, com a introdução do art. 791-A[3], que passa a prever a condenação em honorários sucumbenciais em todas as ações em que a parte esteja representada por advogado, sendo irrelevante o fato de ser ela beneficiária da assistência judiciária gratuita ou que possa exercer o *jus postulandi*.

---

(1) Juíza do Trabalho na Bahia. Ex-juíza do Trabalho em Pernambuco. Doutora e Mestre em Direito do Trabalho pela PUC-SP. Mestre em Direito Social pela UCLM-Espanha. Professora Assistente de Legislação Social e Direito do Trabalho da Faculdade de Direito da UFBA. Autora e coautora de livros e artigos jurídicos. *Lattes* disponível em: <http://lattes.cnpq.br/9091224057220913>.

(2) Art. 791. Os empregados e os empregadores poderão reclamar pessoalmente perante a Justiça do Trabalho e acompanhar as suas reclamações até o final.

(3) Art. 791-A. Ao advogado, ainda que atue em causa própria, serão devidos honorários de sucumbência, fixados entre o mínimo de 5% (cinco por cento) e o máximo de 15% (quinze por cento) sobre o valor que resultar da liquidação da sentença, do proveito econômico obtido ou, não sendo possível mensurá-lo, sobre o valor atualizado da causa.

§ 1º Os honorários são devidos também nas ações contra a Fazenda Pública e nas ações em que a parte estiver assistida ou substituída pelo sindicato de sua categoria.

§ 2º Ao fixar os honorários, o juízo observará:

I – o grau de zelo do profissional;

II – o lugar de prestação do serviço;

III – a natureza e a importância da causa;

IV – o trabalho realizado pelo advogado e o tempo exigido para o seu serviço.

§ 3º Na hipótese de procedência parcial, o juízo arbitrará honorários de sucumbência recíproca, vedada a compensação entre os honorários.

§ 4º Vencido o beneficiário da justiça gratuita, desde que não tenha obtido em juízo, ainda que em outro processo, créditos capazes de suportar a despesa, as obrigações decorrentes de sua sucumbência ficarão sob condição suspensiva de exigibilidade e somente poderão ser executadas se, nos dois anos subsequentes ao trânsito em julgado da decisão que as certificou, o credor demonstrar que deixou de existir a situação de insuficiência de recursos que justificou a concessão de gratuidade, extinguindo-se, passado esse prazo, tais obrigações do beneficiário.

§ 5º São devidos honorários de sucumbência na reconvenção.

A proposta do presente artigo é a de analisar algumas das polêmicas geradas pela novidade, bem assim o modo de aplicação do novo modelo.

2. CONSTITUCIONALIDADE DA CONDENAÇÃO DOS BENEFICIÁRIOS DA ASSISTÊNCIA JUDICIÁRIA GRATUITA

A Reforma Trabalhista prevê que mesmo o beneficiário da Justiça gratuita, quando vencido, deverá arcar com os honorários de sucumbência (Art. 791-A, § 4º).

O referido dispositivo tem gerado muitos debates acerca da sua constitucionalidade. Argumenta-se que, da forma como posto, afrontaria a garantia de amplo acesso à jurisdição, consagrada no art. 5º, incisos XXXV e LXXIV, que tratam dos direitos à inafastabilidade da jurisdição e à assistência judiciária integral aos necessitados.

Mas é correto afirmar que o § 4º, todo ele, padeceria de inconstitucionalidade? Pensamos que não.

Tratando das responsabilidades provisória e definitiva pelo custeio do processo, Fredie Didier e Rafael Oliveira ensinam:

> É certo que todo processo judicial tem um custo financeiro que precisa ser arcado pelas partes. A regra é que o dever de arcar com os custos do processo é da parte que lhe deu causa (princípio da causalidade). Há uma presunção de que a parte que deu causa ao processo é aquela que, ao final, restou vencida (regra da sucumbência – arts. 82, § 2º, e 85, *caput*, CPC)[4].

A fim de dar efetividade à garantia constitucional do amplo acesso à jurisdição, a ordem processual prevê que, quando a parte não tem condições de arcar com os custos do processo, pode requerer, e obter, o *"benefício da Justiça gratuita"*, que consiste na *"dispensa do adiantamento de despesas processuais, para o qual se exige a tramitação de um processo judicial, o requerimento da parte interessada e o deferimento do juízo perante o qual o processo tramita"*[5].

Deve-se, no entanto, frisar que a parte dispensada de *adiantar* as despesas do processo não estará isenta de pagá-las, acaso reste vencida, uma vez que o "benefício da Justiça gratuita" não estabelece isenção das despesas processuais:

> a concessão do benefício não constitui isenção tributária, visto que não dispensa o pagamento em si, mas sim o *adiantamento* da verba. O pagamento ficará sob responsabilidade do vencido, ainda que ele seja beneficiário da justiça gratuita. No particular, é, aliás, sintomática a exclusão, na redação do § 1º do art. 98, da referência ao termo "isenção", outrora presente no art. 3º da Lei n. 1.060/1950. Isenção é dispensa de pagamento; a gratuidade judiciaria não isenta o pagamento, apenas dispensa o *adiantamento*. Dispensa de pagamento é definitiva; dispensa de adiantamento, temporária[6].

Como visto, o benefício da gratuidade consiste, não em *dispensa definitiva* de pagamento, mas, sim, em *dispensa temporária* de pagamento, a qual perdurará enquanto mantida a situação de insuficiência de recursos.

Portanto, a parte que seja beneficiária da Justiça gratuita, acaso vencida, deverá ser responsabilizada pelo custeio do processo, como claramente dizem o *caput* e o § 3º do art. 98 do CPC[7], e agora o § 4º do art. 791-A da CLT.

Acontece que, apesar de ser responsável pelas despesas do processo, a parte beneficiária da Justiça gratuita somente poderá ser cobrada acaso deixe a situação de insuficiência de recursos que justificou a concessão da gratuidade, e, enquanto isto não ocorrer, a exigibilidade das obrigações ficará sob condição suspensiva.

O mesmo posicionamento é externado por Raphael Miziara:

> Nesse prumo, o benefício da justiça gratuita não se constitui na isenção absoluta das custas e dos honorários, mas, sim, na desobrigação de pagá-los enquanto perdurar o estado de carência econômica do necessitado, propiciador da concessão deste privilégio[8].

O que não se pode permitir é que a parte beneficiária seja demandada pelas despesas processuais enquanto persistir a situação de insuficiência de recursos, isto é, enquanto não for revogado o benefício da gratuidade pela superveniente aquisição de capacidade financeira.

Não há, por isso, nenhuma inconstitucionalidade nos dispositivos do CPC e da CLT mencionados, quando condicionam a exigibilidade da cobrança das despesas

---

(4) In: *Benefício da justiça gratuita*. 6. ed. Salvador: JusPodivm, 2016. p. 21.
(5) *Ibidem*, p. 22.
(6) *Ibidem*, p. 28-29.
(7) Art. 98. A pessoa natural ou jurídica, brasileira ou estrangeira, com insuficiência de recursos para pagar as custas, as despesas processuais e os honorários advocatícios tem direito à gratuidade da justiça, na forma da lei.
(...)
§ 3º Vencido o beneficiário, as obrigações decorrentes de sua sucumbência ficarão sob condição suspensiva de exigibilidade e somente poderão ser executadas se, nos 5 (cinco) anos subsequentes ao trânsito em julgado da decisão que as certificou, o credor demonstrar que deixou de existir a situação de insuficiência de recursos que justificou a concessão de gratuidade, extinguindo-se, passado esse prazo, tais obrigações do beneficiário.
(8) In: Condenação do beneficiário da justiça gratuita em custas, honorários periciais e advocatícios sucumbenciais na CLT reformada. Disponível em: <http://ostrabalhistas.com.br/condenacao-do-beneficiario-da-justica-gratuita-em-custas-honorarios-periciais-e-advocaticios-sucumbenciais-na-clt-reformada/>. Acesso em: 08 out. 2017.

processuais à cessação da situação de insuficiência de recursos da parte beneficiada com a gratuidade.

Assim, acaso a parte beneficiária com a gratuidade tenha modificada a sua capacidade econômica e deixe, portanto, de apresentar insuficiência de recursos, poderá ser demandada pela integralidade das despesas com honorários sucumbenciais, desde que a cobrança ocorra dentro do prazo prescricional de dois anos, durante o qual a obrigação estará sob condição suspensiva de exigibilidade.

O que se questiona de inconstitucional é a expressão "*desde que não tenha obtido em juízo, ainda que em outro processo, créditos capazes de suportar a despesa*", contida no § 4º do art. 791-A[9].

A redação do dispositivo, tal como posta, parece autorizar a cobrança *imediata* e *automática* do beneficiário da Justiça gratuita vencido na lide, quanto aos honorários de sucumbência, desde que tenha ele obtido créditos capazes de suportar a despesa, no mesmo processo ou em outro.

Acerca dessa cobrança, alguns critérios já estão sendo apontados pela doutrina.

Danilo Gaspar e Fabiano Veiga entendem que a cobrança dos honorários depende de prévia cessação da situação de insuficiência de recursos, a qual terá o condão de justificar a revogação do benefício da Justiça gratuita e gerar a consequente cobrança das despesas no mesmo processo ou em outro[10].

Portanto, para que o beneficiário da Justiça gratuita possa ser cobrado dos honorários três condições se impõem: primeira, o credor deverá demonstrar que deixou de existir a situação de insuficiência de recursos; segunda, o juiz, diante da prova da existência de capacidade financeira, deverá revogar o benefício; terceira, as duas condições anteriores deverão ocorrer dentro do prazo prescricional de dois anos estatuído no § 4º do art. 791-A da CLT.

A grande celeuma que se põe diz respeito ao que se deve entender como "desaparecimento da situação de insuficiência de recursos" (primeira condição).

Pode ser que o beneficiário ganhe na loteria ou receba uma herança que o retire da "zona de insuficiência de recursos".

Também a obtenção de créditos no mesmo ou em outro processo pode ser suficiente para fazer desaparecer a "insuficiência de recursos" que permita a revogação da Justiça gratuita.

Assim, suponha-se um determinado caso de procedência parcial de reclamação trabalhista, em que o beneficiário da Justiça gratuita obtenha créditos no valor de R$ 100.000,00 e seja condenado em R$ 10.000,00 a título de honorários sucumbenciais. Nesta hipótese, o juiz poderá entender que desapareceu a insuficiência de recursos, e, em consequência, revogar o benefício da gratuidade, determinando a imediata compensação dos honorários de sucumbência do crédito do trabalhador.

A se firmar esse critério de cobrança, tudo dependerá da análise, caso a caso, pelo magistrado.

Mas a questão não é tão tranquila.

É forte a resistência à aplicação do critério do desaparecimento da insuficiência de recursos, como autorizador da cobrança, sob o argumento de que, sendo o crédito trabalhista de natureza alimentar, não caberia tal compensação.

Acontece que os honorários de sucumbência também possuem natureza alimentar e equiparam-se aos créditos trabalhistas, o que justifica a compensação.

A propósito, a interpretação sistemática dos arts. 100, § 1º, da CF, 23 e 24 da Lei n. 8.906/1994, e 823, IV, do CPC[11], deixa claro o caráter alimentar dos honorários sucumbenciais.

Ainda, o art. 85, § 14, do CPC[12] disciplina, expressamente, que os honorários têm natureza alimentar, com os mesmos privilégios dos créditos oriundos da legislação do trabalho.

No âmbito da jurisprudência, o STJ já há muito firmou entendimento nesse sentido (*vide* REsp 1152218).

---

(9) A Procuradoria Geral da República ajuizou a Ação Direta de Inconstitucionalidade n. 5.766, em que pede seja declarada a inconstitucionalidade da expressão "*desde que não tenha obtido em juízo, ainda que em outro processo, créditos capazes de suportar a despesa*" do § 4º do art. 791-A da CLT.

(10) In: *Efeitos da justiça gratuita no processo do trabalho*: análise das inovações introduzidas pela reforma trabalhista. Disponível em: <https://www.jota.info/artigos/efeitos-da-justica-gratuita-no-processo-do-trabalho-03102017>. Acesso em: 08 out. 2017.

(11) CF, Art. 100, § 1º Os débitos de natureza alimentícia compreendem aqueles decorrentes de salários, vencimentos, proventos, pensões e suas complementações, benefícios previdenciários e indenizações por morte ou por invalidez, fundadas em responsabilidade civil, em virtude de sentença judicial transitada em julgado, e serão pagos com preferência sobre todos os demais débitos, exceto sobre aqueles referidos no § 2º deste artigo. Lei n. 8.906/1994, Art. 23. Os honorários incluídos na condenação, por arbitramento ou sucumbência, pertencem ao advogado, tendo este direito autônomo para executar a sentença nesta parte, podendo requerer que o precatório, quando necessário, seja expedido em seu favor. Art. 24. A decisão judicial que fixar ou arbitrar honorários e o contrato escrito que os estipular são títulos executivos e constituem crédito privilegiado na falência, concordata, concurso de credores, insolvência civil e liquidação extrajudicial. § 1º A execução dos honorários pode ser promovida nos mesmos autos da ação em que tenha atuado o advogado, se assim lhe convier. § 2º Na hipótese de falecimento ou incapacidade civil do advogado, os honorários de sucumbência, proporcionais ao trabalho realizado, são recebidos por seus sucessores ou representantes legais. CPC, Art. 833. São impenhoráveis: (...) IV – os vencimentos, os subsídios, os soldos, os salários, as remunerações, os proventos de aposentadoria, as pensões, os pecúlios e os montepios, bem como as quantias recebidas por liberalidade de terceiro e destinadas ao sustento do devedor e de sua família, os ganhos de trabalhador autônomo e os honorários de profissional liberal, ressalvado o § 2º;

(12) CPC, Art. 85, § 14. Os honorários constituem direito do advogado e têm natureza alimentar, com os mesmos privilégios dos créditos oriundos da legislação do trabalho, sendo vedada a compensação em caso de sucumbência parcial.

Outrossim, o STF, pacificou a questão, quando editou a Súmula Vinculante n. 47:

> Os honorários advocatícios incluídos na condenação ou destacados do montante principal devido ao credor consubstanciam verba de natureza alimentar cuja satisfação ocorrerá com a expedição de precatório ou requisição de pequeno valor, observada ordem especial restrita aos créditos dessa natureza.

Portanto, diante do caráter alimentar dos honorários de sucumbência, parece não haver dúvidas de que poderá haver a compensação nos próprios autos.

Nessa linha, dado o caráter alimentar dos honorários advocatícios, o STJ admite a execução desta verba mesmo quando o devedor apenas possua créditos de natureza alimentar:

> PROCESSO CIVIL. CIVIL. AÇÃO DE ALIMENTOS. HONORÁRIOS ADVOCATÍCIOS SUCUMBENCIAIS. CARÁTER ALIMENTAR. EXECUÇÃO. PENHORA DOS VENCIMENTOS DO EXECUTADO. POSSIBILIDADE. Os honorários advocatícios constituem direito do advogado e têm natureza alimentar, não havendo óbice para que sua execução seja realizada mediante constrição de parcela dos vencimentos do devedor, desde que não comprometa a subsistência deste. Inteligência dos arts. 85, § 14, e 833, inciso IV, e § 2º, todos do Código de Processo Civil (TJ-DF 20130210028360 – Segredo de Justiça 0002788-58.2013.8.07.0002, Relator: ESDRAS NEVES, Data de Julgamento: 05.07.2017, 6ª TURMA CÍVEL, Data de Publicação: Publicado no DJE: 11.07.2017. p. 371-393);
>
> DIREITO CIVIL E PROCESSUAL CIVIL. EXECUÇÃO. HONORÁRIOS ADVOCATÍCIOS. NATUREZA ALIMENTAR, MESMO QUANDO SE TRATAR DE VERBAS DE SUCUMBÊNCIA.PRECEDENTES DA CORTE ESPECIAL E DO SUPREMO TRIBUNAL FEDERAL. COLISÃO ENTRE O DIREITO A ALIMENTOS DO CREDOR E O DIREITO DE MESMA NATUREZA DO DEVEDOR. 1. Honorários advocatícios, sejam contratuais, sejam sucumbenciais, possuem natureza alimentar. (EREsp 706331/PR, Rel. Ministro HUMBERTOGOMES DE BARROS, Corte Especial, DJe 31.03.2008). 2. Mostrando-se infrutífera a busca por bens a serem penhorados e dada a natureza de prestação alimentícia do crédito do exequente, de rigor admitir o desconto em folha de pagamento do devedor, solução que, ademais, observa a gradação do art. 655 do CPC, sem impedimento da impenhorabilidade constatada do art. 649, IV, do CPC. 3.- Recurso Especial provido (STJ – REsp: 948492 ES 2007/0103337-5, Relator: Ministro SIDNEI BENETI, Data de Julgamento: 01.12.2011, T3 – TERCEIRA TURMA, Data de Publicação: DJe 12.12.2011).

Como visto, a solução para o problema não é simples, exatamente porque os créditos trabalhistas e os honorários advocatícios possuem idêntica natureza alimentar, o que, em certa medida, justificaria a compensação, ainda que parcial.

3. APLICAÇÃO DA LEI NO TEMPO E HONORÁRIOS SUCUMBENCIAIS

Muito se tem discutido sobre o marco temporal a partir do qual incidirão honorários sucumbenciais nas condenações proferidas pela Justiça do Trabalho.

Pelo menos duas posições se destacam. A dos que defendem a aplicação imediata aos processos em curso, o que significa dizer que as sentenças prolatadas a partir do dia 11.11.2017 já deverão contemplar a condenação em honorários de sucumbência. E outra que entende que somente nas novas ações, ajuizadas a partir de 11.11.2017 é que poderá haver condenação na verba honorária[13].

Os argumentos dos dois lados são poderosos. Ambos convergem no sentido de que a lei processual se aplica imediatamente aos processos em curso, uma vez que o ordenamento jurídico brasileiro adota o sistema do isolamento dos atos processuais, estampado no art. 6º da LINDB, nos arts. 14 e 1.046 do CPC/15, e no art. 912 da CLT[14].

Os que negam a aplicação imediata dos honorários aos processos em curso sustentam que a parte não ajuizaria a ação se soubesse que poderia ser condenada em honorários de sucumbência, e que, ademais, a condenação em honorários de sucumbência aos processos em curso constituiria decisão surpresa, já que não eram devidos quando do ajuizamento da ação, e, ainda, vulneraria o direito adquirido.

O primeiro argumento não é jurídico. Não se pode pressupor que a parte postule o que entende não lhe ser devido, pois esse comportamento revelaria litigância de má-fé, como também não se pode imaginar que a parte ajuíze uma ação para perder.

---

(13) Por todos, confiram-se: DALLEGRAVE NETO, José Affonso. (In)aplicabilidade imediata dos honorários de sucumbência recíproca no processo trabalhista. Disponível em: <http://www.amatra9.org.br/opiniao-inaplicabilidade-imediata-dos-honorarios-de-sucumbencia-reciproca-no--processo-trabalhista>. Acesso em: 08 out. 2017. MALLET, Estevão; HIGA, Flávio da Costa. Os honorários advocatícios após a reforma trabalhista. Texto inédito.

(14) LINDB, art. 6º. A Lei em vigor terá efeito imediato e geral, respeitados o ato jurídico perfeito, o direito adquirido e a coisa julgada.
CPC, Art. 14. A norma processual não retroagirá e será aplicável imediatamente aos processos em curso, respeitados os atos processuais praticados e as situações jurídicas consolidadas sob a vigência da norma revogada.
CPC, Art. 1.046. Ao entrar em vigor este Código, suas disposições se aplicarão desde logo aos processos pendentes, ficando revogada a Lei n. 5.869, de 11 de janeiro de 1973.
CLT, Art. 912. Os dispositivos de caráter imperativo terão aplicação imediata às relações iniciadas, mas não consumadas, antes da vigência desta Consolidação.

A esse propósito, vale destacar a percuciente observação de Homero Batista:

> embora o trabalhador possa argumentar que não teria ajuizado a ação se soubesse que a lei aumentaria o rigor das despesas processuais e se soubesse do abalo sofrido pelo princípio da gratuidade do processo do trabalho, estes argumentos não são jurídicos; a parte não dá início ao processo para ser sucumbente, de modo que o vasto campo das despesas processuais somente tangencia o direito adquirido no momento da derrota.

Com relação à decisão surpresa, diz o art. 10 do CPC que o juiz não pode decidir com base em fundamento a respeito do qual não se tenha dado às partes oportunidade de se manifestar, ainda que se trate de matéria sobre a qual deva decidir de ofício.

O "fundamento" a respeito do qual as partes devem ter oportunidade de se manifestar diz respeito à circunstância de fato qualificada pelo Direito (fundamento jurídico) e não ao dispositivo legal que irá aplicar. Nesse sentido já se manifestou a 4ª Turma do Superior Tribunal de Justiça, ao fixar a conformação do princípio da vedação das decisões-surpresa:

> O 'fundamento' ao qual se refere o art. 10 do CPC/2015 é o fundamento jurídico- circunstância de fato qualificada pelo direito, em que se baseia a pretensão ou a defesa, ou que possa ter influência no julgamento, mesmo que superveniente ao ajuizamento da ação – não se confundindo com o fundamento legal (dispositivo de lei regente da matéria). A aplicação do princípio da não surpresa não impõe, portanto, ao julgador que informe previamente às partes quais os dispositivos legais passíveis de aplicação para o exame da causa. O conhecimento geral da lei é presunção *jure et de jure* (REsp 1.280.825).

Assim, não constitui decisão surpresa aquela em que o magistrado se ampara em dispositivo legal, ainda que não invocado pelas partes.

Sem embargo, poderá sempre o magistrado conceder prazo às partes para se manifestarem sobre o art. 791-A da CLT, atendendo, desse modo, ao comando do art. 10 do CPC.

Para tornar mais complexo o debate, importa destacar a situação das ações distribuídas após a aprovação da LRT, mas ainda durante a sua *vacatio legis*. Nesta situação, sequer se pode cogitar de "surpresa" quanto à condenação em honorários de sucumbência, pois as partes sabiam que, quando da prolação da sentença, haveria grande chance de a nova lei estar vigendo.

Com relação ao direito adquirido, protegido pelos arts. 5º, XXXVI, da Constituição Federal, 6º da LINDB, 14 do CPC/15 e 912 da CLT, não vislumbramos a ofensa denunciada pelos que se opõem à condenação em honorários de sucumbência nas sentenças prolatadas a partir de 11.11.2017.

A rigor, somente se pode falar em sucumbência no momento da prolação da sentença. É no momento da prolação da sentença que surge a sucumbência, ou melhor dizendo, "*os honorários nascem contemporaneamente à sentença e não preexistem à propositura da demanda*" (STJ, Resp 1.636.124). Assim, não se pode falar em direito adquirido antes de proferida a sentença quando a sucumbência sequer existia.

Por derradeiro, cumpre destacar que a aplicação imediata da lei aos processos em curso está em consonância com a jurisprudência do STJ e do STF, que tomam como marco temporal a data de prolação da sentença.

Nesse trilho, o STJ fixou o entendimento de que nas sentenças proferidas a partir da vigência da lei nova, isto é, a partir de 18.03.2016, aplicam-se as normas do CPC/15 quanto aos honorários advocatícios, ainda que a propositura da demanda tenha sido sob a égide da lei velha (CPC/73)[15].

Pode-se argumentar que o entendimento do STJ não deve ser transposto ao processo do trabalho, tendo em vista que no CPC/73 já havia previsão de honorários de sucumbência e que o CPC/15 trouxe apenas algumas modificações pontuais, não havendo, portanto, alteração radical, como aquela propiciada pela LRT.

Esse raciocínio, contudo, não sobrevive à análise da Súmula n. 509 do STF, com o seguinte teor:

> A Lei n. 4.632, de 18.05.1965, que alterou o Art. 64 do Código de Processo Civil, aplica-se aos processos pendentes em andamento, nas instâncias ordinárias.

Analisaremos.

O art. 64 do CPC/39 previa a condenação em honorários de sucumbência somente nos casos em que houvesse dolo ou culpa da parte, o que hoje corresponderia à litigância de má-fé:

---

[15] Resp nº 1.636.124 – AL (2016/0288549-8): RECURSO ESPECIAL. PROCESSUAL CIVIL. EMBARGOS DE DECLARAÇÃO. NÃO OCORRÊNCIA DE OMISSÃO. REDISCUSSÃO DA MATÉRIA. HONORÁRIOS ADVOCATÍCIOS. NATUREZA JURÍDICA. LEI NOVA. MARCO TEMPORAL PARA A APLICAÇÃO DO CPC/2015. PROLAÇÃO DA SENTENÇA. [...] 3. No mérito, o Tribunal *a quo* consignou que "a melhor solução se projeta pela não aplicação imediata da nova sistemática de honorários advocatícios aos processos ajuizados em data anterior à vigência do novo CPC." 4. Com efeito, a Corte Especial do Superior Tribunal de Justiça posicionou-se que o arbitramento dos honorários não configura questão meramente processual. 5. Outrossim, a jurisprudência do STJ é pacífica no sentido de que a sucumbência é regida pela lei vigente na data da sentença. 6. Esclarece-se que os honorários nascem contemporaneamente à sentença e não preexistem à propositura da demanda. Assim sendo, nos casos de sentença proferida a partir do dia 18.03.2016, aplicar-se-ão as normas do CPC/2015. 7. *In casu*, a sentença prolatada em 21.03.2016, com supedâneo no CPC/1973 (fls. 40-41, e-STJ), não está em sintonia com o atual entendimento deste Tribunal Superior, razão pela qual merece prosperar a irresignação.

Art. 64. Quando a ação resultar de dolo ou culpa, contratual ou extracontratual, a sentença que a julgar procedente condenará o réu ao pagamento dos honorários do advogado da parte contrária.

A situação do CPC/39 corresponde precisamente àquela do julgamento das reclamações trabalhistas antes da LRT.

Com efeito, à luz do art. 769 da CLT e dos arts. 15 e 81 do CPC, o litigante de má-fé, mesmo antes da LRT, deveria ser condenado a pagar multa, indenizar a parte contrária pelos prejuízos que esta sofreu, bem como arcar com os honorários advocatícios e com todas as despesas que efetuou, conforme já decidido pelo TST no RR 7929320125150032[16].

Não havia, no CPC/39, honorários sucumbenciais, por mera causalidade, em todas as ações. De acordo com o art. 64 do referido Código, a causalidade deveria estar qualificada por dolo ou culpa (litigância de má-fé).

A Lei n. 4.632/1965 alterou profundamente a sistemática então vigente e passou a prever a causalidade em todas as ações, agravando sobremaneira a situação dos litigantes nos processos pendentes, ao modificar a redação do art. 64 do CPC/39, que assim passou a dispor:

Art. 64. A sentença final na causa condenará a parte vencida ao pagamento dos honorários do advogado da parte vencedora, observado, no que fôr aplicável, o disposto no art. 55. § 1º Os honorários serão fixados na própria sentença, que os arbitrará com moderação e motivadamente. § 2º Se a sentença se basear em fato ou direito superveniente, o juiz levará em conta essa circunstância para o efeito da condenação nas custas e nos honorários.

A celeuma que se instalou na ocasião foi rigorosamente a mesma proporcionada pela LRT com a introdução do art. 791-A na CLT.

O STF, na época, dirimiu o embate e concluiu pela aplicação da lei nova aos processos pendentes em andamento, vale dizer, entendeu que os honorários de sucumbência seriam devidos pela mera causalidade já para os processos em curso ajuizados antes da lei nova.

4. HONORÁRIOS SINDICAIS (LEI N. 5.584/1970) E HONORÁRIOS NAS AÇÕES EM QUE A FAZENDA PÚBLICA FOR PARTE

A Lei n. 5.584/1970 estabelece que, nas causas em que o trabalhador esteja assistido pelo sindicato de classe, os honorários do advogado pagos pelo réu vencido reverterão em favor do Sindicato assistente.

A Lei da Reforma Trabalhista, por seu turno, fixa que os honorários de sucumbência são devidos ao advogado.

Idêntico dispositivo já constava do Estatuto da Advocacia (Lei n. 8.906/1994), cujo art. 23 preconiza que "*os honorários incluídos na condenação, por arbitramento ou sucumbência, pertencem ao advogado*" (sublinhamos).

Como a Lei n. 13.467/2017 não revogou a Lei n. 5.584/1970 surgem dúvidas acerca da destinação dos honorários quando o trabalhador estiver assistido pelo seu sindicato profissional.

Embora a Lei n. 5.584/1970 seja especial e não tenha sido revogada pela Lei da Reforma (LRT), o § 1º elimina qualquer dúvida de que, doravante, os honorários constituirão direito do advogado, e não mais do sindicato.

Nessa esteira, dispõe o § 1º que os honorários são devidos nas ações em que a parte estiver assistida ou substituída pelo sindicato de sua categoria.

Assim, apesar de não ter havido revogação expressa da Lei n. 5.584/1970, nas ações em que o sindicato esteja prestando assistência judiciária ao trabalhador ou esteja atuando como substituto processual, os honorários serão devidos ao advogado, e não mais ao sindicato de classe.

Houve, decerto, uma unificação sobre as regras de honorários.

Por isso, também os honorários devidos nas ações contra a Fazenda Pública deverão ser fixados entre o mínimo de 5% e o máximo de 15%, e não com base naqueles percentuais estipulados no art. 85, § 3º, do CPC.

Não houve, aqui, omissão da LRT. O § 1º do art. 791-A diz que são devidos honorários nas ações contra a Fazenda Pública e o *caput* do mesmo dispositivo estabelece o gabarito máximo e mínimo dos percentuais dos honorários. Portanto, considerando que os parágrafos, por serem subdivisões do *caput*, devem ser interpretados sistematicamente com este, não é possível outra conclusão, se não aquela *retro*.

Se tal solução parece acertada nas ações contra a Fazenda, o que dizer das ações promovidas pela Fazenda, dentre as quais se destacam as execuções fiscais?

A um primeiro olhar poderá o intérprete compreender que, vencendo a Fazenda, incidem os percentuais do CPC, em face da omissão da LRT.

---

(16) RECURSO DE REVISTA INTERPOSTO EM FACE DE DECISÃO PUBLICADA ANTERIORMENTE À VIGÊNCIA DA LEI N. 13.015/2014. 1. MULTA POR LITIGÂNCIA DE MÁ-FÉ. REVOLVIMENTO DO CONTEXTO FÁTICO-PROBATÓRIO. IMPOSSIBILIDADE. SÚMULA 126/TST. O Tribunal Regional, de forma explícita, assinalou que o Reclamante investiu contra a verdade dos fatos, reputando-o litigante de má-fé. Nesse contexto, para acolher a tese recursal de que inexistiu litigância de má-fé, mas apenas o exercício do direito de defesa, seria necessário o revolvimento do contexto fático-probatório dos autos, procedimento vedado nesta instância extraordinária nos termos da Súmula n. 126/TST. Recurso de revista não conhecido. 2. HONORÁRIOS ADVOCATÍCIOS. PAGAMENTO. PENALIDADE IMPOSTA AO LITIGANTE DE MÁ-FÉ. ART. 18 DO CPC. Caso em que a decisão regional, condenatória ao pagamento de honorários advocatícios, tem lastro no art. 18 do CPC, como efeito acessório da sanção imposta por litigância de má-fé. Nesse contexto, a respectiva condenação não implica contrariedade à Súmula n. 219/TST. Recurso de revista não conhecido. (TST – RR: 7929320125150032, Relator: Douglas Alencar Rodrigues, Data de Julgamento: 16.12.2015, 7ª Turma, Data de Publicação: DEJT 18.12.2015).

Acreditamos, no entanto, que os Tribunais privilegiarão a equidade entre as partes no processo e abraçarão a igualdade de tratamento.

5. OMISSÕES DA REFORMA – APLICAÇÃO SUBSIDIÁRIA DO CPC

A LRT foi bastante econômica quando versou sobre o tema honorários de sucumbência. Enquanto no CPC o Legislador cuidou de inserir 19 parágrafos apenas no art. 85, a LRF foi tímida na regulamentação do art. 791-A, que conta com parcos 5 parágrafos.

Muitas questões ficaram em aberto, a exemplo da acumulação de honorários (CPC, art. 85, § 1º), da sucumbência mínima (CPC, art. 86, parágrafo único), dos honorários em grau recursal (CPC, art. 85, § 11), dos honorários sobre as prestações vincendas (CPC, art. 85, § 9º), dentre tantas outras.

Entendemos que nas omissões da LRT o CPC deverá ser aplicado subsidiariamente, consoante autorizado pelos art. 769 da CLT e 15 do CPC.

Sobre o tema honorários, o TST, na Súmula n. 219, já deixou clara a sua posição acerca da aplicação subsidiária do CPC.

Por isso, parece-nos perfeitamente aplicável o dispositivo inserido no § 11 do art. 85 do CPC[17], que determina ao tribunal a majoração dos honorários fixados anteriormente, levando em conta o trabalho adicional realizado em grau recursal, devendo, entretanto, ser observado o limite máximo de 15% estabelecido para a fase de conhecimento.

Também é perfeitamente aplicável o parágrafo único do art. 86 do CPC[18] que isenta das despesas e dos honorários o litigante que sucumbir na parte mínima do pedido, como acontece, por exemplo, quando o litigante ganha 95% do almejado e perde apenas 5%.

Do mesmo modo não vemos dificuldades na aplicação subsidiária do § 9º do art. 85 que estabelece regra de incidência de honorários quando a condenação envolver prestações vencidas: "*§ 9º Na ação de indenização por ato ilícito contra pessoa, o percentual de honorários incidirá sobre a soma das prestações vencidas acrescida de 12 (doze) prestações vincendas*".

O problema parece surgir, todavia, no que toca à acumulação de honorários.

Enquanto o § 1º do art. 85 do CPC autoriza a incidência cumulativa de honorários na reconvenção, no cumprimento de sentença, provisório ou definitivo, na execução, resistida ou não, e nos recursos interpostos, o § 5º do art. 791-A da LRT cinge-se a indicar que são devidos honorários de sucumbência na reconvenção.

A dúvida que se põe reside em saber se a menção restrita à reconvenção, na LRT, cuidaria de silêncio eloquente do Legislador, que teria o condão de inibir a supletividade do CPC em matéria de acumulação.

Compreendemos que a referência à reconvenção não exclui a incidência de honorários nas demais fases processuais.

No dizer de Tercio Peixoto Souza, a demanda judicial deve ser "otimizada" por meio de mecanismos pecuniários, sendo que o compromisso institucional deve convergir no sentido de se evitar as aventuras judiciárias. Acrescenta que tal ideia não é nova, pois já consta de diversos dispositivos do CPC, como se pode perceber da redação do art. 345, IV, no qual se reconhece a inexistência dos efeitos da revelia se as alegações de fato formuladas pelo autor forem inverossímeis, e, também, na hipótese denominada "improcedência liminar" prevista no art. 332 do CPC[19].

O sistema deve promover a litigância responsável, coibindo a propositura de demandas baseadas em direitos ou fatos inexistentes, e, neste prumo, o aumento do custo do processo serve como desestímulo à litigiosidade desnecessária, excessiva ou temerária.

Tomando como exemplo ilustrativo o cumprimento da sentença, uma vez que a parte seja condenada ao pagamento de determinada quantia, espera-se que cumpra espontaneamente a obrigação contida no título judicial. Este deveria ser o curso normal da lide.

Acontece que, como regra, a dívida reconhecida na sentença é ignorada, impondo à parte vencedora o ônus de deflagrar a execução forçada, em detrimento da satisfação do direito em tempo razoável (CPC, art. 4º).

Instaura-se, assim, uma nova fase processual, a requerimento da parte vencedora[20], na qual haverá incremento do custo do processo, normalmente em decorrência de litigiosidade desnecessária.

Nada mais justo, portanto, que incidam honorários de sucumbência também na fase de cumprimento da sentença

---

[17] § 11. O tribunal, ao julgar recurso, majorará os honorários fixados anteriormente levando em conta o trabalho adicional realizado em grau recursal, observando, conforme o caso, o disposto nos §§ 2º a 6º, sendo vedado ao tribunal, no cômputo geral da fixação de honorários devidos ao advogado do vencedor, ultrapassar os respectivos limites estabelecidos nos §§ 2º e 3º para a fase de conhecimento.

[18] Art. 86. Se cada litigante for, em parte, vencedor e vencido, serão proporcionalmente distribuídas entre eles as despesas. Parágrafo único. Se um litigante sucumbir em parte mínima do pedido, o outro responderá, por inteiro, pelas despesas e pelos honorários.

[19] In: *Honorários sucumbenciais – parte 1*. Disponível em: <https://www.youtube.com/watch?v=rNfft62mWFc&t=1727s>. Acesso em: 08 out. 2017.

[20] A LRT alterou o art. 878 da CLT, para exigir que a fase de cumprimento da sentença seja requerida pela parte, restringindo a atuação de ofício pelo magistrado aos casos em que a parte não esteja representada por advogado: "Art. 878. A execução será promovida pelas partes, permitida a execução de ofício pelo juiz ou pelo Presidente do Tribunal apenas nos casos em que as partes não estiverem representadas por advogado".

e na execução, quando não cumprida voluntariamente a obrigação pelo vencido (CPC, arts. 85, § 1º, e 523, § 1º)[21].

6. HONORÁRIOS CONTRATUAIS

Diante da ausência de honorários de sucumbência na Justiça do Trabalho, por força da restrição da Súmula n. 219 do TST, tornou-se comum a postulação de indenização por perdas e danos em razão da contratação de advogado, nos termos do art. 404 do CC[22].

Em que pese à justificativa calcada na lei civil, a jurisprudência do TST manteve-se fiel ao teor da Súmula n. 219 e negava a aplicação do art. 404 do Código Civil, com base nos seguintes fundamentos: o art. 404 seria aplicável nos casos de indenizações por perdas e danos, e não quando se está postulando verbas trabalhistas; a existência do *jus postulandi* permite que a parte demande diretamente, sem a presença de advogado, constituindo, pois, faculdade a contratação do profissional; não há sucumbência no processo do trabalho, exceto na hipótese da Lei n. 5.584/1970, em consonância com a Súmula n. 219; a condenação em honorários com amparo no art. 404 do CC seria uma forma de reconhecer a sucumbência por via oblíqua, isto é de contornar a Súmula n. 219 do TST, já que o resultado prático final seria o mesmo, o que poderia levar a julgamentos contraditórios a respeito do mesmo fato (STJ-REsp 1155527).

A partir da introdução na CLT do art. 791-A pela LRT, eis que surge a dúvida sobre o cabimento de indenização pelos honorários contratuais, ante a novel permissão de condenação em honorários de sucumbência.

A esse respeito, a jurisprudência do STJ é refratária ao cabimento de honorários contratuais. Entende a Corte que não cabem honorários contratuais pelo simples ajuizamento da demanda, uma vez que os gastos com a contratação de advogado para a atuação judicial não integram as perdas e danos devidos pelo devedor, haja vista que o exercício regular do direito de defesa, por parte do devedor, no processo, não tem o condão de gerar o dever de indenizar os honorários despendidos pelo credor com a contratação de advogado para a representação judicial. Assim, os honorários contratuais que poderiam integrar as perdas e danos seriam aqueles relativos à atuação extrajudicial apenas, não englobando a representação judicial. Nesse sentido confiram-se os seguintes precedentes:

> PROCESSUAL CIVIL. AGRAVO INTERNO NO RECURSO ESPECIAL. REAVALIAÇÃO DO CONJUNTO FÁTICO-PROBATÓRIO DOS AUTOS. INADMISSIBILIDADE. INCIDÊNCIA DA SÚMULA N. 7/STJ. HONORÁRIOS CONTRATUAIS. RESSARCIMENTO. IMPOSSIBILIDADE. DECISÃO MANTIDA. 1. O recurso especial não comporta o exame de questões que impliquem incursão no contexto fático-probatório dos autos, a teor do que dispõe a Súmula n. 7 do STJ. 2. No caso concreto, a análise das razões apresentadas pelo recorrente, quanto à existência de danos morais, demandaria o revolvimento de fatos e provas, vedado em recurso especial. 3. Esta Corte possui entendimento firmado de que os custos decorrentes da contratação de advogado para ajuizamento de ação, por si sós, não constituem danos materiais indenizáveis. Precedentes da Segunda Seção. 4. Agravo interno a que se nega provimento (REsp 1558386 – 24.08.2017);

> RECURSO ESPECIAL. PROCESSUAL CIVIL. CPC/1973. AÇÃO DE COBRANÇA. HONORÁRIOS ADVOCATÍCIOS E DE ASSISTENTE TÉCNICO. ATUAÇÃO EM OUTRA DEMANDA. DESCABIMENTO DO AJUIZAMENTO DE AÇÃO DE COBRANÇA CONTRA O VENCIDO PARA PLEITEAR RESSARCIMENTO DE HONORÁRIOS CONTRATUAIS DO ADVOGADO QUE ATUOU NO LITÍGIO ANTERIOR. JULGADOS DESTA CORTE SUPERIOR. OMISSÃO DA SENTENÇA QUANTO AO RESSARCIMENTO DOS HONORÁRIOS DO ASSISTENTE TÉCNICO. AJUIZAMENTO DE AÇÃO AUTÔNOMA. DESCABIMENTO. APLICAÇÃO DO ENTENDIMENTO FIRMADO NA SÚMULA N. 453/STJ. 1. Controvérsia acerca da possibilidade de se cobrar, em ação autônoma, honorários advocatícios contratuais e honorários de assistente técnico relativos à atuação em demanda anterior. 2. Descabimento da condenação do vencido ao ressarcimento dos honorários contratuais do advogado que atuou no processo em favor da parte vencedora. Jurisprudência pacífica desta Corte Superior. 3. Distinção entre honorários contratuais e de sucumbência. 4. 'Os honorários sucumbenciais, quando omitidos em decisão transitada em julgado, não podem ser cobrados em execução ou em ação própria' (Súmula n. 453/STJ). 5. Aplicação do entendimento consolidado na Súmula n. 453/STJ à hipótese de sentença omissa quanto à condenação ao ressarcimento de honorários do assistente técnico. 6. Tratamento diverso da matéria pelo CPC/2015. 7. RECURSO ESPECIAL PROVIDO (REsp n. 1.566.168/RJ, Relator Ministro PAULO DE TARSO SANSEVERINO, TERCEIRA TURMA, julgado em 27.04.2017, DJe 05.05.2017).

7. HONORÁRIOS DE SUCUMBÊNCIA E PROCEDÊNCIA PARCIAL

Sucumbência recíproca não se confunde com sucumbência parcial:

> A sucumbência recíproca só ocorre se demandante e demandado são integralmente vencedor e vencido

---

(21) Art. 85, § 1º São devidos honorários advocatícios na reconvenção, no cumprimento de sentença, provisório ou definitivo, na execução, resistida ou não, e nos recursos interpostos, cumulativamente.
Art. 523, § 1º Não ocorrendo pagamento voluntário no prazo do *caput*, o débito será acrescido de multa de dez por cento e, também, de honorários de advogado de dez por cento.

(22) Art. 404. As perdas e danos, nas obrigações de pagamento em dinheiro, serão pagas com atualização monetária segundo índices oficiais regularmente estabelecidos, abrangendo juros, custas e honorários de advogado, sem prejuízo da pena convencional.

(pense-se na procedência do pedido do demandante e simultânea procedência do pedido do demandado formulado em reconvenção). Havendo sucumbência parcial, primeiro se distribuem proporcionalmente as despesas processuais entre os litigantes e, eventualmente, depois se pode pretender o encontro de contas e conseguinte compensação dessas despesas. Nessas despesas não entram os honorários de sucumbência, que não podem ser objeto de compensação (art. 85, § 14, CPC)[23].

Assim, haverá sucumbência recíproca quando, por exemplo, o autor-reconvindo é 100% vencedor na ação e o réu-reconvinte é 100% vencedor na reconvenção. Já a sucumbência parcial ocorrerá quando o autor pede 100 e ganha menos do que o pedido (ex.: ganha 50, 70 ou 90).

Em que pese os termos sucumbência recíproca e sucumbência parcial não sejam sinônimos, o STJ já se pronunciou no sentido de que a sucumbência (parcial) se enquadra enquanto formal (ganhou ou perdeu) e material (pedi 100 e ganhei 50)[24].

Sobre a diferenciação entre sucumbência formal e material, colhe-se a seguinte explanação do Informativo n. 562 do STJ:

> A propósito, importante destacar lição doutrinária acerca da existência de distinção entre 'sucumbência formal' e 'sucumbência material' para fins de aferição do interesse recursal das partes: (a) 'Por sucumbência formal se entende a frustração da parte em termos processuais, ou seja, a não obtenção por meio da decisão judicial de tudo aquilo que poderia ter processualmente obtido em virtude do pedido formulado ao órgão jurisdicional. Nesse sentido, será sucumbente formal o autor se este não obtiver a procedência integral de seu pedido e o réu se não obtiver a improcedência integral do pedido do autor. Na parcial procedência do pedido haverá sucumbência formal recíproca'; e (b) 'A sucumbência material, por sua vez, se refere ao aspecto material do processo, verificando-se sempre que a parte deixar de obter no mundo dos fatos tudo aquilo que poderia ter conseguido com o processo. A análise nesse caso nada tem de processual, fundando-se no bem ou bens da vida que a parte poderia obter em virtude do processo judicial e que não obteve em razão da decisão judicial. Essa discrepância entre o desejado no mundo prático e o praticamente obtido no processo gera a sucumbência material da parte[25].

Assim, por exemplo, o autor que postule 100 a título de hora extras e ganhe 70 será sucumbente em 30, e, sobre este montante incidirão honorários de sucumbência em favor do advogado do réu.

Nesse sentido já se posicionou o TST, quando do julgamento de ações rescisórias:

> HONORÁRIOS ADVOCATÍCIOS NA AÇÃO RESCISÓRIA. SUCUMBÊNCIA RECÍPROCA. DISTRIBUIÇÃO PROPORCIONAL. Embora tenha julgado parcialmente o pedido deduzido na ação rescisória, o TRT condenou somente o Réu ao pagamento de honorários advocatícios. Todavia, ante a sucumbência recíproca na ação rescisória, os honorários advocatícios devem ser partilhados proporcionalmente, em conformidade com o disposto no *caput* art. 21 do CPC de 1973. (RO – 10331-13.2015.5.03.0000, Relator Ministro: Douglas Alencar Rodrigues, Data de Julgamento: 05.09.2017, Subseção II Especializada em Dissídios Individuais, Data de Publicação: DEJT 08.09.2017);

> 2. HONORÁRIOS ADVOCATÍCIOS. SUCUMBÊNCIA RECÍPROCA. POSSIBILIDADE. Em decorrência do CPC de 2015, a Súmula n. 219 do TST sofreu alterações em sua redação, e teve acrescido, entre outros, o item IV, segundo o qual "na ação rescisória e nas lides que não derivem de relação de emprego, a responsabilidade pelo pagamento dos honorários advocatícios da sucumbência submete-se à disciplina do Código de Processo Civil (arts. 85, 86, 87 e 90)". Nesse contexto, em que este litígio não decorre da relação de emprego – já que se trata de uma ação anulatória de acordo coletivo de trabalho – e em que os pedidos do autor foram parcialmente deferidos, há de ser reformada em parte, a decisão, aplicando-se a sucumbência recíproca, de forma a que o ônus relativo aos honorários advocatícios seja partilhado. Assim, dá-se provimento parcial ao recurso, atribuindo-se, ao autor, o pagamento da metade do valor fixado pelo Regional, a título de honorários advocatícios, cabendo aos réus a outra metade (RO – 10818-80.2015.5.03.0000, Relatora Ministra: Dora Maria da Costa, Data de Julgamento: 21.11.2016, Seção Especializada em Dissídios Coletivos, Data de Publicação: DEJT 30.11.2016).

Evidentemente que a questão não é simples e poderá provocar entendimento jurisprudencial no sentido de entender que somente haverá sucumbência do autor quando este não obtiver nenhum êxito em relação a cada um dos pedidos analisados isoladamente. Vale dizer, quando se tratar de procedência parcial do pedido, a compreensão dos Tribunais poderá convergir no sentido de afastar a sucumbência recíproca, como, aliás, já se posicionou o TST por ocasião dos honorários periciais:

> HONORÁRIOS PERICIAIS. SUCUMBÊNCIA PARCIAL. A decisão regional encontra-se em consonância com a jurisprudência desta Corte, segundo a qual a ré é responsável pelo pagamento dos honorários periciais,

---

(23) MARINONI, Luiz Guilherme; ARENHART, Sérgio Cruz; MITIDIERO, Daniel. *Novo Código de Processo Civil comentado*. São Paulo: Revista dos Tribunais, 2015. p. 176-177.

(24) SOUSA, Tercio Roberto Peixoto. *Honorários sucumbenciais – parte 2*. Disponível em: <https://www.youtube.com/watch?v=ws_RM7e-hT8>. Acesso em: 08 out. 2017.

(25) Disponível em: <http://www.stj.jus.br/SCON/SearchBRS?b=INFJ&tipo=informativo&livre=@COD=%270562%27>. Acesso em: 08 out. 2017.

ainda que a sucumbência no objeto da perícia tenha sido parcial. Precedentes. Recurso de revista de que não se conhece. (RR – 129800-07.2009.5.09.0094, Relator Ministro: Cláudio Mascarenhas Brandão, Data de Julgamento: 19.04.2017, 7ª Turma, Data de Publicação: DEJT 28.04.2017)".

7.1. Honorários de sucumbência e danos morais

No que concerne aos danos morais, o STJ firmou o entendimento de que a sucumbência parcial não implica honorários sobre o que a parte perdeu, conforme Súmula n. 326: "*Na ação de indenização por dano moral, a condenação em montante inferior ao postulado na inicial não implica sucumbência recíproca*".

Acontece que a referida Súmula n. 326 foi editada na vigência do CPC/73, quando a parte não precisava indicar quanto pretendida obter a título de danos morais: bastava que formulasse o pedido, cabendo ao juiz fixar o montante.

Segundo Lúcio Delfino e Diego Crevelin de Sousa:

> A isenção da sucumbência recíproca tinha fundo ético elogiável: se a indenização é fixada pelo juiz, e o autor não precisa dizer quanto quer, sendo apenas sugestiva eventual especificação, não seria correto impor sucumbência recíproca em caso de acolhimento a menor do pedido, pois isso seria onerar alguém a partir de uma variável que ele não tem a menor possibilidade de controlar[26].

Com o advento do CPC/15, a quantificação da pretensão indenizatória se tornou exigível, inclusive quando fundada em dano moral: "*Art. 292. O valor da causa constará da petição inicial ou da reconvenção e será (...) V – na ação indenizatória, inclusive a fundada em dano moral, o valor pretendido*".

A partir de então, muitos passaram a defender a possibilidade de sucumbência recíproca quando acolhido em parte o pedido de indenização por danos morais.

Nada obstante a exigência de quantificação do dano moral desde o CPC/15, a jurisprudência[27], de um modo geral, permanece seguindo a Súmula n. 326 do STJ.

Nesse pálio, embora a parte deva indicar o valor pretendido a título de danos morais, a sua fixação depende, em última instância, de quantificação judicial. Assim, mesmo que o autor, ao formular o pedido de indenização por danos morais, procure observar a média de indenizações que a jurisprudência defere em casos semelhantes, ainda assim terá enorme dificuldade, pois, neste tema, o cenário que infecta o cotidiano forense é de aguda imprevisibilidade. De fato, mesmo que o autor seja prudente na fixação do valor pretendido, inclusive considerando julgados de casos afins, nada lhe assegura que a quantia a ser arbitrada se ajustará aos seus anseios[28].

Por essas razões, a jurisprudência continua se inclinando pela ausência de sucumbência recíproca nas indenizações por danos morais.

Sobre a celeuma, uma última observação se faz necessária. A LRT tarifou as indenizações por danos morais, no art. 223-G, § 1º, o que afastaria, num primeiro olhar, a incidência da Súmula n. 326 do processo do trabalho.

Mas, como dito antes, essas são apenas impressões preliminares.

7.2. Honorários de sucumbência e produção antecipada de provas

Com a possibilidade de sucumbência recíproca a partir da vigência da LRT, muito se tem falado acerca da possibilidade de o trabalhador requerer a produção antecipada de provas, prevista nos arts. 381 a 383 do CPC como ação autônoma, especialmente com a finalidade prescrita no inciso III do art. 381, ou seja, quando "o prévio conhecimento dos fatos possa justificar ou evitar o ajuizamento de ação".

A princípio, por não ter caráter contencioso, são indevidos os honorários de sucumbência, consoante ressai da ementa seguinte:

---

(26) DELFINO, Lúcio; SOUSA, Diego Crevelin de. *A derrocada do enunciado sumular n. 326 do Superior Tribunal de Justiça*. Disponível em: <https://www.conjur.com.br/2016-set-05/derrocada-sumular-326-superior-tribunal-justica>. Acesso em: 08 out. 2017.

(27) RESPONSABILIDADE CIVIL – Dano material e moral – Extravio temporário de bagagens – Ação julgada parcialmente procedente, reconhecendo o direito à recomposição integral dos danos materiais, estes arbitrados em R$ 6.650,00 e à indenização por dano moral, esta arbitrada em R$ 3.000,00, dividindo os ônus da sucumbência – Insurgência pelo autor, pleiteando majoração da indenização por danos morais e revisão da sucumbência – Acolhimento parcial – Indenização por dano moral que se mostra adequada, considerando que o extravio foi temporário (durou apenas alguns dias) e não permanente – Reconhecimento, ademais, do direito à recomposição integral do dano material que torna o plus de R$ 3.000,00 adequado ao abalo interno experimentado pelo autor – Acolhimento do pedido de majoração, quanto mais para R$ 15.000,00, que ocasionaria enriquecimento indevido, violando o propósito reparador do instituto 'dano moral' – Fixação de indenização abaixo do patamar pretendido que não implica sucumbência recíproca, a teor do contido na Súmula n. 326/STJ – Ação, portanto, que fica julgada procedente – Rés que ficam responsável, de forma solidária, pelo pagamento das indenizações e pelos ônus da sucumbência, com honorários arbitrados em 15% sobre o valor da condenação – Honorários recursais que são devidos ao vencedor, a teor do quanto contido no art. 85. §§ 1º, 2º e 11º, do CPC, ficando estes arbitrados em 5% sobre o valor da condenação, dado o trabalho realizado em segundo grau de jurisdição – Sentença parcialmente reformada – Recurso parcialmente provido. (TJSP; Apelação 1040346-14.2016.8.26.0002; Relator (a): Jacob Valente; Órgão Julgador: 12ª Câmara de Direito Privado; Foro Regional II – Santo Amaro – 10ª Vara Cível; Data do Julgamento: 20.09.2017, Data de Registro: 26.09.2017).

(28) Cf. DELFINO, Lucio; SOUSA, Diego Crevelin de. *In: opus cit.*

> AÇÃO DE PRODUÇÃO ANTECIPADA DE PROVAS. Contratos bancários. Pedido de exibição de documento. Contrato apresentado espontaneamente pela instituição financeira ré. Sentença que se limita a homologar a produção de prova e a julgar extinto o processo, nos termos do art. 382, § 2º, do CPC/15. Apelação do autor, pugnando pela condenação da ré ao pagamento de honorários advocatícios. Impossibilidade. A produção antecipada de provas consiste, aprioristicamente, em procedimento de jurisdição voluntária, razão pela qual não há falar em condenação ao pagamento de verbas de sucumbência e honorários advocatícios, quando ausente contenciosidade. Precedentes. Sentença mantida. RECURSO NÃO PROVIDO. (TJSP; Apelação 1054432-84.2016.8.26.0100; Relator (a): Carmen Lucia da Silva; Órgão Julgador: 18ª Câmara de Direito Privado; Foro Central Cível – 7ª Vara Cível; Data do Julgamento: 04.04.2017; Data de Registro: 05.10.2017).

Todavia, caso haja resistência da parte requerida, com a instauração de contraditório nos autos, aí então será cabível a condenação na verba honorária, conforme se depreende da decisão abaixo:

> APELAÇÃO CÍVEL. DIREITO PRIVADO NÃO ESPECIFICADO. AÇÃO CAUTELAR DE PRODUÇÃO ANTECIPADA DE PROVAS. SUCUMBÊNCIA. CAUSALIDADE. No caso concreto, resta evidente a resistência da empresa ora apelante, que, muito embora tenha referido na contestação que não se opunha à realização da perícia, instaurou claro contraditório nos autos, demonstrando a pretensão resistida. Tornado contencioso o procedimento, a condenação ao pagamento dos ônus sucumbenciais é medida que se impõe. NEGARAM PROVIMENTO À APELAÇÃO. (Apelação Cível Nº 70059885590, Décima Quinta Câmara Cível, Tribunal de Justiça do RS, Relator: Alex Gonzalez Custodio, Julgado em 26.08.2015).

Nos parece que, no primeiro caso, isto é, quando não haja resistência da parte requerida, o requerente poderá postular a indenização pelos honorários contratuais, com espeque no art. 404 do Código Civil, quando do ajuizamento da ação principal, acaso obtenha êxito na pretensão.

8. HONORÁRIO DE SUCUMBÊNCIA E PEDIDOS SUCESSIVOS E ALTERNATIVOS

É pacífica a jurisprudência do STJ no sentido de que há sucumbência recíproca quando improcedente um dos pedidos cumulados sucessivamente.

Diferente é a situação dos pedidos alternativos, em que a parte se contenta com um ou outro. Nesta hipótese, sendo a parte vitoriosa em relação a um dos pedidos alternativos, não haverá sucumbência recíproca com relação ao pedido não acolhido.

Todavia, em se tratando de pedidos cumulados sucessivamente, o não acolhimento do mais abrangente importa sucumbência recíproca, consoante sólida jurisprudência do STJ:

> SEGUNDO AGRAVO REGIMENTAL NO RECURSO ESPECIAL. ADMINISTRATIVO. PENSIONISTA. EMBARGOS À EXECUÇÃO. IMPROCEDÊNCIA DE UM DOS PEDIDOS SUCESSIVOS. SUCUMBÊNCIA RECÍPROCA. OCORRÊNCIA. 1. A improcedência de um dos pedidos cumulados sucessivamente caracteriza a sucumbência recíproca. Ao contrário do que ocorre com os pedidos alternativos, em que o demandante satisfaz-se com o acolhimento de qualquer das providências requeridas. Precedentes. 2. Agravo regimental a que se nega provimento. (AgRg no AgRg no REsp 646.383/RS, Rel. Ministra ALDERITA RAMOS DE OLIVEIRA (DESEMBARGADORA CONVOCADA DO TJ/PE), SEXTA TURMA, julgado em 07.05.2013, DJe 14.05.2013);

> PROCESSUAL CIVIL. VIOLAÇÃO DO ART. 535 DO CPC/1973. INOCORRÊNCIA. PEDIDOS SUCESSIVOS. DESACOLHIMENTO DA PRETENSÃO PRINCIPAL. SUCUMBÊNCIA RECÍPROCA. PROPORÇÃO DE DECAIMENTO. VERIFICAÇÃO. IMPOSSIBILIDADE. SÚMULA N. 7 DO STJ. 1. 'Aos recursos interpostos com fundamento no CPC/1973 (relativos a decisões publicadas até 17 de março de 2016) devem ser exigidos os requisitos de admissibilidade na forma nele prevista, com as interpretações dadas até então pela jurisprudência do Superior Tribunal de Justiça' (Enunciado Administrativo n. 2). 2. O acolhimento de recurso especial por violação ao art. 535 do CPC/1973 pressupõe a demonstração de que a Corte de origem, mesmo depois de provocada mediante embargos de declaração, deixou de sanar vício de integração contido em seu julgado, o que não ocorreu na espécie. 3. Realizados pedidos cumulativos em ordem sucessiva, o desacolhimento do mais abrangente importa sucumbência recíproca. Precedentes. 4. A revisão do acórdão recorrido quanto à distribuição dos ônus sucumbenciais, com o propósito de verificar a proporção de decaimento de cada uma das partes, pressupõe o reexame do contexto fático-probatório dos autos, o que é inviável no âmbito do recurso especial, nos termos da Súmula n. 7 do STJ. 5. Agravo interno não provido (AgInt no REsp 1222914/RS, Rel. Ministro GURGEL DE FARIA, PRIMEIRA TURMA, julgado em 07.03.2017, DJe 30.03.2017).

9. HONORÁRIOS DE SUCUMBÊNCIA E MULTA DO ART. 467 DA CLT

O art. 467 da CLT dispõe que:

> Em caso de rescisão de contrato de trabalho, havendo controvérsia sobre o montante das verbas rescisórias, o empregador é obrigado a pagar ao trabalhador, à data do comparecimento à Justiça do Trabalho, a parte incontroversa dessas verbas, sob pena de pagá-las acrescidas de cinquenta por cento.

Como se percebe do texto legal, a multa de 50% apenas é devida quando as verbas rescisórias incontroversas não são pagas até a primeira audiência, que é quando ocorre o "comparecimento à Justiça do Trabalho" do empregador.

Diante das balizas legais, emerge a questão de saber quem suportará os honorários de sucumbência, quando o empregador paga a rescisão na primeira audiência.

Acerca do momento do pagamento das verbas rescisórias incontroversas, três situações podem ocorrer: o empregador paga as verbas rescisórias incontroversas antes do ajuizamento da reclamação trabalhista pelo empregado; o empregador paga as verbas rescisórias incontroversas após a primeira audiência; e o empregador paga as verbas rescisórias incontroversas após o ajuizamento da reclamação trabalhista, porém até a primeira audiência.

Não há dúvidas que os honorários de sucumbência caberão ao autor-empregado, no primeiro caso, e ao réu-empregador, no segundo caso.

Permanece, no entanto, a dúvida no que tange à terceira situação.

O pagamento das verbas rescisórias incontroversas após o ajuizamento da reclamação e até a primeira audiência implicará a perda do objeto da ação quanto ao pedido de aplicação da multa do art. 467 da CLT.

A perda do objeto significa ausência de interesse processual superveniente, ou seja, carência de ação. Assim, nesta hipótese, a sentença será de extinção do processo, sem resolução de mérito, nos termos do art. 485, VI, do CPC.

Acontece que as sentenças que extinguem o processo sem resolver o mérito contemplam condenação em custas e honorários de sucumbência, que deverá ser apurado sobre o valor atualizado da causa, nos termos do art. 791-A da LRT, e dos arts. 85, § 2º e 486, § 2º, do CPC.

Não bastasse a regra geral, especificamente quanto à perda do objeto, o § 10 do art. 85 do CPC, é expresso em prever a responsabilidade pelos honorários por aquele que deu causa ao processo: "*§ 10. Nos casos de perda do objeto, os honorários serão devidos por quem deu causa ao processo*".

É evidente que a solução legal se afigura injusta, uma vez que o empregado não tinha como prever que o empregador pagaria as verbas rescisórias incontroversas na primeira audiência.

Talvez a solução para essa terceira situação seja a de atribuir à multa do art. 467 o mesmo tratamento das penas por litigância de má-fé, e somente reconhecer serem devidos honorários de sucumbência quando uma das partes der causa ao seu julgamento de mérito, seja pela procedência ou pela improcedência da multa.

Uma outra alternativa, mais custosa a todos, seria o empregado aguardar a realização da primeira audiência, e, em não havendo o pagamento das verbas rescisórias incontroversas até aquele momento, ajuizar nova reclamação, por dependência, apenas com a finalidade de postular a incidência da multa. Nesta hipótese, no entanto, poderá se sustentar que a multa deve ser pleiteada juntamente com o pagamento das verbas rescisórias incontroversas, e que não caberia o seu pleito de forma autônoma.

10. HONORÁRIOS DE SUCUMBÊNCIA E ARQUIVAMENTO OU DESISTÊNCIA

Reza o art. 844 da CLT que o não comparecimento do Reclamante à audiência importa o arquivamento da reclamação.

A LRT introduziu os §§ 2º e 3º no art. 844, para acrescentar que se a ausência do reclamante for injustificada ele será condenado ao pagamento das custas, e que esse pagamento é condição para a propositura de nova demanda. Curial gizar que a expressão "ainda que beneficiário da justiça gratuita", constante do § 2º do art. 844 da CLT, é objeto da ADI 5766, na qual se argui a sua inconstitucionalidade.

O art. 486, *caput* e § 2º, do CPC caminha no mesmo sentido, ao condicionar o recebimento de nova ação ao pagamento das custas e dos honorários do advogado.

Considerando que o arquivamento pela ausência do reclamante é hipótese de extinção do processo sem resolução de mérito, não é possível se chegar a outra conclusão, se não a de que o reclamante que causa o arquivamento da reclamação pela sua ausência à audiência será considerado como vencido, e, como tal, deverá suportar os honorários de sucumbência apurados sobre o valor atualizado da causa.

Entendemos, contudo, que o pagamento dos honorários não poderá ser exigido para a propositura de nova ação, ainda que o arquivamento seja injustificado.

Afinal, quando o Legislador da LRT quis condicionar o recebimento de nova ação ao pagamento das despesas processuais se referiu estritamente às custas.

Assim, diversamente do que ocorre no processo civil, em que as custas e os honorários devem ser pagos para que a petição da nova ação seja despachada, tal não poderá ocorrer no processo do trabalho.

Registramos que em qualquer arquivamento, por ausência justificada ou injustificada, deverá haver condenação em custas e honorários.

Porém, para a propositura de nova demanda, somente poderá ser exigido do reclamante o pagamento das custas decorrentes de arquivamento por ausência injustificada, e, mesmo assim, somente no caso de tal exigência ser reputada constitucional pelo STF na ADI 5766.

Ademais, sendo o reclamante beneficiário da Justiça gratuita, as custas poderão ser dispensadas quando o arquivamento decorrer de ausência justificada.

Quanto aos honorários de sucumbência, aplica-se nos dois casos o previsto no art. 791-A, § 4º, ou seja, as obrigações do reclamante de pagamento dos honorários ficarão sob condição suspensiva de exigibilidade e somente poderão ser executadas se, nos dois anos subsequentes ao trânsito em julgado da decisão de arquivamento, o credor demonstrar que deixou de existir a situação de insuficiência de recursos que justificou a concessão de gratuidade.

O mesmo raciocínio pode ser emprestado para as hipóteses de desistência, haja vista que os efeitos são precisamente os mesmos, ou seja, a extinção do feito sem resolução de mérito por iniciativa da parte que deu causa ao processo e que, portanto, deve ser responsabilizada pelo custeio (princípio da causalidade).

Especificamente nos casos de desistência, renúncia ou reconhecimento do pedido, o CPC expressamente reconhece a responsabilidade quanto às despesas e honorários pela parte que desistiu, renunciou ou reconheceu, conforme art. 90[29].

11. CONCLUSÃO

A inovação trazida pela Reforma Trabalhista no campo dos honorários advocatícios representa um divisor de águas no processo do trabalho.

Muitas questões estão em aberto e ainda levará tempo até que a jurisprudência se consolide.

O objetivo deste artigo não foi o de esgotar as questões, mas apenas de trazer algumas inquietações iniciais.

O que justifica, por exemplo que os percentuais dos honorários fixados pela LRT sejam inferiores àqueles previstos no CPC?

Como ficará a quantificação dos honorários nas condenações envolvendo obrigações de fazer? O proveito econômico obtido pela parte deverá ser considerado para fins de aferição da verba honorária?

Buscamos desenvolver somente alguns dos problemas já sentidos e pressentidos com a alteração radical propiciada pela LRT.

Momentos de grandes mudanças como o atualmente vivido exigem de todos tolerância e parcimônia, preservando-se o direito adquirido, o ato jurídico perfeito e a coisa julgada, para que os ajustes à nova realidade ocorram naturalmente e sem sobressaltos.

12. REFERÊNCIAS BIBLIOGRÁFICAS

DELFINO, Lúcio; SOUSA, Diego Crevelin de. *A derrocada do enunciado sumular n. 326 do Superior Tribunal de Justiça*. Disponível em: <https://www.conjur.com.br/2016-set-05/derrocada-enunciado-sumular-326-superior-tribunal-justica>. Acesso em: 08 out. 2017.

DIDIER JR, Fredie; OLIVEIRA, Rafael Alexandria de. *Benefício da justiça gratuita*. 6. ed. Salvador: JusPodivm, 2016.

GASPAR, Danilo Gonçalves; VEIGA, Fabiano Aragão. *Efeitos da justiça gratuita no processo do trabalho*: análise das inovações introduzidas pela reforma trabalhista. Disponível em: <https://www.jota.info/artigos/efeitos-da-justica-gratuita-no-processo-do-trabalho-03102017>. Acesso em: 08 out. 2017.

MALLET, Estevão; HIGA, Flávio da Costa. *Os honorários advocatícios após a Reforma Trabalhista*. Texto inédito.

MARINONI, Luiz Guilherme; ARENHART, Sérgio Cruz; MITIDIERO, Daniel. *Novo Código de Processo Civil comentado*. São Paulo: Revista dos Tribunais, 2015.

MIZIARA, Raphael. *Condenação do beneficiário da justiça gratuita em custas, honorários periciais e advocatícios sucumbenciais na CLT reformada*. Disponível em: <http://ostrabalhistas.com.br/condenacao-do-beneficiario-da-justica-gratuita-em-custas-honorarios-periciais-e-advocaticios-sucumbenciais-na-clt-reformada/>. Acesso em: 08 out. 2017.

SOUSA, Tercio Roberto Peixoto. *Honorários sucumbenciais – parte 1*. Disponível em: <https://www.youtube.com/watch?v=rNfft-62mWFc&t=1727s>. Acesso em: 08 out. 2017.

_____. *Honorários sucumbenciais – parte 2*. Disponível em: <https://www.youtube.com/watch?v=ws_RM7e-hT8>. Acesso em: 08 out. 2017.

SUPERIOR TRIBUNAL DE JUSTIÇA. *Informativo de Jurisprudência n. 562*. Disponível em: <http://www.stj.jus.br/SCON/SearchBRS?b=INFJ&tipo=informativo&livre=@COD=%270562%27>. Acesso em: 08 out. 2017.

---

[29] Art. 90. Proferida sentença com fundamento em desistência, em renúncia ou em reconhecimento do pedido, as despesas e os honorários serão pagos pela parte que desistiu, renunciou ou reconheceu.
§ 1º Sendo parcial a desistência, a renúncia ou o reconhecimento, a responsabilidade pelas despesas e pelos honorários será proporcional à parcela reconhecida, à qual se renunciou ou da qual se desistiu.
§ 2º Havendo transação e nada tendo as partes disposto quanto às despesas, estas serão divididas igualmente.
§ 3º Se a transação ocorrer antes da sentença, as partes ficam dispensadas do pagamento das custas processuais remanescentes, se houver.
§ 4º Se o réu reconhecer a procedência do pedido e, simultaneamente, cumprir integralmente a prestação reconhecida, os honorários serão reduzidos pela metade.

Má-fé Processual e Justiça do Trabalho

Antonio Umberto de Souza Júnior[1]
Fabiano Coelho de Souza[2]
Ney Maranhão[3]
Platon Teixeira de Azevedo Neto[4]

1. ENTRANDO PELA PORTA

A despeito de seu nome enganoso, a chamada "Reforma Trabalhista" compreende um complexo e extenso arcabouço normativo que não ficou confinado a múltiplos aspectos da legislação material laboral. Também buscou imprimir uma nova fisionomia ao Direito Processual do Trabalho – um verdadeiro lado oculto da lua que passou completamente desapercebido durante toda a tramitação do projeto governamental no Congresso Nacional e que, tal qual acontece com a face lunar de costas para a Terra, não contou com nenhuma resistência ou crítica mais insistente. A partir de um correto diagnóstico de um volume expressivo de demandas na Justiça do Trabalho, não ataca a nova lei, senão timidamente com o aumento das multas administrativas nos casos de falta ou insuficiência de dados do registro dos empregados, a raiz do problema (a cultura do crônico descumprimento da legislação trabalhista), preferindo enveredar pela criação de obstáculos para o ajuizamento das ações, iniciando com procedimentos extrajudiciais exoneratórios (quitação anual de obrigações trabalhistas, arbitragem, acordos extrajudiciais para homologação, extinção do pacto laboral por consenso e abolição da exigência de assistência institucional externa nas homologações rescisórias), prosseguindo com a exigência de pedidos completamente líquidos como pressuposto de regularidade das reclamações trabalhistas, relaxando no tratamento da revelia, dificultando e condicionando a concessão da gratuidade judiciária, alargando as possibilidades de prescrição e afetando o andamento e a efetividade das execuções.

Não é este o momento nem o espaço adequado para uma avaliação mais global dos impactos potenciais das alterações. Porém, é certo afirmar que as mudanças, em linhas gerais, não conspiraram a favor de um processo mais efetivo e atento aos melhores avanços alcançados pelos demais subsistemas processuais – em especial o cível – e oscilaram entre novas regras tendencialmente retardadoras da marcha processual célere aspirada pelo legislador de 1943 (CLT, art. 765), ora se limitaram a trazer para dentro da legislação processual trabalhista, com poucas alterações, alguns institutos contemplados na nova legislação processual civil, inserida no bojo da Lei n. 13.105/2015.

Dentre tais institutos agora instalados no corpo próprio da CLT como fruto de migração normativa das regras do novo CPC, contempla a Lei n. 13.467/2017 (Lei da Reforma Trabalhista – LRT) um regime sancionatório da deslealdade processual.

Neste estudo, fundamentalmente lastreado em um texto abrangente de toda a Reforma Trabalhista elaborado pelo quarteto autor,[5] focalizamos as regras novas que a CLT

---

(1) Mestre em Direito pela Faculdade de Direito de Brasília. Professor universitário. Professor na Escola Nacional de Formação e Aperfeiçoamento de Magistrados do Trabalho (ENAMAT) e de diversas Escolas Judiciais de Tribunais Regionais de Magistrados do Trabalho. Conselheiro do Conselho Nacional de Justiça (2007-2009). Advogado (1986-1993) Titular da 6ª Vara do Trabalho de Brasília/DF (TRT da 10ª Região).

(2) Mestre em Direito pela PUC-GO. Professor na Escola de Direito de Brasília. Professor na Escola Nacional de Formação e Aperfeiçoamento de Magistrados do Trabalho (ENAMAT) e de diversas Escolas judiciais de Tribunais Regionais do Trabalho. Membro Integrante da Coordenação do Grupo de Pesquisas em Direito do Trabalho do Instituto Brasiliense de Direito Publico (IDP). Coordenador Nacional do Processo Judicial Eletrônico no âmbito da Justiça do Trabalho. Juiz Auxiliar da Presidência do TST e do CSJT. Juiz Titular da Vara do Trabalho de Formosa (GO) TRT da 18ª Região).

(3) Doutor em Direito do Trabalho pela Universidade de São Paulo (USP), com estágio de Doutorado-Sanduíche junto à Universidade de Massachusetts (Boston/EUA) Mestre em Direitos Humanos pela Universidade Federal do Pará (UFPA). Especialista em Direito do Trabalho pela Universidade de Roma – La Sapienza (Itália) Professor Adjunto do Curso de Direito na Universidade Federal do Pará (UFPA). Professor convidado de diversas Escolas Judiciais de Tribunais Regionais do Trabalho. Membro do Comitê Gestor Nacional do Programa Trabalho Seguro (TST/CSJT). Juiz Titular da 2ª Vara do Trabalho de Macapá (AP) (TRT da 9ª Região/PA-AP).

(4) Doutor em Direito pela Universidade Federal de Minas Gerais. Mestre em Direitos Humanos pela Universidade Federal de Goiás. Professor Adjunto de Direito Processual do Trabalho da universidade Federal de Goiás. Professor da Escola Nacional de Formação e Aperfeiçoamento de Magistrados do Trabalho (ENAMAT) e de diversas Escolas Judiciais de Tribunais Regionais do Trabalho. Ex-Diretor de Informática da Associação Nacional dos Magistrados da Justiça do Trabalho (ANAMATRA). Ex-Presidente da Associação dos Magistrados do Trabalho da 18ª Região (AMATRA 18) e do Instituto Goiano de Direito do Trabalho (IGT). Membro Efetivo do Instituto Ítalo-Brasileiro de Direito do Trabalho. Titular da Cadeira n.3 da Academia Goiana de Direito. Titular da Vara do Trabalho de São Luís de Montes Belos-GO TRT da 18ª Região.

(5) SOUZA JÚNIOR, Antonio Umberto de; SOUZA, Fabiano Coelho de; MARANHÃO, Ney Stany Morais e AZEVEDO NETO, Platon Teixeira de. *Reforma trabalhista*: análise comparativa e crítica da Lei n. 13.467/2017. São Paulo: Rideel, 2017.

recebeu para punir os maus litigantes. A análise abordará o dano processual provocado pelas partes, advogados e testemunhas.

2. LITIGÂNCIA DESLEAL E DESONESTA NO PROCESSO DO TRABALHO

Nossa Carta Constitucional assegura a todos, nos âmbitos judicial e administrativo, "a razoável duração do processo e os meios que garantam a celeridade de sua tramitação" (CF, art. 5º, inciso LXXVIII). Também é indene de dúvidas que "aquele que de qualquer forma participa do processo deve comportar-se de acordo com a boa-fé" (CPC, art. 5º), sendo certo, também, que "todos os sujeitos do processo devem cooperar entre si para que se obtenha, em tempo razoável, decisão de mérito justa e efetiva (CPC, art. 6º). Extrai-se desse valioso arcabouço normativo que processo de duração razoável e decisão justa são atividades necessariamente pautadas pelo vetor da probidade. Enfim, devido processo é, também, **processo ético**.

Com a Lei n. 13.467/2017, o legislador reformista acresceu a *Seção IV-A* ao Capítulo II da Consolidação das Leis do Trabalho, intitulado "*Da responsabilidade por dano processual*". Com isso, passam a existir na Consolidação das Leis do Trabalho dispositivos expressamente voltados à regência da **litigância desonesta no processo do trabalho**. Até então, essa regência da lealdade processual advinha por completo da aplicação subsidiária das normas do Código de Processo Civil (CLT, art. 769; CPC, art. 15).

Esse novo apêndice legislativo, portanto, não significa que os deveres de **lealdade** e **boa-fé** só a partir de agora dirigirão o processo do trabalho. Significa, apenas, que, doravante, o tema passa a ter regramento próprio na CLT,[6] embora ainda de modo incompleto, forçando a aplicação supletiva do Código de Processo Civil, em especial no que se refere aos deveres processuais, inclusive quanto à configuração do ato atentatório à dignidade da justiça e ao uso moderado da linguagem nos autos e nas audiências (CPC, arts. 77 e 78).

Inaugurando essa significativa cadeia de novos dispositivos celetistas protetores da **eticidade processual**, dispõe o art. 793-A da CLT que "responde por perdas e danos aquele que litigar de má-fé como reclamante, reclamado ou interveniente". Cuida-se, porém, de mera reprodução quase literal do quanto contido no art. 79 do CPC ("responde por perdas e danos aquele que litigar de má-fé como **autor**, **réu** ou interveniente" – grifamos). Com isso, a lei processual trabalhista passa a reconhecer, expressamente, à vítima da litigância desleal o **direito à plena e adequada reparação por danos processuais**. No geral, o legislador reformista, com essa regra, tão somente transportou para o processo do trabalho histórica regra do Código de Processo Civil (também presente, por exemplo, no art. 16 do antigo CPC/73)[7].

Importante destacar quem é exatamente o sujeito passivo das sanções por litigância processual desleal de que fala a lei – será a parte ("reclamante" ou "reclamado") ou o terceiro interveniente. Ou seja, tanto a lei processual trabalhista nova quanto a norma processual comum que lhe serviu de óbvia inspiração restringem a imposição de sanções pela má conduta em juízo às partes e terceiros.

No entanto, é preciso apontar que os advogados, no exercício profissional, também podem responder pelos danos causados por culpa ou dolo. Por exemplo, quando ficar configurada a lide temerária por atos lesivos à parte contrária praticados **em regime de cumplicidade entre advogado e cliente**, a serem apurados em ação própria, serão eles solidariamente responsáveis pelos danos processuais (Lei n. 8.906/1994, art. 32). Logo, a exclusividade da responsabilidade por dano processual, confinada às partes e intervenientes, dependerá da exclusividade da autoria do ato desleal.[8]

Também parece haver campo interpretativo, dentro da perspectiva de universalidade do princípio da proteção da boa-fé (e seu vetor de repressão aos atos de má-fé), para admitir-se a responsabilização patrimonial dos advogados públicos e privados, defensores e procuradores por dano processual doloso, ainda que em caráter meramente regressivo, naquelas situações em que a conduta processual desleal seja **exclusivamente imputável** a tais assistentes ou representantes das partes.

---

(6) A doutrina é pacífica quanto à aplicabilidade do regime processual civil de sanção à litigância de má-fé nas demandas trabalhistas. Conferir, por todos: LEITE, Carlos Henrique Bezerra. *Curso de direito processual do trabalho*. 14. ed. São Paulo: Saraiva, 2016, p. 546-549; GARCIA, Gustavo Filipe Barbosa. *Curso de direito processual do trabalho*. 5. ed. Rio de Janeiro: Forense, 2016, p. 306-311; SILVA, Bruno Freire e. *O novo CPC e o processo do trabalho*, I, Parte Geral. São Paulo: LTr, 2015, p. 83-84. Também a jurisprudência admite sem hesitação o instituto. Confira-se, ilustrativamente, a OJ n. 409/SDI-1/TST: "MULTA POR LITIGÂNCIA DE MÁ-FÉ. RECOLHIMENTO. PRESSUPOSTO RECURSAL. INEXIGIBILIDADE. O recolhimento do valor da multa imposta como sanção por litigância de má-fé (art. 81 do CPC de 2015 – art. 18 do CPC de 1973) não é pressuposto objetivo para interposição dos recursos de natureza trabalhista".

(7) O legislador, porém, acabou mantendo a tônica de identificar o exercício do direito fundamental de ação com o substantivo "reclamação" (por todos, confira-se o art. 840, *caput*, da CLT) e, a partir daí, alcunhar autor e réu, respectivamente, como "reclamante" e "reclamado" (por todos confira-se o art. 845 da CLT). Ora, essa é uma reminiscência histórica do processo do trabalho, porquanto decorrente da época em que a Justiça do Trabalho era ainda vinculada ao Poder Executivo, quando então recebia "reclamações" administrativas de trabalhadores frente a seus empregadores. Cremos que o legislador perdeu ótima oportunidade de imprimir no texto da CLT linguagem processual mais cientificamente escorreita, como reflexo de sua efetiva integração ao Poder Judiciário brasileiro (CF, art. 92). Entretanto, pela consagração histórico-doutrinária, seguiremos no uso desses termos, com a ressalva *supra*.

(8) Há mesmo algumas condutas que dificilmente serão imputáveis, em geral, apenas à parte. Pouco crível, por exemplo, que derive de exclusiva iniciativa da parte, normalmente leiga em Direito, a dedução de pretensão ou defesa contra texto expresso de lei ou a interposição de recurso com intuito protelatório (CLT, art. 793-B, I e VII).

Sem embargo de toda essa discussão, revela-se interessante a tese pela qual, **em hipóteses extremamente excepcionais**, de comprovado e inequívoco dolo, em decisão fundamentada e nos autos do próprio processo em que se deu a infração ética, o magistrado possa reputar o advogado **solidariamente responsável**, junto com seu cliente, pelas sanções aplicadas em decorrência da violação da eticidade processual, valendo-se, para tanto, dos princípios da proporcionalidade, razoabilidade e eficiência (CF, arts. 5º, LIV e LXXVIII, e 37, *caput*; CPC, art. 8º) e ainda com fulcro na pedagógica regra contida no art. 81, § 1º, do CPC (CLT, art. 769 c/c CPC, art. 15).[9] No entanto, a jurisprudência atual do Tribunal Superior do Trabalho repele tal possibilidade, indicando que a apuração da responsabilidade do causídico desafia ação própria, conforme se percebe dos seguintes precedentes:

ADVOGADO. MULTA POR LITIGÂNCIA DE MÁ-FÉ. CONDENAÇÃO SOLIDÁRIA. VIOLAÇÃO DO Art. 32 E PARÁGRAFO ÚNICO DA LEI N. 8.906/94. I – Delineada objetivamente na decisão rescindenda tese a propósito da possibilidade de os advogados serem condenados solidariamente com o seu constituinte pelo pagamento de multa por litigância de má-fé, na hipótese de lide temerária, sobressai a viabilidade do juízo rescindente pelo prisma do art. 32 e parágrafo único da Lei n. 8.906/94, invocado expressamente tanto na inicial quanto nas razões recursais. II – Com efeito, o referido dispositivo é claríssimo ao preceituar que somente por meio de ação própria pode-se cogitar da condenação solidária do advogado com seu cliente, mediante comprovação de que, coligados, objetivavam lesar a parte contrária. III – Tendo por norte a literalidade do preceito legal, não há lugar para invocar-se o óbice da Súmula n. 83 desta Corte, de modo que a vulneração da norma da legislação extravagante se afigura incontrastável, em condições de autorizar o corte rescisório e por consequência afastar a condenação imposta aos advogados. IV – Recurso provido parcialmente (TST, SDI 2, ROAR 272-85.2011.5.18.0000, LEVENHAGEN, DEJT 20.04.2017)

LITIGÂNCIA DE MÁ-FÉ DOS ADVOGADOS – Art. 32, PARÁGRAFO ÚNICO, DA LEI N. 8.906/94 – DESCABIMENTO. A previsão expressa no art. 32, parágrafo único, da Lei n. 8.906/94 é a de que a conduta inadequada do advogado em juízo deve ser apurada em ação própria. A condenação do advogado às penalidades impostas ao litigante de má-fé deve observar o devido processo legal, sendo-lhe assegurados o contraditório e a ampla defesa em processo autônomo. Logo, ainda que evidenciada a conduta desleal, não tem cabimento a condenação do causídico ao pagamento de multa e indenização por litigância de má-fé. Precedentes. Recursos de revista conhecidos e providos (TST, 7ª T., RR 627-62.2012.5.15.0156, PHILIPPE, DEJT 25.08.2017)

Tal conjunto de possibilidades de responsabilização ética e patrimonial das partes e terceiros e de seus assistentes jurídicos públicos e privados certamente incutirá, em especial a partir da simbólica transfusão do regime de repressão ao dolo processual para dentro da CLT, um maior senso de profissionalismo, de busca da máxima fidelidade na reprodução dos fatos controvertidos da causa e no cuidado no manejo dos diversos instrumentos processuais colocados à disposição para postulação, instrução e interposição de recursos, realçando o novo ambiente de um processo judicial trabalhista realmente cooperativo e ético.

Importante o registro de que deve o juiz perscrutar a revelação do propósito desonesto na conduta examinada (ou seja, deve-se buscar segregar situações compreensíveis de mera confusão ou esquecimento, na memorização de dados

---

(9) A respeito, confira-se a seguinte publicação: "Após manipulação do local de trabalho, advogado e empresa são multados por litigância de má-fé. Eles também foram condenados por ato atentatório à dignidade da Justiça. Segunda-feira, 7 de agosto de 2017. A juíza do trabalho Samantha Mello, da 8ª vara de São Bernardo do Campo/SP, condenou uma empresa e seu advogado por litigância de má-fé e ato atentatório à dignidade da Justiça após verificar manipulação do local de trabalho. Após constatar depoimentos contraditórios, a magistrada reteve os celulares das partes em audiência. Os celulares da reclamante, de sua advogada, da preposta e das três testemunhas presentes ficaram sobre a mesa da juíza, e foram devolvidos apenas depois da diligência na empresa. A única pessoa que não entregou o aparelho foi o advogado da reclamada, que com ela foi condenado solidariamente por litigância de má-fé e indenização em favor da autora, além e multa por ato atentatório à dignidade da Justiça. Enquanto a patrona da reclamante e a preposta permaneceram na sala de audiências com a juíza, a autora e todas as testemunhas se deslocaram no carro da oficial de justiça do TRT da 2ª região à escola reclamada. De acordo com a decisão, lá a oficial de justiça pôde constatar diversos artifícios utilizados para invalidar a versão da trabalhadora como: retirada de captadores de alunos na porta da ré; computadores vazios, mas ligados; contradição entre relatos de empregadas que se encontravam no local; sonegação de livro de registro de pontos e relógio de ponto sem controle. Para a juíza ficou evidente que o patrono da ré fez contato por telefone, que resultou em manipulação do local de trabalho. *"Salta aos olhos a má-fé e mesmo a falta de bom senso da empresa e seu patrono: Se apenas o patrono da empresa não acautelou o celular e todas as testemunhas e a Autora estavam com a oficial, bem como a patrona da Autora e a preposta da Ré estavam com celulares acautelados e presentes na sala de audiência, quem poderia ter avisado à empresa acerca da diligência? Mais. Bastante ingênua a postura da empresa ao acreditar que poderia orientar suas empregadas, esquecendo-se que existem outros meios de colheita de prova (vizinhos, ligação para outra filial) que poderiam ser – e o foram – utilizados pela oficiala, profissional experiente."* Segundo a magistrada, a condenação não irá reparar o dano, mas servirá de caráter pedagógico à ré, que lesou a trabalhadora, sustentou uma versão inverossímil e manipulou o local de trabalho para manter uma mentira apresentada em juízo. A juíza pontuou que existe um senso comum – equivocado – de que na Justiça do Trabalho 'vence o processo aquele que mente melhor', porém a realidade não é essa já que partes, testemunhas, advogados, de ambos os lados, são corriqueiramente multados pelo Judiciário. Dessa forma, foi reconhecido o vínculo de emprego e determinado o pagamento dos valores devidos, e o reclamado e seu patrono foram condenados a pagar solidariamente à reclamante multa de 10% do valor da causa por litigância de má-fé e indenização de 20% sobre o valor da causa, nos termos do arts. 80 I, II, III, V, VI, e 81, *caput* e § 2º do CPC, e multa de 20% sobre o valor da causa em favor da União, por ato atentatório ao exercício da jurisdição, nos termos do art. 77, I, II, III e IV, e §§ 1º e 2º do CPC. Processo: 1002594.83.2016.5.02.0468". Disponível em: <www.migalhas.com.br>. Acesso em: 07.08.2017.

fáticos relevantes ou secundários que possam ter alicerçado a inicial ou a defesa, daquelas situações repugnantes de deliberada tentativa de simulação ou adulteração da verdade com o propósito de levar vantagem processual). Não sendo clara a presença dessa premissa, a presunção de inocência recomenda que se descarte a condenação da parte suspeita por deslealdade processual.[10]

Demais disso, deve o magistrado, no momento da cogitação da repressão ao dolo processual, sempre averiguar se, de algum modo, nos autos está evidenciada a flagrante inocência da parte, de maneira que a atitude processual censurável tenha sido praticada sem seu conhecimento nem anuência, em claro excesso de mandato, o que também poderá conduzir ao indeferimento do pedido de imposição de sanções por improbidade processual.

3. HIPÓTESES CARACTERIZADORAS DA LITIGÂNCIA DE MÁ-FÉ

À luz dessa alvissareira perspectiva de máxima proteção do conteúdo ético do processo e visando a dar maior concretude ao princípio da lealdade processual, o art. 793-B da CLT passa a considerar como **litigante de má-fé** aquele que deduzir pretensão ou defesa contra texto expresso de lei ou fato incontroverso, alterar a verdade dos fatos, usar do processo para conseguir objetivo ilegal, opuser resistência injustificada ao andamento do processo, proceder de modo temerário em qualquer incidente ou ato do processo, provocar incidente manifestamente infundado ou interpuser recurso com intuito manifestamente protelatório.

Mais uma vez, o legislador reformista promove o simplório transporte para o processo do trabalho daquilo que **literalmente** já consta do art. 80 do CPC. Trata-se, pois, de mais uma **singela migração normativa** de um sistema para outro, ressaltando-se, uma vez mais, que tais vetores de eticidade sempre incidiram no processo laboral, todavia por força de aplicação subsidiária do Código Processual Civil (CLT, art. 769; CPC, art. 15), técnica de colmatação de lacunas que, nesse particular, já não mais será necessária porque, agora, *legem habemus* na legislação consolidada, ou seja, não há mais omissão legislativa justificadora de qualquer ato integrativo quanto ao tema objeto deste específico artigo.

Apesar da abertura semântica de muitos desses itens, marcados por termos abertos e de conteúdo indefinido, não hesitamos em afirmar que se trata de **rol meramente exemplificativo**. O ardil humano pode chegar às raias do inimaginável. A velhacada e a chicana no bojo do processo podem ser expressadas, enfim, por uma miríade de condutas cuja integral captação normativa será sempre empreitada impossível para o legislador.

Diante do silêncio da Lei n. 13.467/2017, será possível a aplicação subsidiária e supletiva das normas do processo comum quanto à condenação das partes por caracterização de ato atentatório da dignidade da justiça. Neste caso, após advertir qualquer dos sujeitos passíveis de punição, o magistrado aplicará ao responsável multa de até 20% (vinte por cento) do valor da causa, de acordo com a gravidade da conduta (CPC, art. 77, §§ 1º e 2º), revertida para a União (CPC, art. 77, § 3º) quando do descumprimento dos seguintes deveres processuais:

a) cumprir com exatidão as decisões jurisdicionais, de natureza provisória ou final, e não criar embaraços à sua efetivação (CPC, art. 77, IV);

b) não praticar inovação ilegal no estado de fato de bem ou direito litigioso (CPC, art. 77, VI).

Também não se "lembrou" o legislador reformista de estender, textualmente, os comandos concernentes aos atos atentatórios à dignidade da Justiça praticados pelas partes na fase de execução (CPC, art. 774).[11] Assim, incompleta a migração normativa do regime sancionatório das diversas formas de litigância de má-fé nos processos, deve-se aplicar tal disposição processual comum supletivamente (CLT, art. 769; CPC, art. 15) quando o executado trabalhista fraude a execução, se oponha à execução mediante "ardis e meios artificiosos", crie dificuldades para a efetivação da penhora, resista sem justificativa às ordens judiciais ou deixe de colaborar com o juízo, informando, intimado para tanto, os bens penhoráveis, indicando os respectivos valores e exibindo a prova de sua propriedade e de existência ou ausência de ônus sobre eles.

Constatada a perpetração de ato desleal na execução, o juiz poderá fixar multa de até 20% (vinte por cento) sobre o "valor atualizado do débito em execução" em favor

---

(10) "É certo que, na prática, poderão existir aquelas 'zonas cinzas', tomadas pela neblina da incerteza, em que o magistrado terá dificuldade em definir se o ato praticado pela parte ou por terceiro foi produto, ou não, de má-fé. Na dúvida, deverá concluir que não, pois a presunção ordinária é de que as partes e terceiros agem com boa-fé (*bona fides*). Essa presunção tanto mais se justifica quando o ato tenha sido praticado pelo autor, vale dizer, por quem provocou o exercício da função jurisdicional. A propósito. Muito mais comedido na aplicação desse dispositivo legal deverá ser o magistrado do trabalho quando a parte estiver atuando em juízo sem advogado, como lhe faculta o art. 791, *caput*, da CLT. Em situações como essa calha com perfeição a sentença latina *summum ius, summa iniuria* (Cícero, "Dos Deveres"), a significar que o excesso de rigor na aplicação da lei constitui causa de injustiça" (TEIXEIRA FILHO, Manoel Antonio. *Comentários ao novo Código de Processo Civil sob a perspectiva do processo do trabalho*: Lei n. 13.105, 16 de março de 2015. São Paulo: LTr, 2015, p. 97).

(11) A suspeita de um esquecimento do legislador talvez seja, em verdade, excessivamente generosa e infundada se analisarmos o conjunto de regras novas em matéria de execução, em linhas gerais na mesma direção de um afrouxamento dos instrumentos legais voltados ao cumprimento das sentenças condenatórias e homologatórias de acordos trabalhistas: proibição de execução de ofício quando o credor esteja assistido por advogado, instauração de contraditório compulsório na liquidação, dispensa de garantia do juízo para oferta de embargos no caso de entidades beneficentes e o alongamento do prazo para a inscrição do devedor em bancos de dados públicos de inadimplentes, inclusive o Banco Nacional de Devedores Trabalhistas (CLT, arts. 878, 879, § 2º, 884, § 6º).

do credor prejudicado com sua conduta, a ser cobrada nos mesmos autos e "sem prejuízo de outras sanções de natureza processual ou material" (CPC, arts. 774, parágrafo único e 777).

4. TRÍPLICE RESPONSABILIZAÇÃO DO *IMPROBUS LITIGATOR*

Assevera o art. 793-C da CLT que, "de ofício ou a requerimento, o juízo condenará o litigante de má-fé a pagar multa, que deverá ser superior a 1% (um por cento) e inferior a 10% (dez por cento) do valor corrigido da causa, a indenizar a parte contrária pelos prejuízos que esta sofreu e a arcar com os honorários advocatícios e com todas as despesas que efetuou". Cuida-se, novamente, de **simplória migração normativa** da integralidade do contido no art. 81 do CPC para o texto da Consolidação das Leis do Trabalho, inclusive seus três parágrafos.

A disposição central, materializada no *caput* do art. 793-C da CLT, consubstancia a chamada **tríplice responsabilização** legalmente imposta ao litigante desonesto (*improbus litigator*), na medida em que abarca as obrigações processuais de **(i) pagar multa** (superior a um por cento e inferior a dez por cento do valor corrigido da causa), **(ii) indenizar as perdas e danos** da parte contrária e **(iii) arcar com honorários advocatícios e despesas efetuadas** pela parte adversa.

O valor da indenização será fixado pelo juiz ou, caso não seja possível mensurá-lo, liquidado por arbitramento ou pelo procedimento comum (que a CLT continua a chamar de "artigos" – art. 879, *caput*), nos próprios autos (CLT, art. 793-C, § 3º). Demais disso, quando forem dois ou mais os litigantes de má-fé, o juiz condenará cada um na proporção de seu respectivo interesse na causa ou solidariamente aqueles que se coligaram para lesar a parte contrária (CLT, art. 793-C, § 1º). Vale destacar que "o valor das sanções impostas ao litigante de má-fé reverterá **em benefício da parte contrária**" (CPC, art. 96, parte inicial).

No mais, há apenas duas ligeiras mudanças nessa intensa migração normativa.

A primeira expressa um grosseiro **equívoco técnico-redacional** da LRT. De fato, o novo diploma legal fez substituir todas as palavras "juiz", corretamente constantes do art. 81 do CPC, pela palavra "juízo". Nada mais desacertado porque a Constituição Federal é clara ao afirmar que são órgãos do Poder Judiciário, entre outros, os *juízes* (juízes federais, juízes estaduais, juízes do trabalho etc. – CF, art. 92) e não os *juízos*. Lamentavelmente, o apressado legislador reformista confunde **órgão jurisdicional** (a *pessoa* que exerce a jurisdição) com **unidade jurisdicional** (o *local* onde se exerce a jurisdição). Trata-se de perceber o óbvio para o específico contexto e propósito da norma: quem condenará em litigância de má-fé não será o "juízo", mas, sim, o "juiz" que analisar o caso concreto. A redação do Código de Processo Civil, portanto, é tecnicamente mais escorreita e, nesse particular, deveria ter sido integralmente transferida para a Consolidação das Leis do Trabalho.

Quanto à segunda mudança, dispõe o § 2º do art. 793-C da CLT que, "quando o valor da causa for irrisório ou inestimável, a multa poderá ser fixada **em até duas vezes o limite máximo dos benefícios do Regime Geral de Previdência Social**". Aqui, a multa por litigância de má-fé, quando o valor da causa for irrisório ou inestimável (mandados de segurança, ações declaratórias etc.), toma por referência o dobro do limite máximo dos benefícios do Regime Geral de Previdência Social, ao passo que o seu correspondente no Código de Processo Civil fixa que tal multa poderá ser fixada "**em até 10 (dez) vezes o valor do salário mínimo**".

Portanto, conforme o novo regramento celetista, tal multa poderá alcançar, no ano de 2.017, o preciso montante de R$ 11.062,62,[12] ao passo que, no processo civil, poder-se-á atingir o valor total de R$ 9.370,00.[13] Logo, no processo laboral, em termos totais, a reprimenda pela deslealdade processual, quando o valor da causa for irrisório ou inestimável, poderá ser mais incisiva que a prevista no processo civil. Nada justifica essa diferenciação de tratamento, porquanto a ofensa ao conteúdo ético do processo sempre deterá a mesma gravidade, tanto lá como cá, porque ambos são instrumentos públicos de solução de conflitos.

Importa registrar, ainda, que a parte que abusar do direito de defesa ou expressar manifesto propósito protelatório, além das sanções previstas no art. 793-C da CLT, também se sujeitará à possibilidade da emissão de **tutela de evidência** a seu desfavor (CPC, art. 311, inciso I – aplicado subsidiariamente ao processo do trabalho [CLT, art. 769; CPC, art. 15]). Igualmente, o tríplice sancionamento ora previsto não afasta o acúmulo com a reprimenda mais severa exigida para atos enquadrados como **atentatórios à dignidade da Justiça** (CPC, art. 77, § 2º – aplicado supletivamente ao processo do trabalho [CLT, art. 769; CPC, art. 15]), quando fundados em comportamentos desonestos diversos.[14]

Importante assinalar que as sanções pecuniárias por litigância de má-fé não estão entre as despesas processuais de que são exonerados os beneficiários da Justiça gratuita. Afinal, quis a Constituição livrar os litigantes judiciais das despesas usuais para estarem em juízo e não acobertar

---

[12] Atualmente, o limite máximo dos benefícios do Regime Geral de Previdência Social está em **R$ 5.531,31** (cinco mil, quinhentos e trinta e um reais e trinta e um centavos). Disponível em: <www.previdencia.gov.br>. Acesso em: 25.07.2017.

[13] Atualmente, o valor do salário mínimo está fixado em **R$ 937,00** (novecentos e trinta e sete reais), a teor do Decreto n. 8.948, de 29 de dezembro de 2016, publicado no DOU em 30.12.2016.

[14] GAJARDONI, Fernando da Fonseca; DELLORE, Luiz; ROQUE, André Vasconcelos; OLIVEIRA JR., Zulmar Duarte de. *Teoria geral do processo*: comentários ao CPC de 2015 – parte geral. São Paulo: Forense, 2015. p. 277.

comportamentos indevidos e indignos. Daí ter o CPC, expressamente, indicado a exclusão das multas processuais da suspensão de exigibilidade das despesas processuais nas hipóteses de deferimento da gratuidade judiciária (art. 98, § 4º).

5. MULTA SANCIONATÓRIA POR IMPROBIDADE TESTEMUNHAL

Como já frisamos, "aquele que **de qualquer forma** participa do processo deve comportar-se de acordo com a boa-fé" (CPC, art. 5º). Ora, não há dúvidas de que aquele que depõe como testemunha em um processo judicial dele participa ativamente, colaborando para o alcance de uma decisão meritória justa (CPC, art. 6º).

A informalidade que muitas vezes permeia a relação laboral e o fato de que, a rigor, a documentação do contrato fica nas mãos do empregador, acabam potencializando a importância da prova testemunhal no âmbito do processo do trabalho, o que só faz recrudescer a necessidade, nessa seara, de se exigir a **máxima probidade** de todo aquele que desempenha esse relevante mister processual, considerado **genuíno serviço público** (CLT, art. 822; CPC, art. 463), não podendo a pessoa disposta ou instada a depor sofrer desconto em seu salário por ausência decorrente de sua participação em audiência judicial. Para assegurar a seriedade e sinceridade das declarações testemunhais, o principal instrumento técnico-jurídico continua sendo a solene coleta do **compromisso de dizer a verdade** (CLT, art. 828; CPC, art. 458), com sérias implicações penais (crime de falso testemunho – CP, art. 342).

É bem verdade que a Consolidação das Leis do Trabalho há muito prevê multa a desfavor daquele que, injustificadamente, recusar-se a depor como testemunha (arts. 730 e 825, parágrafo único). O Código de Processo Civil, por sua vez, também há tempos estabelece o dever de responder pelas despesas do adiamento àquele que, injustificadamente, não comparecer à audiência para a qual esteja expressamente intimado para depor como testemunha (CPC/2015, art. 455, § 5º; CPC/1973, art. 412). Essas disposições, todavia, estão mais voltadas para a garantia do que a doutrina chama de **direito fundamental à prova**. É dizer: têm a ver mais com o resguardo da efetiva produção probatória da parte que com o resguardo da incolumidade ética do processo.

Complementa esse regime de responsabilização patrimonial a possibilidade do constrangimento corporal da testemunha que, injustificadamente, se recuse a comparecer ao fórum para ser ouvida – nessa hipótese será contra ela expedido o mandado de condução coercitiva (CPC, art. 455, § 5º).

Agora, o legislador celetista promove **interessante inovação legislativa** ao prever a aplicação de multa à testemunha "que intencionalmente alterar a verdade dos fatos ou omitir fatos essenciais ao julgamento da causa" (CLT, art. 793-D, *caput*). Estabelece, assim, a inédita possibilidade de se impor **multa sancionatória por improbidade testemunhal**. Por certo, o que o legislador anseia, com essa novidadeira previsão, é munir o magistrado com mais uma ferramenta jurídica potencialmente capaz de inibir e sancionar a testemunha que, como participante do processo, descumpra com seu indeclinável dever de probidade e boa-fé (CPC, art. 5º). Esclareça-se, por oportuno, que, como a testemunha não é parte nos autos, a multa, por óbvio, não a atingirá porque **litiga** de má-fé, mas, sim, porque **depõe** de má-fé. É algo inteiramente diverso.

Ao estabelecer a multa em destaque, o legislador se reporta, expressamente, ao art. 793-C (CLT, art. 793-D, *caput*). Isso significa que tal sanção pode ser implementada **de ofício ou a requerimento** de qualquer das partes ou do Ministério Público. Igualmente, pelo mesmo motivo, compreendemos que o valor dessa multa deve reverter a favor da parte que seria potencialmente prejudicada com a improbidade testemunhal (CPC, art. 96, parte inicial – aplicado supletivamente ao processo do trabalho [CLT, art. 769; CPC, art. 15]). Pela mesma razão, o valor da multa deverá ser fixado atentando-se às precisas balizas ali fixadas: superior a 1% (um por cento) e inferior a 10% (dez por cento) do valor corrigido da causa. A execução da multa, ademais, dar-se-á nos mesmos autos em que for aplicada (CLT, art. 793-D, parágrafo único), o que deve servir como mais uma medida inibitória da improbidade testemunhal.

Como o dispositivo é claro ao prever a aplicação de multa à testemunha "que **intencionalmente** alterar a verdade dos fatos ou omitir fatos essenciais ao julgamento da causa", não há dúvida de que esse sancionamento pressuporá inequívoca demonstração da **propósito fraudatório** da testemunha. Logo, não será o simples descompasso entre o teor das declarações de uma testemunha e a convicção do julgador em torno dos fatos por ela referidos que permitirá a abertura do novo flanco de punição processual. Afinal, tal descompasso pode derivar, obviamente, de deliberada mentira, mas também pode resultar de má percepção sensorial do ocorrido, do esquecimento ou de perturbações da memória da testemunha. Tal qual na esfera penal, a regra é a presunção de inocência. Assim, será necessária a confluência de dados da realidade que permitam ao juiz formar a certeza da deslealdade da conduta da testemunha.

O instrumento da **acareação** pode ser uma boa ferramenta para a descoberta da existência ou não da improbidade testemunhal (CPC, art. 461, inciso II, e §§ 1º e 2º – aplicados supletivamente ao processo do trabalho [CLT, art. 769; CPC, art. 15]). Também eventual dilação probatória à busca de elementos novos pode ser decisiva na construção da certeza da improbidade testemunhal ou da convicção de sua inexistência, no caso concreto. Assim, novos documentos podem ser requisitados às partes ou a terceiros ou pode-se ouvir uma nova testemunha referida nos depoimentos colhidos, nos documentos juntados ou nas alegações lançadas nos autos.

Estabelece o § 2º, do art. 342 do Código Penal que, quanto ao crime de falso testemunho, "o fato deixa de ser punível se, **antes da sentença no processo em que ocorreu o ilícito**, o agente se retrata ou declara a verdade". Ora, se o escopo central da norma em comento é resguardar o conteúdo ético do processo, inibindo práticas testemunhais desleais, cremos que a racionalidade desse regramento penal **não deve ser aplicada** à multa sancionatória de improbidade testemunhal agora prevista no art. 793-D da CLT. Trata-se de disposição específica da esfera penal, expressamente relacionada à **mera extinção da punibilidade** (CP, art. 107, inciso VI), ou seja, apesar do ato delituoso, impede-se a imposição da pena prevista em lei. A retratação poderá servir, no entanto, como critério na dosimetria da punição pecuniária, podendo o magistrado, nestes casos, reduzir a multa aplicada à testemunha até mesmo ao patamar mínimo possível, a depender da dimensão da colaboração instrutória que tal arrependimento implicar.

Destarte, havendo **retratação da testemunha** antes da sentença no processo em que ocorreu a irregularidade, haverá apenas a extinção da punibilidade do crime de falso testemunho no âmbito penal, mas isso, por si, não a isenta de eventual multa sancionatória em razão do descumprimento do dever de boa-fé e lealdade processual no âmbito do processo do trabalho. Por tal autonomia de desdobramentos do falso testemunho, será recomendável que o juiz do trabalho, antes de tomar o compromisso da testemunha, advirta-a não só da possibilidade de enquadramento criminal de eventual conduta indevida, mas também da hipótese de cobrança de multa caso constatada a intenção de ludibriar o Poder Judiciário.

Nada impede, de todo modo, que o magistrado, mesmo não se convencendo da intenção fraudatória, decida por remeter cópia de peças dos autos à autoridade competente para a devida apuração de possível crime de falso testemunho (CPP, art. 40), haja vista que são esferas de apreciação jurisdicional autônomas. Porém, existindo demonstração da **intenção fraudatória** da testemunha e não havendo qualquer retratação antes da prolação da sentença, constitui **dever** do juiz não apenas impor multa sancionatória à testemunha como também comunicar o fato à autoridade competente para os fins de direito (CPP, art. 40). Afinal, incolumidade ético-processual é tema de indiscutível **interesse público**.

Por fim, registramos nossa posição no sentido de que a testemunha reconhecida como desonesta e judicialmente sancionada com a multa em destaque, deixará, *ipso facto*, o simples *status* de auxiliar do juízo e passará a figurar no processo como legítimo **terceiro prejudicado** (CPC, art. 996, *caput*). Logo, gozará de **plena legitimidade recursal** para discutir o específico incidente que a envolva cujo exercício, seguramente, deverá atentar ao tempo e modo previstos na Consolidação das Leis do Trabalho. Para tanto, deverá também ser **intimada da decisão** que promoveu repreenda ética e aplicou a respectiva multa sancionatória a seu desfavor. O recolhimento dessa multa não constitui pressuposto recursal (OJ n. 409/SDI-1/TST).

6. FECHANDO A PORTA

Portanto, a novidade trazida para o texto da CLT, com a inédita (ainda que incompleta) disciplina do sistema de repressão ao dano processual provocado pela conduta das partes e testemunhas nos processos judiciais, tem, no geral, o sabor do desgastado livro que pela centésima vez o viciado leitor abra e procure apreciar algum detalhe ainda não percebido. Afora a inovadora regra de repressão ao dolo testemunhal e algumas mudanças cosméticas em termos redacionais, às vezes para pior, como visto, o regime sancionatório da deslealdade processual trabalhista é um mal disfarçado (e incompleto) plágio das normas processuais comuns.

Evidentemente, não se pode desprezar o peso simbólico da positivação de um sistema legal de proteção da boa-fé processual para o interior da CLT. Todavia, do ponto de vista da fisionomia do processo trabalhista, a mudança não traz absolutamente nada que permita uma perspectiva otimista do futuro da jurisdição trabalhista, pressionada por múltiplos fatores, quase todos, paradoxalmente, ligados muitos mais às suas virtudes – em especial de celeridade e efetividade quando comparada aos demais ramos do Judiciário brasileiro – que aos seus defeitos.

Mesmo a novidade da improbidade testemunhal pode gerar um fenômeno perverso de evasão das pessoas dispostas a deporem como testemunhas – e aqui não nos referimos às mentirosas, mas às medrosas que temem uma decisão injusta que ao final puna sua boa vontade e eventuais lapsos de memória.

Assim, como sempre, é de se esperar extrema prudência dos magistrados na repressão dos possíveis danos à probidade processual, não transformando um moralizador instrumento de garantia da eticidade em mais uma arma de estreitamento dos canais de acesso à Justiça.

A Reforma Trabalhista e o Ônus da Prova no Processo do Trabalho

João Humberto Cesário[1]

1. BREVE ITINERÁRIO LEGISLATIVO DO ÔNUS DA PROVA

O art. 818 da Consolidação das Leis do Trabalho, na sua redação original, ditava que a prova das alegações incumbia à parte que as fizesse.

Diante da sua laconicidade, tal preceito na prática não passava de letra morta, razão pela qual ainda ao tempo do Código de Processo Civil de 1973 os juslaboralistas passaram a aplicar o art. 333 da lei em questão no Processo do Trabalho, para compreenderem, em síntese, que ao autor incumbia a prova do fato constitutivo do seu direito, ao passo que ao réu se impunha comprovar a existência de fato impeditivo, modificativo ou extintivo do direito do autor.

O tempo passou e também o art. 333 do CPC/1973 se tornou obsoleto, principalmente em função das indagações jurídicas advindas da naturalização forense das técnicas de distribuição dinâmica do ônus da prova, razão pela qual o Código de Processo Civil de 2015 passou a tratar da matéria de modo mais minucioso, fazendo-o no seu art. 373, para deixar claro, entre outras disposições, que nos casos previstos em lei ou diante de peculiaridades da causa relacionadas à impossibilidade ou à excessiva dificuldade de cumprir o encargo ou à maior facilidade de obtenção da prova do fato contrário, o juiz pode atribuir o ônus da prova de modo diverso daquele estaticamente previsto na legislação, desde que o faça por decisão fundamentada, caso em que deverá dar à parte a oportunidade de se desincumbir do ônus que lhe foi atribuído.

Finalmente, rendendo-se à superioridade técnica da disposição processual civil, a Lei n. 13.467/2017 modificou a redação do art. 818 da CLT, para de modo quase idêntico ao art. 373 do CPC/2015, ditar que:

> Art. 818. O ônus da prova incumbe:
>
> I – ao reclamante, quanto ao fato constitutivo de seu direito;
>
> II – ao reclamado, quanto à existência de fato impeditivo, modificativo ou extintivo do direito do reclamante.
>
> § 1º Nos casos previstos em lei ou diante de peculiaridades da causa relacionadas à impossibilidade ou à excessiva dificuldade de cumprir o encargo nos termos deste artigo ou à maior facilidade de obtenção da prova do fato contrário, poderá o juízo atribuir o ônus da prova de modo diverso, desde que o faça por decisão fundamentada, caso em que deverá dar à parte a oportunidade de se desincumbir do ônus que lhe foi atribuído.
>
> § 2º A decisão referida no § 1º deste artigo deverá ser proferida antes da abertura da instrução e, a requerimento da parte, implicará o adiamento da audiência e possibilitará provar os fatos por qualquer meio em direito admitido.
>
> § 3º A decisão referida no § 1º deste artigo não pode gerar situação em que a desincumbência do encargo pela parte seja impossível ou excessivamente difícil.

Percebe-se, de tudo o quanto foi dito até aqui, que a rigor a nova redação do art. 818 da CLT não carrega consigo nenhuma grande novidade legislativa em relação ao ônus da prova. Mesmo assim, compreendemos que a Reforma Trabalhista coloca à nossa frente uma excelente oportunidade de pôr em debate uma série de questões que ainda não estão suficientemente claras sobre o assunto. É o que faremos a seguir.

2. SIGNIFICADO: ÔNUS SUBJETIVO E ÔNUS OBJETIVO

No campo jurídico, a primeira noção a se dominar no que diz respeito à palavra ônus, é a do seu significado de encargo e não propriamente de dever. Assim, do mesmo modo que o réu não tem o dever de contestar a ação em face de si proposta, devendo assumir, porém, a consequência da sua revelia, a parte não possui propriamente a obrigação de produzir provas, necessitando tolerar, entretanto, o resultado da sua omissão.

---

[1] Doutorando em Função Social do Direito pela Faculdade Autônoma de Direito de São Paulo. Mestre em Direito Agroambiental pela Universidade Federal de Mato Grosso. Juiz do Trabalho no TRT da 23ª Região. Autor de livros jurídicos. Coordenador Acadêmico da Pós-graduação em Direito e Processo do Trabalho da Escola Superior da Magistratura Trabalhista de Mato Grosso nos biênios 2011 a 2013 e 2013 a 2015. Membro do Comitê Executivo do Fórum de Assuntos Fundiários do Conselho Nacional de Justiça de 2013 a 2014. Professor das disciplinas Teoria Geral do Processo, Direito Processual Civil, Direito Processual do Trabalho e Direito Ambiental do Trabalho. Tem atuado ultimamente como professor visitante na Escola Nacional de Formação e Aperfeiçoamento de Magistrados do Trabalho (ENAMAT) e nas Escolas Judiciais dos TRTs da 3ª, 5ª, 6ª, 7ª, 9ª, 14ª, 15ª, 18ª e 23ª Regiões. Disponível em: <www.facebook.com/prof.joaohumbertocesario>, <www.facebook.com/prof.joaohumbertocesarioII> e @joaohumbertocesario (instagram).

Na realidade, a questão é ainda mais complexa, já que o litigante, subjetivamente falando, deve suportar o resultado da sua displicência probatória e, objetivamente argumentando, deve se resignar com o resultado da prova de interesse do adversário que tenha inadvertidamente produzido. Pode-se concluir, portanto, que o ônus da prova detém aspectos omissivos e comissivos, podendo ser encarado tanto pelo seu prisma subjetivo, quanto pela sua angulação objetiva.

Dito de modo mais claro, o ônus subjetivo da prova se destina aos contendores, na medida em que antecipa os fatos relevantes e controvertidos que cada um deles deverá comprovar. Por outro lado, o ônus objetivo da prova se liga à atividade do magistrado, que apreciará as provas produzidas nos autos, independentemente de qual dos litigantes a tenha fabricado.

O CPC/1973 não tratava com clareza do ônus objetivo da prova, que, assim, era objeto de análise apenas doutrinária e jurisprudencial. Tal falha foi corrigida no CPC/2015, na medida em que o art. 371 deste último diploma estabelece, com tintas fortes, que o juiz apreciará a prova constante dos autos, *"independentemente do sujeito que a tiver promovido"* (tratando, assim, do ônus objetivo), cabendo-lhe indicar na decisão as razões da formação do seu convencimento. Quanto ao ônus subjetivo da prova, pelo menos na perspectiva estática ele está distribuído, como já visto na parte introdutória do presente estudo, nos arts. 818 da CLT e 373, I e II, do CPC/2015.

3. DISTRIBUIÇÃO ESTÁTICA DO ÔNUS DA PROVA

Na perspectiva estática, atualmente, seja em função do disposto na CLT ou no CPC, ao autor se impõe provar o fato constitutivo do seu direito e ao réu incumbe demonstrar o fato impeditivo, modificativo ou extintivo do direito daquele primeiro.

Fato constitutivo do direito do autor, como se sabe, é aquele que, uma vez provado, a princípio garantirá a ele o êxito na demanda. Fato impeditivo do direito do autor, por sua vez, será aquela circunstância especial, em regra de origem legal, capaz de deduzir efeitos do fato constitutivo. Fato extintivo, de outra senda, é aquele que extermina um direito preexistente. Fato modificativo, finalmente, é o evento que permuta as consequências jurídicas do fato constitutivo do direito do autor[2].

Imagine-se, pois, que o autor se diga ex-empregado de uma empresa, postulando, em consequência, a anotação da sua CTPS. Em defesa o réu nega a condição de empregado do trabalhador, cingindo-se a asseverar que ele jamais prestara a seu favor qualquer tipo de serviço. Nessa situação hipotética o ônus da prova incumbiria ao trabalhador, na medida em que este alegara como fundamento do seu direito a condição de empregado da empresa, sendo certo que esta última se restringira a negar o fato, eximindo-se de trazer à tona qualquer outro que fosse impeditivo, extintivo ou modificativo do pretenso direito obreiro.

Situação diferente seria se o trabalhador continuasse a se dizer empregado da empresa, mas o empresário, admitindo a prestação de trabalho, negasse a sua condição jurídica de empregado, argumentando, para tanto, que o obreiro teria meramente trabalhado na condição de autônomo, jamais recebendo ordens, não estando adstrito ao requisito da pessoalidade. Nesse caso o reclamado teria admitido pelo menos em parte o fato constitutivo do direito do autor, qual seja, a prestação de serviços, mas a ele teria somado outro de natureza impeditiva, consistente na execução autônoma de serviços, razão pela qual o ônus da prova a ele pertenceria.

Conceba-se, por outra vertente, que determinado empregado ajuíze ação trabalhista fundada na ocorrência de acidente de trabalho, por via da qual persiga indenização por danos materiais, morais e estéticos. Se o empregador se limitar a negar a ocorrência do infortúnio, o objeto da prova será o acontecimento em si considerado, competindo o ônus da prova ao reclamante, por ser este o fato constitutivo do seu direito. De outro tanto, se o empregador admitir a existência do evento, mas alegar que ele foi gerado por culpa exclusiva da vítima, esta – a culpa exclusiva da vítima – passará a ser o objeto da prova, razão pela qual o encargo probatório incumbirá ao reclamado que fundou sua defesa em fato impeditivo do direito almejado na primígena.

Avente-se, ademais, que certo empregado tenha ajuizado reclamação para pleitear equiparação salarial, apontando como paradigma um colega de trabalho (art. 461, *caput*, da CLT). Nesta conjuntura, se o empregador arrimar sua defesa na alegação de que os respectivos trabalhos – do reclamante e do paradigma – não tinham o mesmo valor (§ 1º do art. 461 da CLT), atrairá para si a carga probante, vez que terá verberado fato impeditivo do direito do autor (S. 6, VIII, do TST).

Idealize-se, por fim, que o empregado assevere na inicial que foi imotivadamente dispensado, mas não recebeu as verbas rescisórias de direito, postulando-as na sequência. Em resposta, a vindicada reconhece a dispensa, mas alega que ela se deu por justa causa (art. 482, "a", da CLT), motivo pelo qual não faz jus às rescisórias postuladas. Em tal hipótese, a contestação, lastreada que estava em fato impeditivo do direito do autor, acabou por dirigir à reclamada o ônus da prova.

Os exemplos, por suposto, são inesgotáveis. O fundamental é que o juslaboralista aprenda meticulosamente os conceitos de fato constitutivo, impeditivo, extintivo e modificativo do direito do autor, para que caso a caso se guie com segurança sobre o tema.

---

(2) *Vide*, para aprofundamento das definições, inclusive com fata exemplificação, CESÁRIO, João Humberto. *Provas no processo do trabalho*: de acordo com o novo Código de Processo Civil. Cuiabá: JHC, 2015, p. 110 et seq.

4. DISTRIBUIÇÃO DINÂMICA: O PRINCÍPIO DA APTIDÃO PARA A PROVA E A INVERSÃO DO ÔNUS PROBATÓRIO NO PROCESSO DO TRABALHO

É fundamental saber que relativamente à distribuição do ônus da prova a legislação de regência a princípio traça diretrizes estáticas para a orientação dos atores processuais. Porém, a atenuação dessas diretivas rígidas, fundada no princípio da aptidão para a prova, vem a cada dia ganhando destaque no Poder Judiciário, tendo atingido com o advento do CPC de 2015 e a CLT reformada de 2017 o seu apogeu legislativo.

Ao contrário do que se possa imaginar, o princípio da aptidão para a prova, do qual decorre a técnica de inversão do encargo probatório, não se trata de tema novo na doutrina. Transcrevemos, para comprovar o asseverado, a lição do processualista italiano Francesco Carnelutti, extraída da sua clássica obra Sistema de Direito Processual Civil:

> Quando a parte se encontrar em condições de poder (materialmente) facilitar a prova, basta, para assegurar a disponibilidade da mesma ao juiz, a constituição de um ônus, de tal forma que se não fornecer a prova, o juiz pode ou deve entender contrária à verdade e, da mesma forma, desestimular a afirmação da parte que não a proporcionar, e, correlativamente, entender conforme a verdade, e por isso acolhê-la, à afirmação oposta. A lesão do interesse da parte (interesse em litígio) ameaçada dessa forma atua como estímulo eficaz para a produção da prova. Além disso, a consequência se deduz, assim da inatividade da parte fundamenta-se sobre a experiência, e a sentença que se adapta a ela tem maiores possibilidades de ser justa, porque se apesar do estímulo de seu interesse a parte não proporcionar a prova, isto, de acordo com a experiência, dá ensejo para entender que a prova teria sido resolvida em prejuízo seu.[3]

Dessarte, numa perspectiva menos dogmática e mais racional, o Juiz do Trabalho podia em algumas situações emblemáticas, mesmo ao tempo do CPC/1973, atribuir o ônus da prova àquela parte que estivesse em melhores condições de produzi-la, independentemente do balizamento rígido dos vetustos arts. 818 da CLT e 333 do CPC/1973.

Àquele tempo, nem mesmo os positivistas estritos poderiam refutar a óbvia conveniência de adoção pretoriana da conduta em questão. Ocorre que o art. 6º, VIII, do CDC, elencava (e continua elencando) como um dos direitos básicos do Consumidor a facilitação da defesa de seus direitos, inclusive com a inversão do ônus da prova, a seu favor, no processo civil, quando, a critério do juiz, fosse verossímil a alegação ou quando fosse ele hipossuficiente, segundo as regras ordinárias de experiências.

Naquela ocasião, a questão que importava ser enfrentada era a da aplicabilidade, ou não, da mencionada regra no âmbito do Processo do Trabalho. A resposta era trivial, já que existia quanto ao tema uma notória lacuna axiológica na processualística laboral, que podia e devia ser colmatada pela disposição consumerista.

À guisa de argumentação, ainda que o art. 6º, VIII, do Código de Defesa do Consumidor não existisse ou não pudesse ser aplicado no âmbito processual trabalhista, o princípio da aptidão para a prova com o seu consectário da inversão do encargo probatório poderia ser reverenciado pelo Juiz do Trabalho por força do disposto no art. 5º, XXXV, da CRFB, que preconiza o direito de todos terem acesso não apenas formal, mas sobretudo substancial, ao Poder Judiciário. Colhemos, a propósito, as notáveis palavras de Eduardo Cambi, que embora não tenham sido escritas com os olhos pousados na realidade trabalhista, calham justas à hipótese:

> O legislador brasileiro, com auxílio do juiz, tem se valido desta técnica, tal como prevê o art. 6º, VIII, do CDC. Entretanto, essa técnica pode ser utilizada pelo juiz, desde que haja critérios para estabelecer uma discriminação justa, mesmo na ausência de uma lei que expressamente consagre a inversão do ônus da prova, por se tratar de um modo de concretização do princípio constitucional da isonomia, em sentido substancial, e de efetivação da garantia constitucional do contraditório.[4]

Trazendo a discussão para o presente, podemos dizer que todas essas conclusões ganham indisfarçável reforço legislativo quando percebemos que o CPC/2015 encampou expressamente no seu interior, mais especificamente nos §§ 1º e 2º do seu art. 373, o postulado da distribuição dinâmica do ônus da prova. Além disso, como já visto, para não deixar margem a dúvidas, a Lei n. 13.467/2017 reformou a CLT, para, no pertinente, adotar a visão civilista. Aceita, seja legal ou doutrinariamente, a incidência da inversão probatória no Processo do Trabalho, resta assentar as condições básicas do seu aproveitamento.

Iniciando a resposta para o tema proposto, o art. 6º, VIII, do CDC esclarece que para a inversão do ônus da prova o juiz deverá, segundo as regras ordinárias de experiências, tomar a alegação da parte por verossímil ou enquadrá-la como hipossuficiente.

Na esteira de tal disposição, tanto o § 1º do art. 373 do CPC/2015, quanto o § 1º do art. 818 da CLT, estatuem que nos casos previstos em lei ou diante de peculiaridades da causa relacionadas à impossibilidade ou à excessiva dificuldade de cumprir o encargo (previsto estaticamente nos arts 373, I e II, do CPC/2015 e 818, I e II, da CLT) ou à maior

---

(3) CARNELUTTI, Francesco. *Sistema de direito processual civil*. v. II. Trad. Hiltomar Martins Oliveira. São Paulo: Classic Book, 2000, p. 556 e 557.
(4) CAMBI, Eduardo. *Direito constitucional à prova no processo civil*. São Paulo: Revista dos Tribunais, 2001, p. 134.

facilidade de obtenção da prova do fato contrário, poderá o juízo atribuir o ônus da prova de modo diverso, desde que o faça por decisão fundamentada, caso em que deverá dar à parte a oportunidade de se desincumbir do ônus que lhe foi atribuído. Sobreleva realçar, por importante, que de acordo com o § 2º do art. 373 do CPC/2015 e com o § 3º do art. 818 da CLT, a decisão de inversão não pode gerar situação em que a desincumbência do encargo pela parte seja impossível ou excessivamente difícil.

Assim é que da combinação sinérgica dos arts. 6º, VIII do CDC, 373, §§ 1º e 2º do CPC/2015 e 818, §§ 1º e 3º da CLT, estão fincadas as balizas para a correta adoção pretoriana da técnica processual em estudo, que serão de agora em diante estudadas em tópicos apartados para fins pedagógicos.

4.1. A alegação da parte que a princípio responde estaticamente pelo ônus de provar deverá ser verossímil ou ela deverá ser tida por hipossuficiente

De acordo com o disposto no art. 6º, VIII, do CDC, como já visto, para que o ônus da prova seja invertido, o juiz deverá, segundo as regras ordinárias de experiências, tomar a alegação da parte por verossímil ou enquadrá-la como hipossuficiente. É de se discutir, nesse contexto, o que se deve entender por regras ordinárias de experiências, verossimilhança e hipossuficiência.

Segundo o art. 375 do CPC/2015 o juiz aplicará, no exercício das suas funções jurisdicionais, as regras de experiência comum subministradas pela observação do que ordinariamente acontece e, ainda, as regras de experiência técnica, ressalvado, quanto a estas, o exame pericial. Tal preceito não passa da tradução legal da antiga máxima de que o ordinário se presume e o extraordinário se comprova.

As regras da experiência comum povoam a cabeça do julgador, que, com o correr dos tempos, estribado na sua experiência pessoal e profissional, adquire uma percepção bastante sensível e apurada da maneira como os fatos do cotidiano trabalhista se desenrolam.

Já as regras da experiência técnica, muito embora a rigor não se insiram no universo cognitivo do julgador, geralmente formado somente em Direito, podem ser apreendidas pela repetição de casos corriqueiros como aqueles relativos a insalubridade, periculosidade ou redução da capacidade laborativa do trabalhador, ressalvada, sempre, a colaboração de um perito da área, cuja atividade será imprescindível para que a causa seja adequadamente solucionada. Sintetizando, quando a matéria depender de prova técnica, o fundamental para o desate do imbróglio será a realização de perícia, podendo as máximas da experiência técnica apreendidas pelo magistrado no exercício da sua profissão ser utilizadas concomitantemente, até mesmo para fins de inversão do ônus da prova.

De sua vez, a verossimilhança deve considerar, entre outros requisitos: a) o valor do bem jurídico ameaçado de lesão; b) a dificuldade de se provar a alegação; c) a credibilidade, de acordo com as regras de experiência, da alegação[5].

Por óbvio, a verossimilhança não deve se assentar em um juízo absoluto de verdade, até porque este é impossível de ser alcançado na sua máxima complexidade, ainda que em procedimento de cognição exauriente. Aliás, se a verossimilhança é um elemento de inversão do ônus da prova, é porque ela não se mostra plena enquanto critério de verdade. Deve provir, portanto, da confiabilidade da arguição, lastreada, no mais das vezes, nas máximas da experiência, subministradas pelo que ordinariamente acontece.

A hipossuficiência, ao contrário do que possa parecer à primeira vista, não se trata de um conceito propriamente econômico, sendo relativo, no contexto probatório, à fragilidade probante daquele a quem incumbiria, a princípio, dar a prova em juízo. Não podemos fechar os olhos, entretanto, para o fato de que não raro a hipossuficiência econômica afetará a capacidade comprobatória do agente, que reprimido pelas vicissitudes financeiras experimentadas ao longo da vida, nem sempre possuirá condições de carrear a juízo um acervo consistente de provas.

Percebe-se, nessa perspectiva, que a inversão do ônus da prova é uma técnica capaz de dar vida ao princípio da paridade de armas probatórias no interior do processo. Não é por outra razão, aliás, que o professor Eduardo Cambi esclarece que *"a inversão do ônus da prova é uma técnica que visa proteger (...) a parte que, na relação jurídica substancial, está em posição de desigualdade, sendo a parte mais vulnerável (v. g., nas relações de trabalho subordinado)"*[6], sendo certo, porém, que ela *"não se restringe aos aspectos econômicos, mas também devem ser ponderados alguns fatores, tais como acesso às informações, grau de escolaridade, poder de associação e posição social"*[7].

4.2. A prova daquele que detém estaticamente o ônus probatório deve ser de difícil produção, ao passo que a prova da parte contrária deve ser de veiculação mais simples

Aqui há de se enfatizar, trazendo o debate desde logo para o campo do Processo do Trabalho, que a utilização da inversão do ônus da prova na processualística laboral baseia-se, no mais das vezes, na constatação de que o

---

(5) Nesse sentido, MARINONI, Luiz Guilherme; MITIDIERO, Daniel. *Código de Processo Civil comentado artigo por artigo*. São Paulo: Revista dos Tribunais, 2008. p. 271.

(6) CAMBI, Eduardo. *Curso de direito probatório*. Curitiba: Juruá, 2014. p. 169.

(7) CAMBI, Eduardo. *Ibid.*, p.174.

empregador, em virtude de deter na relação de emprego os poderes de direção e de fiscalização, possui a obrigação de previamente constituir provas do desvencilhamento das obrigações laborais a que esteja jungido.

Assim, não é raro que ocorram situações no cotidiano forense trabalhista em que a prova a princípio atribuível ao empregado seja de difícil, improvável ou mesmo impossível (*probatio diabolica*), ao passo que a contraprova do empregador é de fácil realização, na medida em que ele possui em suas mãos o chamado poder empregatício, que se divide em poder diretivo, poder regulamentar, poder fiscalizatório, poder disciplinar e poder de documentação. Em situações que tais, não há dúvida de que a técnica da inversão probatória deve ser utilizada pelo julgador.

Devidamente apresentadas essas imprescindíveis premissas, é chegado o momento de trazer a lume alguns exemplos jurisprudenciais de inversão do ônus da prova no Processo do Trabalho. Dois dos mais eloquentes deles estão catalogados nos incisos I e III da Súmula n. 338 do TST, a saber:

> I – É ônus do empregador que conta com mais de 10 (dez) empregados o registro da jornada de trabalho na forma do art. 74, § 2º, da CLT. A não apresentação injustificada dos controles de frequência gera presunção relativa de veracidade da jornada de trabalho, a qual pode ser elidida por prova em contrário.
>
> III – Os cartões de ponto que demonstram horários de entrada e saída uniformes são inválidos como meio de prova, invertendo-se o ônus da prova, relativo às horas extras, que passa a ser do empregador, prevalecendo a jornada da inicial se dele não se desincumbir.

No primeiro caso, ainda que o réu se restrinja a negar o fato constitutivo do direito do autor, qual seja, a jornada por ele alegada na petição inicial, não se preocupando em esgrimir outro que seja impeditivo, extintivo ou modificativo do interesse obreiro, deixando de trazer para os autos, caso mantenha mais de dez empregados, os cartões de ponto alusivos à jornada praticada pelo trabalhador, o ônus da prova lhe será dirigido por inversão típica.

Consoante pontuado pouco atrás, a utilização da técnica de repartição dinâmica do ônus da prova no Processo do Trabalho geralmente se baseia nos poderes de direção e de fiscalização que o Direito do Trabalho atribui ao empregador, situação essa que lhe impõe a obrigação a preconstituir provas, principalmente em uma situação dessa natureza, na qual o seu dever está expresso no § 2º do art. 74 da CLT. Desse modo, diante da notória aptidão do reclamado para a produção da prova, o encargo probatório ser-lhe-á direcionado, prevalecendo, caso dele não se desincumba, a jornada articulada na primígena (desde que ela, naturalmente, seja verossímil, consoante exige o art. 6º, VIII, do CDC).

Já na segunda hipótese, a jurisprudência parte da premissa de que um cartão de ponto contendo anotação invariável de jornada não se mostra digno de credibilidade, vez que as máximas da experiência, subministradas pelo que ordinariamente acontece, eloquentemente indicam que tais anotações sejam fraudulentas, apenas se prestando a sobreporem formas à realidade, em manifesta afronta a um dos mais reverenciados princípios de Direito Material do Trabalho.

Imagine-se, por outro lado, o caso de um trabalhador que depois de trabalhar anos a fio em uma mina de extração de amianto, se veja acometido por neoplasia maligna no pulmão. Em uma situação como essa, não há como se pensar de modo diferente, a não ser para se compreender, inclusive com fulcro no art. 21-A da Lei n. 8.213-9, que existe um nexo técnico epidemiológico, constatável por simples simbiose estatística, entre o trabalho realizado e o agravo experimentado.

Em assim sendo, uma eventual alegação contida na petição inicial de que o câncer foi desenvolvido por causa da atividade desenvolvida na mina de amianto, por ser absolutamente verossímil, conduz à inexorável inversão do ônus da prova, competindo ao empregador, que explora um setor econômico de risco inescondível, o qual inclusive já devastou cidades inteiras na Europa[8], o ônus de provar, por exemplo, que o trabalhador era um consumidor inveterado de tabaco ou, por via de prova pericial, um tanto mais sofisticada é bem verdade, que havia predisposição genética do empregado para o desenvolvimento da enfermidade. Nesse sentido, embora tratando de outra doença, a jurisprudência da Seção de Dissídios Individuais 1 do Tribunal Superior do Trabalho, que mesmo longa merece reprodução integral devido a sua riqueza de detalhes:

> RESPONSABILIDADE CIVIL DO EMPREGADOR PELOS DANOS MORAIS DECORRENTES DE DOENÇA OCUPACIONAL PROFISSIONAL DIAGNOSTICADA COMO LER/DORT DE QUE FOI VÍTIMA A EMPREGADA QUANDO DESENVOLVIA A ATIVIDADE DE DIGITADORA – CULPA PRESUMIDA – INDENIZAÇÃO. As doenças ocupacionais são as enfermidades ocasionadas pela execução do trabalho, "seja pela atividade em si, seja pelas condições ambientais". No Brasil, o legislador equiparou, para fins de proteção ao trabalho, a doença ocupacional ao acidente do trabalho. Nos termos do art. 20 da Lei n. 8.213/91, as doenças ocupacionais, são subdivididas em doenças profissionais e doenças do trabalho. Da leitura do referido diploma legal, extrai-se que as doenças profissionais são enfermidades próprias de algumas atividades, peculiares a determinadas profissões, e são reconhecidas como tais pela Previdência Social. Decorrem do risco da atividade, ou seja, da própria função exercida pelo empregado. As doenças do trabalho, por sua vez

---

(8) Indicamos a leitura de ROSSI, Giampiero. *A lã da salamandra: a verdadeira história da catástrofe do amianto em Casale Monferrato*. São Paulo Instituto José Luís e Rosa Sundermann, 2010.

são aquelas que podem ser adquiridas ou desencadeadas pelas condições ocupacionais inadequadas em que o trabalho é realizado, expondo o trabalhador a agentes nocivos. Tais doenças não são próprias de determinadas atividades profissionais, mas são consideradas como acidentes do trabalho em virtude da equiparação feita pela lei. Na hipótese dos autos, é incontroverso que a autora, que exercia a atividade de digitadora, foi acometida por doença ocupacional do grupo LER/DORT. A partir dos conceitos legais estabelecidos no art. 20 da Lei n. 8.213/91, a doutrina vem atrelando a LER/DORT ao conceito de doença profissional quando afirma que essas doenças são "afecções, perturbações funcionais, lesões agudas ou crônicas de quem podem se vitimar os trabalhadores, por força da atividade, de um trabalho ou profissão". No caso vertente, portanto, o que se está examinando é a responsabilidade do empregador em hipótese em que o empregado apresenta lesões crônicas em decorrência de doença classificada como LER/DORT, resultante do exercício da atividade profissional. É certo que a obrigação de indenizar os danos morais e/ou materiais causados por doenças do trabalho surge para o empregador quando presentes os pressupostos da responsabilidade civil, quais sejam: o dano causado ao empregado, o ato culposo ou doloso praticado pelo empregador e o nexo causal da ocorrência com o trabalho. Desse modo, a indenização devida pelo empregador em casos de doença profissional pressupõe sempre a sua conduta dolosa ou culposa por violação de dever imposto por lei ou descumprimento de um dever genérico ou um dever jurídico ou obrigação socialmente exigível e esperada, fundando-se a responsabilidade no art. 927 do Código Civil. Todavia, no caso dos autos, não foi delineado o quadro fático preciso, quanto à ocorrência ou não de efetiva prática ilícita causadora do dano, atendo-se o Tribunal Regional a considerar a possibilidade de reconhecer-se a responsabilidade objetiva. Em contrapartida, entendo ser possível presumir-se a culpa do empregador no presente caso, eis que o quadro fático autoriza o entendimento de que existe uma presunção de culpa do empregador, advinda do fato de que o exercício da função desempenhada pelo empregado originou a doença profissional, já que evidenciada a exposição do empregado a serviços repetitivos e contínuos quando do desempenho de suas funções (digitação de documentos). De acordo com a teoria da presunção de culpa, inverte-se o ônus da prova em favor da vítima, presumindo-se a culpa do empregador no evento danoso, salvo prova em sentido contrário. No caso, desse ônus o reclamado não se desincumbiu, porquanto não produziu qualquer prova que demonstrasse que ele proporcionou ao empregado condições seguras de trabalho, já que ele tem como obrigação cumprir as normas relativas à saúde do trabalhador, bem como fiscalizar se o desempenho de suas funções estão, na prática, obedecendo a essas orientações. Assim, restando caracterizados o dano, o nexo de causalidade e a culpa do empregador, permanece o dever de reparação moral. Recurso de embargos conhecido e desprovido.[9]

Pense-se, outrossim, na hipótese em que um empregado portador de doença grave, geradora de estigma ou preconceito, como, v. g., a AIDS, seja dispensado injustificadamente do trabalho e pleiteie a reintegração no emprego. Nesse caso, de acordo com a Súmula n. 443 do TST, a dispensa presume-se discriminatória. Logo, por ser manifestamente verossímil, o empregado não está obrigado a comprovar o fato constitutivo capaz de justificar o seu retorno ao trabalho, impondo-se, de tal arte, a inversão do ônus da prova, a fim de que o empregador elida a presunção relativa existente no caso, demonstrando, por exemplo, que a dispensa não foi arbitrária, tendo na realidade se fundado em motivo disciplinar, técnico, econômico ou financeiro (aplicação analógica do art. 165 da CLT).

Reflita-se, finalmente, sobre uma situação mais que corriqueira na Justiça do Trabalho, na qual se discute se o empregado necessita de vale-transporte para se deslocar da residência até o local de realização do trabalho. Compreendia-se, ao tempo da OJ n. 215 da SDI-1 do TST, que era do empregado, por ser fato constitutivo do seu direito, o ônus de comprovar a satisfação dos requisitos indispensáveis à obtenção do benefício em questão.

Nada obstante, o fato é que a SBDI I do TST cancelou o aludido verbete na data de 25.04.2011, demonstrando, com tal comportamento, que incide à espécie a técnica da inversão do ônus da prova. Ocorre que como já vimos, o ordinário se presume e o extraordinário se comprova. Não há dúvidas, à luz do antedito apotegma, que principalmente nos grandes centros urbanos, a regra geral é que o empregado necessita do vale-transporte, sendo exceção a sua desnecessidade. Nesse diapasão, é absolutamente normal que a prova deva ser dada pelo empregador, que por via de tecnologias simples e acessíveis como o *google maps*, pode demonstrar com facilidade, por exemplo, que o empregado morava tão perto do emprego, que poderia ir andando até o trabalho. Nesse sentido, a Súmula n. 460 não mais deixa margem para dúvidas, ao enunciar expressamente que é do empregador o ônus de comprovar que o empregado não satisfaz os requisitos indispensáveis para a concessão do vale-transporte ou não pretenda fazer uso do benefício.

Inúmeros outros exemplos poderiam ser apresentados. O fundamental nessa matéria, entretanto, é que o juslaboralista tenha em mente que a técnica de inversão do ônus da prova almeja transportar o processo do campo da igualdade formal para o da isonomia substancial, protegendo no plano prático, em honra dos princípios do contraditório e da paridade de armas probatórias, o interesse daquele que teria especial dificuldade em provar o seu direito.

---

(9) TST – E-RR 80500-83.2007.5.04.0030, Ac. SDI-1 – Rel. Min. Ives Gandra da Silva Martins Filho – Red. Min. Renato de Lacerda Paiva – Publicado em: 17.05.2013.

4.3. Da inversão não pode resultar uma prova impossível ou excessivamente difícil para a parte (*probatio diabolica*)

Como já vimos, para que haja a inversão do ônus da prova, são necessários os seguintes requisitos: a) a alegação da parte que responde estaticamente pelo ônus de provar deverá ser verossímil ou ela deverá ser tida por hipossuficiente; b) a prova daquele que detém estaticamente o ônus probatório deve ser de difícil produção, enquanto que a prova da parte contrária deve ser de veiculação mais simples.

Por corolário desta última regra, resta claro que até mesmo em virtude do princípio da paridade de armas probatórias, da inversão não poderá resultar um ônus diabólico para aquele a quem se atribuir dinamicamente o encargo de provar. É justamente por isso que o § 2º do art. 373 do CPC/2015 bem como o § 3º do art. 818 da CLT, ambos laborando no terreno de manifesta obviedade, se preocuparam em estatuir que a decisão de inversão do ônus da prova não pode gerar situação em que a desincumbência do encargo pela parte seja impossível ou excessivamente difícil.

Imagine-se a seguinte hipótese, mais que corriqueira na Justiça do Trabalho, na qual o autor alega a percepção de salário não contabilizado, postulando, em decorrência, os seus reflexos em horas extras, aviso-prévio, 13º salários, férias + 1/3 e FGTS + 40%. Nesse caso, o Juiz do Trabalho se vê diante de uma situação paradoxal, já que ainda que a alegação da inicial seja verossímil (tendo em conta, por exemplo, os salários praticados no mercado) e que a prova do autor seja extremamente difícil (já que aqueles que pagam salário marginal não deixam rastros contábeis, bancários ou testemunhais da prática), ele não poderá pura e simplesmente inverter o ônus da prova, já que se ele assim o fizesse, dirigiria uma prova diabólica ao réu, consistente no encargo de provar fato negativo (o não pagamento de salário 'por fora').

Nesse caso, o ônus da prova continuará sendo do autor, que por força da distribuição estática prevista nos arts. 373, I, do CPC/2015 e 818, I, da CLT, deverá comprovar o fato constitutivo do seu direito, qual seja, a percepção de salário não contabilizado. Vale adiantar, contudo, que uma situação como essa abrirá margem para a incidência da técnica de redução do módulo da prova no Processo do Trabalho brasileiro, cujos pormenores estão apresentados no nosso livro *Provas no processo do trabalho: de acordo com o novo Código de Processo Civil*[10].

5. MOMENTO PROCESSUAL DA REPARTIÇÃO DO ÔNUS DA PROVA

É chegada a ocasião, uma vez explicadas as regras de distribuição estática e dinâmica do ônus da prova, de estudarmos um tema de altíssima indagação no Direito Processual, que diz respeito ao momento em que o juiz deve distribuir o encargo probatório; se durante a instrução ou no momento do julgamento.

Não há como negar que a distribuição do ônus da prova possui dúplice escopo. Ao mesmo tempo em que é uma regra de instrução, sendo, pois, um indicativo aos litigantes quanto às provas que devam produzir, é também um sistema de julgamento, servindo como ferramenta para que o magistrado decida, principalmente naqueles contextos em que não houve prova convincente. Mas a grande questão a ser agora respondida, como já enfatizado, é a do momento processual em que o juiz deverá se pronunciar sobre o tema.

O CPC/1973 não obrigava o julgador a orientar previamente os litigantes quanto às provas que pesavam sobre os seus ombros. Tanto é assim, que o art. 451 do CPC/1973 se limitava a dizer que, ao iniciar a instrução, o magistrado, ouvidas as partes, deveria apenas fixar os pontos controvertidos sobre os quais a prova incidiria. Tal diretiva, naturalmente, se devia ao fato de que o CPC/1973 somente trabalhava com a perspectiva da distribuição estática do ônus da prova, sendo de se esperar que a parte assistida por advogado soubesse da prova que por imposição legal estava obrigada a dar.

Mesmo àquele tempo, a questão no nosso ponto de vista já era um tanto mais complexa[11], merecendo assim tratamento cuidadoso, vez que não é de hoje que a distribuição dinâmica vem se sobrepondo à repartição estática do encargo probatório. Já pensávamos desde então, que principalmente quando o juiz tomasse a iniciativa de inverter o ônus da prova, deveria alertar as partes no ato da audiência, inclusive fundamentando, ainda que de modo conciso, o seu ponto de vista (art. 93, IX, da CRFB), de modo a prestigiar o mais amplo direito de defesa dos contendores.

Tal perspectiva, para o nosso júbilo, foi expressamente consagrada pelo CPC/2015, que preconiza no seu art. 373, § 1º, parte final, que quando o juiz atribuir a prova de modo diverso do legalmente previsto, deverá fazê-lo por decisão fundamentada, caso em que deverá dar à parte a oportunidade de se desincumbir do ônus que lhe foi atribuído, fazendo-o, naturalmente, pela via da advertência prévia, evitando, assim, surpresas que somente se revelariam por ocasião da sentença[12].

Seguindo a diretriz civilista, a parte inicial do § 2º do art. 818 da CLT, inserido no corpo do aludido diploma legal por força da Lei n. 13.467/2017, revela-se capaz de espancar qualquer dúvida sobre o tema no Processo do Trabalho, já que a sua inteligência preconiza que a decisão de inversão deverá ser proferida antes da abertura da instrução.

---

(10) CESÁRIO, João Humberto. *Op. cit.* p. 150 *et seq.*
(11) *Vide*, quanto ao afirmado, CESÁRIO, João Humberto. *Provas e recursos no processo do trabalho*. São Paulo: LTr, 2010, p. 50 e 51.
(12) Note-se, aliás, na dicção civilista até mesmo quando o juiz não inverte o ônus da prova, ele deve distribuí-lo previamente, na decisão de saneamento, consoante determina o art. 357, III, do CPC/2015.

Tal diretiva, contudo, será capaz de em alguma medida retardar a prestação jurisdicional trabalhista, vez que a parte final do prefalado § 2º do art. 818 da CLT ressalva que, a requerimento do interessado, eventual inversão probatória implicará o adiamento da audiência, a fim de que o novo destinatário da prova, sem surpresas ou sobressaltos, se desvencilhe do encargo que passou a pesar sobre os seus ombros, podendo, com efeito, provar os fatos por qualquer meio em Direito admitido.

Diante das peculiaridades do problema detectado no parágrafo anterior, que em última análise coloca em rota de colisão os princípios constitucionais do contraditório e do devido processo sem dilações excessivas, dele trataremos a seguir em tópico apartado.

6. A PRODUÇÃO DE PROVAS NO CASO DE INVERSÃO DO ENCARGO PROBATÓRIO E O ADIAMENTO DA AUDIÊNCIA: POSSIBILIDADE DE HARMONIZAÇÃO DOS PRINCÍPIOS DO CONTRADITÓRIO E DA RAZOÁVEL DURAÇÃO DO PROCESSO

Como já indicado no tópico precedente, o § 2º do art. 818 da CLT estabelece que a inversão do ônus da prova, ocorrida dinamicamente antes da abertura da instrução, possibilitará que o interessado requeira o adiamento da audiência.

Tal disposição, obviamente, possui arrimo na vedação da surpresa, que é um princípio previsto genericamente no art. 10 do CPC/2015 como norma fundamental do processo. Dito de outro modo, o aludido preceito almeja evitar que um litigante fique privado do contraditório e da ampla defesa, naquelas circunstâncias em que não tenha trazido uma prova para audiência, acreditando, de boa-fé, que estaticamente o encargo probatório pertencia à parte contrária.

Em que pese a correta intenção da regra enfocada, não é difícil imaginar que ela poderá ser usada como um poderoso mecanismo de procrastinação da prestação jurisdicional. Cumpre ao magistrado, com efeito, buscar uma solução de conformação do procedimento, que sem desprestigiar a vedação da surpresa, seja capaz de garantir, harmonicamente, o contraditório, a ampla defesa e a razoável duração do processo. Pelo menos duas soluções, na nossa visão, serão capazes de viabilizar o alcance do objetivo colimado.

Na primeira delas, por exemplo, principalmente nas ações de rito ordinário, em que comumente ocorre a fragmentação da audiência (ainda que ao arrepio da literalidade do art. 849 da CLT), poderá o magistrado, em achando viável, inspirado no art. 357, II e III, do CPC/2015, proferir após a réplica do autor uma breve decisão de saneamento e organização do processo, na qual, entre outras coisas, delimitará as questões de fato sobre as quais recairá a atividade probatória, especificando os meios de prova admitidos, definindo, ademais, a distribuição do ônus da prova. Assim, uma vez intimadas as partes com a necessária antecedência da mencionada decisão, não poderiam elas requerer, senão desnudando a má-fé objetiva com que agiriam, a redesignação da sessão instrutória, sob a alegação de que teriam sido apanhadas de surpresa.

Por outro lado, caso o juiz venha a compreender que a prolação de um despacho saneador seja hábil a aumentar para além do razoável o serviço interno da sua secretaria, poderá adotar uma outra solução de contorno, como, por exemplo, a de cientificar as partes, já na expedição da notificação para a audiência, aquelas circunstâncias que imporiam a inversão do ônus da prova, como, por exemplo, as de há muito catalogadas na Súmula n. 338 do Tribunal Superior do Trabalho. Tal estratégia, simples e eficiente, sem dúvida seria capaz de harmonizar os princípios do contraditório e do devido processo sem dilações indevidas.

7. SÍNTESES CONCLUSIVAS

Uma vez apresentado um trabalho, é sempre saudável veicularmos em tópicos algumas sínteses conclusivas:

- A redação original do art. 818 da CLT, por ser extremamente lacônica, não disciplinava a contento o ônus da prova no Processo do Trabalho. Assim, ao tempo do CPC/1973 era aplicado à processualística laboral o art. 333 do mencionado código. Atualmente, diante da sua melhor construção, o art. 373 do CP/2015 tem sido usado na jurisdição trabalhista. Atenta a tal fato, a legislação reformadora atribuiu nova redação ao art. 818 da CLT, que, na sua essência, incorporou a disciplina normativa do art. 373 do CPC/2015;

- O ônus subjetivo da prova se destina aos litigantes, antecipando os fatos relevantes e controvertidos que cada um deles deverá comprovar. Por outro lado, o ônus objetivo da prova se liga à atividade do magistrado, que apreciará as provas produzidas nos autos, independentemente de qual dos litigantes a tenha fabricado;

- Na perspectiva estática, o autor deve provar o fato constitutivo do seu direito, ao passo que o réu deve provar o fato impeditivo, extintivo ou modificativo do direito do autor;

- Atualmente, tanto o § 1º do art. 373 do CPC/2015, quanto o § 1º do art. 818 da CLT (na redação reformada), estatuem que nos casos previstos em lei ou diante de peculiaridades da causa relacionadas à impossibilidade ou à excessiva dificuldade de cumprir o encargo (previsto estaticamente nos arts. 373, I e II, do CPC/2015 e 818, I e II, da CLT) ou à maior facilidade de obtenção da prova do fato contrário, poderá o juízo atribuir dinamicamente o ônus da prova de modo diverso, desde que o faça por decisão fundamentada;

- A decisão de inversão deverá ser proferida antes da abertura da instrução, sendo certo, porém, que o § 2º do art. 818 da CLT ressalva que, a requerimento do interessado, eventual inversão probatória implicará o adiamento da audiência, a fim de que o novo destinatário da prova, sem surpresas ou sobressaltos, se desvencilhe do encargo que passou a pesar sobre os seus ombros;

- Em que pese a correta intenção da regra enfocada, não é difícil imaginar que ela poderá ser usada como um mecanismo de procrastinação da prestação jurisdicional, cumprindo ao magistrado, com efeito, buscar uma solução de conformação do procedimento, que sem desprestigiar a vedação da surpresa, seja capaz de garantir, harmonicamente, o contraditório, a ampla defesa e a razoável duração do processo;

- Tais soluções adviriam, por exemplo, da prolação de um despacho saneador prévio, que, entre outras coisas, deliberaria sobre a distribuição do ônus da prova, de modo que as partes, uma vez intimadas, viriam para a audiência sabendo, de antemão, sobre quais fatos deveriam provar. Caso o juiz entenda tal procedimento como contraproducente do ponto de vista da organização dos serviços da sua secretaria, poderia, alternativamente, cientificar as partes, já na expedição da notificação para a audiência, sobre aquelas circunstâncias que imporiam a inversão do ônus da prova.

8. REFERÊNCIAS BIBLIOGRÁFICAS

CAMBI, Eduardo. *Curso de direito probatório*. Curitiba: Juruá, 2014.

_____. *Direito constitucional à prova no processo civil*. São Paulo: Revista dos Tribunais, 2001.

CARNELUTTI, Francesco. *Sistema de direito processual civil*. v. II. Trad. Hiltomar Martins Oliveira. São Paulo: Classic Book, 2000.

CESÁRIO, João Humberto. *Provas e recursos no processo do trabalho*. São Paulo: LTr, 2010.

_____. *Provas no processo do trabalho*: de acordo com o novo Código de Processo Civil. Cuiabá: JHC, 2015.

MARINONI, Luiz Guilherme; MITIDIERO, Daniel. *Código de Processo Civil comentado artigo por artigo*. São Paulo: Revista dos Tribunais, 2008.

ROSSI, Giampiero. *A lã da salamandra: a verdadeira história da catástrofe do amianto em Casale Monferrato*. São Paulo: Instituto José Luís e Rosa Sundermann, 2010.

A Deforma da Execução Trabalhista: Panorama Crítico da Lei n. 13.467/2017

Murilo C. S. Oliveira[1]

1. INTRODUÇÃO

As modificações realizadas na fase executória são, efetivamente, muito nocivas, apresentando entraves desnecessários para se chegar à efetividade da execução. A métrica, para se considerar como ruins as novas regras da execução trabalhista, é, justamente, a simples comparação com o Código de Processo Civil – CPC (Lei n. 13.105/ 2015) e a própria Lei de Execução Fiscal – LEF (Lei n. 6.830/1980).

Como se poderia cogitar que, doravante, a execução trabalhista é, na Consolidação das Leis do Trabalho (CLT) reformada – ou mais precisamente na CLT deformada – mais lenta, mais barata para o devedor, burocrática e restrita do que a execução das demais ações cíveis que tramitam pelo processo civil ou pior do que a execução fiscal? Essa "modernização" é, realmente, o retorno ao passado de técnicas processuais marcadas pela ineficácia.

À luz dos modelos processuais executivos do CPC e da LEF, apresenta-se um panorama das inovações em execução com as correspondentes críticas, a fim de se confirmar retrocesso processual, caso se aspire a efetividade da tutela jurisdicional. Isto porque, em termos axiológicos e tendo por referência o objetivo constitucional da "razoável duração do processo" (art. 5º, LXXVIII), não é possível conceber que a execução trabalhista, cujo objeto em geral são parcelas salariais (alimentares), tenha um tratamento processual muito pior do que a execução de dívidas cíveis (CPC) ou do que a cobrança de tributos e afins (LEF).

Visualizam-se onze mudanças insculpidas pela Lei n. 13.467/2017 na execução trabalhista, estando a maioria inscrita no capítulo da Execução, mas igualmente outras alterações esparsas que repercutem incisivamente na fase de execução. São estas as alterações que impactam na parte de execução da CLT:

1) fim da execução *ex officio* quando a parte estiver com advogado (art. 878);
2) execução *ex officio* das contribuições sociais (art. 876, parágrafo único);
3) liquidação por cálculos com contraditório (art. 879, § 2º);
4) TR como critério de atualização monetária (art. 879, § 7º);
5) Prescrição intercorrente, inclusive de ofício (art. 11-A);
6) responsabilidade do sócio retirante (art. 10-A);
7) incidente de desconsideração da personalidade jurídica (art. 855-A);
8) execução de multa contra testemunha (art. 793-A);
9) seguro-garantia judicial (art. 882);
10) dispensa de garantia do juízo para entidades filantrópicas e seus diretores;
11) prazo para "negativação" do nome do devedor trabalhista (art. 883-A).

Antes de apresentar panoramicamente estas modificações aglunitadas por instituto ou sub-fase, cabe situar o debate de Direito Intertemporal.

2. DIREITO INTERTEMPORAL

É corrente considerar que as leis regem, ordinariamente, as situações fático-jurídicas presentes. Todavia, a ocorrência de uma sucessão de regras jurídicas enseja um delicado debate sobre a aplicação da lei nova para situações jurídicas em curso e iniciadas na vigência na lei antiga. Discutir os efeitos temporais da sucessão legislativa é o objeto do direito intertemporal, também designado como "superdireito", visto que se trata de discutir regras que orientam a aplicação de outras regras.

A máxima "*tempus regit actum*" perdura soberana quando se cogita a aplicação temporal do direito. Ancorada na ideia de estabilidade e segurança, bem típica de uma ideologia jurídica liberal, o sistema jurídico brasileiro aponta, como regra, a eficácia imediata da nova lei, todavia veda sua incidência pretérita, confirmando outro brocárdio jurídico: "*lex prospicit, no respicit*".

No ordenamento jurídico nacional, a norma constitucional estabelece como garantias fundamentais que "a lei não prejudicará o direito adquirido, o ato jurídico perfeito e a coisa julgada", consoante art. 5º, inciso XXXVI, dando concretude aos seus valores-princípios de estabilidade e segurança jurídica. No âmbito do processo comum, as normas seguem essa diretriz de imediatidade e irretroatividade. O CPC/2015 trata do tema nos arts. 14, 1.046 e

---

[1] Juiz do Trabalho na Bahia e Professor Adjunto da UFBA, Especialista e Mestre em Direito pela UFBA, Doutor em Direito pela UFPR, Membro do Instituto Baiano de Direito do Trabalho – IBDT. murilosampaio@yahoo.com.br.

1.047, estabelece algumas ressalvas e regras de transição, como se vê abaixo:

> Art. 14. A norma processual não retroagirá e será aplicável imediatamente aos processos em curso, respeitados os atos processuais praticados e as situações jurídicas consolidadas sob a vigência da norma revogada.
>
> [...]
>
> Art. 1.046. Ao entrar em vigor este Código, suas disposições se aplicarão desde logo aos processos pendentes, ficando revogada a Lei n. 5.869, de 11 de janeiro de 1973.
>
> § 1º As disposições da Lei n. 5.869, de 11 de janeiro de 1973, relativas ao procedimento sumário e aos procedimentos especiais que forem revogadas aplicar-se-ão às ações propostas e não sentenciadas até o início da vigência deste Código.
>
> § 2º Permanecem em vigor as disposições especiais dos procedimentos regulados em outras leis, aos quais se aplicará supletivamente este Código.
>
> § 3º Os processos mencionados no art. 1.218 da Lei n. 5.869, de 11 de janeiro de 1973, cujo procedimento ainda não tenha sido incorporado por lei submetem-se ao procedimento comum previsto neste Código.
>
> [...]
>
> Art. 1.047. As disposições de direito probatório adotadas neste Código aplicam-se apenas às provas requeridas ou determinadas de ofício a partir da data de início de sua vigência.

No campo do processo laboral, a CLT já disciplinava o tema no XI título de "disposições finais e transitórias". Tais regras eram pouco manejadas diante da pequena ocorrência de debates de superdireito. Trata-se dos dispositivos constantes dos artigos:

> Art. 912 – Os dispositivos de caráter imperativo terão aplicação imediata às relações iniciadas, mas não consumadas, antes da vigência desta Consolidação.
>
> [...]
>
> Art. 915 – Não serão prejudicados os recursos interpostos com apoio em dispositivos alterados ou cujo prazo para interposição esteja em curso à data da vigência desta Consolidação.
>
> Art. 916 – Os prazos de prescrição fixados pela presente Consolidação começarão a correr da data da vigência desta, quando menores do que os previstos pela legislação anterior.

Para o problema teórico sobre o que seria irretroatividade, processo pendente e e relação não consumada, a doutrina elenca três teorias que tentam responder como seria uma aplicação imediata sem retroação no direito processual. A primeira teoria é chamada de "unidade do processo", segundo a qual sendo o processo unitário, a nova lei processual somente incidiria nos novos processos, perdurando para os atuais feitos em curso a lei revogada. A segunda teoria, conhecida como "autonomia das fases", sustenta que a lei processual antiga deve perdurar, mesmo que revogada, até o término da fase processual, ou seja, a lei nova somente tem incidência nos processos no início da respectiva fase. A terceria teoria – designada como "isolamento dos atos processuais" – considera que é o ato processual individualizado a grande referência para a aplicação da lei nova regra.

Considerando que as duas primeiras teorias ensejam o prologamento da aplicação de leis revogadas – algo inclusive de difícil gestão em termos de acervo processual – tendo em vista a delongada duração do processo, prevalece na doutrina e, em especial, na jurisprudência a teoria do "isolamento dos atos processuais". Aliás, o art. 14 do CPC e art. 915 da CLT tomam como referência atos processuais isolados, o que justifica a ideia doutrinária de que a própria legislação acolheu essa teoria. O julgado do Tribunal Superior do Trabalho (TST) abaixo cuida deste debate de Direito Intertemporal sobre a incidência do CPC em sede recursal e revela a adoção expressa do critério do isolamento dos atos processuais para fins de Direito Intertemporal:

> AGRAVO DE INSTRUMENTO EM RECURSO DE REVISTA INTERPOSTO NA VIGÊNCIA DA LEI N. 13.015/2014. PRECEDÊNCIA DAS NORMAS DO CPC DE 1973 FRENTE AO CPC DE 2015. INCIDÊNCIA DA REGRA DE DIREITO INTERTEMPORAL SEGUNDO A QUAL TEMPUS REGIT ACTUM. I – O agravo de instrumento foi interposto em 23.03.2016 contra decisão que denegara seguimento a recurso de revista manejado em face de acórdão proferido na sessão de julgamento ocorrida em 25.11.2015. II – Não obstante a vigência do novo Código de Processo Civil tenha iniciado no dia 18.03.2016, conforme definido pelo plenário do Superior Tribunal de Justiça, aplicam-se ao presente feito as disposições contidas no CPC de 1973. III – É que embora as normas processuais tenham aplicação imediata aos processos pendentes, não têm efeito retroativo, por conta da regra de direito intertemporal que as preside, segundo a qual tempus regit actum. IV – Esse, a propósito, é o posicionamento consagrado no art. 14 do CPC de 2015 de que "a norma processual não retroagirá e será aplicável imediatamente aos processos em curso, respeitados os atos processuais praticados e as situações jurídicas consolidadas sob a vigência da norma revogada". V – Como a lei processual superveniente deve respeitar os atos praticados sob o domínio da lei revogada, a indagação que se põe, em sede recursal, diz respeito ao marco a partir do qual se aplicará a lei revogada ou a lei revogadora, propendendo a doutrina pela data da sessão em que proferida a decisão objeto do apelo. Precedentes do STJ [...]". (AIRR – 1760-90.2013.5.10.0012, Relator Desembargador Convocado: Roberto Nobrega de Almeida Filho, Data de Julgamento: 23.08.2017, 5ª Turma, Data de Publicação: DEJT 25.08.2017).

3. ATUAÇÃO *EX OFFICIO* E EXECUÇÃO TRABALHISTA

Consoante nova redação do art. 878 da CLT, a execução deixa de ser iniciada pelo Juiz do Trabalho, que somente poderá fazê-la na hipótese de *jus postulandi* das partes.

Art. 878. **A execução será promovida** pelas partes, permitida a execução de ofício pelo juiz ou pelo Presidente do Tribunal apenas nos casos em que as partes não estiverem representadas por advogado.

A interpretação sobre a oração "*A execução promovida pelas partes*" deve ocorrer no contexto e de modo harmônico com todo o sistema jurídico processual da CLT e, de modo complementar, do CPC.

Logo, não se pode concordar, *data venia*, com a opinião de Vólia Cassar no sentido de que o juiz do trabalho não mais irá promover nenhum impulso à execução trabalhista. A autora citada assevera que "[...] não poderá o juiz determinar a penhora *on-line* (BacenJud) ou a penhora sem o prévio requerimento da parte; não poderá tomar a iniciativa de desconsiderar a personalidade jurídica; de praticar atos sem que a parte tenha requerido" (CASSAR; 2017, p. 114).

A eliminação da regra do início *ex officio* apenas atrasa a execução, sendo notório retrocesso processual. Manoel Antônio Teixeira é enfático:

> Não havia necessidade de subtrair-se do magistrado o impulso oficial para a execução. Teria sido ela motivada pela preocupação do legislador com o "ativismo judicial" – e com isso, restringido o campo de incidência do art. 765, da CLT? A propósito, ainda bem que o art. 765 passou despercebido ao legislador de 2017 (p. 196, 2017).

Além de confrontar princípios e regras processuais trabalhistas, esta exegese sugere um imobilismo do juiz trabalhista na execução que contraria os poderes-deveres que até o juiz comum tem na fase executiva, conforme as atuais regras do CPC.

Como se sabe a CLT adota, em termos de modelo processual, o perfil inquisitivo, quando o juiz do trabalho tem mais poderes e mais iniciativa para conduzir, com celeridade, o processo. Trata-se do art. 765 da CLT, o qual felizmente não foi bulido pela reforma trabalhista.

Este perfil processual inquisitório se harmoniza com os diversos princípios do Direito Processual do Trabalho e, em especial, viabiliza um tratamento diferenciando que tenta corrigir a assimetria dos litigantes, ou seja, é uma manifestação do princípio da proteção. No particular, nenhuma lei oportunista tem a aptidão para revogar princípios constitutivos e singulares de certa disciplina.

Como complemento à CLT na dimensão de aplicação de supletiva, o CPC impõe ao Juiz que impulsione o feito, após o início da execução por requerimento da parte. Cuida-se da inconteste diretriz/princípio do "impulso oficial" que é válida em qualquer sistema processual, disposta no art. 2º do CPC ao determinar que o processo "se desenvolve por impulso oficial".

Adiante, o CPC vigente amplia os poderes dos juízes na execução, quando nas demais fases processuais prepondera a atuação das partes, a exemplo do instituto da negociação processual. Isto porque, segundo as normas fundamentais do processo civil (capítulo I do CPC), as "partes têm o direito de obter em prazo razoável a solução integral do mérito, incluída a atividade satisfativa" (art. 4º do CPC), devendo ainda as mesmas partes "cooperar entre si para que se obtenha, em tempo razoável, decisão de mérito justa e efetiva" (art. 6º do CPC).

Por decorrência, o CPC positiva no seu texto legal o direito "a uma tutela de efetividade das decisões" e "em um prazo razoável", seja pela cooperação das partes, seja pela ampliação dos poderes para o Juiz. Para tanto, apresenta uma inédita cláusula geral de efetividade da execução com amplíssimos poderes – aliás bem simétrica com o art. 765 da CLT – no incisivo IV do art. 139, como se vê:

> Art. 139. O juiz dirigirá o processo conforme as disposições deste Código, incumbindo-lhe:
>
> [...]
>
> IV – determinar todas as medidas indutivas, coercitivas, mandamentais ou sub-rogatórias necessárias para assegurar o cumprimento de ordem judicial, inclusive nas ações que tenham por objeto prestação pecuniária;

Assim, mesmo que se entenda que o juiz do trabalho não inicia a execução – entendimento este polêmico e contraditório com o parágrafo único do art. 876 reformado, o art. 765 da CLT impõe ao magistrado o dever de impulsionar, inclusive com atos de constrição ou pesquisa patrimonial, a fim de encontrar a verdade ou identificar os bens ocultos de alguns executados.

Ainda que se desconsidere o art. 765 da CLT e o princípio da proteção, a aplicação supletiva (complementar) do CPC impõe o impulso oficial em qualquer fase processual (CPC, art. 2º) e autoriza a adoção, de ofício, de todas as medidas típicas ou atípicas para a efetivação da execução (CPC, art. 139, IV).

Se a inspiração é o CPC, o qual exige pedido expresso da parte para se iniciar a execução (CPC, art. 513, § 1º), deve-se, por congruência, impor honorários advocatícios na execução trabalhista por aplicação supletiva do CPC (art. 523, § 1º), inclusive como técnica processual de imposição de despesas para a parte que simplesmente resiste em cumprir a decisão judicial.

Apesar do silêncio do reformador trabalhista, perdura a dimensão de aplicação supletiva do CPC, sobretudo quando a própria CLT exige, tal como no CPC, que haja requerimento da parte para iniciar a execução, salvo *jus postulandi*. Vólia Bomfim registra: "*Deixou a lei de prever honorários também na fase de execução como fez o § 1º do art. 85 do CPC. Todavia, a regra, ainda assim, poderá ser aplicada com base no art. 15 do CPC*" (2017, p. 99).

Estranho é que a mesma CLT "modernizada" passou, na redação do parágrafo único do art. 876, a exigir que o mesmo juiz, que não pode iniciar a execução para os créditos do trabalhador, faça de ofício a execução das contribuições sociais, as quais são as parcelas acessórias ao crédito trabalhista.

> A Justiça do Trabalho executará, **de ofício**, as contribuições sociais previstas na alínea a do inciso I e no inciso II do *caput* do art. 195 da Constituição Federal, e seus acréscimos legais, relativas ao objeto da condenação constante das sentenças que proferir e dos acordos que homologar.

A nova redação repete a tradição da conversão de entendimentos jurisprudenciais em textos legais. Sobre o tema, o Supremo Tribunal Federal (STF) já tinha fixado, em 2015, a Súmula Vinculante n. 53[2], a qual estabelece a seguinte posição: "A competência da Justiça do Trabalho prevista no art. 114, VIII, da Constituição Federal alcança a execução de ofício das contribuições previdenciárias relativas ao objeto da condenação constante das sentenças que proferir e acordos por ela homologados". Antes, ainda em 1998, a Orientação Jurisprudencial (OJ) 141 da Seção de Dissídios Individuais (SDI-1) do TST, atualmente o item I da Súmula n. 368[3], consagrava a mesma inteligência de que a execução das contribuições previdenciárias somente incide no capítulo condenatório da sentença, não alcançando as contribuições sobre salários pagos pelo empregador à época da prestação de serviços.

A Reforma Trabalhista, além da forte contradição entre os novos textos dos arts. 878 e 876, conseguiu fixar que a parcela acessória transcende a parcela principal ao ponto de merecer a atuação *ex officio* outrora negada ao crédito principal, incorrendo em comezinho equívoco conceitual ao priorizar o acessório e obscurecer o principal.

4. MUDANÇAS NA LIQUIDAÇÃO

Na subfase da liquidação, a antiga dualidade de procedimentos do método de cálculos da CLT encerra-se. Daqui em diante, a liquidação por cálculos sempre será com contraditório, como dispõe o novo § 2º do art. 879 da CLT:

> § 2º Elaborada a conta e tornada líquida, <u>o juízo deverá abrir às partes prazo comum de oito dias</u> para impugnação fundamentada com a indicação dos itens e valores objeto da discordância, sob pena de preclusão.

Tal modificação vai tornar mais demorada a liquidação e a culpa desta postergação não é em si da manifestação da parte contrária, mas da necessidade de decisão que enfrente o mérito e os critérios das contas, sendo que tal debate – por falta de alteração deste ponto problemático da CLT – poderá ainda ser renovado nos embargos à execução.

Logo, se foi imposto o contraditório quanto aos cálculos – que outrora dependia da garantia do juízo – o legislador reformista deveria, por coerência e organicidade, fixar a preclusão deste debate contábil na sub-fase de liquidação. Com tal silêncio da reforma, há amparo legal, especialmente para quem deseja postergar a execução, para voltar a discutir os cálculos em sede de embargos à execução. Assim, há possibilidade de, no mesmo processo, discutir duas vezes as contas.

É interessante pontuar que o novo texto do § 2º do art. 879 reduziu o prazo de discussão dos cálculos de 10 (dez) para 8 (oito) dias, fixando que este prazo seria de natureza comum. Doravante a liquidação por cálculos terá dois caminhos: a) se o reclamante apresentar as contas, o juiz necessariamente concederá vista ao reclamado pelo prazo de 8 (oito) dias; b) se as contas forem elaboradas pelo calculista do juiz ou pelo perito contábil, as partes terão 8 (oito) dias para se pronunciarem.

Ainda sobre o prazo, já se pode considerar que, conforme a nova redação do § 2º do art. 775, este prazo de 8 (oito) dias poderá ser dilatado por decisão do juízo. Nos

---

(2) O precedente desta Súmula Vinculante foi a seguinte decisão do Ministro Menezes Direito: ""No que concerne à contribuição social referente ao salário cujo pagamento foi determinado em decisão trabalhista, é fácil identificar o crédito exeqüendo e, conseqüentemente, admitir a substituição das etapas tradicionais de sua constituição por ato de ofício do próprio Magistrado. O lançamento, a notificação e a apuração são todos englobados pela intimação do devedor para o seu pagamento. Afinal, a base de cálculo é o valor mesmo do salário. Por sua vez, a contribuição social referente a salário cujo pagamento não foi objeto da sentença condenatória ou mesmo de acordo dependeria, para ser executada, da constituição do crédito pelo Magistrado sem que este tivesse determinado o pagamento ou o crédito do salário, que é exatamente a sua base e justificação. Diga-se que a própria redação da norma dá ensejo a um equivocado entendimento do problema ao determinar que caberá à Justiça do Trabalho a execução de ofício das contribuições sociais. Ora, o que se executa não é a contribuição social, mas o título que a corporifica ou representa, assim como o que se executa no Juízo Comum não é o crédito representado no cheque, mas o próprio cheque. O requisito primordial de toda execução é a existência de um título, judicial ou extrajudicial. No caso da contribuição social atrelada ao salário objeto da condenação, é fácil perceber que o título que a corporifica é a própria sentença cuja execução, uma vez que contém o comando para o pagamento do salário, envolve o cumprimento do dever legal de retenção das parcelas devidas ao sistema previdenciário. De outro lado entender possível a execução de contribuição social desvinculada de qualquer condenação ou transação seria consentir em uma execução sem título executivo, já que a sentença de reconhecimento do vínculo, de carga predominantemente declaratória, não comporta execução que origine o seu reconhecimento. No caso, a decisão trabalhista que não dispõe sobre o pagamento de salários, mas apenas se limita a reconhecer a existência do vínculo não constitui título executivo judicial no que se refere ao crédito de contribuições previdenciárias (...)". (RE 569056 Relator Ministro Menezes Direito, Tribunal Pleno, julgamento em 11.9.2008, DJe de 12.12.2008).

(3) Súmula n. 368 do TST. DESCONTOS PREVIDENCIÁRIOS. IMPOSTO DE RENDA. COMPETÊNCIA. RESPONSABILIDADE PELO RECOLHIMENTO. FORMA DE CÁLCULO. FATO GERADOR (aglutinada a parte final da Orientação Jurisprudencial n. 363 da SBDI-I à redação do item II e incluídos os itens IV, V e VI em sessão do Tribunal Pleno realizada em 26.06.2017) – Res. 219/2017, republicada em razão de erro material – DEJT divulgado em 12, 13 e 14.07.2017. I – A Justiça do Trabalho é competente para determinar o recolhimento das contribuições fiscais. A competência da Justiça do Trabalho, quanto à execução das contribuições previdenciárias, limita-se às sentenças condenatórias em pecúnia que proferir e aos valores, objeto de acordo homologado, que integrem o salário de contribuição. (ex-OJ n. 141 da SBDI-1 – inserida em 27.11.1998)

casos de processos com muitos exequentes ou mesmo com considerável complexidade e extensão de cálculos, pode o juiz, com o esteio na CLT reformada (art. 775, § 2º) dilatar tal prazo.

No bojo do emendado art. 879 da CLT, a nova redação do § 7º estabelece que o critério de "atualização de créditos" para fins trabalhistas é a Taxa Referencial (TR).

> § 7º A atualização dos créditos decorrentes de condenação judicial **será feita pela Taxa Referencial (TR)**, divulgada pelo Banco Central do Brasil, conforme a Lei n. 8.177, de 1º de março de 1991.

Isto é, a nova CLT diz o mesmo que o art. 39 da Lei n. 8.177/1991, a qual inclusive é citada na alteração legislativa. Então, a nova lei diz que aplica a lei antiga. Há aí um ineditismo legislativo: fazer uma nova lei para dizer que vale a lei antiga.

No entanto, o propósito deste § 7º é clarividente: confrontar a declaração de inconstitucionalidade da TR proferida pelo TST[4]. A questão é demasiadamente tortuosa, pois o próprio STF outrora considerou a TR inconstitucional no julgamento da ADI's dos precatórios[5], mas o Ministro Toffoli proferiu liminar[6] para suspender a decisão de inconstitucionalidade do TST.

Enfim, tem-se que cotejar uma nova regra de correção monetária que aplica a regra antiga, a qual tinha sido declarada inconstitucional, mas que o mesmo Tribunal Constitucional determinou a sustação da aplicação trabalhista dessa inconstitucionalidade. Neste quadro, a expectativa de alguma segurança jurídica no tema se revela como piada sem graça.

5. ALTERAÇÕES IMPACTANTES NA EXECUÇÃO FORA DO CAPÍTULO DE EXECUÇÃO

Como em outros momentos da Lei n. 13.467/2017, percebem-se mudanças processuais lançadas fora das respectivas seções de direito processual. No caso dos sócios, há mudanças mais que relevantes para a execução no art. 10-A, abaixo transcrito:

> Art. 10-A. O sócio retirante responde subsidiariamente pelas obrigações trabalhistas da sociedade relativas ao período em que figurou como sócio, **somente em ações ajuizadas até dois anos depois de averbada a modificação do contrato**, observada a seguinte ordem de preferência:
>
> I – a empresa devedora;
>
> II – os sócios atuais; e
>
> III – os sócios retirantes.
>
> Parágrafo único. O sócio retirante responderá solidariamente com os demais quando ficar comprovada fraude na alteração societária decorrente da modificação do contrato".

Aparentemente o texto do art. 10-A transpõe para a CLT a regra do art. 1.003, parágrafo único do Código Civil. Justifica-se o novo texto tentar conferir segurança jurídica sobre o tema, diante da oscilação da jurisprudência trabalhista. Leonardo Borges consigna esta ideia:

> A responsabilidade patrimonial secundária do sócio sempre foi um tema oscilante. Uma simples pesquisa jurisprudencial confirma essa assertiva. Há julgados que decidem pela responsabilização patrimonial do sócio pelo período em que se aproveitou da mão de obra do trabalhador. Outros no sentido de que sua responsabilidade se dá, pelo simples fato de ter sido sócio da empresa, ainda que não tenha se aproveitado da mão de obra. É possível encontrar entendimento de que, ao adquirir determinada empresa, o adquirente recebe o pacote: o bônus e o ônus. E por aí vai... (BORGES, 2017, p. 133).

Todavia, um olhar mais atento capta que o art. 10-A fixou um marco temporal mais danoso para o trabalhador do que aquele civilista. Se no âmbito do Direito Civil, o prazo

---

(4) Conforme notícia publicada no *site* do TST: "O Pleno do Tribunal Superior do Trabalho decidiu, em sessão realizada nesta terça-feira (4/8), que os créditos trabalhistas devem ser atualizados com base na variação do Índice de Preços ao Consumidor Amplo Especial (IPCA-E), do Instituto Brasileiro de Geografia e Estatística (IBGE). O índice será utilizado pelo Conselho Superior da Justiça do Trabalho (CSJT) para a tabela de atualização monetária da Justiça do Trabalho (Tabela Única). A decisão foi tomada no julgamento de arguição de inconstitucionalidade suscitada pelo ministro Cláudio Brandão em relação a dispositivo da Lei da Desindexação da Economia (Lei n. 8.177/1991) que determinava a atualização dos valores devidos na Justiça do Trabalho pela Taxa Referencial Diária (TRD). Por unanimidade, o Pleno declarou a inconstitucionalidade da expressão "equivalentes à TRD", contida no *caput* do art. 39 da lei, e deu interpretação conforme a Constituição Federal para o restante do dispositivo, a fim de preservar o direito à atualização monetária dos créditos trabalhistas".

(5) O STF no julgamento das Ações Diretas de Inconstitucionalidade (ADIs) 4357 e 4425 estabeleceu que: "Quanto à correção monetária, o STF modulou os efeitos da declaração de inconstitucionalidade proferida no julgamento das ADIs relativas à EC n. 62/2009, para considerar válido o índice básico da caderneta de poupança (TR) para a correção dos precatórios, até o dia de hoje (25), e estabeleceu sua substituição pelo Índice de Preços ao Consumidor Amplo Especial (IPCA-E). Os precatórios federais seguirão regidos pelo disposto nas Leis de Diretrizes Orçamentárias (LDOs) quanto aos anos de 2014 e 2015, caso em que já foi fixado o IPCA-E como índice de correção".

(6) Trata-se da decisão noticiada em 05 de julho de 2016: "Liminar determina aplicação da TR a correção de débitos trabalhistas do Banco Safra. O ministro Dias Toffoli, do Supremo Tribunal Federal, deferiu liminar para determinar ao juízo da 10ª Vara do Trabalho de Porto Alegre (RS) que proceda à liquidação de débitos reconhecidos em reclamação trabalhista contra o Banco Safra S.A. de acordo com a Taxa Referencial Diária (TRD), nos termos do art. 39 da Lei n. 8.177/1991. A liminar foi deferida na Reclamação (RCL) 24445, ajuizada pelo banco contra decisão daquele juízo que corrigiu o débito com base no Índice Nacional de Preços ao Consumidor (INPC). Segundo o ministro, a aplicação do INPC contraria a autoridade do STF que, na Reclamação 22012, suspendeu efeitos de decisão do Tribunal Superior do Trabalho (TST) que determinou a substituição da TRD pelo IPCA na correção monetária dos débitos trabalhistas".

bienal é apurado da averbação da saída do sócio, no âmbito trabalhista a apuração se dará da data do ajuizamento da ação. Como decorrência, haverá casos em que o trabalhador, por ter laborado muitos anos na empresa, não poderá reivindicar do ex-sócio, mesmo aquele que lhe contratou e que auferiu lucros com seu labor, quando tal sócio tenha se afastado da sociedade no transcurso do vínculo e em data superior ao biênio ora criado.

No tocante ao procedimento de responsabilização dos sócios, o art. 855-A importa do CPC (arts. 133 a 139) o incidente de desconsideração da personalidade jurídica:

> Art. 855-A. **Aplica-se ao processo do trabalho o incidente de desconsideração da personalidade jurídica** previsto nos arts. 133 a 137 da Lei n. 13.105, de 16 de março de 2015 – Código de Processo Civil.
>
> § 1º Da decisão interlocutória que acolher ou rejeitar o incidente:
>
> I – na fase de cognição, não cabe recurso de imediato, na forma do § 1º do art. 893 desta Consolidação;
>
> II – na fase de execução, cabe agravo de petição, independentemente de garantia do juízo;
>
> III – cabe agravo interno se proferida pelo relator em incidente instaurado originariamente no tribunal.
>
> § 2º A **instauração do incidente suspenderá o processo**, sem prejuízo de concessão da tutela de urgência de natureza cautelar de que trata o art. 301 da Lei n. 13.105, de 16 de março de 2015 (Código de Processo Civil).

Não se questiona o legítimo direito de defesa do sócio, mas sim a importação da cultura processual comum de "incidente" que ensejará a "suspensão do processo" e até a admissão de recurso contra decisão interlocutória (§ 1º, II do art. 855-A), o que se confronta ontologicamente com a dimensão da simplicidade – que albergaria um contraditório igualmente simplificado – e com a celeridade do processo laboral que, até então, era demarcado pela irrecorribilidade imediata das decisões interlocutórias (CLT, art. 893, § 1º).

Ao menos, o § 2º do art. 855-A foi expresso – embora até no sistema processual cível seria esse o entendimento – em admitir a aplicação da tutela de urgência cautelar.

Com o advento do CPC em 2015 (arts. 133 a 137) e nos termos do art. 6º da IN 39/2016 do TST, vem-se aplicando o incidente de desconsideração da personalidade jurídica na Justiça do Trabalho, inclusive com determinação *ex officio* pelo Juiz do Trabalho da instauração desse incidente e até tutela de urgência cautelar com constrição prévia dos bens destes sócios (*vide* art. 6º da IN 39/2016 do TST).

Registre-se que parcela considerável dos Juízes do Trabalho discorda da aplicação desse incidente do CPC na área trabalhista, fazendo a simples inclusão do sócio na execução com a penhora de bens.

Em total desprezo ao princípio protecionista, a lei autoriza a pronunciar, de ofício, a prescrição intercorrente na execução trabalhista.

> Art. 11-A. Ocorre a prescrição intercorrente no processo do trabalho no prazo de dois anos.
>
> § 1º A fluência do prazo prescricional intercorrente inicia-se quando o exequente deixa de cumprir determinação judicial no curso da execução.
>
> § 2º A declaração da prescrição intercorrente pode ser requerida ou declarada de ofício em qualquer grau de jurisdição.

Contrariando a Súmula n. 114 do TST[7] – que deverá ser cancelada, o novo texto da CLT assegura a aplicação da "prescrição intercorrente" no prazo de 2 (dois) anos na execução trabalhista, como consta no novel art. 11-A da CLT. O legislador foi cruel ao adotar o prazo de dois anos. Isto porque, para as execuções fiscais (art. 40 da LEF) o prazo prescricional é de cinco anos. Ou seja, a nova CLT é muito pior para o exequente do que dispõe a LEF em matéria de prescrição intercorrente.

A imposição de prescrição por paralisação processual na execução de créditos alimentares já significa o desprestígio que estes créditos têm para o legislador. O desprestígio se agrava pois o mesmo juiz deve ficar inerte no início da execução, mas deve, *ex officio*, aplicar a prescrição intercorrente, ou seja, o impulso oficial esboçado nessa situação é apenas para inefetividade da execução e eliminação do processo com os louros estatísticos.

De qualquer modo, o § 1º do art. 11-A condiciona que tenha ocorrido primeiro determinação judicial para ato do exequente que, inerte por dois anos, é punido com a prescrição intercorrente. Por lógica, deve-se entender que não encontrar bens do devedor, especialmente naquela situação de ocultação patrimonial, não pode ser motivo para a pronúncia da prescrição intercorrente, haja vista que não se trata de ato ou situação que caracterize a inércia do exequente. Pensar em sentido contrário significa defender que o meio de o devedor fugir da dívida é simplesmente ocultar seus bens para fins de transcurso da prescrição, isto é, legitimar a má-fé e a própria torpeza.

Na contagem deste biênio prescricional, é mister afirmar que, em termos de aplicação temporal desta regra, a paralisação processual anterior à vigência da reforma

---

(7) É pertinente registrar que a Súmula n. 114 é de 1980, tendo a atual redação: PRESCRIÇÃO INTERCORRENTE (mantida) – Res. n. 121/2003 DJ 19, 20 e 21.11.2003. É inaplicável na Justiça do Trabalho a prescrição intercorrente". No entanto, há, no STF uma Súmula ainda mais antiga – datada de 1963 – que diz exatamente o contrário: Súmula n. 327: O Direito Trabalhista admite a prescrição intercorrente." Entretanto o próprio vem decidindo que não lhe cabe discutir mais sobre prescrição intercorrente na área trabalhista, entendendo ser tema de natureza infraconstitucional. É o que se extrai deste julgado: "(...) conforme consignado na decisão agravada, a análise de questão atinente à aplicabilidade do instituto da prescrição intercorrente no âmbito trabalhista demanda o exame da legislação infraconstitucional. Incabível, portanto o extraordinário." (AI 841655 AgR, Relator Ministro Ricardo Lewandowski, Primeira Turma, julgamento em 31.5.2011, DJe de 15.6.2011)

trabalhista não será computável para a configuração desta prescrição intercorrente. Ora, é lição basilar afirmar que as regras processuais, mesmo sendo aplicadas imediatamente, não podem retroagir, tal como consta na literalidade do art. 14 do CPC/2015.

Além da dimensão de aplicação supletiva e subsidiária do CPC à CLT conforme art. 15 do CPC, há na norma consolidada regra que trata de Direito Intertemporal e prescrição que pode ser aplicada analogicamente à situação, visto que sua racionalidade é interpretação restritiva da prescrição. É o velho art. 916 da CLT que restringia a aplicação do prazo prescricional menor.

Por consequência, a contagem do prazo bienal da prescrição do art. 11-A da CLT – para aqueles que considerem que há inércia do exequente que não possa ser substituída pela atuação do juízo – não pode se valer de lapsos temporais pretéritos, o que configuraria aplicação retroativa.

Por fim, nas mudanças esparsas, encontra-se ainda mais uma situação que irá impactar na execução. Como derivação da transposição da litigância de má-fé daqueles que atuam no processo, a testemunha poderá ser apenada com multa na hipótese de "intencionalmente alterar a verdade dos fatos ou omitir fatos essenciais" (novel art. 793-D, *caput*).

> Art. 793-D. Aplica-se a multa prevista no art. 793-C desta Consolidação à testemunha que intencionalmente alterar a verdade dos fatos ou omitir fatos essenciais ao julgamento da causa.
>
> Parágrafo único. **A execução da multa prevista neste artigo dar-se-á nos mesmos autos.**

A consequência disto é que, na fase de execução, poderá haver título executivo contra a testemunha, na qualidade de terceiro que atuou no processo, sendo punida e, igualmente, executada no mesmo processo, *vide* parágrafo único do art. 793-D. Há que se compreender, então, que a execução dessa multa, graças à sua natureza acessória no processo e à semelhança dos honorários periciais, deve ser processada após o cumprimento da execução principal.

6. MODIFICAÇÕES RELATIVAS À GARANTIA DO JUÍZO

No momento de penhora, a nova redação do art. 882 positivou seguro-garantia judicial, algo que já vinha sendo validado pela Justiça do Trabalho, inclusive entendimento consagrado em Orientação Jurisprudencial n. 59 da SDI-2 do TST.

> O executado que não pagar a importância reclamada poderá garantir a execução mediante depósito da quantia correspondente, atualizada e acrescida das despesas processuais, apresentação de seguro-garantia judicial ou nomeação de bens à penhora, observada a ordem preferencial estabelecida no art. 835 da Lei n. 13.105, de 16 de março de 2015 – Código de Processo Civil.

Como se sabe, a CLT nada dispõe sobre o funcionamento da fiança bancária. Aliás, a própria CLT que, normalmente aplica subsidiariamente as regras da Lei de Execução Fiscal conforme art. 889, remete-se, inclusive na redação reformada, ao art. 835 do CPC, que regula o tema:

> Art. 835. A penhora observará, preferencialmente, a seguinte ordem:
>
> [...]
>
> § 2º Para fins de substituição da penhora, equiparam-se a dinheiro a fiança bancária e o seguro garantia judicial, desde que em valor não inferior ao do débito constante da inicial, acrescido de trinta por cento.

Quando comparado com o art. 835, § 2º do CPC, percebe-se que o legislador esqueceu que o seguro-fiança deve ter ao menos 30% a mais do débito do processo, ou seja, caso este esquecimento seja interpretado como "silêncio eloquente", o seguro-fiança trabalhista será pior do que o cível.

Diante do silêncio da CLT sobre o regramento do seguro-garantia judicial, inclusive com referência expressa do art. 882 da CLT ao art. 835 do CPC, somente resta concluir que se aplica ao processo do trabalho, pela lacuna e compatibilidade, a regra do § 2º do art. 835 do CPC de que o seguro-garantia judicial deve ter o acréscimo de 30% sobre o valor total da execução, com a finalidade de garantir os juros e atualização monetária que prosseguiram e eventuais despesas de execução.

Por outro lado, a faculdade assegurada ao devedor de, no lugar de dinheiro, garantir a execução com o seguro-garantia judicial não prejudica o direito do exequente de receber o valor incontroverso da execução. O direito a execução menos gravosa não pode significar simplesmente o não pagamento de valores incontroversos, o que seria negar solenemente a efetividade da execução.

Adiante, a Reforma Trabalhista inicia sua fase de conceder isenções, evidentemente em favor do empregador/executado.

> § 6º A exigência da garantia ou penhora **não se aplica às entidades filantrópicas** e/ou àqueles que compõem ou compuseram a diretoria dessas instituições.

Na forma do novo texto do § 6º do art. 884 da CLT, são isentas as "entidades filantrópicas" ou os diretores "dessas instituições" do dever de garantir o juízo para fins de execução, concedendo a tais pessoas jurídicas favores superiores aos demais devedores trabalhistas. Na métrica comparativa, pode-se visualizar que, para as filantrópicas, a execução trabalhista se processaria à semelhança do estabelecido pelo *caput* do art. 525 do CPC. Assim, esses executados poderão opor embargos à execução sem qualquer garantia do juízo.

A coerência – que falta notoriamente à Reforma Trabalhista – diria que também à semelhança do CPC deveria a execução, paralelamente à defesa do devedor, prosseguir em regra nos atos de penhora, como expressamente cominado no § 6º do art. 525 do CPC. Como já restou clarividente, pouco se importou o legislador com coerência, paridade processual ou organicidade, basta apenas estabelecer regras sempre favoráveis ao executado.

7. O INTERSTÍCIO PARA "NEGATIVAÇÃO" DO EXECUTADO

Por fim, seguindo o mesmo padrão de favorecer apenas a uma parte e não cuidar de um sistema de efetividade da tutela executiva, o legislador reformista criou a inusitada carência para a "negativação" do devedor.

> Art. 883-A. A decisão judicial transitada em julgado somente poderá ser levada a protesto, gerar inscrição do nome do executado em órgãos de proteção ao crédito ou no Banco Nacional de Devedores Trabalhistas (BNDT), nos termos da lei, **depois de transcorrido o prazo de quarenta e cinco dias a contar da citação do executado**, se não houver garantia do juízo.

Mesmo inadimplente, o executado trabalhista tem, conforme art. 883-A da CLT, o favor da lei de 45 dias para ter seu nome cadastrado como devedor, quando no CPC inexiste qualquer prazo para isto diante do inadimplemento, como se vê no art. 782, § 3º do CPC.

Além de postergar a execução ao criar um lapso temporal no qual quem deve não pode ser divulgado como devedor em manifesto prejuízo ao exequente, a medida prejudica, sobretudo, a terceiros que farão negócios jurídicos com inadimplentes que escondem sua inadimplência nessa carência de 45 dias. Visando proteger o devedor, a Reforma Trabalhista prejudicou aos terceiros de boa-fé que podem negociar, sem conhecimento, com devedores trabalhistas que estão gozando da inusitada carência de "negativação", propiciando transtornos desnecessários e até incidentes processuais passíveis de caracterizar fraude à execução.

8. O BALANÇO DA REFORMA EM TERMOS DE EXECUÇÃO TRABALHISTA

No balanço da nova execução trabalhista, mais lenta, burocrática e mais barata, percebe-se que todas as medidas apenas favorecerem o executado, inexistindo qualquer modificação que traga celeridade ou efetividade processual. Se antes a Justiça do Trabalho tinha os melhores índices em execução, agora terá mais amarras e entraves para tornar real a decisão judicial. Ou seja, será ainda mais difícil com essa execução deformada tornar realidade o Direito do Trabalho que foi reconhecido em decisões judiciais transitadas em julgado.

A comparação com o CPC e até mesmo com a LEF somente indica que, infelizmente, os novos dispositivos incorporaram regras, institutos e procedimentos cíveis naquilo em que são favoráveis aos devedores. Quis então o reformador da CLT nas entrelinhas dizer que as parcelas trabalhistas – em geral créditos de natureza alimentar – devem ser mais difíceis de executar do que uma dívida cível ou tributária. É o Poder Legislativo afirmando, implicitamente, que os créditos trabalhistas não são mais tratados como créditos privilegiados, de modo que merecem uma tutela processual executiva pior do que a tutela executiva padrão do CPC.

Nesse aspecto, a Reforma Trabalhista processual, especialmente na execução, é clara manifestação política, convertida em lei, que torna ineficaz ou mais demorada a efetividade das decisões trabalhistas. Se é a efetividade – isto é, o resultado concreto da prestação jurisdicional – a grande referência para a sociedade da utilidade do Poder Judiciário, a execução trabalhista ineficaz pode significar, infelizmente, mais argumentos para o fim da Justiça do Trabalho.

Em face da Reforma Trabalhista (Lei n. 13.467/2017), a qual tornou a execução trabalhista mais lenta, burocrática e barata do que a cível, o diálogo dessas fontes assume contornos inesperados: se antes a perspectiva de efetividade diminuía a importância das regras do CPC, doravante a importação do CPC, na potencialização da aplicação supletiva (art. 15), poderá trazer mais efetividade à execução trabalhista.

9. REFERÊNCIAS BIBLIOGRÁFICAS

BRASIL. Lei Ordinária n. 13.467, de 13 de julho de 2017. Altera a Consolidação das Leis do Trabalho (CLT), Aprovada pelo Decreto-lei n. 5.452, de 1º de maio de 1943, e as Leis ns. 6.019, de 3 de janeiro de 1974, 8.036, de 11 de maio de 1990, e 8.212, de 24 de julho de 1991, a fim de adequar a legislação às novas relações de trabalho.

BRASIL. Supremo Tribunal Federal. *Súmula n. 327*. Diário Oficial da União. Brasília. Disponível em: <http://www.stf.jus.br/portal/jurisprudencia/menuSumarioSumulas.asp?sumula=1570>. Acesso em: 26 set. 2017.

BRASIL. Supremo Tribunal Federal. *Súmula Vinculante n. 53*. Diário Oficial da União. Brasília. Disponível em: <http://www.stf.jus.br/portal/jurisprudencia/menuSumario.asp?sumula=2613>. Acesso em: 26 set. 2017.

BRASIL. Tribunal Superior do Trabalho. *Súmula n. 368*. Diário Oficial da União. Brasília. Disponível em: <http://www3.tst.jus.br/jurisprudencia/Sumulas_com_indice/Sumulas_Ind_351_400.html#SUM-368>. Acesso em: 26 set. 2017.

CASSAR, Vólia Bomfim; BORGES, Leonardo Dias. *Comentários à reforma trabalhista*. Rio de Janeiro: Forense, 2017.

SILVA, Homero Batista Mateus da. *Comentários à reforma trabalhista*: análise da Lei n. 13.467/2017 – artigo por artigo. São Paulo: Revista dos Tribunais, 2017.

OLIVEIRA, Murilo. *Mudanças no processo do trabalho com o novo CPC?* Revisa Eletrônica do Tribunal do Trabalho da 5ª Região, v. 1, p. 236-251, 2016.

SUPREMO TRIBUNAL FEDERAL. *Plenário define efeitos da decisão nas ADIs sobre emenda dos precatórios*. Disponível em: <http://www.stf.jus.br/portal/cms/verNoticiaDetalhe.asp?idConteudo=288146>. Acesso em: 23 set. 2017.

_____. *Liminar determina aplicação da TR a correção de débitos trabalhistas do Banco Safra*. Disponível em: <http://www.stf.jus.br/portal/cms/verNoticiaDetalhe.asp?idConteudo=320391>. Acesso em: 23 set. 2017.

TEIXEIRA FILHO, Manoel Antonio. *O processo do trabalho e a reforma trabalhista*: as alterações introduzidas no processo do Trabalho pela Lei n. 13.467/2017. São Paulo: LTr, 2017.

TRIBUNAL SUPERIOR DO TRABALHO. *TST define IPCA como fator de atualização de créditos trabalhistas*. Disponível em: <http://www.tst.jus.br/noticias/-/asset_publisher/89Dk/content/tst-define-ipca-como-fator-de-atualizacao-de-creditos-trabalhistas>. Acesso em: 23 set. 2017.